한나 아렌트 정치미학

한나 아렌트 정치미학
The Political Aesthetics of Hannah Arendt

초판 1쇄 발행   2025년 3월 4일
—

지은이   서유경
펴낸이   이방원
책임편집   정조연   **책임디자인**   박혜옥
마케팅   최성수 · 김 준   **경영지원**   이병은
—

펴낸곳   세창출판사
        신고번호 제1990-000013호   주소 03736 서울특별시 서대문구 경기대로 58 경기빌딩 602호
        전화 02-723-8660   팩스 02-720-4579   이메일 edit@sechangpub.co.kr
        홈페이지 http://www.sechangpub.co.kr   블로그 blog.naver.com/scpc1992
        페이스북 fb.me/Sechangofficial   인스타그램 @sechang_official
—

ISBN   979-11-6684-392-1   93160

※ 이 책은 2022년도 경희사이버대학교 연구년 지원에 의한 결과임.

한나 아렌트 정치미학

The Political Aesthetics of Hannah Arendt

서유경 지음
Suh You-Kyung

세창출판사

후기-근대의 정치사상가 한나 아렌트

한나 아렌트Hannah Arendt는 1906년, 임마누엘 칸트Immanuel Kant의 고장으로 우리에게 친숙한 쾨니히스베르크Königsberg[1]에서 태어나고 자랐다. 그는 잘 알려진 것처럼 마르틴 하이데거, 에드문트 후설, 카를 야스퍼스라는 세 명의 독일 실존주의 거장을 사사했다. 그리고 1933년, 히틀러가 정권 장악을 위해 고의로 일으킨 국회의사당 방화 사건 이후 생명의 위협을 느껴 파리로 망명해 7년간 머물렀고, 비시Vichy 정권이 등장하자 미국으로 건너갔다. 1941년 미국 도착 이후 한 유대계 출판사의 편집자로서 사회생활을 시작한 아렌트는 빠르게 저술가와 대학교수로 변신했고, 1975년 12월 4일, 69세를 일기로 뉴욕에서 타계했다.

아렌트의 조부모들은 경제적으로 여유가 있는 유대계 중산층이었으며, 특히 외가는 러시아의 반유대주의 공포를 피해 이주한 유대 가문이었다. 동화한 유대인이자 지역 유지였던 그의 조부 막스 아렌트Max Arendt는 '쾨니히스베르크 유대공동체 평의회' 의원으로 활동했고, 조모

---

[1]   이 도시는 당시 동프로이센령이었지만 2차 세계대전 이후 구소련에 귀속되었고, 현재의 지명인 칼리닌그라드Kaliningrad로 개칭되었다.

도 내로라하는 자선활동가였다. 현실정치와 거리를 두었던 조부모들과 달리, 아렌트의 부모는 독일 사민당을 지지했고, 특히 모친은 로자 룩셈부르크Rosa Luxemburg의 열렬한 추종자였다. 불과 얼마 전에 남편을 여읜 데다, 설상가상으로 1차 세계대전이 일어나 소련군이 도시로 진입하자 모친은 아렌트를 데리고 베를린으로 이주했다(Young-Bruehl 1978, 4-6).

아렌트는 생전에 자신의 한 저서에서 "명예의 여신 파마Fama는 사자死者에게 은총을 베푸는 일을 결코 즐겨 하지 않으므로" 누군가의 죽음 이후 그에게 쏠리는 관심은 "훨씬 더 가치가 있는 것"이라는 견해를 피력한 바 있다(Arendt 1968b, 153). 이것은 머지않은 장래에 다가올 자신의 미래를 예견한 발언으로 판명되었다. 그의 사후 서서히 점화되기 시작한 유명세는 미국에서 유럽 전역으로, 중국과 일본은 물론이고, 오스트레일리아와 남미의 브라질까지, 오대양 육대주로 뻗어 나갔다. 그의 명성은 눈덩이처럼 불어나게 되었고, 급기야는 "아렌트 숭배The Arendt Cult" 현상으로 일컬어질 만한 수준에 이르렀다(Laqueur 2001, 47).[2]

1990년대 중반까지만 해도 '한나 아렌트'는 한국 사람들에게 매우 생소한 인물이었다. 2006년, 아렌트 탄생 100주년을 앞두고 필자를 비롯한 일군의 초기 연구자들이 그의 이름을 내건 '한나 아렌트 탄생 100주년 기념 심포지엄'을 조직했다. 이 학술행사는 정치철학자 한나 아렌트가

---

2   어떤 아렌트 논평가의 보고에 따르면, 인터넷 검색엔진에서 한나 아렌트를 검색한 기록은 놀랄 만한 수준이며, 꾸준히 증가하고 있다. 1998년에는 사이버공간과 "한나 아렌트 인터넷 모델"을 다룬 박사 논문이 나왔을 정도로 인기가 폭주하고 있다. 2000년 이후 아렌트의 인기가 가장 강력하게 확산한 곳은 단연 독일이다. 독일에서는 한나 아렌트 우표가 발행되었고, 카를스루에와 하노버 사이에는 "한나 아렌트 고속철"이 운행되기 시작했으며, 아렌트의 이름을 딴 거리도 몇 개가 생겨났다. 함부르크대학교는 "한나 아렌트상"을 제정하여 유럽 내 최고 수준인 30만 독일 마르크를 상금으로 정했다. 작센 Sachsen에는 '한나 아렌트 연구소'가 개소되었다(Laqueur 2001, 47-48).

한국 사회에 최초로 등장한 공식적 관문 역할을 톡톡히 해냈다. 이들은 심포지엄의 성공적인 개최의 여세를 몰아 '한나 아렌트 연구회'를 출범시켰는데, 그것이 현재 '한국아렌트학회'의 전신이다. 그 시점 이후 지금까지, 한나 아렌트는 한국의 학계, 언론계, 출판계는 물론이고, 대중문화와 예술계를 통틀어 한국인이 가장 많이 언급한 이름 중 하나가 되었다.

다른 무엇보다 주목해야 할 사실은 같은 기간 인문학과 사회과학 등의 관련 분야에서 특정 저자에 관해 출간된 연구 논문과 저·역서의 수가 아렌트를 능가하는 경우는 거의 찾아볼 수 없다는 점이다. 게다가 '아렌트'는 출간과 동시에 거의 예외 없이 독자들의 시선을 사로잡는 마법을 부리는 까닭에 출판계가 시장성을 가장 높이 평가하는 인기 저자로도 유명하다. 현재 우리 주변에는 이처럼 다양한 이유로 아렌트에 열광하는 각양각색의 '아렌트주의자들Arendtians'이 경이로울 정도로 많이 포진해 있다.

이러한 현재 상황과 대조적으로, 아렌트는 생전에 뉴욕에 정착한 독일계 유대인 이민자로서 같은 이민자 집단의 몇몇 인사와만 어울려 지냈고, 학회 내에서도 주류에 들지 못한 채 범박한 학자의 삶을 살았다고 알려져 있다. 그는 1951년, 미국에서 그의 첫 번째 책인 『전체주의의 기원』이 출간되고 나서야 비로소 세간의 관심을 받았다. 그 책은 당시 정계는 물론이고, 미국 사회 전역을 휩쓸고 지나간 반공주의 기류 속에서 아렌트에게 반反소비에트 정치이론가라는 일시적 명성을 가져다주었다. 그리고 그는 1963년에 출간한 『예루살렘의 아이히만』이 일종의 필화사건으로 비화하면서 '자기 종족을 배반한 유대인 저술가'라는 불명예스러운 이름으로 다시 한번 사람들의 입방아에 올랐다.

미국에서 상대적으로 홀대받고 저평가되었던 것과 대조적으로, 아렌트는 2차 세계대전 이후 유럽에서는 오히려 좋은 평가와 융숭한 대접을 받았다. 독일 대학들은 그를 앞다퉈 특별강연에 초청했으며, 1964년에는 당대 최고의 명성을 자랑하던 '귄터 가우스 인터뷰'에 초청받기도 했다. 그중에서도 백미는 그가 단연 최고 철학적 권위의 상징인 아버딘 Aberdeen대학의 기포드 연강 시리즈The Gifford Lectures에 초청된 최초의 여성 철학자였고, 그것도 전무후무하게 두 차례나 연이어 초청되는 영예를 안았다는 사실이다. 이는 아렌트가 유럽의 지성계로부터 그의 철학적 통찰과 독자적 학문성을 공인받았다는 의미였다.

그러나 미국에서는 1975년, 아렌트의 사망 이후 그의 저서들이 대학의 정치학 독서목록에서 속속 자취를 감추었고 그의 이름도 서서히 잊히는 듯 보였다. 그런 와중에 두 가지 획기적 반전의 계기가 찾아왔다. 첫째는 1990년대 유럽을 중심으로 이른바 '포스트모더니즘'이라는 근대성에 대한 반성의 물결이 거세게 일어난 것이다. 그러나 이 물결을 선도한 자크 데리다Jacques Derrida와 그의 '해체주의' 사조는 곧바로 정치적 대안의 부재라는 비판에 부닥치게 되었다. 이에 1990년대 초부터 근대성에 대한 성찰적 입장에서 아렌트의 정치사상에 주목해 온 영미권 학자들 사이에서 아렌트가 적실한 정치적 대안의 보고寶庫로 인식되기 시작했다. 세일라 벤하비브Seyla Benhabib의 표현처럼 아렌트는 "주저하는 근대주의자"였으며(Benhabib 1996), 그런 이유로 그는 근대와 탈근대 또는 후기-근대의 연결고리를 제공할 수 있는 적임자였다.

두 번째 사건은 1980년대 말 소비에트연방의 붕괴 이후 분리 독립한 신생국들의 등장이었다. 그들이 구소련식 사회주의 국가 통제 체제에서 자유 시장 경제체제로 전환하는 과정에서 공화주의적 시민혁명은 불가피한 이행 절차였다. 이에 많은 동유럽 지식인이 아렌트의 정치행위와 혁명이론으로 눈을 돌렸고, 그의 시민공화주의Civic Republicanism 사상을 받아들였다. 그들은 특히 『인간의 조건』, 『혁명론』, 『폭력론』, 『공화국의 위기』와 같은 민주주의 정치 이론서들을 탐독하면서 새로운 공화국 건설을 위한 실천적 통찰을 얻고자 했다. 그중에서 특히 바츨라프 하벨Václav Havel은 열렬한 '아렌트주의자'로 불리기에 조금도 부족함이 없었다.

동유럽에서 발원한 아렌트 탐구 열풍은 대서양을 건너자 점차 "아렌트 부흥운동The Arendt Renaissance"으로 그 성격이 바뀌었다(Benhabib 1992, xxx). 미국의 아렌트 지지자들은 1995년, 그의 서거 20주년을 맞아 뉴욕에서 추모학회를 개최하여 그의 정치사상에 대한 대대적인 재평가 작업에 돌입했다. 그 행사 이후 그의 탄생 100주년이던 2006년까지 10여 년 사이, 아렌트의 인기는 마치 그가 무덤에서 걸어 나오기라도 한 듯이 급상승했다. 그 결과 한나 아렌트 탄생 100주년 기념행사는 전 세계적으로 성대하게 거행되었다. 특히 그가 태어나고 교육받은 독일과 그가 귀화하여 손꼽히는 대학에서 강의하고 저술 활동을 펼친 미국에서는 그의 이름을 딴 연구소가 속속 개소하고 학술상이 제정되었으며, 심지어 '한나 아렌트 거리'가 지정되기도 했다.

아렌트 연구의 최고 권위자 중 한 사람인 다나 빌라Dana Villa는 당시 아렌트의 이론이 다음의 세 학자군群에게 강한 호소력이 있었다고 설명한다. 첫 번째 학자군은 참여민주주의 이론가들인데, 그들은 아렌트의 정치행위와 시민 개념의 재발견에 관심을 기울였다. 두 번째는 비판이론가들인데, 그들은 아렌트의 '행위함acting; praxis'과 '만듦making; poiesis'의 구분 방식에 착목하여 담론적 행위와 합의적 합리성 이론을 구축하는 데 집중했다. 끝으로 공동체주의자들은 시민들이 '사영역the private realm'과 사익의 경계를 넘어 '공영역the public realm'에 함께 참여하여 자신이 속한 정치공동체를 보다 "인간다운" 삶의 터전으로 만드는 일에 매진해야 한다는 아렌트의 정치철학 이론에 깊이 공감했다(Villa 1996, 8).

1995년의 뉴욕 추모학회 이후, 미국 출판계에서는 전 세계적인 아렌트 연구 열기에 부응하고자 절판 상태에 있었던 아렌트의 주요 저작 대부분을 신속히 복간했다. 아렌트 부흥운동에 속속 편승한 신진 연구자들도 서로 앞다투어 아렌트 정치사상과 정치이론에 관한 새로운 관점과 해석을 담은 분석서들을 쏟아 냈다. 그 결과, 아렌트에 관한 연구의 폭과 깊이가 이전과는 비교할 수 없을 만큼 크게 확장되고 심화되었다. 이 새로운 연구들은 각각의 다양한 시각과 접근법에도 불구하고, 또한 정도의 차이는 있을지언정, 후기-근대의 심미적·윤리학적 시선을 투사한 재해석이라는 공통분모가 있었다. 아렌트 연구에 있어 거부할 수 없는 변곡점이 찾아온 것이다.

누가 뭐래도 지난 20세기는 이른바 근대성modernity이 정점에 도달한 세기였다. 두 차례의 세계대전을 포함하여 크고 작은 전쟁들이 끊이지 않았던 국제정치 분야에서는 현실주의가, 산업화와 근대화에 주력했던 각국의 현대 행정국가 체제 내에서는 성과 우선주의가, 그리고 사회 내 교육 및 직업 현장에 보편화된 능력주의의 확산과 이에 부응하려는 현대인의 인식과 태도 차원에서는 합목적적 도구주의가 지배적 관념으로 작용하였다.

다른 말로 하면, 지난 20세기에는 비단 전쟁 및 반인류적 인간학살과 같은 물리적 폭력만 행사된 것이 아니었다. 막스 베버가 지적했던 근대적 국가의 특징인 무력의 독점과 관료제는 국민을 무차별적으로 근대화와 산업화의 동원 체계 속으로 편입시키는 행정 폭력을 용인했다. 그와 유사하게, 능력주의 이데올로기에 감염된 시민사회와 생활세계 내에서도 극단적 이기주의와 막무가내식 성과주의적 태도가 일반화되었다. 이러한 사태들은 한마디로 근대주의의 총체적 폭력성으로 규정될 수 있다. 이런 관점에서 바우만은 근대성의 두 가지 특질로서 "지속적·전면적·강압적 근대화"와 부단히 반복되는 '문제 적시 및 해결'의 필요성을 지목한다.

> '근대성'은 오로지 지속적·전면적·강압적 근대화를 통해서만 [구현] 가능하다. 이는 끝없이 새롭고 끝없이 연장되는 우회로 ―이것은 종종 지름길로 위장된다― 를 뚫는 일을 줄여 말한 것이다. … 근대 [세계]에 사는 우리는 언제까지나 '문제 적시와 고정', '문제 분류와 해결'의 루프에서 쳇바퀴를 도는 운명에 처해 있다. 이것은 특히 근대적인 것이다(Bauman 2009, 130, 131).

문제는 이러한 근대주의의 총체적 폭력성이 사회 제도나 행정국가의 근대화 정책에서 비롯된다고 볼 수만은 없다는 것이다. 그러한 폭력적 요소들은 우리 현대인의 '근대주의적' 인식 체계나 삶의 태도 속에 이미 관행화된, 또는 습관화된 형태로 이미 배태돼 있기 때문이다. 다시 말해서, 이 근대적 폭력성은 우리가 지나치게 물질주의, 도구주의, 기능주의에 경도되어 우리 삶 속의 비물질적 아름다움beauty이나 아름다운 것 the aesthetic에 대한 욕구를 경시하고 무시한 근대주의적 삶의 관행과 관습에서 비롯된 폐해일 수 있다는 것이다.

이러한 문제의식은 탈산업화 사회, 후기-근대 또는 탈근대처럼 다양한 '용어'[3]상으로 그 성격이 다채롭게 규정된 21세기의 관점에서 지난 세기를 반성하는 기본 입장을 대변한다. 사실 이러한 반성의 움직임은 지난 세기 중반 이후 현대 사회가 이룩한 놀라운 성과의 명암을 함께 저울질하게 된 우리의 담론 속에서 서서히 그 형체가 드러나기 시작했다. 그리고 마침내 20세기 후반에 들어서면서, 이른바 "고도의 근대주의High Modernism"(Jameson 1984), "성찰적 근대성Reflexive Modernity"(Beck et al. 1994), "후기-근대성Late Modernity"(Beck et al. 1994)과 같은 다양한 용어들이 자주 학계에 보고되었다. 이러한 담론적 성찰성은 기성의 사고방식과 기성의 것들에 안주하지 않으려는 의식적 저항의 태도에서 기인한다. 이는 동시에 '우리가 보고 듣는 모든 것을 의심하라'라는 데카르트의 방법론적 회의 원칙을 재소환한 결과로도 해석할 수 있다.

이러한 세기말의 성찰적 분위기 조성에 결정적인 촉진제 역할을 한 것은 누구도 예상치 못했던 구소련 공산당 서기장 고르바초프의 등장과 그의 '페레스트로이카'(개혁) 및 '글라스노스트'(개방) 정책 시행에 따른 소련의 해체, 즉 기성 국제정치 구도의 물리적 재편 현상이었다. 그 정치적 변동의 여파로서 1980년대 말과 1990년대 초에 급작스럽게 이루어진 구舊 동구권의 붕괴 사태는 폴란드와 헝가리를 비롯하여 대부분의 발칸반도 국가가 연쇄적으로 자유민주주의와 자본주의 체제로 전환하는 명분이자 계기로 작용했다.

그 결과, 미소 양국이 표방했던 동서 이념 대결과 양분된 세계 정치 지형이 미국과 '세계무역기구'(WTO) 주도의 자유민주주의 시장 경제 체제로 통합·재편되는 전기가 마련되었다. 한편 유럽에서는 미국의 단

---

3   학자들은 소속 분과에 따라 우리 시대를 "탈산업화 사회post-industrial society"(Touraine 1971; Bell 1973), "후기 자본주의late capitalism"(Mandel 1975; Habermas 1975), "후기-근대late modernity"(Beck et al. 1994) 등으로 지칭한다. 특히 정치철학과 정치이론 분야에서는 '후기-근대'라는 표현이 선호된다.

극 체제에 대한 견제 심리가 날로 강고해졌으며, 1993년 마스트리히트 Maastricht 조약을 기점으로 유럽연합의 단일 국가 체제 형성 과정이 급물살을 타게 되었다. 아시아에서는 한국, 대만, 싱가포르, 말레이시아 등 신흥 산업국(NICs)의 민주주의 수준 향상과 시민사회의 성장 같은 정치적 변화 요인들이 기존의 틀에 박힌 정치체제와 시민의 정치참여에 대한 새로운 인식의 필요성을 촉구했다.

이른바 탈근대주의의 '심미적 전환aesthetic turn'은 이러한 시대적 변화상에 대한 가장 눈에 띄는 각성 효과로 이해할 수 있다. 정치이론적 관점에서 볼 때, 이것은 주류와 비주류의 경계 구분에 별다른 의미를 두지 않으면서 사회 내 다양한 형태로 존재하는 소수자 집단들의 의견과 그들이 지닌 다양한 관점 및 태도의 차이들에 대해 보다 큰 포용의 태도를 보이려는 움직임이다. 그 포용력의 근간이 될 수 있는 것은 특정한 획일적 기준에 따라 옳고 그름을 재단하는 일방적이고 폐쇄적인 태도가 아니라, 구체적인 상황과 맥락에서 무엇이 더 낫고 바람직한지를 열린 마음으로 타진하는 양방향 또는 다자적 소통의 자세다.

가령 근대가 '합리적인 것the rational'을 금과옥조로 삼았다면, 후기-근대는 그것의 폐해를 극복하려는 목적상, 자신의 강조점을 '심미적인 것the aesthetic'으로 옮겼다고 볼 수 있다. 인간과 사물에 심미적 시선을 투사하는 일은 성격상 모든 것을 기능과 효과 일변도로 평가하는 근대적 관행을 탈피하거나 타파한다는 것을 의미하기 때문이다. 또한 그것은 다른 이들과의 관계 형성에 앞서 인간적 가치들을 고려하게 하므로, 심미적인 것에 대한 탐구와 성찰은 불가피하게 윤리적 고려와 짝을 이루게 된다. 20세기 말 이후 '타자the other'에 대한 관심과 '다문화주의'적 논의들이 눈에 띄게 늘어난 것은 바로 이러한 맥락에서 설명될 수 있다.

한나 아렌트는 그 누구보다도 먼저 심미적 시선의 정치적 유의미성을 간파하고, 그것을 통해 근대성과 우리의 근대주의적 삶의 태도, 그리고 그것들을 용인하고 조장하는 대의민주주의 제도를 신랄하게 비판한 정치이론가였다. 그는 단순히 비판에 그친 것이 아니라 그러한 근대적 삶의 태도와 그것의 폐해에 대해 정치철학적 처방을 제시하고자 했다. 그는 우선 『전체주의의 기원』에서 20세기 나치즘과 스탈리니즘이 몰고 온 전체주의의 공포는 지금껏 우리 인류가 경험한 적이 없었던 전혀 새로운 사회적 병리 현상이라고 규정했다. 그리고 그것은 기존의 서구 정치와 철학사상의 전통에 따라 설명할 수 없는 특성을 보이기 때문에 새로운 이론 틀과 범주로만 설명이 가능하다고 주장했다.

이와 같은 현실정치에 대한 그의 진단과 정치이론적 문제의식은 비단 전체주의 체제에 대한 비판으로 끝나지 않는다. 그는 우선 현대 대의민주주의 정치체제가 제도적으로 용인하고 있는 일반 시민들의 정치 소외 문제의 근본 원인과 폐해를 정치존재론적 관점에서 분석하고 처방하는 일로 넘어갔고, 그 바탕 위에서 근대성 자체에 배태되어 있는 전체주의적 요소의 문제로 논의를 확장시켰다. 그리고 이러한 그의 문제의식은 급기야 인류 역사상 가장 이상적인 정치 형태로 알려진 고대 그리스 아테네 민주주의 정치체제를 이상형으로 제시하는 새로운 정치이론 구축에 돌입하게 된다. 1958년에 나온 『인간의 조건』은 바로 이러한 목적에서 쓰인 그의 첫 번째 정치이론서이다.

아렌트는 잘 알려진 대로 1924년, 마르부르크대학에 입학해 마르틴 하이데거 문하에서 신학·철학 전공 철학도로서 학문 여정에 들어섰고, 1년 뒤 프라이부르크대학으로 건너가 에드문트 후설Edmund Husserl에게 현상학을 배운 다음, 다시 하이델베르크대학으로 적을 옮겨 1929년에 카를 야스퍼스Karl Jaspers의 지도로 '사랑 개념과 성 아우구스티누스'라는 제목의 박사학위 논문을 제출했다. 1930년은 마침 성 아우구스티누스의 서거 1500주년이 되는 해였다. 따라서 성 아우구스티누스는 당시 독일 대학의 철학도에게 가장 중요한 연구 주제로 떠올랐으며, 아렌트 역시 이러한 시대적 분위기에 편승했던 것으로 보인다.

아렌트는 졸업 이듬해인 1930년, 동급생인 귄터 슈테른Günter Stern (나중에 안더스Anders로 성을 바꾸었다)과 결혼하여 베를린에 정착했다. 그러나 국가사회당의 부상과 히틀러의 총통 취임은 이 유대인 부부의 생사를 위협하는 정치적 위험으로 드러났다. 그들은 서둘러 당시 유대인 지식인들이 가장 선호하는 정치적 망명지였던 파리로 이주했다. 그러나 파리 체류 7년 차에 접어든 1941년, 프랑스가 히틀러의 수중에 들어가게 되자, 아렌트는 파리 체류 중 재혼한 하인리히 블뤼허Heinrich Blücher와 함께 제3국을 경유하여 뉴욕에 도착했다. 10년이 지난 1951년, 그는 마침내 미국 시민권을 얻음으로써 20여 년 가까이 지속됐던 무국적자 신분에서 벗어나게 되었다.

1920년대에 독일 대학의 철학도였던 한나 아렌트는 당시 실존주의의 거장 3인을 사사하는 대단한 행운을 누렸고, 1930년대와 1940년대에는 정치적 망명자의 삶을 살면서 현실정치의 실체와 맞닥뜨렸다. 자타가 공인하듯, 그가 1950년대와 1960년대에 '정치이론가'로서의 정체성을 가지게 된 배경은 분명 그의 개인적 현실정치 경험과 전혀 무관하지 않았으며, 이러한 경험은 추후 그의 저서들 속에도 고스란히 투영되었다. 실제로 아렌트 자신은 저자의 체험에 바탕을 두지 않은 정치이론은 추상성에 치우치게 된다고 경고하면서 자신의 사유 주제는 체험에서 얻어졌다고 밝힌 바 있다(Bernstein 1996, 6).

이와 유사하지만 아렌트의 제자로서 약간 다른 관점에서 그의 평전을 저술한 영-브루엘은 아렌트의 박사학위 논문『사랑 개념과 성 아우구스티누스』(1929)는 철학도로서의 아렌트,『전체주의의 기원』(1951)과 『인간의 조건』(1958)은 정치이론가로서의 아렌트,『정신의 삶』(1978)은 정치철학자로서 아렌트의 면모를 잘 보여 준다고 평가한다(Young-Bruehl 2011). 특히 1978년, 유작으로 출간된『정신의 삶』은 아렌트의 개인적 경험과 학문 여정이 씨실과 날실처럼 함께 묶여 직조된 그의 정치사상의 '결정체'라고 볼 수 있다. 그것은 비록 3권이 빠진 미완의 작품이었지만, 1권과 2권만으로도 이미 아렌트 정치철학의 정수를 보여 주기에 전혀 부족함이 없다고 평가된다. 이는 무엇보다 미기술된 3권 내용의 대강을 그가 남기고 간 '칸트 정치철학 강의 노트'[4]를 통해 짐작할 수 있기 때문일 것이다.

그러나 아렌트가 3권 '판단함'을 완성했다면 그것에 담겼을 내용의 대강을 짐작하는 것으로 지적 호기심을 채우기에는 많은 아쉬움이 남는다. 이 책『한나 아렌트 정치미학』은 그러한 아쉬움을 단숨에 떨쳐 버릴 수 있도록 매우 유의미하고 설득력 있는 방식으로 기술한 깊이 있고 유익한 정치철학 이론서이다. 독자들은 여기서 책 제목이 '한나 아렌트 미학'이 아니라 '한나 아렌트 정치미학'이라는 점에 유의할 필요가 있다. 그 이유는, 추후 논의 과정에서 점차 명료해지겠지만, 무엇보다 아렌트가 '순수' 철학자가 아닌 '정치철학자'이며, 그의 분야도 '순수' 철학이 아닌 '정치철학'이라는 사실에서 찾을 수 있다.

---

4   아렌트 사후 그의 제자였던 Ronald Beiner가 이것을 단행본 형태로 편집하여 1982년, *Lectures on Kant's Political Philosophy*(Chicago: The University of Chicago Press)라는 제목으로 출간했다. 국내에서는 김선욱이 번역하여 2023년, 칸트의 정치철학(파주: 한길사)이라는 제목으로 출간되었다.

아렌트는 비록 칸트 자신은 인식하지 못했을지라도, 그가 우리의 보편적 정신 기능인 '판단함'의 사회적 기능 또는, 다른 말로 하면, '정치적 효용'을 발견했다고 보았다. 그리고 이 칸트의 판단 이론적 통찰에 기초해 '사유의 정치적 유의미성', 즉 사유함thinking과 행위함acting 사이의 상호연계성 구조를 밝히는 것을 자신의 연구 목적으로 설정했다. 그의 설명에 따르면, 사유함과 행위함이라는 두 개의 인간 활동을 매개하는 것이 바로 판단함judging이며, 판단함은 양심의 개입을 허용함으로써 객관성과 타당성을 유지하게 된다. 이런 맥락에서 아렌트는 사유함의 부산물은 판단함과 양심이라는 주장을 펼친다.

필자는 이 책 『한나 아렌트 정치미학』에서 생전 아렌트가 집필하겠다고 공언한 '새로운 정치철학'의 진면목을 한눈에 파악할 수 있도록 최대한 쉽고 상세하게 설명하려고 노력했다. 그럼에도 아렌트의 사상과 이론 특유의 난해함과 복잡다단함이 여기저기 매복하고 있다가 독자의 경계심이 풀린 어느 순간에 불쑥불쑥 튀어나와 당혹감을 불러일으킬 개연성을 배제하기는 어렵다. 이러한 순간에 대한 대비책으로서 아렌트 정치철학의 주요 핵심 개념 몇 가지와 필자가 아렌트 정치미학 이론으로 체계화하는 과정에서 처음 도입한 개념 범주 몇 가지에 대한 간단한 사전지식을 제공하고자 한다.

한나 아렌트 정치철학의 핵심 개념 범주

• 인간다수성Human plurality. 인간실존의 필수 불가결한 조건으로서 한나 아렌트 정치존재론의 핵심 축을 이루는 개념으로, 정치공동체 속에

서 동료 시민들과 의사소통하며 살아가는 존재라는 아리스토텔레스의 정치존재론적 인간관을 재해석한 개념 범주로 볼 수 있다. 예컨대, 아렌트에게 "정치는 인간다수성이라는 사실에 근거해 상이한 사람들의 공존과 제휴를 다루는 일"(PP, 93)로 정의된다. 또한 아렌트 정치철학 이론의 관점에서 볼 때, 인간다수성은 정치행위는 물론 사유행위를 근본적으로 조건화하는 핵심 요소이다.

• 인간다수체Human pluralities. 이것은 인간다수성, 즉 '인간의 함께함'이라는 현상의 명시화한 형태로서 가족, 직장, 독서클럽, 종교집단, 시민단체, 향우회, 정당, 국가 등과 같은 물리적 인간결사체들을 지칭한다. 각각의 인간다수체는 그것을 함께 구성하는 사람들의 특성과 조직의 목표에 따라, 그것이 위치하는 공적·사적·사회적 영역에 따라, 또한 공청회나 시민포럼처럼 일회성인가, 아니면 국가처럼 반영구적, 또는 영구적 조직인가에 따라, 매우 다양한 성격을 띠게 된다(7장 2절 '인간다수체의 다섯 가지 유형' 참조). 그러나 그것들이 인간다수성의 명시화한 형태인 한, 그것들은 현실정치와 이러저러한 방식으로 관계를 맺게 된다는 공통점이 있다.

• 공영역the Public realm. 아렌트가 고대 아테네 폴리스를 모델로 한 정치행위, 즉 '말과 행위'의 수행 공간을 지칭하는 개념이다. 그는 이 공간을 '정치영역', '인간관계망', '세계' 등으로 다양하게 표현한다. 나중에 하버마스는 이 개념을 우리 주변에서 쉽게 접할 수 있는 정치포럼이나 공론장 같은 현대적 공적 의사소통 공간인 "공공영역the Public sphere; Öffenticheit"으로, 영-브루엘은 인간의 사유 활동 시에 사유하는 자아가 수행하는 내적 대화의 장, 즉 "내부-공영역an Interior public space"으로 각

각 재해석했다. 이 책에서는 아렌트의 원래 개념과 그것의 파생 개념들을 총망라하는 '이념형an ideal-type'으로서 '아렌티안 폴리스the Arendtian polis'라는 개념 범주를 새롭게 제시한다.

• 사회영역the Social realm. 아렌트는 『인간의 조건』에서 인간다수체가 위치할 수 있는 공간을 세 가지 —즉 공영역, 사영역, 사회영역— 로 나누어 설명한다. 여기서 공영역의 실제 모델은 아테네 폴리스, 그중에서도 '민회Ekklesia'나 '500인회Boule'였고, 사영역은 당시 아테네 경제활동의 터전이었던 '가정Oikos'이었다. 이 양자 사이에 놓인 '사회영역'은 근대 산업화 과정에서 대량생산 체계가 가내수공업을 대체하면서 새롭게 형성된 경제섹터와 그것을 측면 지원하는 근대국가의 행정섹터를 지칭하는 또 다른 '공적' 성격의 공간이다. 아렌트는 이 사회영역이 대의민주주의 체제하에서 왜소해진 정치영역을 대신해 전방위적인 공적 기능을 떠맡게 되었다고 설명한다.

• 행위Action. 아리스토텔레스의 '정치적 존재로서 인간'은 동시에 언어를 통해 동료 시민들과 의사소통하는 '언어적 존재homo logon ekhon'이기도 하다. 아렌트는 이 언어적 의사소통이야말로 인간의 '활동적 삶' 속에서 가장 높은 지위를 차지하는 활동이자 그 자체가 목적인 '프락시스praxis'의 실체라고 설명한다. 그런 다음, 이 프락시스 개념을 자신의 '정치행위action' 개념으로 재再전유해, 그것을 '순수한 행위를 위한 행위', 즉 외부 목적에 복무하지 않는 '정치행위' 개념 범주로 수립한다. 한편, 사유함thinking과 행위함acting의 상호연계성을 상정하는 아렌트는 인간의 두 가지 삶의 양식인 '비타 악티바Vita Activa'(활동적 삶)와 '비타 콘템

플라티바*Vita Contemplativa*'(관조적 삶)가 동전의 양면처럼 절대 분리할 수 없는 관계임을 역설한다.

• 사유함Thinking/thinking. 이 '사유함'이라는 개념 범주는 그것이 두 가지 용법을 가지고 있다는 사실에 유의해야 한다. 하나는 정신의 세 가지 세부 기능 전체를 포괄하는 용어이자 '철학함'과 동의어인 '광의의' 사유함Thinking이다. 이때의 '사유함'은 비전문적인 사유자의 정신 활동, 특히 소크라테스가 발견한 '자기 자신과의 내적 교제'를 특정하고 있다. 다른 하나는 우리 정신의 세 가지 기능 —즉 사유함thinking, 의지함 willing, 판단함judging— 가운데 첫 번째인 '협의의' 사유함을 가리킨다. 이때의 '사유함'은 의지함과 판단함에 "사유대상들", "비가시적 요소들", "후속사유들"을 이미지로 바꿔 제공하는 기능을 수행한다. 특히 의지the will에는 미래의 이미지들images을, 판단judgment에는 과거의 이미지들을 제공한다.

『한나 아렌트 정치미학』에 도입된 주요 개념 범주

• 아렌트주의Arendtianism. 이것은 아렌트의 독특한 정치이론과 정치철학의 배후에 놓인 정치사상을 관통하는 '개성원리Thisness'를 가리킨다. 필자가 새로운 개념 범주로 제시한 '아렌트주의'는 아렌트의 학문적 정체성에 대한 모호성을 최소화하기 위해 그의 정치사상을 모종의 '정치 이데올로기'로 간주하여 체계적으로 설명하려는 이론적 기획이다. 이 이론적 기획의 정당성은 아렌트 정치철학에 대한 다양한 이해 및 접근 방

식들을 비교해 볼 수 있는 하나의 준거 틀로서, 또한 추후 아렌트 연구가 나아갈 방향성을 제시하는 신뢰할 만한 나침반으로서의 유용성 차원에서 찾을 수 있다.

• 아렌티안 폴리스the Arendtian polis. 아렌트에게 폴리스는 세상 속에서 개인이 사적으로 소유한 장소와 구별되는, 모두에게 공통된 "세계 그 자체"를 의미한다. 이때 "세계"는 지구나 자연과 같은 물리적인 생활공간이라기보다, 인간이 그들의 "말과 행위를 [함께] 공유함으로써" 만들어내는 인공적인 공간이다. "말과 행위는 거의 언제 어디서든 참여자들 사이에 하나의 공간을 창조"(HC, 198)하기 때문이다. 그는 이러한 사람들 사이에 들어서는 "중간에 낀in-between" 공간을 "인간관계망"이라고 부른다(HC, 183). 이러한 맥락에서, '아렌티안 폴리스'는 이러한 공영역의 특성들을 총망라하며, 특히 정치행위와 사유행위가 동시에 이루어지는 공간으로 정의된다.

• 아렌티안 아르키메데스 점Arendtian Archimedean point. 고대 천체물리학자였던 아르키메데스는 지구 밖의 한 점에서 지구를 바라본다면 그것의 실제 모습을 객관적으로 확인할 수 있을 것이라는 주장을 폈다. 데카르트는 이 '아르키메데스 점'을 인간의 내부 영역으로 이동시키는 방식으로 '내관Introspection'이라는 근대적 주관주의 사유법을 선보였다. 아렌트는 이 데카르트의 '아르키메데스 점'을 '공영역', 또는 의사소통적 '인간관계망' 등의 '외부' 영역으로 이동하는 주관주의 극복 방안을 제시한다. 대개 그러한 공간에서는 개별 시민들의 주관적 발언들이 다른 동료 시민들의 즉각적·명시적 반론 제기 등 일련의 합리적 의사소통 절차를

통해 객관화 과정을 거치게 되며, 그 결과, 특정 의제에 관해 잠정적 합의점이 도출된다. 이 책에서는 이러한 합의점을 '아렌티안 아르키메데스점'이라는 개념 범주로 설정한다.

• **전도된 코기토**The Reversed Cogito. 독일 실존주의 철학의 사유법을 전수한 아렌트는 데카르트의 철학적 명제인 '코기토Cogito' ―즉 '나는 생각한다. 그러므로 존재한다'― 를 거부하고, 그것의 역명제인 '전도된' 코기토 ―즉 '나는 존재한다. 그러므로 사유한다'― 를 대신 승인한다. 이러한 아렌트의 입장은, 한편으로는 "검토되지 않은 삶은 살 가치가 없다"는 소크라테스의 철학적 명제와 조응하며, 다른 한편으로는 인간의 '있음'이 그의 '사유'에 선행한다는 하이데거의 실존주의 입장을 채택한 결과로 볼 수 있다. 모든 인간은 세계의 일부로서 이미 그 속에 현존하고 있으므로 세계 속에서 자기 삶의 유의미성을 발견할 필요성을 느낀다. 사유는 그러한 필요를 충족하는 수단이다.

• **사유함의 현상학**The phenomenology of thinking. 아렌트는 '사유는 우리 의식 속에서 발생하는 현상'이라는 후설 현상학의 이론적 통찰에 기초하여, 우리 정신의 세 가지 기능mental faculty ―사유함thinking, 의지함willing, 판단함judging― 의 상호연계성을 체계적으로 이론화한다. 이 정신의 기능들은 각기 독립적으로 작동하는 동시에 상호연계해 작동하는 특성을 보여 준다. 그러나 현대적 정치존재론자인 아렌트에게 '사유함'은 인간의 '의식' 속에서 전개되는 단순한 정신 현상 그 이상이며, 구체적으로는 '아렌티안 폴리스' 내부에서 발생하는 사유 사건이다. 필자는 이것을 아렌트 '사유함의 현상학'으로 정식화하고, 이것을 사유와 행위의 상

호연계성, 그리고 더욱 중요하게는 사유의 정치적 유의미성에 대한 합리적 설명 근거로 제시했다.

이제 이 책『한나 아렌트 정치미학』의 탄생 과정에서 필자가 진 크고 작은 마음의 빚에 대해 고마움을 전할 순서다. 우선 이 책은 현재 필자가 재직하고 있는 대학으로부터 2022년 9월부터 2023년 8월까지, 1년간 연구년을 허락받아 저술한 연구과제물이다. 이 책의 집필에 오롯이 집중할 수 있게 도움을 주신 경희사이버대학교에 깊이 감사한다. 다음으로는 이 소중한 책의 출간을 맡아 주신 세창출판사와 관계자 여러분, 특히 전담 편집자인 정조연 대리께 진심으로 감사드린다. 끝으로, 이 책에 담긴 모든 지식과 통찰의 원천이자 필자의 영원한 스승인 한나 아렌트 선생님께 무한한 감사와 흠모의 정을 담아 이 책을 바친다.

2025년 2월
서유경

차례

제3부 '인간다수체'의 유형학과 타자윤리학

한나 아렌트 저서명 약칭 목록

BPF:『과거와 미래 사이*Between Past and Future*』

CR:『공화국의 위기*Crises of the Republic*』

EJ:『예루살렘의 아이히만*Eichmann in Jerusalem*』

EU:『이해의 에세이*Essays in Understanding, 1930-1954*』

HC:『인간의 조건*The Human Condition*』

LKPP:『칸트 정치철학 강의*Lectures of Kant Poltical Philosophy*』

LM I:『정신의 삶 1*The Life of the Mind I*』, '사유함'

LM II:『정신의 삶 2*The Life of the Mind II*』, '의지함'

LSA:『사랑 개념과 성 아우구스티누스*Love and Saint Augustine*』

MDT:『어두운 시대의 사람들*Men in Dark Times*』

OR:『혁명론*On Revolution*』

OT:『전체주의의 기원*The Origins of Totalitarianism*』

PP:『정치의 약속*The Promise of Politics*』

RJ:『책임과 판단*Responsibility anf Judgment*』

아렌트 '정치미학'이란 무엇인가?

1장

'새로운' 정치철학

1. 한나 아렌트의 학문적 정체성 이슈

한나 아렌트는 매우 복잡하고 다면적인 성격의 정치사상을 펼쳐 보여 준 정치철학자이다. 이 점은 그를 지칭하는 다양한 호칭에서도 분명하게 드러난다. 그의 호칭 중에는 보수주의자, 공화주의자, 공동체주의자, 급진적 민주주의자, 반체제이론가, 혁명이론가, 실존주의자, 비판이론가, 탈근대론자와 같은 것이 포함되며, 그 가운데 일부는 심지어 서로 모순을 일으키기도 한다. 이를테면 그를 두고 '보수주의자'로 칭함과 동시에 '반체제이론가'로 칭하는 것, 아테네 민주정을 흠모하는 '고전주의자'로 칭함과 동시에 서구 철학 전통을 거부하는 '반역사주의자'로 칭하는 것, 또는 시민의 자유를 옹호하는 '자유주의자'로 칭함과 동시에 평등의 가치를 중시하는 '민주주의자'로 칭하는 것 등이 이에 해당한다.

그 외에도 아렌트의 학문적 정체성과 관련해 자주 오해를 불러일으키는 사실이 있다. 분명 아렌트는 근대성에 관해 매우 비판적인 태도를 보여 준다. 이 점 때문에 그가 비판이론Critical Theory과 연루돼 있을 것으로 추정하는 이들도 있다. 주지하듯이 '비판이론'은 마르크시즘을 배경에 깔고 있는 프랑크푸르트학파의 호르크하이머가 "비판적 마르크스주의Critical Marxism"에서 '마르크스주의Marxism'라는 용어를 떼어 내고 사용해 보편화되기 시작한 이론 사조다(Roderick 1986, 148-149). 그러나 아렌트는 기본적으로 마르크스주의의 이론적 전제 자체에 대해 비판적이라는 점에서 이 사조의 외부에 위치한다는 게 좀 더 타당한 평가일 수 있다.

실제로 아렌트의 근대성 비판 논조는 오히려 '탈근대주의Postmodernism' 사조에 더 가깝다고 볼 수 있다. 그 이유는 무엇보다 아렌트가 탈근대주의 사상의 핵심 사상가인 니체의 초인사상과 관점주의에 대해 매우 우호적인 태도를 보인다는 사실과 함께 탈근대주의자들에게 이론적 통찰과 방법론을 제공한 하이데거로부터 직접적인 지적 영향을 받았다는 사실에서 찾을 수 있다. 그러나 "주저하는 근대주의자the reluctant modernist"(Benhabib 1992)라는 또 다른 호칭이 증언하듯, 아렌트는 탈근대주의자이기보다 근대주의를 반성함으로써 탈근대주의의 지향성을 먼저 제시한 선견의 정치사상가로 보는 게 훨씬 더 합리적일 것이다.

아렌트는 1964년, 귄터 가우스Günter Gaus와의 인터뷰 과정에서 '당신은 정치철학자입니까, 아니면 정치이론가입니까'라는 질문에 대해 자신을 '정치이론가'로 생각한다고 밝힌 바 있다. 그러나 아렌트가 이처럼 직접 자신을 한 사람의 정치이론가로 불러 달라고 요청했음에도 불구하고, 그를 정치이론가로 부르는 게 맞는 것인지, 아니면 정치철학자로 규정하는 게 더 합당한지도 그의 정체성 문제에 혼동을 일으키는 요소로 남아 있다. 그러나 이 문제에 대해서는 그가 철학도로 출발하여 정치이론가로 변신했다가 결국 정치철학자로서 생을 마감했다는 것이 정설이다.

한편으로, 여성주의 진영에서는 아렌트를 여성주의 이론가로 규정하는 것이 적절한지 그렇지 않은지를 두고 아직도 논쟁을 벌이고 있다. 일각에서는 아렌트가 생전에 '여성' 이슈에 대해 별다른 관심을 표명하지 않았다는 사실에 대해 서운함을 표출한다. 심지어 일부 극단적 페미니스트들은 그가 "남성적 이데올로기"의 자양분을 섭취했으며, "남성우월주의"를 수용했고, "배타적으로 남성적인 아테네 폴리스"를 모델로 삼아 이론을 구축했다고 비판한다(Laqueur 2001, 49-62). 이와 정반대로 일부 우호적인 여성주의 이론가들은 페미니즘의 방법론적 관점에서 아렌트의 정치사상을 조명하며, 특히 그의 반정초주의적 접근법이 페미니즘 연구에 결정적으로 중요한 공헌을 했다고 평가한다.[5]

다른 한편으로, 아렌트는 좌익들로부터는 스탈리니즘과 나치즘을 동격으로 취급한 것은 문제가 있다고 비난받았고, 우익들로부터는 냉전 체제의 양대 진영을 극단주의로 몰아붙이는 부적합한 사유법을 제시했다고 혹평받았다. 비근한 예로 헤더와 스톨츠에 따르면, 좌파 이론가들은 아렌트가 프랑스혁명보다는 미국의 시민혁명을 선호한다는 사실에 근거해 그를 우익으로 분류했고, 우파들은 그가 인민 평등 원칙에 기초해 스스로 조직한 회의체인 인민위원회, 즉 소비에트soviets와 노동자위원회 workers' council에 대해 찬양 입장을 견지했다는 이유로 그를 우익 진영에

---

5   Bonnie Honig ed., *Feminist Interpretations of Hannah Arendt*(University Park: The Pennsylvania State University Press, 1995)를 참조하라.

포함하지 않았다.[6]

　아렌트는 연구방법론적 측면에서도 경험적 연구방법론을 사용하는 정치학자들로부터 추상적이며 저널리스트 스타일의 글쓰기를 하고 문학에 경도되어 있으며 철학적인 일반화를 시도한다는 질타를 받았다 (Benhabib 1996, xxx). 게다가 『예루살렘의 아이히만』 출간 이후로 유대인 친구와 지인들의 절교 선언을 감내해야 했음은 물론이고, 유대인 공동체로부터 '반유대주의자'라고 낙인찍히고 파문당하는 뼈아픈 경험을 한 것도 사실이다. 1941년, 뉴욕에 정착한 이래 줄곧 함께 활동했던 독일계 이민자층 철학자 중 일부가 아렌트의 엘리트주의적 태도를 마뜩잖아 한 것도, 또 미국 출신 철학자들 일부가 아렌트의 유럽적 사고방식에 이질감을 느낀 것도 부인할 수 없는 사실이다.

　그렇다면 아렌트 자신은 자신의 학문적 정체성에 대해 어떻게 생각했던 것일까? 1972년, 아렌트에게 헌정된 한 학술회의에서 1920년대 초 하이데거의 강의실에서 함께 공부한 이후 미국으로 건너와 현실주의 국제정치 이론가로 변신한 한스 모겐소Hans Morgenthau가 다음과 같이 질문했다. "당신의 정체는 무엇입니까, 보수주의자입니까, 아니면 자유주의자입니까? 가령 현존하는 학파 속에 본인의 입장을 스스로 분류해 넣는다면 그 위치가 어딥니까?" 이 질문에 대한 아렌트의 대답은 다음과 같았다고 알려진다.

　모르겠군요. 정말 모릅니다. 지금껏 한 번도 그것을 알았던 적

6　Gerald P. Heather and Matthew Stolz, "Hannah Arendt and the Problem of Critical Theory." *The Journal of Politics* 41, no.1(1979): 3.

이 없었습니다. 참, 나는 그런 위치를 가져본 적이 없는 것 같군요. 당신도 알다시피, 좌익은 나를 보수주의자라고 하고, 보수주의자들은 때때로 나를 좌익이라고 하거나 이단자라고 하는 것 같긴 한데, 그런 것 말고 그들이 나를 또 뭐라고 하는지는 알지 못합니다. 물론 이 모든 말에 신경이 쓰이지 않는다는 뜻은 아닙니다. [그러나 내가 진짜 관심을 두는 것은] 이런 식의 언어유희로는 우리 세기世紀의 현실적인 문제들 그 어떤 것도 해결할 수 없다는 점입니다(Arendt 1979, 333).

이 답변에서 우리는 현실 속에 두 발을 단단히 딛고 있는 매우 실천적인 정치이론가로서 아렌트의 모습을 마주하게 된다. 동시에 그는 기존의 학풍이나 명성에 크게 신경 쓰지 않으면서 학문적 독자성을 가지고 현실 문제 해결에 앞장서려는 남다른 사명감을 보여 준다. 그도 그럴 것이 그는 체험에 바탕을 두지 않은 정치이론은 추상성에 치우치게 된다고 경고하면서 자신의 사유 주제는 체험에서 얻어진다고 스스로 밝힌 바 있다.

아렌트는 실제로 "[우리] 인간의 두뇌가 그것보다 더 잘 갖춰진 전자장치가 수행할 수 있는 기술적·논리적 작동장치 그 이상이라고 본다는 것을 전제한다면, [우리의] 생각 자체는 실제 사건에서 연유하고 있고, 생각의 높낮이나 사유의 깊이와 관계없이 생명력 있는 경험을 제공하는 사건들은 [사유의] 지표로 남아야 하며 체험의 의미가 상실되어서는 안 된다"고 주장하기도 했다(CR). 같은 맥락에서 아렌트 정치철학이 그의 개인적 체험을 고스란히 녹여 낸 사유의 결정체였음은 의심할 나위가 없다.

번스타인에 따르면, 1933년 2월 27일, 독일의사당 방화에 이어 벌어진 나치의 불법체포 사건은 아렌트가 지식인으로서, 또 유대인으로서 책임의식[7]을 느끼게 된 계기였다. 동시에 이 사건은 아렌트 정치학의 시발점이었으며, 이후 그의 정치적 사유思惟는 독일 국가사회주의 체제하에서의 개인적 경험과 1956년 헝가리폭동과 같은 정치적 사건을 목도하면서 급격히 확장되는 경향을 보여 주었다(Bernstein 1996, 71). 아렌트는 1946년, 야스퍼스에게 쓴 서신에 "나는 나의 역사적·정치적 사유 속에서 유대인 문제를 제외하는 것을 거부해 왔다"라고 적었다. 이 사실은 "사상가로서, 저술가로서, 또 행위자로서 그의 자의식"의 뿌리가 유대인이라는 정체성에서 비롯되고 있음을 시사한다(Bernstein 1996, x).

아렌트의 학문 세계가 그의 실제 경험에 바탕을 둔 반성적 사유가 축적된 결과라는 데는 아무도 이의를 제기하지 않을 것이다. 그러나 아렌트 자신이 『인간의 조건』에서 말하고 있듯, 인간은 자신에게 주어진 삶의 조건을 수용하는 한편, 자신의 일생을 통해 끊임없이 새로운 조건들을 창조해 가는 존재다. 아렌트는 기본적으로 헤라클레이토스 Heracleitos의 만물유전萬物流轉 법칙에 동의했으며, 인간의 생각도 늘 변한다고 믿었다. 그는 분명한 사실에 근거해 논의를 전개하는 엄밀한 원칙주의 저술가였다. 그는 새로운 것을 읽는 것을 즐겼고, 언제나 중요한 부분은 발췌하여 자신의 인용문 기록장인 '사유 일기Denktagebücher'에 적

---

7   아렌트의 유대인 정체성에 관한 대표적인 논의는 Hanna Pitkin, "Conformism, Housekeeping, and the Attack of the Blob: Hannah Arendt's Concept of the Social," in *Feminist Interpretations of Hannah Arendt*, Edited by Honig, 51-81; Seyla Benhabib, *The Reluctant Modernism of Hannah Arendt*(London: Sage Publications Inc., 1996); Ann Lane, "The Feminism of Hannah Arendt." *Democracy* 3, no.3(1983): 109 등을 꼽을 수 있다. 좀 더 최근의 논의는 Steven E. Aschheim이 2001년 편집하여 출간한 *Hannah Arendt in Jerusalem*(Berkeley: University of California Press)에 수록된 Liliane Weissberg, "In Search of the Mother Tongue: Hannah Arendt's German-Jewish Literature"; Amnon Raz-Krakotzkin, "Binationalism and Jewish Identity: Hannah Arendt and the Question of Palestine"; Moshe Zimmerman, "Hannah Arendt, the Early 'Post-Zionist'"; Richard J. Bernstein, "Hannah Arendt's Zionism?" 등을 참조하라.

어 두었다가 집필 시에 성실하게 인용한 것으로도 유명하다. 일반적으로 그의 저서 속에는 방대한 양의 다채로운 인용문이 나타나고 있으며, 각각의 인용문은 그의 생각을 더욱 새롭게 발전시키는 단초가 되어 주었다(Young-Bruehl 1982a).

비유적으로 말해서, 조각가의 영감이 그의 개인적 경험에서 우러나온다면, 조각에 쓰이는 재료와 연장은 외부로부터 조달해야 한다. 그럼에도 특정 조각가에게 그가 좀 더 선호하는 재료나 연장이 있는 것이 당연한 것처럼, 아렌트의 정치철학에 상대적으로 더 많이 기여한 지적 전통과 인물들이 발견되는 것은 사실이다. 아렌트는 주기적으로, 또는 습관적으로 아리스토텔레스와 칸트로 회귀하는 모습을 보여 주었다. 물론 그들의 지적 영향력을 액면 그대로 수용한 것은 아니며, 각각에 대해 비판적 거리를 두고 철저한 철학적 반성을 시도했다. 이에 논객들은 아렌트를 "신아리스토텔레스주의자"나 "신칸트주의자"로 구분하기도 한다. 그러나 가장 구체적인 평가는 아마도 그가 아리스토텔레스의 정치존재론적 개념 범주들을 독일 실존주의 철학, 특히 하이데거 철학의 관점에서 재해석했다는 주장일 것이다(Wellmer 2001, 36; Taminiaux 2000, 176, n.2).[8]

앞에서 이미 언급한 것처럼, 1964년의 가우스 인터뷰에서 아렌트는 자신이 정치철학자라기보다는 정치이론가로 불리기를 바란다고 밝힌 바 있다. 그러나 죽음을 맞이하기 바로 한 해 전인 1974년, 아렌트가 한 지인에게 보낸 편지에서 "철학은 나의 첫사랑이었다"라고 고백했다는 것

---

8   1924년 가을, 아렌트는 마르부르크대학에서 하이데거의 강의 두 개를 수강했다. 하나는 『소피스트』 강독이었고 다른 하나 '아리스토텔레스 철학의 기본 개념'이었다. 후자는 아렌트의 아리스토텔레스 개념 이해에 있어 하이데거의 직접적인 영향력을 미루어 짐작할 수 있는 단서이다(Young-Bruehl 1982a).

은 명백한 사실이다.[9] 이와 관련해 야르브로와 스턴은 그의 유작인 『정신의 삶』이 철학도였던 "아렌트의 원래적[즉 철학적] 관심으로의 회귀였다"고 촌평한다(Yarbrough and Stern 1981, 324-354).

또 다른 아렌트 연구자는 "젊은 여성이었던 아렌트는 나치즘의 등장으로 인해 자신의 철학적 삶의 행로에서 이탈하여 공적인 삶 속으로 뛰어들어 진정한 공적 세계the public world의 복원과 공적 행복의 즐거움을 설파하기 위해 글을 썼고, 자신의 인생 여정의 끝에 이르러서야 정치학을 뒤로하고 철학으로 회귀하였다"(Hansen 1993, 198)라고 요약·정리했다. 이러한 사실들을 종합해 다시 정리하면, 1924년, 마르부르크대학의 철학도로서 학문의 길에 들어선 아렌트는 1933년의 파리 망명 이후, 현실정치에 대한 절박한 문제의식을 키우게 되면서 정치이론가로 깜짝 변신했으며, 말년에 이르러 다시 철학으로 복귀했지만, 이때는 이전의 순수철학이 아닌 정치철학으로의 복귀였다고 말할 수 있다.

여기서 아렌트가 '순수' 철학으로 복귀한 것이 아니라 '정치철학'으로 복귀했다는 주장은 그가 직접 새로운 '정치철학'의 집필 필요성을 제기했으며, 그것의 성격은 '사유의 정치적 유의미성'을 규명하는 것이 돼야 한다고 선언했다는 사실에 바탕을 두고 있다. 아렌트 이전에는 사유의 '정치적 효용'에 관해 주목한 철학자는 아무도 없었다고 해도 전혀 지나친 표현이 아니다. 이런 점에서 한나 아렌트는 20세기 지성계 전체를 통틀어 가장 '독창적인 사상가'로서의 위상을 확보하게 되었으며, 좀 더 적실한 표현을 사용하자면, 가장 '독창적인 정치철학자'로 불리게 된 것이다.

---

9   아렌트가 Fr. Pierre Riches에게 보낸 1974년 8월 21일 자 서신(Arendt Papers, Library of Congress). 여기서는 Young-Bruehl(1982a, 327)에서 재인용.

2. 아렌트 정치철학의 '개성원리Thisness'

1975년 봄, 덴마크 정부는 '유럽 문명의 창달에 공헌했다'는 수상 이유와 함께 한나 아렌트에게 '소닝상The Sonning Prize'을 수여했다. 아렌트는 상을 수락하는 연설에서 특정 사상가의 '개성원리thisness'는 비록 식별이 가능할지라도 정의하기는 까다로운 어떤 것이라고 설명했다(RJ, 14). 당시 연설에서 언급된 개성원리라는 개념이 얼마 가지 않아 다른 어떤 인물보다 아렌트 자신을 설명하는 개념으로 드러났다는 사실은 아이러니가 아닐 수 없다. 하늘에 닿을 듯한 높은 명성에도 불구하고, 그의 학문 세계를 명확히 정의하기는 매우 어렵기 때문이다.

실제로 철학자들 사이에서 아렌트는 '한 사람의 아이러니스트an ironist'로 불려 왔다. 그 이유는 바로 아렌트가 플라톤처럼 현실 세계의 관심사들과 거리를 둔 전문적 사유자, 즉 전통적 철학자의 관점이 아니라 소크라테스처럼 일상의 삶을 영위하는 시민의 관점에서 기성의 것들에 대해 엄밀히 검토하고 성찰하는 '철학함philosophizing'의 방식을 실천했다는 사실 때문이다. 또한 그 연장선상에서 아렌트가 플라톤 이후 등장한 서구의 전통적 철학 학파 가운데 특정 노선을 따르고 편승하는 대신, 모든 철학 학파의 외부에 자신의 위치를 정한 다음, 비판적 거리를 두고 그것들을 중립적 태도로 재평가하는 역할을 자임했다는 점도 그러한 별명이 생긴 원인으로 볼 수 있다.

이 책에서 필자는 아렌트의 독자적 학문 세계의 개성원리를 '아렌트주의Arendtianism'로 지칭할 것이다. 아렌트주의는 그가 평생에 걸쳐 탐구하고 몰입했던 '새로운 정치철학'의 탄생 과정 전체를 관통하는 그의 독특한 정치철학적 개성원리를 가리킨다. 아렌트주의의 중심에는 아렌트 철학의 고유한 문제의식이 놓여 있다. 소크라테스 이래로 2,500여 년간 지속돼 온 서구 철학 전통의 시원에서 발생한 가장 치명적인 실수는 바로 '정치'와 '철학'의 분리였다는 정치철학적 통찰이 바로 그것이다.

그가 보기에 인간은 '사유'하는 존재인 동시에 '행위'하는 존재이며, 사유와 행위는 불가분의 관계에 있다. 이는 인간의 두 가지 삶의 양식인 '비타 악티바*Vita Activa*; 활동적 삶'와 '비타 콘템플라티바*Vita Contemplativa*; 관조적 삶'가 동전의 양면처럼 절대 분리할 수 없는 관계라는 의미다. 따라서 우리가 '활동적 삶'에서 사유를 분리하거나 그와 정반대로 '관조적 삶'에서 행위를 분리한다면, 양자 모두 치명적인 부작용을 낳게 될 것이다.

이러한 생각이 바로 아렌트가 아돌프 아이히만의 사례로부터 끌어낸 것으로 유명한 '악의 평범성' 명제가 출현하게 된 배경이다. 요컨대, 아이히만이 저지른 반인류적 범죄는 사유와 행위의 분리, 즉 그의 '무사유'에서 비롯되었다는 것이다. 이와 대조적으로 '관조적 삶'에서 정치행위의 장에 대한 고려를 분리한 결과도 치명적이기는 마찬가지이다. 아렌트는 플라톤의 '철학적 전제'나 하이데거의 '나치 부역의 문제'는 '전문적 철학자의 직업병'으로 볼 수 있다는 의견을 피력했다. 요컨대, 그러한 사례는 단독자의 삶의 양식에 익숙한 철학자가 다수가 함께 구성하는 세계의 맥락으로 진입할 때 발생하는 일종의 '부적응' 사태라는 것이다.

이 대목에서 우리는 아렌트 정치철학의 제1 원리로서 '인간다수성 human pluraliaty' 개념 범주를 소환할 필요가 있다. 인간다수성은 한마디로 "한 사람이 아니라 [여러] 사람들이 지구상에 [함께] 살며, 그 세계 속에 서식한다는 사실"(HC, 7)을 가리킨다. 이것은 인간 삶의 실존적 조건이므로, 지구상에 있는 인간이라면 그 누구라도 이 조건을 벗어날 수 없다. 이러한 아렌트의 관점에서 볼 때, 플라톤의 중대한 오판은 단독성의 삶의 양식에 특화된 철학자가 다수성에 특화된 일반 시민들의 삶의 양식을 수용하지 않으면서도 자신의 우월한 이성적 능력을 앞세워 그들을 이끌거나 일깨울 수 있다고 믿은 점이다. 이 플라톤의 근거 없는 믿음은 안타깝게도 '철학적 전제'를 합리화했고 철학자와 세계 사이의 불화 원인이 되었다.

이에 아렌트는 플라톤의 입장과 정반대로 활동적 삶과 관조적 삶의 결합, 그리고 그 연장선상에서 정치와 철학의 결합을 기본명제로 수립한다. 그의 인생 마지막 시기에 수립된 이 기본명제는 단순한 '철학적' 명제가 아니라 아렌트 자신의 학문 여정과 현실정치에서의 개인적 경험을 함께 녹여 낸 '정치철학적' 명제다. 그러나 안타깝게도 이 기본명제를 설명하기 위해 집필하기 시작한 『정신의 삶』의 3권은 미집필 상태로 남겨졌다. 이 책의 1권 '사유함Thinking'과 2권 '의지함Willing'을 탈고한 직후인 1975년 12월 4일, 아렌트가 뇌일혈로 갑자기 세상을 떠났기 때문이다.

1951년 출간된 『전체주의의 기원』, 1958년의 『인간의 조건』, 1963년의 『혁명론』은 명백히 '활동적 삶'의 문제를 다룬 저작이었다. 물론 『예루살렘의 아이히만』은 그것이 비록 앞의 책들과 비슷한 시기에 출간되었을지라도 확실히 '관조적 삶'의 문제의식을 담고 있었고, 연구의 무게중심이 다시 관조적 삶 쪽으로 이동하고 있음을 보여 주는 하나의 단서였다. 아렌트는 『정신의 삶』의 집필에 앞서 『인간의 조건』을 쓸 당시에 자신이 여전히 서구 철학의 전통 속에서 활동적 삶이라고 부르는 것을, 관조적 삶의 실재 그 어떤 것도 언급하지 않은 채, 그것의 관점에서 설명하는 오류를 범했다고 고백했다.[10]

『인간의 조건』의 주된 결함이자 실수는 다음과 같다. 나는 관조적 삶에 관해 실제로 한 마디 언급도 없이 전통적으로 활동적 삶이라고 지칭되었던 것을 그것의 관점으로 보고 있었다는 것이다. 지금에 와서 돌이켜 보니, 활동적 삶을 관조적 삶의 관점에서 보는 일은 이미 일차적 오류를 범하는 것임이 틀림없다. ⋯ 사유하는 자아the thinking ego의 근본 경험은 물리적·신체적 장애물들로부터 방해받지 않는 순수한 [정신] 활동이다. 그러나 당신이 [이] 활동을 개시하는 순간 당신은 세계를 직면해야 하고, 지속적으로 자신의 한계를 느끼게 되며, 말하자면, 당신 자신의 몸(현실적 상황)을 고려하게 될 것이다. ⋯ 나는 이제 이 점에 관해 기술하려고 한다(Arendt 1979, 305-306. 강조는 필자).

위 인용문은 1972년, "한나 아렌트의 저작"이라는 제하에 열린 세미나에서 아렌트가 자신의『정신의 삶』집필 계획을 알리며 던진 일종의 출사표였다. 겉으로 보기에 이것은 자신이 '관조적 삶'에 관해 쓰겠다는 집필 의도를 공표한 것에 지나지 않는다. 그러나 그것이 실제로 의미하는 바는 자신이 앞서 저술한 '활동적 삶'에 관한 책과 본인이 개인적으로 얻은 경험을 바탕으로 '관조적 삶'의 작동 방식을 심층적으로 재검토하겠다는 선언이었다. 이는 플라톤 이래 서구 철학이 의도적으로 차단벽을 치고 정치적 삶과 분리한 관조적 삶의 형태가 아닌, 이를테면 정치적 삶과 연계된 관조적 삶에 관해 새로운 설명을 제공하겠다는 의미였다.

우리는 이를 통해 아렌트의 문제의식이 전통적으로 분리된 연구 분

---

10   Hannah Arendt, "Hannah Arendt on Hannah Arendt," in *Hannah Arendt: The Recovery of the Public World*, Edited by Melvyn A. Hill(New York: St. Martin's Press, 1979), 305.

과인 '철학'이나 '정치학'에 배타적으로 소속하기보다, 이 둘이 지평 융합을 이룬 '정치철학'에 닻을 내리고 있음을 알 수 있다. 좀 더 구체적인 연구 주제는 '관조적 삶'의 정치적 효용성에 관한 탐구로 좁혀지게 되는데, 이는 아이히만의 재판을 통해 '무사유thoughtlessness'의 정치적 위험성을 명확히 인식했기 때문일 것으로 짐작된다. 실제로 아렌트는 자신이 장차 차기작을 통해 '새로운' 정치철학을 기술할 것이며, 그것의 목표는 '사유의 정치적 유의미성'을 탐구하는 것이라고 밝힌 바 있다.[11]

> 새로운 정치철학에 결정적으로 중요한 것은 사유의 정치적 유의미성에 관한 탐구일 것이다. 즉 단독적인 것the singular의 형태로서 결코 현존할 수 없는 [인간이라는] 어떤 있음a being, 또한 전통적인 인간 본성에 대한 이해 방식에 모종의 나-너I-Thou 관계가 추가될 때 그것의 본질적인 다수성plurality이 절대 파악되지 않을 어떤 존재자에 대해 사유함이 지닌 [정치적] 유의미성과 그 조건들에 대한 탐구일 것이다(EU, 445).

이 인용문의 내용은 기본적으로 그가 『인간의 조건』에서 보여 주었던 아리스토텔레스의 '인간'에 대한 이중적 이해 방식을 배경으로 내놓은 주장으로 드러났다.[12] 아리스토텔레스가 일차적으로 설정한 인간관은 도시국가인 폴리스에서 다른 시민들과 더불어 삶을 영위하는 '정치적 존재zoon politikon'다. 아렌트는 우선 이 인간에 대한 정의를 '인간다수성',

---

11   Hannah Arendt, *Essays in Understanding, 1930-1954*, Edited by Jerome Kohn(New York: Harcourt Brace Jovanovich, 1994a), 445.

12   37쪽 각주 8을 참조하라

즉 "한 사람이 아니라 [여러] 사람들이 지구상에 [함께] 살며, 그 세계 속에 서식한다는 사실"(HC, 7)로 바꿔 설명한다. 그리고 그 연장선상에서 인간은 "단독적인 것the singular의 형태로서 결코 현존할 수 없는 어떤 있음a being"[13]이라는 하이데거식 실존주의 표현을 가미하게 된다.

우리가 잘 알다시피, 아리스토텔레스의 '정치적 존재로서 인간'은 동시에 언어를 통해 동료 시민들과 의사소통하는 '언어적 존재homo logon ekhon'이기도 하다. 아렌트는 이 언어적 의사소통이야말로 인간의 '활동적 삶' 속에서 가장 높은 지위를 차지하는 활동이자 그 자체가 목적인 '프락시스praxis'의 실체라고 설명했다. 그런 다음, 이 프락시스 개념을 자신의 '정치행위action' 개념으로 재再전유해 그것을 '순수한 행위를 위한 행위', 즉 외부 목적에 복무하지 않는 '정치행위' 개념 범주로 수립했다. 이로써 아렌트는 "아리스토텔레스의 프락시스를 일신했다"(Habermas 1971)는 평가를 받게 되었던 것이다.

위 인용문에서 우리를 의아하게 하는 언급은 아마도 아리스토텔레스의 "전통적인 인간 본성에 대한 이해 방식"에 철학의 관심사인 존재자의 "나-너 관계가 추가될 때" 인간다수성의 의미가 "절대 파악되지 않을" 수 있다는 관점일 것이다. 추정컨대, 이러한 언급의 배경에는 장차 아렌트 정치철학 이론의 중요한 핵심축으로 드러나게 될 '대화 양식'에 대한 생각이 놓여 있다. 예컨대 소크라테스가 철학함의 방법으로 제시한 '하나-속-둘two-in-one', 즉 '나와 나 자신의 대화' 양식이나 성 아우구스티

---

13   여기서 'a being'은 하이데거식으로 표현해서 '어떤 있음'이나, 아니면 대문자 'Being'
(즉 존재)과 대칭되는 표현인 소문자 'being'(즉 존재자)으로 옮길 수 있을 것이다. 또한 우리가 일상에서 사용하는 어법으로는 '어떤 존재'로 옮기는 것도 대안이 될 수 있을 듯하다. 그러나 여기서는 '어떤 있음'이라는 표현을 선택했다.

누스가 기독교 사제의 관점에서 제시한 기도, 즉 '신의 현전 속 대화'는 형식상 '나-너'라는 일대일 대화 상황이다. 이러한 '화자' 대 '화자'라는 이분적 대화 양식은 현장에서 그들의 대화를 경청하는, 또는 경청하고 있다고 가정되는 '청중'의 존재를 고려에서 빠뜨리고 있다.

아렌트의 관점에서 인간다수성 조건은 인간이 이 세계 속에서 삶을 유지하는 한 결코 벗어날 수 없는 인간의 실존 조건이다. 그것은 심지어 그가 비록 현실 세계에서 철수하여 '사유함thinking'이라는 정신의 영역에 진입하여 사유 활동을 개시하더라도, 그의 '내부' 세계에서 즉각 활성화하는 사유함의 불가피한 구성요소이기도 하다. 문제는 서구 철학 전통이 이 점을 간과했으며, 그 결과 '사유의 정치적 유의미성'을 파악할 수 없었다는 데 있다. 이러한 아렌트의 진단이 맞다면, '활동적 삶'과 '관조적 삶'은 원칙상 '동일한' 인간의 실존 조건에 종속된다는 논리가 성립한다.

아렌트는 자신의 진단에 대한 후속 조치로서 『정신의 삶』의 집필을 계획했고, 거기서 관조, 즉 '사유Thought'라는 인간의 정신 현상에 관한 분석 작업에 착수했다. 아렌트의 집필 계획에 따르면, 이 책은 '사유' 현상을 세 가지 세부 활동인 '사유함', '의지함', '판단함'으로 나누고, 그 각각의 구체적인 기능이 무엇인지를 밝히는 동시에, 그 세 가지 정신 기능이 어떠한 방식으로 상호작용하는지에 관한 분석적 설명을 담을 예정이었다. 비록 때 이른 죽음이 찾아와 '판단함'에 관한 설명이 누락된 상태일지라도, 그가 육필로 남긴 '사유함'과 '의지함'에 관한 설명은 필자가 이 책에서 특별히 '사유함의 현상학'[14]이라는 제목을 붙여 따로 논의해야 할

---

14   이 '사유함의 현상학'은 아렌트가 사유를 '우리 의식 속에서 발생하는 현상'으로 다룬 후 설 현상학의 방법론에서 얻은 통찰을 반영한 용어이다.

만큼 매우 정교하고 풍요로운 내용을 담고 있다.

앞서 말했듯, 아렌트는 1972년, 영국 스코틀랜드에 소재한 아버딘 Aberdeen대학이 매년 전 세계적으로 가장 독창적이고 영향력 있는 사상의 소유자를 선정해 개최하는 '기포드 연강 시리즈The Gifford Lectures'의 연사로 초청받은 영광의 주인공이 되었다. 당시 아렌트의 강연 주제는 '사유함Thinking'이었다. 이듬해 아렌트는 두 번 연속 초청되는 전인미답의 주인공이 되었는데, 불운하게도 강연 도중 뇌일혈로 병원 신세를 지게 되어 강연 일정에서 중도 하차해야 했다. 이 두 번째 연강의 주제는 '의지함Willing'이었다. 그리고 그는 1975년 12월 4일, '판단함Judging'이라는 표제어가 타자된 종이를 타자기에 걸어 둔 채 세상을 떠났다. 그 후 3년 뒤인 1978년, 유작으로 출간된 『정신의 삶』은 미완의 3권을 제외한 1권과 2권의 합본 형태였다. 미집필된 3권 '판단함'의 내용과 관련해 아렌트 연구자들이 이구동성으로 지목하는 것은, 그것과 칸트의 『판단력 비판』 사이의 연관성이다. 그들이 둘 사이의 연관성을 주장하는 것은 거기에 누구도 부인할 수 없는 확실한 근거가 존재하기 때문이다.

아렌트는 1960년대 말엽부터 뉴스쿨 대학원 코스에서 '칸트 정치철학'이라는 제목의 강좌를 개설해 학생들을 가르쳐 왔다. 이 강좌 제목에서 '정치철학'이라는 표현이 처음 등장하게 된다. 비록 칸트 자신은 인지하지 못했을지라도, 그가 훌륭한 '정치철학서'를 집필했다는 아렌트의 그럴듯한 설명과 함께 말이다. 물론 여기서 아렌트가 말하는 칸트의 책은 바로 『판단력 비판』이다. 따라서 이후 아렌트가 '새로운 정치철학'을 기술하겠다고 출사표를 던지자 연구자들은 자연히 칸트 '정치철학'과 그의 새로운 '정치철학' 사이의 직접적 연관성을 추측할 수밖에 없는 상황이 된 것이다.

3. 칸트 '미학'에서 아렌트 '정치미학'으로

1) 18세기 칸트 미학의 등장

'미학美學; Aesthetics'이라는 용어의 어원은 그리스어 'aisthêsis'이다. 이것은 대개 감각 지각sense perception을 가리켰고, 반드시 사유나 지식, 또는 이성을 가리키는 것은 아니었으므로 철학의 관심에서 벗어나 있었다.[15] 그런데 18세기에 이르자 상황이 반전되었다. 당시 유럽의 식자층 내부에서 '취향taste'에 대한 관심이 빠르게 퍼져나가면서 인간의 느낌 또는 감성과 결부되는 '심미적인 것the aesthetical'[16]이 마침내 서구 철학자들 사이에서 학문적 관심사로 떠오르게 된 것이다. 그리고 그 연장선상에서 '심미적인 것'이 하나의 학문적 개념 범주로서 철학 용어 사전에 등재되고, 그것의 파생 학문인 '미학' 역시도 철학의 유의미한 하위 분과로 공인되는 일련의 과정이 뒤따르게 되었다.[17]

아렌트는 이러한 객관적 사실들에 근거해 18세기 이전에는 '미학'이라는 용어의 용처가 분명하지 않았고, 18세기에 이르러서야 비로소 특정한 철학적 '담론'[18] 형태를 띠기 시작했다고 주장한다. 이어서 그러한 담

---

15   Joseph J. Tanke and Colin McQuillan, *The Bloomsbury Anthology of Aesthetics* (New York and London: Bloomsbury Academic, 2012).

16   '심미적인 것'의 의미에 대한 설명은 다음 웹사이트를 참조하라. http://www.dictionary.com/browse/aesthetics; http://www.iep.utm.edu/aesthetics.

17   철학의 하위 분과로서 '미학'이라는 학문 분과를 '창안'한 사람은 알렉산더 고틀리프 바움가르텐Alexander Gottlieb Baumgarten이다. '미학Aesthetica'이라는 용어는 1750년에 소개된 그의 미완성 저서 제목을 통해 공식화되었다(Tiechert 2003, 67. 각주 5).

18   소크라테스는 『테아이테토스Theaetetus』에서 '담론'을 의미하는 그리스어 *dianoeisthai*

론 형성의 중심에 칸트가 있었는데, 그는 18세기의 시대정신을 대변하는 '취향taste'이라는 관념에 심취했을 뿐 아니라, 미학이 우리의 감각들을 통해 인지된 현상들을 설명하는 데 매우 유용한 학문적 범주라는 사실을 인정했고, 종국에는 취향 판단의 규칙들을 발견하여 심미적 판단의 기준으로 수립하는 학문적 성과를 냈다고 설명한다.[19]

일반적으로 예술가의 작품이나 배우의 무대 공연과 같은 '예술품' 각각에 대한 심미적 판단에는 몇 가지 선결조건이 따라붙는다. 첫 번째 조건은 전시 공간으로, 각각의 예술작품을 관중에게 선보일 공공 전시 장소가 마련돼야 한다. 두 번째는 다수의 평가자로, 전시된 각각의 예술작품에 대한 가치를 제대로 평가할 수 있는 관중 또는 평가자가 존재해야 한다. 세 번째는 심미적 거리로, 평가자는 예술작품의 올바른 감상에 필요한 적정 수준의 물리적·심리적 거리를 확보할 수 있어야 한다. 마지막 조건은 심미적 기준이다. 이것은 심미적 판단에 있어 가장 결정적으로 중요한 조건이며, 아름다움에 대한 평가의 객관성과 타당성을 담보하는 요소로 작용한다.

이 네 가지 선결조건 가운데 칸트가 특별히 공헌한 부분은 심미적 기준에 관한 보편타당한 '미학' 이론적 접근법을 제시한 점이다. 그는 먼저 아름다움에 관한 개개인의 취향, 즉 개별적이고 주관적인 평가 의견들이 놀랍게도 객관성과 타당성을 담지한 특정의 공통분모로 수렴할 가

는 "사람이 어떤 결심을 하고 의견을 형성하는 데" 필요한 지식에 관한 대화를 가리킨다고 설명했다. 이에 관한 자세한 아렌트의 설명은 *Responsibility and Judgment*, 91-93을 참조하라.

19 Hannah Arendt, *Lectures on Kant's Political Philosophy*, Edited and with an Interpretive Essay and Introduction by Ronald Beiner(Chicago: The University of Chicago Press, 1982), 32.

능성을 적시했다. 이는 사람들에게 그가 '상식common sense' 또는 '공통감
각sensus communis'이라고 부르는 특별한 감각이 내재하기 때문이다.[20] 이
런 맥락에서 칸트는 이 '공통감각'이라는 내부 감각이 존재하는 한, 제아
무리 주관적인 사람들의 취향 판단이라도 무조건 주관성으로 흐를 가능
성은 희박하다고 믿었다. 이는 취향 판단의 '사회적', 또는 '공적' 차원에
대한 이론적 통찰로 이해할 수 있다.

아렌트의 친절한 설명에 의하면, 칸트는 '센수스 코뮤니스'를 매우
다양하고 상세한 설명과 함께 다층적으로 정의했다. 첫째로, 그것은 "우
리를 한 공동체에 적합하게 만드는 어떤 특별한 감각an extra sense"이자
우리 정신의 내부 공간에 숨겨진 양심처럼 "개인적 맥락에 놓인 모든 사
람에게 동일한 것을 지시指示하는 공동체 감각the community sense"이다.
둘째로, 그것은 우리의 반성 작업을 떠맡고 있는 어떤 "내부 감각an inner
sense", 즉 우리의 판단 능력을 촉진하는 "제6의 감각a sixth sense"(LKPP,
64)이다.

이러한 칸트의 다층적 정의를 종합할 때, 센수스 코뮤니스, 즉 '공통
감각'은 아마도 인간의 내부에서 심미적 판단의 기준으로 작용하는 어떤
내부 감각인 동시에, 개별 사안에 관한 판단의 척도인 '판단 이성'으로
바꿔 이해할 수 있을 것이다. 아렌트에 의하면, 칸트는 바로 이것이 판단
자로 하여금 사인私人으로서의 개인 차원이 아닌 "공동체의 일원으로서
판단"하게 한다고 설명했다.

---

20 칸트의 '공통감각sensus communis' 개념에 관한 좀 더 자세한 설명은 한상원(2024, 199-207)
을 참조하라.

판단은 모든 사람 속에 있는 이 공통감각*sensus communis*에 호소하며, 판단에 특별한 타당성을 부여하는 것이 바로 이 호소 가능성이다. 그것이 내게 쾌감이나 불쾌감을 준다는 느낌은 전적으로 개인적이며 비非소통적인 듯 보이지만, 실제로 그것은 공동체 감각에 뿌리를 내리고 있으므로 일단 [공동체 감각이 매개된] 반성을 통해 변형된 이후 소통 과정에 개방된다. 이 과정에서 모든 타인과 그들의 느낌들이 고려되며, 판단자는 공동체의 일원으로서 판단한다(LKPP, 72).

위 인용문에서 알 수 있듯, 칸트는 취향이라는 것에 본래 호好나 불호不好라는 개인의 느낌 또는 감정에 따라 움직이는 특성이 있더라도, 그가 공동체의 일원으로서 판단할 때 그것의 척도가 되는 것은 취향의 즉각적인 즐거움이나 고통의 경험이 아니라 '공통감각'이라고 주장한다. 이런 점에서 칸트는 그것과 공동체 내 구성원들이 공유하는 '공동체 감각'을 동일한 것으로 이해한다. 따라서 그는 특정 사물이나 대상에 관해 판단하는 개인들이 동일한 공동체에 소속하고 있는 한, 그들은 자기 내부의 반성적 판단 과정에서 '공통감각'이라는 척도에 따라 보편타당한 의견을 형성할 것이라고 믿는다.[21]

다른 말로 하면, 칸트는 '시비' 또는 '쾌-불쾌'를 판단하는 유일한 기준은 그 공동체 감각인 센수스 코뮤니스이며, 그것이 개인적 호-불호의 느낌들, 즉 센수스 프리바투스*sensus privatus*에 대해 우선성을 갖는다고 가정한다. 그 결과, 그의 심미적 판단 이론에서 각자의 주관적 느낌은 사

---

21 아렌트는 칸트의 심미적 판단 이론의 방법론에 동의하는 한편, 그가 '공통감각'을 심미적 기준으로 제시한 것에는 이견을 보인다. 이 주제는 추후 논의에서 좀 더 구체적으로 다루게 될 것이다.

유함 또는 반성적 판단의 과정에서 극복되어야 할 어떤 것으로서 드러나게 된다. 이 대목에서 우리는 칸트의 의무론적, 또는 도덕철학적 딜레마가 발생하고 있다는 사실을 감지하게 된다. 또 다른 문제도 있다. 같은 공동체에 속하지 않는 일군의 사람들이 함께 섞여 있다고 가정했을 때, 그들 각자의 '공동체 감각'이 동일한 '공통감각'이라고 볼 수 있을지도 의문이기 때문이다.

아렌트는 이와 유사한 문제의식에서 특정 개인이 특정 사안에 관해 판단할 때, '그가 공동체의 일원으로서 자신이 속한 곳의 공동체 감각에 따라 판단한다'는 칸트의 견해가 겉보기와는 달리 문제가 있다고 생각한다. 이는 개인을 공동체의 목적에 복속시키는, 이른바 '공동체주의적' 오류를 범할 수 있기 때문이다. 또한 그는 칸트가 주장하듯 공통감각이 '모두'에게 보편타당한 판단의 척도가 될 수 있는지도 재고할 필요성이 있다고 믿는다. 특정 공동체 내부에서 통용되는 '공통감각'이 다른 공동체에서도 똑같이 통용될 수 있을지는 미지수이기 때문이다.

아렌트는 기본적으로 취향 판단 또는 심미적 판단이 판단자 개인의 주관성과 밀접히 결부된 인간의 활동일지라도, 그것의 '소통 가능성'으로 인해 주관적 경향이 극복될 수 있다는 칸트의 생각에 동의한다. 그러나 칸트가 말하는 '소통 가능성'의 원인이 심미적 기준으로서 '공통감각'이라는 생각에는 동의하지 않는다. 그 이유는 아렌트가 공개된 장소에 전시된 예술품이나 무대 공연에 관한 심미적 판단은 다음 두 가지 '소통' 조건에 의해 객관성과 타당성을 확보될 수 있다고 보기 때문이다. 하나는 "관중이 복수複數로 현전한다는 조건"이고, 다른 하나는 "관중들이 동일한 판단 능력을 보유한다는 조건"이다(LKPP, 63).

우선 관중이 복수로 현전한다는 것은 적어도 둘 이상의 견해가 제시될 수 있다는 의미이므로, 이는 객관성을 담보하기 위한 최소한의 필요 조건이 된다. 다음으로 관중의 동일한 판단 능력의 보유라는 조건이야말로 객관적 타당성 확보를 위한 필요조건이 된다. 요컨대, 개인들의 동일한 판단 능력은 이견들의 상호 비교 가능성을 전제하며, 이는 의사소통적 합리성의 창출 가능성을 의미한다. 이는 칸트의 '공통감각'이 판단 대상들에 대한 이견 또는 차이를 없애고 균일화하는 효과를 창출하는 것과 대조된다.

이러한 아렌트의 논점은 칸트의 반성적 판단 개념에 대한 재해석 방식을 통해 한층 설득력을 강화하게 된다. 그는 특히 칸트의 심미적 판단 이론으로서 '재현적 사유함representative thinking'이 근거하고 있는 취향과 상상력의 상호연계성에 주목한다.

> 상상력은 부재하는 것을 현전하게 하는 능력이며, 객관적 감각 대상들을 감각화된 대상들로 변형시키는 능력이다. 마치 그것들이 어떤 내부 감각의 대상이기라도 한 듯이 말이다. 이것은 어떤 대상이 아니라 그것의 재현물에 대한 반성을 통해 이루어진다. 그 재현된 대상은 이제 그 사람의 쾌감 또는 불쾌감을 자극하며, 직접 지각한 대상이 그렇게 하는 것이 아니다. 칸트는 이것을 반성 작업the operation of reflection이라고 부른다(LKPP, 65).

위 인용문에서 아렌트는 칸트가 상상력을 통해 현실에서 지각된 사물을 정신의 내부 구역으로 데려가는, 즉 "객관적 감각 대상들을 감각화된 대상들로 변형시키는" '재현re-presentation' 과정을 칸트의 "반성 작업"의 핵심으로 특정한다. 이 칸트의 '반성 작업'은 나중에 아렌트가 우리 정신의 세 가지 기능mental faculty —사유함thinking, 의지함willing, 판단함judging— 의 상호연계성을 체계적으로 이론화한 '사유함의 현상학'으로서 정교화되고 있다. 추후 5장에서 우리는 이 주제를 집중적으로 논의하게 될 것이다. 여기서는 칸트 미학과 아렌트 정치미학이 갈라지는 지점이 바로 사유함에 대한 접근법적 차이라는 점만을 미리 밝혀 둔다.

2) 21세기 아렌트 정치미학의 탄생

일반적으로 예술작품은 그 자체로서 독보적이고 자기충족적이어야 한다. 한나 아렌트는 인간도 하나의 예술작품일 수 있다고 믿는다. 그리고 고대 아테네 폴리스라는 민주주의의 현장에서 그러한 '예술작품으로서의 인간'의 존엄한 이미지를 발견했다. 그의 설명에 따르면, "한 인간의 존엄성은, 모든 단독자가 자신의 특수성이 반영된 모습으로 보일 것을 요구하며, 그 어떠한 비교도 허용하지 않고 또 시간과 무관하게 인간 그 자체로서 보일 것을 요구한다."(LM II, 212) 그리고 아테네 시민들은 그러한 요구사항에 기꺼이 부응하고자 했다.

이러한 관점에서 보면, 인간의 '행위'도 예술작품과 마찬가지로 심미적 평가의 대상물이 될 수 있다. 예컨대 호메로스의 『일리아스』에 나오는 트로이 전쟁의 영웅 아킬레우스Achilleus나 고대 아테네 민주주의의 황금기를 대표하는 탁월한 정치가 페리클레스Perikles 같은 인물의 위대한 '행위'는 일종의 '공연' 예술로서 평가되었다. 물론 인간의 언어적 행위는 그 어떠한 유형有形의 결과물도 남기지 않는다는 점에서 인간의 제작 활동의 결과물인 '유형의' 예술작품과는 성격이 완전히 다르다. 그럼에도 "말과 행위의 찰나적 위대성은, 아름다움이 그것 위에 부여되는 한, 세계 속에서 [시간의 흐름을] 견뎌 낼 수 있었다."(BPF, 218)

좀 더 구체적으로 말해서 고대 그리스에서는 '민회'나 '500인 회의' 같은 정치 공간, 피타고라스가 세 가지 인간 활동을 범주화한 올림픽 경기장,[22] 그리스 비극이 공연되었던 야외극장 같은 공공장소에서 '무형의' 행위들이 수행되었으며, 그것들은 제각각 심미적 판단의 대상으로 여겨졌다. 그처럼 공공성을 띠는 공간적 세팅에서 이루어지는 행위에 관한 판단은 본질적으로 유의미한 타자들의 존재, 즉 동일한 '의미화 signification' 규칙을 공유하는 소통 네트워크의 존재에 의존한다. 각각의 개인은 동일한 의미 네트워크 속에서 말과 행위를 통해 세계 속에 자신을 노출하며, 그의 말과 행위의 '아름다움'이나 '값어치'는 특수한 의미화 게임의 규칙 아래서 개별적으로 평가하는 관중들에 의해 결정된다.

호메로스가 전해 준 아킬레우스와 페리클레스의 불후의 명성은 각각 당시 그리스 폴리스들의 '전쟁 규칙'과 '아테네 민주주의 정치 규범' 맥락에서 평가된 것이다. 두 사람의 이름은 '위대한' 행위 이야기와 더불어 수천 년의 세월을 뛰어넘어 오늘에 이르기까지 우리 역사의 일부로서 면면히 전승되었고, 아마도 우리 인류가 존속하는 한 영원히 살아남을 것이 분명해 보인다. 이런 점에서 인간의 위대한 무형의 행위는 특정한 시공간적 맥락을 초월하는 특성이 있으며, 심지어 시간의 흐름에 의해 침식되는 예술작품보다도 내구성이 더 크다고 볼 수 있다. 요컨대, 정

---

22 피타고라스는 올림픽 경기장에는 선수, 상인, 관중 등 세 가지 유형의 인간 활동이 혼재하며, 그 가운데서 관중만이 경기장 안에서 이루어지는 모든 것을 종합적으로 판단할 수 있다고 보았다. 오직 관중만이 승리를 위해 시합에 몰입한 선수나 이득을 극대화하기 위해 경기장 이곳저곳을 돌아다니는 상인과 달리 심미적 거리를 두고 오롯이 경기를 즐길 수 있는 부류이기 때문이다.

치행위와 예술작품은 심미적 판단의 대상으로서 동격이라는 것이다.

　이 점이 칸트 자신은 인지하지 못했을지라도 그는 '정치철학'을 저술했다는 아렌트의 주장이 나올 수 있었던 직접적인 이유다. 그러나 이보다 더욱 결정적으로 중요한 이유는 칸트가 개인의 주관적 느낌에 기초한 판단은 그의 외부에 존재하는 타인들과 무관하게 이루어질 수 없다는 점을 주장했기 때문이다. 요컨대 예술작품의 가치와 아름다움에 대한 평가는 결코 외부 세계로부터 고립된 관중의 주관적 느낌이 아니며, 저자와 관중 사이의 소통 결과로 해석할 수 있다는 것이다. 따라서 칸트의 '심미적' 판단은 성격상 '정치적' 판단이라고 말할 수 있다.

　그럼에도 아렌트의 정치행위가 수행되는 공적 영역의 상황과 칸트의 판단 활동, 즉 '반성 작업'이 일어나는 내부 공간의 공통점 및 차이점을 먼저 파악해 볼 필요가 있다. 우선 아렌트의 정치영역은 행위자들과 관중들이 같은 시공간 —예를 들어 페리클레스가 추도 연설을 하는 장면과 같은 공적 의사소통의 장— 에 출현해 소통하는 상황으로 이해할 수 있다. 여기 참여한 사람들은 자유롭게 발언하고, 또 타인의 발언을 경청하는 과정에서 무엇이 가장 바람직한, 또는 가치가 있는 의견인지에 관해 모종의 잠정적 합의점을 도출할 수 있다고 가정된다. 요컨대, '심미적 평가'의 기준은 이 상황의 내부에서 작동한다는 것이다.

　이와 대조적으로 칸트의 내부 공간은 누군가가 어떤 사물 또는 사안에 대한 평가를 하기에 앞서 상상력을 동원해 타인들의 입장이 돼 보는 방식으로 최종 결론에 도달하는 상황으로 이해할 수 있다. 이때 개별 판단자는 지신의 주관적 느낌 —즉 '센수스 프리바투스'— 을 공동체 감각 —즉 '센수스 코뮤니스'— 에 따라 판단할 것이므로, 결국은 보편타당한 판단 결과를 내놓게 될 것이라고 가정된다. 여기서 주목할 점은 '센수스 코뮤니스'가 판단의 장 외부의 공동체 속에서 통용되는 감각이자 판단의 기준으로서 개인의 주관적 느낌을 압도한다고 가정된다는 사실이다.

이처럼 비록 아렌트의 정치의 장과 칸트의 판단의 장이 위치나 구조 면에서 차이를 보이고 있을지라도, 양자는 모두 센수스 프리바투스가 초월될 가능성을 상정한다는 공통점이 있다. 그러나 방금 위에서 설명한 대로, 아렌트는 심미적 판단의 기준이 '외부로부터' 주어진다는 칸트의 견해에 반대한다. 이는 칸트의 센수스 코뮤니스가 지닌 이론적 문제점을 간파했기 때문인 것으로 보인다. 그것은 아리스토텔레스적 공동선과 목적론의 문제, 그리고 선택적 소환selective retrieval[23]의 문제로 귀결된다.

첫째, 공동선의 문제는 센수스 코뮤니스가 판단의 보편 기준으로서 '공동체 감각'으로 정의되고 있다는 사실에서 비롯된다. 이런 점에서 칸트의 센수스 코뮤니스는 실제 아리스토텔레스의 '폴리스의 목적성the telos of the polis'과 유사한 성격을 띠는 개념이라고 말할 수 있다. 그것이 개인의 관점이 아닌 공동체의 관점을 표상하는 한, 그것은 '공동선'과 유사한 성격의 정치윤리적 기능을 담지한다. 칸트는 개인이 항상 특정 공동체의 일원으로서 판단한다고 가정하며, 이는 개인이 '공동선'을 자신의 사적인 목적보다 우선시해야 한다는 의무론적 요구사항이나 다름없다.

문제는 이 '정치적 올바름'의 상징인 공동선이 특정인의 공동체 외부의 다른 공동체들에도 동일하게 적용될 수 있을지 의문이라는 점이다. 한 사람의 단독자로서 개인은 누구나 가족, 동호회, 학교, 도시, 지역사회, 국가공동체, 북반구 또는 남반구, 지구시민사회처럼 크기도 성격도

---

23 칸트에게 있어 재현은 어떤 도식a schema이 없다면 불가능하다. 이와 유사하게 아렌트의 경우에도 현실에서 자유를 경험한 적이 없는 사람은 정신의 내부 세계에서의 자유를 경험할 수 없다는 전제가 성립된다.

제각각인 인간결사체들에 중첩적으로 소속되는 상황을 피할 수 없다. 원칙상 이러한 '인간다수체들human pluralities'[24]은 각기 다른 지향성과 목표, 즉 각기 특화된 센수스 코뮤니스를 가지고 있다고 봐야 한다. 따라서 특정인이 여러 인간다수체에 동시에 소속하고 있다면, 그는 적어도 한 개 이상의 센수스 코뮤니스를 보유할 가능성이 있다. 따라서 칸트의 센수스 코뮤니스의 단일성 또는 보편타당성 가정은 지지되기가 어렵다.

둘째, 이와 유사하지만 약간 다른 각도에서, 이 공동선의 문제 못지 않게 심각한 것은 칸트가 인간을 맹목적인 센수스 코뮤니스의 집행자로 환원시키고 있다는 사실이다. 이것은 개인을 센수스 코뮤니스에 종속시키는 것일 뿐만 아니라, "항상 인류를 목적으로 다루고, 결코 수단으로만 다루지 말라"라는 칸트 자신의 도덕률과 모순을 일으킨다. 이런 맥락에서 우리는 아렌트가 아리스토텔레스의 '프락시스praxis' 개념에서 도구성을 제거하는 방식으로 순전한 정치행위의 이상형을 규명했듯, 칸트의 '센수스 코뮤니스sensus communis' 개념에도 그것과 유사한 수정 작업을 진행할 것임을 짐작할 수 있다.

이러한 추론은 매우 합리적이다. 이 대목에서 잠시 소크라테스와 예수에 대한 악명 높은 인민재판 상황에 대해 생각해 보자. 이 두 개의 '처형 판결'은 당시 인민들이 속한 정치공동체의 '상식', 즉 공동체 감각이 반영된 결과로 볼 수 있다. 이와 다른 유형이지만 역시 유사한 결론을 도출할 수 있는 아돌프 아이히만의 사례도 생각해 보자. 아이히만은 예루살렘 재판 과정에서 자신은 반유대주의자가 아니라고 부인했다. 그러나

---

24   이 "인간다수체"라는 표현은 아렌트 자신의 용어이며, 책의 후반부에서 심층적으로 논의할 기회가 있을 것이다.

결과적으로 그는 나치의 통치 원칙이자 당시의 '공동체 감각'이었던 반유대주의를 생각 없이 집행한 군인이자 독일 시민이었다. 이러한 사례들은 '상식' 또는 '공동체 감각'으로 둔갑한 특정 '관점'이 맹목적으로 수용될 때, 어떠한 정치적 위험이 발생할 수 있는지를 증언한다.

결과적으로 칸트의 『판단력 비판』은 아렌트의 원더랜드Arendt's Wonderland로 연결되는 통로였다. 그는 수년간 뉴스쿨에서 가르친 '칸트 정치철학 강의'[25]라는 우회로를 통해 자신의 고유한 심미적 판단 이론의 얼개를 완성할 수 있었기 때문이다. 칸트로부터 발원한 판단미학은 이러한 지난한 과정을 통해 마침내 아렌트 정치미학으로 거듭나게 된다. 이책은 아렌트 정치미학 탄생의 전 과정을 밀착해 추적하며, 나아가 그것이 우리의 후기-근대적 삶의 문법에 함축하는 학문적 의미를 심층적으로 조명한다.

---

25 뉴스쿨 재직 시절 아렌트의 강의 조교였던 로널드 비이너Ronald Beiner가 *Lectures on Kant's Political Philosophy*라는 제하에 편집한 강의록이 이 사실을 증언한다. 더욱 중요하게는 이 칸트 강의들은 그의 유작으로 출간된 *The Life of the Mind*의 제3권 '판단함'의 기초를 형성하게 될 예정이었다.

정치사상 체계로서 '아렌트주의Arendtianism'

1. 아렌트 정치철학의 지향성과 방법론

한나 아렌트는 플라톤, 아리스토텔레스, 성 아우구스티누스, 데카르트, 칸트, 마르크스, 니체, 후설, 하이데거, 야스퍼스 등 서구 철학자들 대부분을 두루 섭렵했으면서도 그들 모두와 비판적 거리를 유지했다. 그의 사상은 좌우, 보혁, 전통·현대, 자유주의·공동체주의, 근대성·탈근대성의 경계를 자유롭게 넘나든다. 그는 한마디로 자타가 공인한 철학계의 국외자, 즉 한 사람의 '파리아pariah' 철학자다. 그러나 누구보다 먼저 진리의 절대성을 거부하고 차이와 타자 존중·타협과 공존의 가치와 태도를 진정성 있게 설파했던 그의 '후기-근대적' 선견은 타의 추종을 불허한다.

아렌트 학문 세계의 특성을 가장 적실하게 설명하는 단 하나의 어휘

2장 정치사상 체계로서 '아렌트주의Arendtianism'　　　　　　　59

를 대라고 한다면, 그것은 바로 '반정초주의Antifoundationalism', 즉 그의 정치철학 방법론이다. 이것은 한마디로 기존의 학파나 이념, 확립된 개념을 전제로 논의에 돌입하는 서구 학계의 오랜 관행을 거부하고, 기성의 개념과 이론적 범주들에 대해 비판적으로 재평가하는 독자적 철학함의 태도라고 정의할 수 있다. 사실 이 철학함의 태도는 아렌트의 발명품이 아니며, 단지 그가 서구 철학의 시원에서 재발견해 자기 것으로 만들었을 뿐이다. 모름지기 철학의 본질은 '타우마제인Thaumazein', 즉 기성의 사물들을 새로운 시선으로(또는 '경의롭게') 바라보는 것이기 때문이다.

내친김에 그의 반정초주의 방법론이 어떤 방식으로 작동하는지 잠시 살펴보자. 그는 『전체주의의 기원』에서 전체주의 체제는 '정치Politics'가 실종된 정치체제라고 주장했다. 우리가 이 주장의 의미를 파악하기 위해서는 그의 '정치' 개념을 먼저 이해해야만 한다. 여기서 '정치'는 현대 정치학계에서 일반적으로 통용되는 '통치government'나 '지배rule'를 가리키는 기성의 '정치' 개념이 아니다. 그것은 그가 고대 아테네 폴리스에서 재발견한 이념형으로서의 '정치' 개념이다. 그것은 이를테면 시민들이 '말words'과 '행위deeds'를 통해 국정 업무를 함께 논의해 의사결정을 하며, 그것의 집행을 위해 '함께 공동으로 행동하는act-in-concert' 정치참여 과정 전체를 지칭한다. 이러한 배경에서 정치란, 간단히 말해서, "공존과 제휴를 다루는 일"(PP, 7)로 정의된다.

이렇게 재정의된 '정치'와 '정치행위' 개념의 관점에서 볼 때, 전체주의 정권은 '반反정치적' 정치체제 유형이다. 그것은 시민들 사이에 자발적으로 언어적 상호작용이 일어날 수 있는 공간들 —즉 그가 문맥과 맥락에 따라 '공영역the public realm', '정치영역the political realm', '인간관계망the network of human relationships', '세계world' 등으로 다양하게 부르는 공간들— 을 철저히 파괴함으로써 '정치' 현상의 발현 가능성 자체를 원천적으로 봉쇄하기 때문이다.

엎친 데 덮친 격으로 자신의 의견을 자유롭게 개진하고 동료 시민들의 다양한 의견을 접할 수 있는 의사소통의 기회를 박탈당한 시민들은 정권이 주도하는 전체주의 운동에 동원됨으로써 국가 통치 기구의 부속품으로 전락한다. 시민들이 자신이 속한 정치공동체 업무에 영향력을 행사할 수 있는 정치참여 기회를 박탈당한다는 것은 곧 그들이 '정치적'으로 무력한 존재로 전락한다는 의미이거나 역으로 전체주의 정권의 전위대나 박수부대로 동원될 수 있다는 의미이다.

이러한 시각은 현대 행정국가와 대의민주주의 체제의 '대중들'에게도 똑같이 적용될 수 있다. 요컨대, 이 새로운 정치 개념은 기성의 정치체제인 대의민주주의의 협소한 정치참여 방식에 대한 반성을 촉구하는 계기를 제공하며, 나아가 하나의 사회현상으로서 정치참여에 대한 이해의 폭과 깊이를 더하는 정치이론적 효과를 창출한다. 아렌트의 참여민주주의 논점들이 최근 부상한 직접민주주의, 숙의민주주의, 민주적 혁신 담론에 자주 소환되는 이유가 여기 있다.

아렌트 정치철학의 또 다른 방법론적 특성은 '미시적' 접근법이다. 그는 체계적이고 통일성 있는 거대 담론을 구축하려고 시도하지 않는다. 대신 실제 인물들에 관한 이야기의 맥락을 재구성하는 '스토리텔링 storytelling' 방식을 구사한다. 이 접근법은 비전문적이라는 비판을 받기도 하지만, 대체로 그가 선정한 사례의 적실성을 통해 정당화된다. 이는 한마디로 전체주의와 관련해서는 나치즘과 스탈리니즘, 위대한 말과 행위에 관한 이론 틀을 수립할 때는 페리클레스와 아킬레우스,[26] '악의 평범성' 주장을 펼치기 위해서는 아돌프 아이히만Adolf Eichmann과 프란츠 루카스Franz Lucas의 사례를 들어 설명하는 방식이다. 특성상 스토리텔링은 화자의 주관적 관점과 해석의 틈입에 관대할 수밖에 없다. 이 점은 반정초주의 접근법과 함께 아렌트의 학문적 독자성을 이해하는 데 중요한 결정적 단서를 제공한다.

방금 설명한 반정초주의 접근법과 스토리텔링 방식이 아렌트의 연구방법론이라면, 그의 학문적 지향성과 사유법을 형성한 요인은 그가 대학 시절에 훈련받은 유구한 독일 관념론 철학 전통과, 특히 20세기 실존주의자들의 현상학적 사유법이었다. 여기에 히틀러 국가사회주의 정권의 정치 탄압으로 사지로 내몰린 유대인 철학자로서의 존재론적 문제의식이 더해졌다고 볼 수 있다. 특히 이 존재론적 문제의식은 아렌트로 하여금 끊임없이 '우리는 지금 무엇을 하고 있는가?'라는 가장 현실적이면서도 의식적인 고민을 담은 실존적 질문을 하도록 이끌었다.

비근한 예로 『전체주의의 기원』은 두 차례의 세계대전 이전에 유럽의 유대인들에게 무슨 일이 일어났는지를 백일하에 드러내려는 그의 종족적 문제의식을 바탕으로 '우리는 어떻게 살아야 했는가?'라는 회고적 질문을 던진 결과였다. 또한 그의 중기 대표작인 『인간의 조건』은 현대 대의민주주의 체제에서 현실정치와 담을 쌓고 '대중'으로 살고 있는 '우리는 지금 무엇을 하고 있는가?'라는 정치이론가로서의 문제의식을 궁구한 결과였다. 그리고 그는 자신의 마지막 저서이자 미완의 유작인 『정신의 삶』에서는 '우리가 사유할 때 우리 정신은 어떤 활동을 하는가?'라는 정신현상학적 질문을 제기했고, 지금 우리가 알고 있는 바로서 '정치와 사

---

26 아렌트는 호메로스가 『일리아스Ilias』(ix 443)에서 아킬레우스를 "위대한 행위의 실행자이자 위대한 말의 발화자the doer of great deeds and the speaker of great words"(HC, 25)로서 표현했다고 알려 준다.

유는 반드시 결합되어야만 한다'라는 반反플라톤주의적 답변을 제시했다.

1) '활동적 삶'과 '관조적 삶'의 결합 추구

한나 아렌트의 존재론적 질문들은 대체로 독일 실존주의의 어휘를 통해 던져지고 설명되는 특징을 보여 준다. 특히 그는 기본적으로 인간 실존의 본질을 하이데거의 '다자인*Dasein*'이나 야스퍼스의 '엑시스텐츠*Existenz*'가 펼치는 실존적 투쟁으로 이해한다. 그리고 이 인간실존 투쟁의 두 가지 대표적 양태를 '정치행위'와 사실상 그것의 재현물인 '사유행위'로 특정한다. 그의 설명에 따르면, 겉보기에 이 두 가지 행위는 서로 다른 양태지만, 두 행위는 기본적으로 의사소통행위라는 공통점을 갖고 있을 뿐 아니라 서로 밀접히 연계될 수 있다.

물론 '우리는 지금 무엇을 하고 있는가?'라는 실존적 질문이나 이보다 좀 더 포괄적인 성격의 '우리는 어떻게 살아야 하는가?'라는 존재론적 질문은 아렌트의 현실정치 영역에서의 체험과 철학적 사유가 함께 어우러진 개인적 고뇌의 산물이었다. 그러나 이러한 성격의 질문들은 우리 각자의 삶과 직결된 존재론적 질문이라는 점에서 아렌트 철학의 근본적인 유의미성과 보편타당성을 인정하지 않을 수 없다. 이 대목에서 우리는 아렌트가 그러한 질문들에 대한 해답을 인간은 '정치적 존재*zoon politikon*'이자 '언어적 존재*homo logon ekhon*'라는 점과, 폴리스의 시민으로서 사는 '제2의 삶'의 근본성을 제시한 아리스토텔레스의 정치존재론적 인간관에서 찾고 있다는 사실을 기억해야 한다.

필자는 이러한 아렌트 정치존재론의 지향성을 특별히 '정치적 실존주의political existentialism'로 정의한다(서유경 2002). 아렌트의 정치적 실존주의 관점은 그의 시대에 앞선 정치철학적 이론 틀로서 '자유의 정치학 the politics of freedom'과 '행위의 미학an aesthetics of action'(Villa 1996) 형식으로 나타나게 된다. 앞에서 이미 언급한 대로, 아렌트에게 정치란 시민들이 공적인 공간에서 동료 시민들에게 자기 의견을 공개적으로 천명하는 동시에 그들과의 불가피한 견해차도 함께 인식하는 의사소통의 과정을 의미한다. 돌이켜 보면, 이 새로운 '정치' 개념은 우리 시대의 참여민주주의와 숙의민주주의 시대 문법을 예지한 이론적 통찰이 아닐 수 없다.

아렌트에게 이러한 정치의 원형을 제공한 아테네 폴리스의 공적 심의는 동일한 시민적 지위와 발언권을 향유하는, 즉 '정치적 평등'의 조건 아래에 있는 동료 시민들을 상대로 하는 공개적인 의사 표시와 논쟁, 그리고 투표를 통한 최종 결정 과정으로 이루어져 있었다. 여기서 발언자는 최고 기량의 연설로써 청중을 설득해야 했다. 그들이 그렇게 한 이유는 무엇일까? 이와 관련해 아렌트는 "정치의 존재이유raison d'être는 자유freedom이며, 그것이 경험되는 장은 행위(HC, 197; BPF, 146, 151, 156)"라고 주장한다. 요컨대, 시민들이 공론과 심의가 이루어지는 폴리스의 정치 현장에서 훌륭한 정치적 행위를 수행하는 목적은 자유를 그것의 가장 순전한 형태로서 경험하기 위함이라는 것이다.

아렌트는 그 연장선상에서 "사람들은 자신들이 행위를 수행하고 있는 동안에만 자유롭다"고 주장한다. 여기서 '자유'는 행위자가 그 행위를 수행하는 사건의 발생 이전에도 없었고 이후에도 없을 자신만의 독보적인 독특함, 기발함, 신선함의 '발현' 그 자체를 가리키기 때문이다. 이를 아렌트가 도입한 마키아벨리 은유법으로 바꿔 설명하면, 어떤 개인의 '비르투virtù', 즉 그의 탁월성이 그것을 필요로 하는 '포르투나fortuna'와 결합하는 현상이 곧 자유의 발현이다. 따라서 자유의 발현 사건은 그것 이전이나 이후에 그것과 정확히 동일한 현상이 발생할 수 없다는 점에서 '특수성, '독보성', '일회성'을 띤다. 요컨대, 아렌트의 '행위'는 수면 위로 불쑥 솟았다가 이내 수면 아래로 사라지는 신기루 같은 속성으로 설명되므로 순전히 '자유롭다'고 말할 수 있는 것이다.

이렇듯 아렌트에게 "자유로움과 행위의 수행"은 동일한 '발생사건'으로 간주된다. 이러한 맥락에서 행위, 자유, 개시開始는 동어반복일 따름이다. 그러나 비록 행위와 자유가 동일시될지라도, 모든 행위가 다 '위대하다'고 말할 수는 없다. 그럼에도 아렌트의 행위는 예술작품에 견주어질 수 있으며, 그런 한에서 그것의 판단 기준은 진정성, 아름다움, 균형감각, 정합성, 탁월함, 역사적 감수성, 윤리의식 등이 되어야만 한다. 이 점은 아렌트의 자유의 정치학이 결국 행위의 미학과 짝을 이룰 수밖에 없는 이유가 되며, 또한 윤리학의 경계 안쪽에 위치하게 된 원인으로도 볼 수 있다. 이러한 아렌트적 정치행위의 특징들은 기존의 도구적 정치행위 이해 방식에 대한 이론적 도전일 뿐 아니라, 존재론-미학-윤리학의 차원에서 그것의 도구주의에 대한 시정을 요구하는 이론적 근거가 된다.

가령 '미학'이 철학의 하위 분과라는 점에 이의가 없다면, '정치미학'이 정치철학의 하위 분과라는 점에 어렵지 않게 동의할 수 있을 것이다. 아렌트 '정치미학'은 이러한 논리로 그의 정치철학을 칸트 미학과의 연계성 관점에서 반성적으로 재구성한 이론 체계다. 이것은 또한 아렌트가 저술의 필요성을 역설했으면서도 미완으로 남기고 떠난 그 '새로운' 정치철학의 완성 형태이기도 하다. 특히 이것이 다루고 있는 내용에 초점을 맞춰 정의한다면, 이것은 '정치적인 것the political'의 전반에 적용될 수 있는 심미성의 원칙이나 특질들을 다루는 학문 분과가 될 것이다. 그리고 그 연장선상에서 아렌트가 이론화한 예술작품으로서의 정치행위에 특화된 심미성의 특질들을 규명하고, 그것의 정치적 유의미성을 탐색하는 학문 분과라는 다소 협소한 정의도 추가할 수 있을 것이다.

필자의 견해상, 미학 이론은 일반적으로 다음 세 가지의 심미적 특질들이 존재한다는 것을 전제한다. 첫째로, 예술적인 것 또는 아름다운 것에 끌리는 감정, 즉 **심미감**an aesthetic sense, 둘째로, 예술작품들을 식별하고 그것들에 대해 반성할 수 있는 **심미적 사유함의 양식**an aesthetic mode of thinking, 끝으로, 예술적 본질을 담지한 대상들의 판단에 적용할 수 있는 **심미율**審美律; an aesthetic regime이 그것이다. 예를 들어, 이 특질들을 칸트 미학에 적용해 본다면, 심미감은 '취향', 심미적 사유함의 양식은 '재현적 사유함', 그리고 미추의 평가 기준으로서의 심미율은 '공통감각'으로 각각 특정할 수 있다.

물론 이러한 칸트 미학의 특질들은 아렌트 정치미학에서 약간 다른 형태로 나타나게 된다. 이는 칸트 미학과 아렌트 정치미학이 다루고 있는 대상이 서로 다르므로 그 각각의 요소가 '정치적인 것', 특히 '정치행위'에 적합한 요소로 변형될 필요가 있기 때문이다. 요컨대 칸트 미학은 정태적 성격의 예술작품에 관한 판단에 심미성의 기준을 적용하기 때문에 대상에 대해 일방적 소통의 형식을 취한다. 칸트가 공통감각, 상식, 공동체 감각, 제6의 감각 등으로 다양하게 부르는 것은 특정 '문화권'에 특화된 문화적 '기의記意'로서 구성원들이 이미 내재화하고 있는 문화적 취향으로 볼 수 있으므로, 동일 문화권 내 구성원이라면 누구나 동일한 심미적 기준을 적용할 것이라고 가정된다. 이것은 칸트가 특정 공동체의 '문화적 감수성'을 공통분모, 즉 외부로부터 개인들의 심미적 판단 과정에 일방적인 영향력을 행사하는 심미적 평가 기준으로 못 박은 결과다.

이와 대조적으로, 아렌트 정치미학의 대상은 개인이 수행하는 동태적 성격의 정치행위이므로 쌍방향적 소통의 형식을 취할 것이라고 가정된다. 그 이유는 아렌트 정치철학의 핵심을 관통하는 인간다수성 개념이 '인간의 함께함human togetherness'의 형태로 실체화한 '인간다수체human pluralities'의 공통된 특성으로 설명되기 때문이다. 아렌트의 관점에서 인간다수체 내에서의 심미적 판단은 외부로부터의 일방적 영향에 의한 것이 아니라 내부에서 이루어지는 치열한 다자적 논쟁의 결과로 이해할 수 있다. 이 점은 현실 세계 속 정치적 공론장에서 갑론을박을 통해 의사결정이 이루어지는 과정을 연상하면 이해가 훨씬 쉬워진다.

이러한 '인간다수체'의 형태는 아테네 폴리스에서부터 세계, 정치공동체, 공영역the public realm, 인간관계망, 심지어는 인간 내부에서 일어나는 사유함의 공간, 즉 '내부-공영역'에 이르기까지 매우 다양한 이름으로 불린다. 이 점을 염두에 두고서 필자는 이 모두를 아우르는 표상적 용어로서 '아렌티안 폴리스the Arendtian polis'라는 명칭 사용을 제안한 바 있다(서유경 외 2022). 이 제안의 근본 목적은 아렌트가 이해하는 정치공동체로서 인간다수성의 실존적 조건에 따른 조직 및 작동 방식의 동일성에 근거해 아렌트 정치철학의 '이념형an ideal-type'을 수립함으로써 그가 다양한 용어를 혼용함에 따라 불필요하게 빚어지는 혼선을 방지하자는 것이다.

물론 아렌티안 폴리스의 특성과 별개로, 각각의 인간다수체는 그것을 구성하는 사람들의 특성과 추구하는 목표에 따라 각기 다른 집합적 정체성을 보여 준다. 이러한 다채로운 인간다수체의 정체성과 관련하여 필자는 5개의 서로 다른 인간다수체를 변별하는 동시에, 그것들 각각이 '아렌티안 폴리스'라는 이념형과 어떠한 관계성을 형성하는지를 설명하는 방식으로 '인간다수체 유형학A typology of human plurality'을 수립한다(Suh 2017a). 그리고 이 유형학의 수립을 통해 아렌트 정치철학의 궁극적 지향점이 명백함에도 지금까지 그 누구도 논증할 수 없었던 것이 바로 '사회정의의 요청'이라는 사실을 주장한다. 이 주제는 이 책의 8장에서 상세히 다룰 예정이다.

결론적으로, 우리는 '아렌티안 폴리스'라는 이념형을 통해 정치공동체 안에 단 하나의 심미적 판단 기준이 존재한다는 칸트 미학의 전제로부터 벗어나게 된다. 왜냐하면, 그곳에는 특정 '문화권'에 특화된 문화적 공통감각으로서 취향이라는 고정된 기의만 존재하는 것이 아니기 때문이다. 더욱이 각각의 대화 상황에는 그것만의 특수한 의사소통적 원칙과 절차가 개입되며 참여자들은 각자의 차이를 초월하여 잠정적 합의점으로서의 심미적 기준을 발견할 가능성이 현존한다. 따라서 아렌트 정치미학은 칸트 미학과 달리 그때그때 상황적 맥락에 특화된 의사소통적 합리성에 기반한 심미적 기준을 발견하는 것을 이론적 목표로 삼는다고 볼수 있다.

2) '철학적' 반反정초주의Antifoundationaism

한나 아렌트는 특이하게도 우리 시대가 인간의 "자기소외self-alienation"가 아니라 "세계소외world-alienation"의 문제에 봉착해 있다고 주장했다. 이는 그가 자신이 관찰한 바를 통해서 현대인들이 그들 모두가 참여하는 공동의 세계, 즉 공영역the public realm ―이것이 앞에서 논의한 '아렌티안 폴리스'의 원형이며, 사회학적 인간공동체인 '게마인샤프트Gemeinshaft'와는 전혀 다른 유형의 인간결사체다— 을 상실했다는 믿음을 가지고 있었기 때문이다. 여기서 '공영역'의 상실은 곧 정치의 상실과 정치행위의 무력화를 직접적으로 가리켰다.

그것의 명징한 대표 사례가 바로 20세기 전반부에 나타난 전체주의 발흥 현상이다. 아렌트에게 전체주의란 한마디로 "정치가 실종된 정치체제"(Young-Bruehl 2006, 39)를 가리키는 정치적 용어였다. 이는 비단 전체주의 사회에 국한된 현상만도 아니었다. 자유민주주의 국가 내부에서 영위되는 현대적 삶에 내재한 전체주의적 요소들 —대중사회, 소비주의, 당리당략을 좇는 정당과 정치인, 투표권 용도로 전락한 시민의 권리— 역시 '정치의 상실'을 부추기고 있었기 때문이다. 아렌트에게 정치의 상실은 곧 인간의 존재론적 토대 상실을 의미했으므로, 그는 최우선으로 정치의 복원을 열망했다.

아렌트는 이처럼 급박한 정치존재론적 문제의식과 함께 개인의 자유, 자율성, 주권, 평등 등과 같은 정치학적 개념들을 전면적으로 재검토할 필요성을 느꼈다. 그 결과, 보다 근본적인 정치철학적 입장에서 정치, 권력, 권위, 정치행위와 같은 개념 범주에 자신이 독일 대학에서 훈련받은 현상학적 실존주의 시선을 투사하여, 그것들에 대한 기존의 이해 방식을 거부하고 그것들의 새로운 이해의 지평을 열어젖힌다. 그러고 나서 의견의 충돌과 설득을 기본으로 하는 정치의 장의 형성과 공적 토론을 견인하는 바람직한 정치적 태도로서 고대 아테네 민주주의의 표상인 '담론적 분투주의discursive agonism'의 적실성을 지목한다.

현대적 간접민주주의 정치와 그것의 관련 개념들에 대한 아렌트의 비판은 그 중심에 '공영역의 부활', 즉 '정치의 장'의 활성화라는 정치이론적 전제가 놓여 있다. 이 전제는 개인이 타인들과의 협조 체제 속에서 각자의 소임을 올바로 수행할 때, 비로소 모두가 함께 참여하며 모두에게 유의미한 세계를 구축할 수 있게 된다는 아렌트의 "관계적 인간주의 situated humanism"를 반영한다(Bernstein 1996, 84). 이런 점에서 아렌트의 정치사상은 대의민주주의 정치체제하에서 '일반 시민들에게 정치란 어떤 의미인가'라는 문제를 과거 그 어느 때보다 진지하게 성찰하고 있는 현시점의 우리에게 매우 적실한 준거 틀과 방향성을 제시한다고 볼 수 있다.

좀 더 구체적으로 말해서, 아렌트의 정치철학은 그가 플라톤 이래 정치철학이 추구해 온 '철학적 정초주의philosophical foundationalism'를 배격하는 데서 출발한다. 그가 이해하는 한 서구 철학 전통은 정치를 폄하하고 배제한 역사였으므로, 정치의 복원을 겨냥하는 자신의 사유 작업이 어떤 확고부동한 전통적 철학의 토대 위에서 이루어져야 한다는 생각 자체를 갖지 않은 것이다. 이러한 맥락에서 아렌트 연구자와 논객들은 대동소이하게 그를 "반정초주의자"(Bernstein 1996, 4; Canovan 1992, 278)라고 부른다.

실제로 아렌트의 반정초주의적 입장은 "형이상학의 공백 시에 사람들이 하는 일이 정치"라는 그의 주장에서도 확인된다. 이 친親정치적 입장은 비록 "어떤 절대적 기준이 인간세계 바깥에서 발견되지 않더라도 기준[의 수립]과 판단 자체는 인간적인[즉 인간만이 할 수 있는] 것이므로 우리가 속수무책인 채로 남겨진 것은 아니"(Canovan 1992, 175, n.70)라는 아렌트의 믿음을 대변해 주고 있다.[27] 번스타인은 이러한 아렌트의 믿음에 대해

---

27   이와 관련하여 캐노번은 아렌트가 "지지대 없이without a bannister" 사유한다고 지적하면서, 이것이 그의 "탈근대적" 단면을 보여 주는 특성이라고 논평한다. 이는 아렌트가 '정치적' 토대의 필요성을 인정하고 있다고 본 호니그의 주장과 함께 고려될 필요가 있다

"주의 깊은 인간주의의 한 유형one of cautious humanism"(Bernstein 1996, 4)이라고 촌평한다.

그러나 아렌트 정치철학이 제아무리 독자성을 띤다고 하더라도, 그것이 무無에서 탄생한 것은 아니다. 아렌트 정치철학은 엄밀히 말해서 서구 철학 2,500년의 전통을 통해서, 그리고 그 전통에 대한 그의 철학적 반란을 통해서 탄생했다고 말할 수 있다. 이러한 시각에서 한센Hansen(1993)은 아렌트의 반정초주의적 방법론이 일종의 복합적이고 선택적인 사유 방식을 통해 모종의 참신한 독자적 시각을 형성하는 데 이바지한 것으로 볼 수 있다고 주장한다.

> 아렌트는 아리스토텔레스, 칸트, 마르크스, 니체, 하이데거, 야스퍼스와 같은 사상가들에게 두루 영향을 받았을지라도 그들 누구의 제자도 아니다. 그는 단지 그들로부터 비판적 거리를 유지하는 것이 아니며, 그들의 작업에 나타난 궁지dilemma에 대한 숙고를 통하여 자신의 관점이나 그들의 관점 중 어느 한쪽에 배타적으로 의존하지 않고, 공동으로, 집합적으로 전혀 새로운 시각을 투사한다. … 최선의 경우, [아렌트에게는] 정치적 사유 자체가 하나의 정치행위이다. 그것은 오직 [다른 사상가들과의] 대화를 통해서 진전된다(Hansen 1993, 3).

아렌트가 서구의 지적 전통 전반에 대해 비판적 태도로 일관하고, 또 어느 특정 철학 전통의 맥에 편승하지 않는 방식으로 독자적 관점을

(Honig 1991).

유지한다는 사실에 근거해, 그를 탈근대주의 담론의 선구자로 보는 것은 다소 무리라는 주장도 없지는 않다. 그가 탈근대론의 영웅인 니체에 대해 호의적인 것은 누구나 아는 사실이다.[28] 또한 탈근대론의 핵심 주제인 근대성 비판이라는 문제의식을 공유하고 있다는 점도 의문의 여지가 없는 사실이다.

그러나 아렌트와 탈근대주의자 사이에는 한 가지 간과할 수 없는 차이점이 존재한다. 그것은 '정치'에 대한 접근법에서 나타난다. 아렌트는 현대인들의 물질주의적 사고가 초래한 폐해를 극복하기 위해 정치적 해결책을 적극적으로 모색하고 있는 반면에, 탈근대론자들은 대개 정치적 대안을 찾아 나서기보다 추상적인 담론 투쟁 수준에 머물러 있기 때문이다. 여기서 한 가지 흥미로운 점은 대안 부재라는 비판에 시달리는 일부 탈근대론자들이 아렌트로부터 정치적 통찰을 얻고자 한다는 사실이다 (Bernstein 1996, 5).

근래에 들어서 아렌트 정치이론의 영향력 확장과 독자층의 저변 확

---

28 O'Sullivan(1976)은 아렌트가 아킬레우스를 "정치적 덕목의 구현체(the embodiment of political virtue)"로 숭배하고 있다는 점에서 니체의 영웅 또는 초인 숭배 사상과 맥을 같이하고 있다고 주장한다[Noel O'Sullivan, "Hannah Arendt: Hellenic Nostalgia and Industrial Society," in *Contemporary Political Philosophers*, Edited by Anthony de Crespigny and Kenneth R. Minogue(New York: Methuen and Co., 1976), 231]. 이 외에도 아렌트의 니체적 성향에 대해서는 George Kateb의 *Hannah Arendt: Politics, Conscience, Evil*(Totowa: Rowman and Allenheld, 1983); Dana R. Villa, "Beyond Good and Evil: Arendt, Nietzsche, and the Aestheticization of Political Action." *Political Theory* 20, no.2(1992); Bonnie Honig, "The Politics of Agonism: A Critical Response to 'Beyond Good and Evil: Arendt, Nietzsche, and the Aestheticization of Political Action' by Dana R. Villa." *Political Theory* 21, no.3(1993) 참조. 한편 Margie Lloyd는 그의 "In Tocqueville's Shadow: Hannah Arendt's Liberal Republicanism"[*The Review of Politics* 57, no.1(1995)]이라는 논문에서 연구자들이 주로 아렌트의 고대 고전주의와 니체의 영향에만 관심을 두고 있으며 상대적으로 알렉시 드 토크빌Alexis de Tocqueville의 공화주의 영향은 과소평가하는 경향이 있다고 주장한다.

대 추세는 점점 더 강화되고 있는 듯하다. 표면상 아렌트와 별다른 접점이 없어 보이는 교육 분야는 물론이고, 심지어 아렌트의 연구 관심사 바깥에 놓인 국제 관계 이론 분야에서조차 한나 아렌트의 정치사상에서 유용한 정치적 통찰을 끌어내려는 다각도의 노력이 경주되고 있다.[29] 이러한 사실들로 미루어 보면, 아렌트의 정치사상을 모종의 적실한 이론 체계로서 유의미한 방식으로 기술할 필요성은 아무리 강조해도 지나치지 않을 것이다.

문제는 아렌트가 자신의 정치사상을 제시하는 데 있어 어떤 일목요연한 설명 방식이나 체계적인 이론 틀도 제공하지 않는다는 점이다. 약간 우호적으로 말해서, 그의 가장 눈에 띄는 기술적 방법론은 특정 주제나 사안에 관한 적합한 개념 범주나 사례를 선정하여 그것을 통해 자신의 철학과 사상적 관점을 이야기하듯 풀어내는 스토리텔링 방식이라고 할 수 있다. 이러한 방식은 그의 사상이 다양한 독법으로 읽힐 수 있다는 장점을 가지는 한편, 비학문적인 '저널리스트' 스타일이니, '문학적' 글쓰기니 하는 차가운 비판의 원인이 되기도 한다.

이에 필자는 아렌트의 독특한 정치사상을 '아렌트주의Arendtianism'라는 하나의 정치이데올로기로서 재인식할 필요성을 역설하는 한편, 아렌트 정치철학의 핵심 논점들을 일목요연하게 설명할 수 있는 하나의 유의미한 이론 틀로 재구축하자는 제안을 내놓은 바 있다(서유경 2008; Suh

---

29　최근 이 분야에서 눈에 띄는 대표적인 저서로는 Anthony F. Lang, Jr.과 John Williams가 편집한 *Hannah Arendt and International Relations: Readings Across the Lines*(Basingstroke: Palgrave Macmillan, 2005)와 Patricia Owen의 *Between War and Politics: International Relations and the Thought of Hannah Arendt*(Oxford: Oxford University Press, 2007)를 꼽을 수 있다. 최근 이 분야 국내 연구로는 이신규의 "Hannah Arendt and International Agonism"[정치사상연구 27, no.2(2021)]을 들 수 있다.

2017a). 아래에서 이 제안의 내용을 좀 더 구체적으로 살펴보기로 하자.

2. '아렌트주의Arendtianism'의 이론 틀

1) 하나의 '이즘Ism'으로서 아렌트주의

이미 앞에서 살펴보았듯이, 아렌트는 세 번의 중요한 학문적 변곡점을 거치면서 점차 정치철학자로서의 학문적 정체성을 확립하게 되었다. 이러한 정치사상의 진화 및 숙성 과정은 대체로 『전체주의의 기원』과 『인간의 조건』으로 대표되는 1950년대의 초기 사상, 『혁명론』과 『예루살렘의 아이히만』, 『과거와 미래 사이』로 대표되는 1960년대의 중기 사상, 그리고 『칸트 정치철학 강의』와 『정신의 삶』으로 대표되는 1970년대의 후기 사상으로 구분할 수 있다. 이러한 시기 구분은 철학도로서 출발해 정치이론가로 깜짝 변신했다가 다시 정치철학으로 복귀한 그의 이채로운 학문 여정과 대체로 맞아떨어진다고 볼 수 있다.

'아렌트주의'는 정체성이 모호한 그의 정치사상을 하나의 독특한 정치철학적 관점이나 모종의 정치이데올로기로 간주하여 체계적으로 설명하려는 이론적 기획이다. 누군가는 이처럼 아렌트주의를 하나의 정치이데올로기로 규정하는 것에 대해서 다소 의아하게 생각할지도 모른다. 특히 아렌트를 아나키스트나 탈근대주의자로 보는 사람이라면, 이러한 기획이 아렌트의 반정초주의 정신에 부합하지 않는 시도일 수 있다고 지적할 수도 있다. 그러나 아렌트의 정치사상을 일목요연하게 정리하는 작업은 그것에 관한 다양한 해석을 비교해 볼 수 있는 하나의 준거 틀로서, 또한 추후 아렌트 연구가 나아갈 방향성을 제시하는 모종의 안내자 역할을 할 수 있다는 유용성 차원에서 정당화될 수 있을 것이다.

여기서는 정치이념, 즉 정치이데올로기를 '특정의 정치적 편견을 설파하는 사상'이라기보다 하나의 '구조화된 사상체계'로 간주하기로 한다. 이는 우리가 마르크스주의를 하나의 정치이데올로기로서 수용하는 것과 유사하게 아렌트주의도 하나의 정치이데올로기로 수용할 수 있다는 것을 의미한다. 일반적으로 우리는 말꼬리에 '-주의-ism'가 붙은 것들을 이데올로기로 인식한다. 그러한 것 중에는 마르크스나 아렌트처럼 인명에 ism을 붙여 그 사람의 사상을 이데올로기로 칭하는 일도 있고, '자유민주적liberal', 또는 '보수적conservative'처럼 어떤 성격을 나타내는 형용사에 ism을 붙여 하나의 이데올로기로 취급하는 예도 있으며, 소비자주의consumerism처럼 보통명사에 ism을 붙이는 예도 있다. 조어 방식이야 어찌 됐든, 각각의 '-ism'은 어떤 현상을, 또는 현상에 대한 지식과 정보를 담은 하나의 '구조화된 사상체계'로서 인간의 특수한 행동 패턴을 예측하거나 설명하는 잣대가 될 수 있다는 점에서 동격이다.

우리가 이 하나의 '구조화된 사상체계'로서 이데올로기라는 관점을 수용한다면, 다음으로는 여러 종류의 이데올로기 가운데 '정치적' 이데올로기, 즉 정치이데올로기의 특성이 무엇인지를 파악해야 한다. 일반적으로 말해서 '정치'이데올로기는 적어도 다음 세 가지 구성요건을 구비하고 있어야 한다. 첫째, 행위자로서 인간, 즉 'human agent'에 대한 고유 '이미지image', 즉 행위 주체의 정체성에 관한 기술 내용이 포함돼야 한다. 둘째, '이상적' 사회에 대한 비전vision이나 모델을 제시해야 한다.

끝으로, 그것이 제시한 이상적 사회를 실현하기 위한 방법론에 관한 설명이 구체적으로 제공되어야 한다.

이러한 정치이데올로기 구성요건의 관점에서 마르크스주의의 사례를 검토해 보자. 우선 마르크스는 인간의 이미지를 '노동하는 자'로 설정한다. 그에게 '노동'은 근본적으로 개인 자신의 의지에 따라 자유롭게 선택하고, '즐거움pleasure'을 추구하는 인간의 자유로운 활동이다. 이것은 『독일 이데올로기Die deutsche Ideologie』의 유명한 언명, 즉 "아침에 사냥하고, 오후에 낚시하며, 저녁때는 소를 돌보고, 저녁밥을 먹은 뒤에는 비판 활동을 하는 삶"(McLellan 1977, 166)이라는 표현을 통해서도 쉽게 확인할 수 있는 사항이다.

이 마르크스의 '이상적' 노동 개념은 현대인들이 삶의 방편으로 어쩔 수 없이 시장에서 노동력과 임금을 바꾸는 형태의 '임노동'과는 근본적으로 다른 개념이다. 그런 이유로 그는 지적 노동인 비판 활동 역시 인간이 향유하는 노동의 한 유형으로 다루었다. 그 연장선상에서, 둘째, 마르크스는 모두가 경제적으로 평등한 사회, 자기 노동력을 노동시장에서 팔지 않아도 되는 공산사회를 이상적 사회 비전으로 제시한다. 그리고 셋째, 그는 최종적으로 공산주의 사회 건설 이상은 프롤레타리아트 혁명을 통해 부르주아 자본주의적 경제체제를 무너뜨림으로써 실현될 수 있다는 설명을 제공했다.

이 점을 염두에 두고 이제 아렌트로 시선을 돌려보자. 그는 1958년 『인간의 조건』 출간을 앞두고 스승인 카를 야스퍼스에게 서신을 띄우면서 책이 곧 출간될 예정인데, 그 책에 "Vita Activa활동적 삶"라는 제목을 붙이려고 한다고 의중을 밝혔다. 놀랍게도 그 책의 내용은 마르크스의 '노동' 개념을 직접적으로 겨냥하고 있었다(Young-Bruehl 1982a).[30] 거기서 아렌트는 현대 사회의 '비인간적' 측면들에 대한 마르크스의 날카로운 비판 입장을 폭넓게 공유하는 한편, 그와 근본적으로 다른 문제의식과 접근법을 보여 주었다. 특히 차별화되는 지점은, 마르크스가 주로 자본주의 경제체제의 임금 착취와 같은 경제적 병리 현상을 비판의 목표로 삼은 데 비해, 아렌트는 현대 대의민주주의 정치체제의 관료화와 같은 정치적 병리 현상을 문제시한다는 점이다. 이는 아렌트의 다음 설명에 잘 드러난다.

> 오늘날 대의제 정부는 위기 상황에 직면해 있다. 그러한 상황이 발생하게 된 부분적 이유는 그것이 시간이 지남에 따라 시민들의 실제 참여가 허용되었던 제도들을 다 상실했고, 또한 그것이 현재 모든 정당 체제가 겪는 중병에 감염됐기 때문이다. [여기서 중병은] 관료화와 [미국 내의] 두 정당이 정당조직 이외의 다른 어떤 것도 대표하지 않는 경향이 그것이다(CR, 89).

이제 이러한 아렌트의 정치사상에서 하나의 정치이데올로기로서 아렌트주의가 성립할 수 있는 구성요건을 추출해 보기로 하자. 아렌트는 먼저, 인간은 폴리스Polis에 사는 동물, 즉 "*zoon politikon*a political being;

---

30   아렌트는『전체주의의 기원』의 출간 이후 그것의 후속서로서 "마르크스주의의 전체주의적 요소들Totalitarian Elements of Marxism"의 출간을 계획하였으나, 결국 뜻을 이루지 못하고 그 책을 위해 썼던 글들을 다른 저술 작업에 분리 편입시켜 버렸다. 특히『인간의 조건』에 나오는 "행위action", "작업work", "노동labor" 개념의 구분은 사실상 마르크스가 "노동을 본질적으로 창조적인 활동"으로 보는 것에 대한 아렌트의 반박에 해당한다 (Young-Bruehl 1982a, 276-280). 이 아렌트의 행위-작업-노동 구분에 대해서는 서유경(2000)을 참조하라.

정치적 존재"이라는 아리스토텔레스의 유명한 인간 이미지를 전유한다. 이에 덧붙여 아리스토텔레스의 두 번째 인간에 대한 이미지로서 "*zoon logon ekhon*a living being capable of speech; 언어 구사 능력을 지닌 생명체"도 함께 전유한다(HC, 27). 그리고 나서 두 개의 이미지를 결합하는 방식으로 인간은 '정치공동체 내에서 언어를 통해 의사소통하는 존재'라는 최종 이미지를 제시한다.

다음으로, 이러한 인간에 대한 정의를 바탕으로 아렌트는 고대 아테네 폴리스에서 시민들이 영위했던 직접민주주의 양식을 이상적 정치 모델로 상정한다. 그가 재발견한 이상적 정치의 장으로서 아테네는 "생활의 필요"와 "타인의 명령"에서 해방된 자유롭고 "동등한" 시민들이 공적인 공간에 출현하여 서로 얼굴을 맞대고 "모든 것을, 무력과 폭력이 아니라, 말과 설득을 통해 결정하는" 시민공화주의civic-republicanism 성격의 정치공동체였다. 아렌트는 그것을 이상적 사회의 비전으로 수립했는데, 그것은 한마디로 '정치적 평등'이 구현된 '이소노미아*isonomia*'의 형태였다(HC, 28-37).

끝으로, 이러한 이상적 사회는 어떻게 실현할 수 있는가? 위 인용문에서 짐작할 수 있듯, 아렌트의 처방은 기존의 관료화된 대의민주주의 체제의 대안, 또는 보완책으로서 '참여민주주의' 기제를 강화하는 것이다. 바꿔 말하자면, 아렌트의 해법은 아리스토텔레스의 정치존재론 관점에서, 좀 더 구체적으로는 시민공화주의 관점에서 시민들이 "좋은 삶the good life"을 영위할 수 있도록 정치참여의 기회를 획기적으로 확장하는 방안이다.[31] 이는 시민이라면 누구나 정치적 평등을 누릴 권리가 있기 때

---

31   필자는 이러한 아렌트의 시민공화주의적 존재론의 입장을 "정치적 실존주의political

제1부 아렌트 '정치미학'이란 무엇인가?   **78**

문이다(OR, 31).

이상의 논의에서 우리는 아렌트주의가 하나의 정치이데올로기로서 갖추어야 할 구성요건들을 비교적 잘 충족한다는 사실을 확인했다. 이로써 우리가 아렌트 정치사상을 '아렌트주의'라는 하나의 정치이데올로기로 다룰 수 있는 형식적 타당성이 확보되었다고 볼 수 있다. 우리가 이 점을 기꺼이 수용한다면, 이제 우리의 관심은 마땅히 아렌트주의의 실질적인 내용이 무엇인지를 파악하는 일로 옮겨 가야 할 것이다.

2) '아렌트주의Arendtianism'의 기본명제와 정치원리

아렌트 정치사상을 체계적으로 기술하기 위해서는 다른 무엇보다 그것의 기본명제와 그의 사상 전체를 관통하는 정치원리를 규명해야 한다. 이러한 목적에서 우리는 아렌트의 핵심 언명 몇 가지를 심층적으로 검토할 것이다. 그러한 언명 중에서도 가장 먼저 우리의 이목을 집중시키는 것은, 아렌트가 자신의 저서 여러 곳에서 반복적으로 제기하는 "정치의 존재이유는 자유이며, 그것이 경험되는 장은 행위"(HC, 197; BPF, 146, 151, 156)라는 주장이다. 이 자유와 정치의 관계에 관한 언명은 아렌트 정치철학의 두 축이 바로 '자유'와 '행위'라는 사실을 암시한다. 우리는 이것을 '아렌트주의'의 첫 번째 기본명제로 특정한다.

여기서 우리가 반드시 짚고 넘어갈 사항은, 이 언명 속의 '자유'는 정치학에서 대개 권리 개념과 결부시키는 자유liberty[32]가 아닌 인식론적

existentialism"로 지칭한 바 있다(서유경 2002).

자유freedom라는 사실이다.[33] 이는 지금까지 관련 학계 내 관행과 차별화되는 정치사상적 특성이자 아렌트 정치철학의 존재론적 성격을 단적으로 보여 주는 징표다. 실제로 아렌트는 "정치적 현상으로서 자유는 그리스 도시국가들의 등장과 함께 나타났다"(OR, 30)면서, 자신의 '자유'가 그리스의 폴리스적 맥락에서 이해되어야 한다고 귀띔한다. 또한 "정치의 존재이유는 자유이며, 그것이 경험되는 장은 행위"라는 언명은 그의 다른 개념 범주 —여기서는 특히 '정치'와 '행위' 개념— 에 대한 사전 이해를 요구한다.

아렌트의 폴리스적 자유는 다음의 두 차원으로 나눠서 설명할 수 있다. 첫째는 '자유인a freeman'으로서 '생활의 필요로부터의 해방'된 상태라는 의미에서의 자유다. 이것은 '순수하게 행위를 위한 행위'라는 정치행위의 조건, 즉 외부 목적에 복무하지 않는 '비도구주의적' 행위 개념과 결부된다. 둘째는 '시민의 정치행위'가 표상하고 구현하는 것으로서의 자유다. 아렌트는 아리스토텔레스적 관점에서 '생활의 필요들을 제압'하고 '노동과 일로부터 해방'되며 '생존을 위한 내적 충동을 극복'하는 방식으로 사는 것이 '좋은 삶', 즉 바람직한 시민의 삶이라고 설파한다. 시민이 자신의 생물학적 삶의 방식을 과감히 떨쳐 버려야 하는 이유는 그렇게 함으로써만 '자유인'으로서 인간 존엄을 구현할 수 있다고 믿었기 때문이다.

주지하듯이, 아테네에서는 시민들에게만 '정치적 공간'에 참여할 권

---

32 존 스튜어트 밀의 유명한 저작인 『자유론』의 원제가 *On Liberty*라는 사실은 결코 우연이 아니다.

33 아렌트는 liberty와 freedom의 혼동을 경계하면서, liberty를 "소극적"인 자유 —즉 freedom의 선결조건이지만 freedom으로 직결되지 않는 자유로서 liberation해방— 와 연결해 이해하고 있다(OR, 29).

리가 부여되었다. 그들이 정치적 공간, 즉 공적 영역에 참여한다는 것의 의미는 무엇인가? 그것은 일차적으로는 "사람들이 '사적인' 개인 자격이 아닌 '공적인' 시민들로서 만난다"는 의미였고, 다음으로는 그들이 "시민권에 근거하여 평등을 보장받는다"는 의미였다(OR, 31). 이런 관점에서 볼 때, 아테네는 순수한 원칙적 의미의 민주주의 체제라기보다 "비지배no-rule", 즉 지배자도 지배받는 자도 없는 "권리 평등 체제isonomia"였다고 볼 수 있다. 또한 그 체제는 엄밀히 말해 '법 앞의 평등' 개념보다, 시민이라면 "모두가 정치활동에 대한 요구권을 가지고 있다"(PP, 118)는 정치적 평등 개념이 중시되는 사회였다.

> 그리스인들은 자신의 동배들peers 사이에서가 아니라면 자유롭다고 생각지 않았다. 또한 전제군주나 폭군 또는 가정의 우두머리 —비록 그가 [생활의 필요들에서] 온전히 해방되었고 타인들에 의해 강제되지 않았더라도— 도 자유롭다고 생각지 않았다. … 그리스 정치사상이 자유freedom와 평등equality의 상호연계성을 역설한 이유는 자유가 인간의 특정 —결코 전부는 아니다— 활동들 속에서 명시화한다고 이해되었으며, 또한 그 활동들은 오직 타인들이 그것들을 보고 평가하고 기억할 때만 나타나고 실재할 수 있다고 이해했기 때문이다. 자유인의 삶에는 타인들의 현전presence이 필요했다. 자유 자체도 사람들이 함께 모일 수 있는 장소 —아고라the agora, 시장the market place, 또는 폴리스the polis처럼 정치적으로 적합한 공간the political space proper— 를 필요로 했다(OR, 31).

위 인용문에서 알 수 있듯이, 아렌트는 자유의 두 가지 선행조건을 제시한다. 첫 번째는 시민, 즉 '자유인a freeman'으로서 인간이 "생활의 필요"로부터 자유로워지는 방식으로 자신의 '동물성'을 초월하는 것이다. 그다음으로는 "정치적으로 조직된 세계"인 공적 영역에 출현하여 자신의 동배들과 함께 정치활동 —자유가 명시화되는 인간의 활동— 에 참여하는 것이다. 이 두 가지는 결국 자유의 발현 양식, 즉 자유를 경험할 수 있는 매개체로서 정치행위를 수행하기 위한 불가피한 조건이자 자유에 대한 열망 실현을 위해 반드시 선결돼야 할 조건이었다.

아렌트의 "정치의 존재이유는 자유"라는 주장은 이런 맥락에서 정당화될 수 있다. 이 점을 염두에 두고 이 언명과 짝을 이루고 있는 "자유를 경험하는 장은 행위"라는 주장으로 시선을 옮겨 보자. 폴리스 안에서 이루어지는 정치활동은 기본적으로 시민들이 "서로 말을 주고받는 형태"(PP, 118)였다. "폴리스는 인간의 자유로운 행위free deeds와 살아 숨 쉬는 말living words이 [시민들의] 삶에 광휘光輝를 부여할 수 있는 공간이었다."(OR, 281) 따라서 시민들은 이 정치적 공간에 직접 출현하여 그곳에 있는 동배들을 상대로 "말speech과 행위action"[34]를 통해 각기 자신의 특장virtuosity을 최대한 아름답게 드러냄으로써 동배들로부터 인정받고자 했다.

이런 점에서 그들의 말과 행위는 각자의 정체를 밝히는 외견appearance의 노출 수단이었다고 볼 수 있다. 아테네 시민들이 자신을 드러내고 싶어 하는 충동과 "타인들을 상대로 자기를 과시하려는, 이른바 분투정신the so-called agonal spirit"(HC, 194) 덕분에 그들의 행위는 "매우 개

---

34 아렌트에 따르면, "말과 행위"는 호메로스 시절 이래로 분리되어 사용된 적이 없었으며, "말"은 "행위"의 한 형태로 인식되었다(RJ, 125).

별적이며, 자기 노출적이었고, 영웅적이며, 분투적인 성격"(HC, 41, 198)을 보여 주었다. 아렌트의 설명에 의하면, 그들이 "여타 모든 희생을 감수하면서까지 자기 노출"을 불사했던 이유는 바로 인간으로서 "자유라는 선물을 소유"했기 때문이며, 무엇보다 그 자유가 "행위의 수행과 동시에 발생"하는 성격을 지녔기 때문이다. 이에 대한 아렌트의 설명을 직접 들어 보자.

> 자유의 출현은 원칙의 명시화와 마찬가지로 행위의 수행과 동시에 발생하기 때문에, 사람들은 자신들이 행위를 수행하고 있는 동안 —그 이전이나 이후가 아니라— 에만 자신이 자유라는 선물을 소유하고 있다는 사실과 구별되는 의미로 자유롭다. 왜냐하면, 자유로움to be free과 행위의 수행to act은 동일한 것이기 때문이다(BPF, 152-153; Arendt 2023, 297 참조).

아렌트는 이런 시각에서 아리스토텔레스의 프락시스 개념을 원용하여 폴리스에서의 정치행위는 생활의 필요에 부응하여 반복 재생산에 투입되는 '노동labor'이나, 제작 활동의 결과물을 겨냥하고 있는 '작업work'의 경우와 달리 순수하게 행위 수행 자체를 목적으로 삼기 때문에 자기충족적이라고 설명한다. 또한 아리스토텔레스의 견해에 따르면 '자기충족적인 것'은 '아름다운 것'과 동격이므로 행위의 판단 기준은 탁월함이나 아름다움이 되어야 했고, 이것은 아테네 시민들이 자신의 최고 기량을 뽐내기 위해 분투하는 또 다른 이유였다고 덧붙인다.

어쩌면 누군가는 이러한 고대 폴리스적 자유 개념이 아렌트 정치철학의 기본명제라면, 그것이 현재 우리가 아렌트 정치철학을 수용할 이유가 될 수 있을지, 또는 그것이 현대적 효용성을 담보할 수 있을지 의문을 제기할지도 모른다. 이러한 의문이 든다면 아렌트가 "폴리스는, 제대로 말하자면, 물리적 공간으로서 그 [고대] 도시국가가 아니다. 그것은 사람들이 말과 행위를 공유함으로써 생겨난 인간조직체이며, 그것의 사실적인 공간은 그게 어디가 됐든 이 [말과 행위의 공유] 목적을 위해 모인 사람들 사이에 놓이게 된다. … [그러므로] 당신이 어디를 가든 당신은 하나의 폴리스가 될 것이다"(HC, 198)라고 주장했다는 사실도 함께 기억할 필요가 있다.

여기서 아렌트가 지칭한 '폴리스'는 사실상 사람들이 함께 모여 각자 말과 행위를 통해 서로의 관심사를 공개적으로 밝히고 다른 사람의 견해에 대한 이해의 폭을 확장할 수 있는 민주적 공론장을 말한다. 아렌트는 폴리스 —즉 이념형an ideal-type으로서의 '아렌티안 폴리스'— 를 '공영역the public realm', '정치영역the political realm', '세계world', '인간관계망the network of human relations' 등의 다양한 이름으로 부른다. 이러한 '아렌티안 폴리스the Arendtian polis'에 대한 이해는 하버마스를 비롯한 현대 민주주의 이론가들에 의해 의사소통행위 패러다임으로 공식적으로 전유되었다. 그리고 그 연장선상에서 현대 참여민주주의나 숙의민주주의가 요청하는 "의사소통과 설득을 통해 공동행위를 조율하는 모종의 절차적 공간a procedural space"으로서 우리 주변에서 쉽게 접할 수 있는 다양한 정치포럼이나 공론의 장들은 아렌트의 이념형으로서 '아렌티안 폴리스'가 재현된 형태를 띠고 있다(Benhabib 1992, 93; Kymlicka 2002, 297).

이 아렌트의 '폴리스 이론'에 따르면, 폴리스는 세상 속에서 개인이 사적으로 소유한 장소와 구별되는, 모두에게 공통된 "세계 그 자체"를 의미한다. 이때 "세계"는 지구나 자연과 같은 물리적인 생활공간이라기보다, 인간이 그들의 "말과 행위를 [함께] 공유함으로써" 만들어 내는 인공적인 공간이다. "말과 행위는 거의 언제 어디서든 참여자들 사이에 하나의 공간을 창조"(HC, 198)하기 때문이다. 그는 이처럼 사람들 사이에 들어서는 "중간에 낀in-between" 공간을 "인간관계망"이라고 부른다(HC, 183). 그리고 이런 관점에서 「정치란 무엇인가?」라는 글에서 "정치는 인간다수성이라는 사실에 기초하고 있다. … 정치는 **상이한** 사람들의 공존과 제휴를 다룬다"(PP, 93. 강조는 원문)라고 주장한다.

앞에서 필자는 '아렌트주의'의 핵심 목표는 개인의 '자유' 구현으로 볼 수 있으며, 그것의 기본명제는 "정치의 존재이유는 자유이며, 그것이 경험되는 장은 행위"라는 것이라고 특정한 바 있다. 같은 맥락에서 누군가는 아렌트 정치사상의 '개성원리'를 '자유의 정치'로 규정할 수 있을 것이다. 비근한 예로 치바Chiba(2006)는 아렌트가 "자유의 정치" 이론을 제시했다고 주장한다. 그의 설명에 따르면, 이 자유의 정치는 "세계 구축의 정치politics of world-constructing"와 "저항의 정치a politics of resistance"라는 "두 개의 근본적인 정치 양식"을 포함하고 있다(Chiba 2006, 15).

그는 이 주장의 근거로 아렌트가 자신의 '행위action' 개념이 그리스어 어원인 "*archein*"과 라틴어 어원인 "*agere*"에서 비롯된 것이라고 밝힌 사실을 지목한다. 실제로 양자는 "시작하다to begin", "선도하다to lead", "주도하다to take an initiative", "작동시키다to set into motion" 등의 다양한 의미를 담고 있었다(HC, 189; PP, 126). 그러한 표현들의 미세한 어감의 차이에도 불구하고, 양자는 무언가 새로운 것의 '개시開始' 능력을 가리킨다는 공통점이 있었다. 치바는 이런 어원 설명과 함께 아렌트의 '자유의 정치'는 사실상 무언가를 창조하는 목적에 복무하는 "자유로운 행위 수행의 정치"로 볼 수 있다고 결론짓는다.

그러나 아쉽게도 이러한 치바의 결론은 겉보기와는 달리 아렌트의 '자유의 정치'에 도구주의적 시각을 투영함으로써 아렌트의 탈도구주의적 존재론 입장과 모순을 일으킨다. 사실 아렌트 정치사상의 핵심 개념인 '자유'는 사람들이 정치행위를 수행하는 동기로 작용하는 하나의 정치원리라고 볼 수 있다. 이것은 아렌트가 고대 폴리스의 직접민주주의 정치체제의 정치와 정치행위 양태, 특히 정치행위와 자유 사이의 연계성에 주목해 '사람들이 실존적 자유를 획득하기 위해 정치에 참여한다'는 점을 역설한 사실에 근거하고 있다. 요컨대, '정치의 목적으로서 존재론적 자유'와 '그것에 대한 실존적 열망'이 바로 아렌트주의의 정치원리를 구성하고 있다는 것이다.

여기서 잠시 우리의 기억을 환기하면, 아렌트는 인간에게 "좋은 삶"이란 폴리스에서 정치적 존재, 즉 '자유인'으로 사는 삶이라는 아리스토텔레스의 시민공화주의적 관점을 수용한다. 그가 보기에 자유인의 기본 조건은 '자유로운' 행위의 수행 가능성이며, 자유로운 행위는 생활의 필요에 복무하지 않아야 하고, 동시에 타인의 명령이나 의지에도 종속되지 않아야 한다. 고대 폴리스의 '정치적 평등'은 바로 이 두 가지 자유의 선결조건을 충족했다. 따라서 시민들이 자유로워지기 위해서는 폴리스의 정치활동이 필수였고, 그들은 '정치활동에 대한 요구권'을 가지고 있었다. 이런 맥락에서 아렌트의 "정치의 존재이유는 자유", 즉 '정치에의 참여가 자유 획득의 필수조건'이라는 주장은 정당화될 수 있다.

또한 '정치행위의 본질은 자유'라는 아렌트의 또 다른 정치존재론적 정치원리도 고대 폴리스의 정치활동에서 얻은 통찰에서 비롯된 것이다. 그에게 정치는 내용 면에서 특정 정치공동체에 속한 구성원들의 공존과 제휴의 문제를 다루며, 그것은 그 공동체 안에서 구성원들이 "말과 행위를 공유"하는 활동, 즉 정치행위를 통해 실현된다. 요컨대, 아렌트 정치행위의 실질은 말과 행위를 공유하는 언어적 의사소통행위라는 것이다. 그리고 형식 면에서 볼 때 이 언어적 의사소통행위는 각기 하나의 '자유로운' 언어적 발화 사건이다. 여기서 '자유로운'이라는 표현은 발화 시점의 이전이나 이후가 아니라 언어 수행 시점에 자유롭다는 의미이며, 그로써 '정치행위의 본질은 자유'라는 명제가 정치원리로서 특정된다.

아렌트는 바로 이런 맥락에서 '말과 행위의 수행'을 일종의 공연예술로, 화자the speaker를 관중과의 교감을 열망하는 한 사람의 배우로 각각 취급한다. 여기서 화자는 훌륭한 '말과 행위의 수행'을 위해 최선의 노력을 경주하며, 관중은 이 과정을 지켜보면서 화자의 본모습(또는 진정성)과 만나게 된다. 화자 역시도 관중의 반응을 통해 자신의 존재감을 확인하게 된다. 이런 점에서 아렌트는 '의사소통적·수행적 행위' 모델을 수립했고, 그 연장선상에서 모종의 의사소통적·수행적 행위의 현상학a phenomenology of communicative-performative action을 기술했다고 볼 수 있다.

이 대목에서 한 가지 아쉬운 점은 아렌트가 자신의 독특한 정치행위 개념에 관해 이처럼 풍부한 설명을 제공했으면서도 정작 그것을 하나의 이론 형태로 체계화하지는 않았다는 사실이다. 결국 아렌트 정치행위론의 기술 작업은 후속 연구의 몫으로 남았으며, 두 가지 유형의 정치행위론이 탄생하게 되었다. 하나는 "말과 행위를 공유"하는 절차와 방법론에 초점을 맞춰 기술한 '의사소통행위 이론'[35]이며, 다른 하나는 '말과 행위,' 즉 '정치행위'의 수행 측면에 초점을 맞춘 '수행적 행위이론'[36]이다(서유경

---

35   이 주제는 아렌트에 의해서는 기술되지 않았으며, 하버마스(1984; 1985)에 의해 '의사소통 행위 이론Communicative Action Theory'으로 재탄생했다.

36   빌라(1996)는 이 주제를 아렌트의 '수행적 행위 이론'으로 설득력 있게 제시했다.

2000; 2011b).

아렌트의 정치행위론은 그 성격상 우리가 흔히 '인정의 정치' 패러다임이라고 부르는 영역에 속한다(서유경 2008). 이것은 기본적으로 화자와 청자 사이의 상호주관적 차원에 대한 고려, 즉 윤리적 요구를 내포하고 있다. 의사소통적-수행적 행위로서 정치행위는 기본적으로 타인들과의 소통을 겨냥하고 있어서 관중에게 호소력 있는 방식으로 행위를 수행해야만 상호인정이라는 소기의 목적을 달성할 수 있기 때문이다. 이러한 성격적 측면은 최근 숙의민주주의 이론이 제시한 "공적 담론의 덕목들"(Kymlicka 2002, 289)과 조응한다. 그 덕목에는 공적 논의의 장에서 발언하는 것뿐 아니라, 경청하는 것, 대화가 지속될 수 있도록 다른 사람의 생각을 이해하려고 노력하는 것, 그리고 타인들의 의견에 정중한 태도로 반응하는 것과 같은 상호주관적 태도 등이 포함된다.

테일러Taylor(1995b)와 같은 다문화주의 이론가가 주장한 문화적 다양성의 인정 요구와 수용도 아렌트주의의 맥락에서 언급할 만한 충분한 가치가 있다. 아렌트주의의 정치원리로서 '자유에의 열망'은 인간이 인간으로서의 존엄을 인정받고자 하는 인류 보편의 원초적 감정이다. 게다가 요즘처럼 디지털 연결성이 극대화된 초국적·초연결 시대에 국민국가 내·외부에 존재하는 탈물질적이며 권능화된 시민들에게 인간 존엄 실현의 보편 양식으로서 '자유의 추구'가 함축하는 것은 결코 추상적 차원에 그치지 않는다. 비근한 예로 벡이 관찰한 "하위정치sub-politics"(Beck et al. 1994)의 확장 경향은 서로의 정체성 차이와 이해관계를 초월해 각자가 속한 정치공동체의 현안 이슈들에 대한 의견을 적극 개진하고, 나아가 인간 존엄의 가치 구현을 요구하는 참여민주주의적 시민정치 양식의 보편화 가능성을 시사한다.

이러한 현실정치 상황의 급진적 변화상이 가리키는 것은 사람마다, 또는 집단마다 입장과 해석이 다를 수 있는 '사회정의'나 '국가의 존재이유' 같은 기성의 제도권 정치 범주가 아닌 인류의 보편 가치로서 '자유의 추구'나 '인간 존엄의 구현'과 같은 정치존재론적 정치 범주들이 지금까지와 다른 새로운 정치적 유의미성과 실천성을 함께 담보할 가능성이다. 이런 견지에서 아렌트주의는 자유의 정치를 주창하고, 그것의 실현을 위해 적과 동지가 함께 참여해 서로의 다름을 이해하고 견해차를 수용하며, 나아가 공동의 목표를 위한 잠정 합의에 이를 수 있는 정치적 평등의 공간을 요구하는 공존과 제휴의 정치이데올로기로 볼 수 있다.

3. 아렌트주의와 아렌트 정치미학

필자는 위에서 하나의 정치이데올로기로서 '아렌트주의'란 현실정치 상황에서 시민들의 정치행위를 촉발하는 정치원리를 담고 있는 아렌트의 정치사상 체계를 말한다고 설명했다. 이는 아렌트의 정치사상과 정치행위, 즉 아렌트주의가 '활동적 삶'에 미치는 이론적 효과에 초점을 맞춘 설명이었다. 이 점을 염두에 두고 이제 아렌트주의가 사유행위, 즉 아렌트주의가 '관조적 삶'에 미치는 이론적 효과로 시선을 옮김으로써 아렌트주의와 정치미학의 관계성을 파악해 보기로 하자.

아렌트 정치철학이 사유와 인간실존의 문제를 다루고 있다는 점에는 의문의 여지가 없다. 이런 맥락에서 누군가가 '코기토, 에르고 숨

Cogito, Ergo Sum', 즉 "나는 생각한다, 그러므로 나는 있다"(최명관 2010, 96)라는 데카르트의 제1 원리와 아렌트 정치철학 사이에 모종의 연관성이 있을 것으로 추정하는 것은 조금도 이상할 게 없다. 더군다나 아렌트의 반정초주의 접근법이 '모든 것을 의심해 보아야 한다'는 데카르트의 '회의' 관점과 흡사하다는 인상을 풍기는 것도 부인할 수 없는 사실이다.

그러나, 결론을 먼저 말하면, 이러한 피상적 모습과 달리 아렌트는 데카르트의 '코기토'를 완전히 뒤집는 발상의 전환을 이룩한 것으로 나타난다. 그의 뒤집기 작업은 데카르트 철학이 근대적 주관주의 subjectivism라고 비판하는 데서 출발한다. 데카르트 철학의 핵심으로 지목되는 것은 '내관內觀: introspection'이라고 하는 방법론이다. 이는, 은유적으로 말해서, '아르키메데스 점the Archimedean Point'을 인간의 내부로 옮겨 놓고 그것의 관점에서 모든 사물의 의미를 파악하는 주관주의적 해석 방식이다.

이것이 곧 '나는 사유한다, 그러므로 나는 존재한다'라는 코기토 원리가 작동하는 방식이다. 아렌트는 이 코기토적 사유 명제를 근간으로 하는 현대 철학, 특히 독일 실존주의의 자기중심적 '유아론'을 비판한다. 그리고 데카르트가 인간의 내부 영역으로 끌고 들어간 아르키메데스 점을 우선 다시 인간의 외부로 불러내는 방식을 주관주의의 극복 방안으로 제시한다. 이런 맥락에서 '아렌티안 폴리스', 특히 '공영역'은 하나의 '아르키메데스 점'으로 간주할 수 있다. 거기서 시민들은 '말과 행위'를 통해 자기 의견을 표출하는 동시에, 동료 시민들의 역시 주관적인 발언을 경청하는 관중으로서의 역할을 동시에 수행한다. 요컨대, 개별 시민들의 주관적 성격의 발언들은 동료 시민들의 즉각적이고 명시적인 반론 제기와 더불어 간접적이고 암묵적인 판단이라는 일련의 합리적 의사소통 절차를 통해 객관화 과정에 노출된다는 것이다.

이처럼 아렌트가 인간의 정신 활동 중 가장 '정치적'인 성격을 띤다고 주장한 '반성적' 판단은 정신의 영역에서뿐 아니라 현실 세계 내부의 공적 의사결정의 장에서도 이루어진다. 따라서 아렌트가 데카르트의 '아르키메데스 점'을 공영역으로 외부화했다는 주장은 분명 타당성이 있다. 그러나 여기서 우리가 간과해서는 안 될 중요한 사항은 아렌트가 자신이 외부로 데려간 아르키메데스 점을 다시 정신의 내부 영역으로 불러들이는 '재현再現' 작업도 함께 수행한다는 점이다. 이는 아렌트의 '공영역'과 '내부-공영역'이 상호연계되어 있다는 사실과 조응한다. 요컨대, 현실에 존재하는 물리적 공론장은 하나의 아르키메데스 점으로서 자신의 성찰 과정에 재투사될 수 있다는 것이다.

아렌트가 구상한 두 번째 아르키메데스 점의 내부화는 데카르트의 내부화와 중요한 차이가 있다. 아렌트의 내부화는 데카르트의 '세계-단절적'인 철학적 내관 방식과 달리 '세계-지향적'인 반성적 판단의 과정으로 볼 수 있기 때문이다. 16세기 근대의 여명기에 데카르트가 추구한 '철학함philosophizing'의 목표는 '진리' 탐색이었지만, 20세기 현대 철학에 몸담았던 아렌트에게 철학함의 목표는 '삶의 의미'를 탐색하는 것이었다. 다른 말로 하면, 데카르트의 코기토 사유법은 세계 속에 실재하는 것들의 실재성을 확인함으로써 사유자 자신의 실재성을 간접적으로 재확인하는 방식이다. 이와 대조적으로 아렌트의 반성적 사유법은 '나는 이미 세계 속에 실재하므로 나와 함께 세계 속에 실재하는 모든 것 ―사람들과 사물들― 이 세계와 공동으로 맺고 있는 관계성의 의미를 파악하는 것'을 겨냥한다.

이 '전도된 코기토the Reversed Cogito'라는 아렌트의 방법론은 그가

1920년대 철학도로서 훈련받은 독일 실존주의의 유산으로 이해할 수 있다. 비근한 예로 그의 스승 중 한 사람인 하이데거의 실존주의 관점에서 볼 때, 인간은 이미 세계 속에 던져진 존재다. 이 관점은 이미 '나는 있다, 그러므로 사유한다'라는 반反데카르트적 명제를 채택하고 있을 뿐 아니라, '내가 사유하지 않는 한 내 존재의 의미는 파악되지 않는다'라는 의식철학적 사유법을 적용하기 때문이다. 예컨대 '진의적authentic' 삶과 '비진의적inauthentic' 삶의 이분법이 근거하고 있는 것도 바로 삶의 의미 추구 활동으로서의 사유함(또는 철학함)이다.

　이 점은 앞에서 언급한 공영역의 상황에도 똑같이 적용될 수 있다. 요컨대, 현실의 공론장에 참여한 개인은 그가 비록 자신의 내부에 있는 사유영역에 있지 않더라도 여전히 사유 활동을 전개한다고 보는 게 합리적이기 때문이다. 그는 한편으로 자신의 발언 순서에 (또는 발언권을 얻어서) 자신의 의견을 개진하는 정치행위를 수행하며, 다른 한편으로는 다른 참석자들의 발언을 경청하면서 의미를 해석하고 가치를 판단하는 일을 함께 수행하게 된다. 이런 관점에서 볼 때, 정치행위와 판단행위가 동시다발적으로 수행되는 '아렌티안 폴리스'는 행위자의 주관성에 대한 '객관화'와 타자들의 객관성에 대한 '주관화' 사이의 교호작용이 부단히 반복되는 공간이다. 누군가가 이 쌍방향적 교호작용이 수렴하는 지점을 '아르키메데스 점'으로 이해할 수 있다면, 각각의 아렌티안 폴리스는 각기 하나의 아르키메데스 점을 표상한다는 논리도 성립한다.

　이 '아르키메데스 점'은 아렌트의 반정초주의 접근법과 밀접한 관련성이 있다. 그것은 이미 존재하는 기준이나 척도를 괄호 친 다음, 새로운 잠정적 기준이나 척도를 발명해 낼 것을 요구하기 때문이다. 이는 아렌트가 『과거와 미래 사이』의 첫 장에서 처음 발언한 "우리의 유산은 우리에게 유언장 없이 남겨졌다"(BPF, 3; Arendt 2023, 77)라는 언명에 나타난 바로 그 반정초주의적 관점이다. 이 반정초주의적 입장은 아렌트가 칸트의 제3 비판서를 근거로 자신이 앞서 이론화한 정치행위론의 관점에서 그것을 심미적으로 재해석하여 '판단의 미학'으로 재정립하면서 그것에 어떠한 명시적 판단 기준도 허용하지 않았다는 사실에서 재확인된다. 이른바 '무토대적' 판단은 아렌트 정치미학의 근간이자 그가 칸트 미학과 결별하는 지점이다.

요약하면, 아렌트의 철학적 반정초주의 접근법은 기성의 법과 제도, 이념과 학파, 도덕과 관습 일체에 의문을 제기하는 태도에서 출발한다. 이런 점에서 데카르트의 방법론적 회의와 대체로 조응하지만, 우리가 앞에서 살펴본 것처럼 둘은 명확한 인식론적 차이를 보여 준다. 그것의 내용 면에서 본다면 오히려 "초인Übermensche"의 모험 정신을 설파한 니체나 그의 방법론을 계승한 질 들뢰즈Gilles Deleuze와 미셸 푸코Michel Foucault를 비롯한 일군의 프랑스 니체주의자들에 좀 더 가깝다. 아렌트는 생전에 "나는 분명히 그리스적 시원을 가지며 현재까지 우리가 알고 있는 형이상학과 철학의 모든 범주의 해체dismantle를 한동안 지속해서 시도해 오고 있는 사람들 집단에 동참했다"(LM I, 212)라고 고백한 바 있다. 이러한 아렌트의 해체주의적 입장은 신의 죽음을 선언한 니체와 해체할 것이 없을 때까지 해체하라고 외친 자크 데리다Jacques Derrida의 중간 어디쯤 놓일 수 있을지도 모른다.

아렌트 심미주의의 또 다른 한 축은 니체의 심미적 접근법이다. 이것이 바로 니체의 사상과 접근법에 경도된 탈근대 정치이론가들이 근래에 아렌트의 논의를 경청하는 중요한 이유다. 또한 이른바 느슨하게 "아렌트주의자"로 함께 묶이는 사람들이 요즘 학계에서 심미적 전환이라고 불리는 새로운 연구 기류를 추동하는 주축 세력이라는 사실도 이러한 맥락에서 이해할 수 있다. 이를테면, 아렌트가 정치행위를 고대 그리스적 영웅주의 모델에 근거하여 "심미화aesthetize"한다는 주장을 펼친 빌라(1996)나 푸코에 경도된 아렌트주의자 주디스 버틀러Judith Butler(1993; 1997; 1999; 2004)의 '헌정적 구성주의constitutional constructivism' 입장이 그러한 대표적 사례다. 그런가 하면 로지 브라이도티Rosi Braidotti(1994) 같은 일군의 들뢰즈주의자들이 제시하는 '유목적 주체nomadic subjects' 이론 또한 이 부류에 포함될 수 있다.

캐노번의 지적대로, 아렌트의 반정초주의적 접근법은 본질상 "지지대 없는 사유방식"(Canovan 1992)이다. 만약 신神, 전통, 역사와 같은 기성의 판단 기준이 모두 사라졌다고 가정한다면, 다시 말해 그러한 기준들의 정당성을 우리가 더 이상 인정하지 않는다면, 우리는 과연 무엇에 근거하여 사물을 판단할 수 있는가? 아렌트는 모든 판단을 위한 기성의 관습적, 또는 사유의 기준들이 무너졌을 때 비로소 정치가 시작된다고 주장한다. '함께 행동함으로써act-in-concert' 우리는 기존의 낡은 규범에 문제를 제기하고 새로운 행위와 판단의 기준들을 제시할 수 있기 때문이다.

이런 점에서 아렌트의 정치행위론은, 그가 기성의 정치학적 개념들을 '해체'하는 것과 별개로, '유목적'이고 '잠정적'인 약속이나 규범을 정초하는 방법론을 제시하고 있다고 말할 수 있다. 그러나 새로 정초한 규범이라고 해서 그것이 고정불변의 진리처럼 간주될 이유는 없다. 그것의 운명은 아렌트 자신이 변경하고 전복시키려고 했던 다른 규범들과 마찬가지로 '문제 제기-변경-해체'의 과정을 겪을 수밖에 없기 때문이다. 그것은 다른 것들과 마찬가지로, 들뢰즈의 표현을 빌리면, '영토화'-'탈영토화'-'재영토화'의 과정에 놓이게 된다. 우리는 마치 시시포스이기라도

한 듯이 그 반복적이고 허망한 일과를 부단히 지속해야 할 운명에 처한 존재다. 만약 우리가 그렇게 하지 않으면 우리의 실존 목표나 삶의 의미를 발견할 기회조차도 없을 것이며, 무엇보다도 우리의 삶 자체가 사라져 버릴 것이기 때문이다.

아렌트는 이러한 실존적 문제의식을 바탕으로 자칫하면 단순 반복의 허망한 생명 연장 과정으로 전락할 수 있는 일상에서 인간이 삶의 목표와 의미를 발견할 가능성을 모색한다. 그의 정치행위론은 이러한 문제의식에서 기술되었으며, 앞에서 이미 언급했듯이, 아렌트 연구자들은 그것의 독해 방식 두 가지를 고안했다. 그중 하나가 "이상적 담화상황"과 "보편화용론the universal pragmatics", 그리고 "의사소통적 합리성" 등으로 잘 알려진 하버마스의 의사소통행위 이론이다. 그러나 아쉽게도 하버마스의 의사소통행위 패러다임은 그것이 이론적으로 담보하는 합의 도달 기능이라는 현대 민주주의적 유용성에도 불구하고 아렌트의 원형이 지닌 중요한 특성 일부를 상실하는 치명적 결함을 가지게 된다. 아렌트는 시민들의 정치행위로서 의사소통의 최종 결과물인 합의 그 자체보다 의사소통 과정에 참여하는 일 자체에 의미를 둔다는 사실이 대체로 간과되었기 때문이다.

이는 물론 아렌트가 정치의 장에서 펼쳐지는 의사소통 과정에서 개별 참여자들이 아리스토텔레스의 표현처럼 "제2의 삶", 즉 시민적 삶의 주체로 거듭나게 된다고 믿기 때문이다. 이런 맥락에서 아렌트의 행위 이론은 결과적으로 정치존재론과 정치윤리학의 경계로 들어서게 된다. 그러나 현재 우리가 살고 있는 후기-근대 민주주의적 삶의 조건과 상황에서, 우리의 정치적 의사결정 단위는 국가공동체 하나로만 한정되지 않으며, 다양한 형태, 크기, 성격을 갖는 모든 '아렌티안 폴리스'에 적실한 정치존재론과 정치윤리학이 되어야 한다는 점도 함께 기억할 필요가 있다.

이 책『한나 아렌트 정치미학』은 탈근대 정치 패러다임, 즉 후기-근대 민주주의의 '심미적 전환'이라는 시대적 요구에 부응하는 새로운 정치철학의 실제 모습을 보여 주려는 이론적 기획의 결과물이다. 이 심미적 전환의 가장 두드러진 특성은 사물의 다름과 다양성, 시간성과 맥락성, 그리고 무엇보다 유목성을 포섭한다는 점이다. 요컨대, 심미적 전환은 단 하나의 '절대 기준'의 존재를 거부하며, 다수의 '상대적·잠정적' 기준들을 승인함으로써, 더욱더 민주적이고 평등하며 다원적인 세계의 건설이라는 인류의 이상에 복무하고자 한다는 것이다.

이런 시각에서 볼 때, "당신이 어디를 가든 당신은 하나의 폴리스가 된다"는 아렌트의 이론적 통찰에 배태된 '폴리스'의 유목성은 바로 인간들 자신이 끊임없이 시공간적으로 이동하는 데서 비롯된다는 사실, 즉 그들이 곧 폴리스의 구성체라는 사실을 적시한다. 이처럼 성격상 '유목민'인 그들은 이동하는 곳마다 새롭게 만나는 사람들과의 언어적 의사소통을 통해 새로운 '아렌티안 폴리스'와 그 속에서의 공존 규칙을 정초하는 방식으로 '정치'의 조건을 실체화한다. 이는 "오직 [정치]행위만이 인간다수체a plurality of men를 요구하는 인간 능력"이며, "약속의 체결과 이행the making and the keeping of promises"은 우리가 정치의 영역에서 발견할 수 있는 "최상급의 인간 능력"이기 때문이다(OR, 175). 이러한 관점에서 정치는 특정 공동체의 참여자들 사이에 이루어지는 공적 약속의 체결 절차와 다름없다. 물론 특정 공동체에서 수립된 공적 약속과 규범은 그곳의 시공간적 맥락과 참여자들에게 귀속되는 속성을 가지므로, 다른 공동체나 다른 시점에는 적실성을 갖기 어렵다. 그래서 각각의 공적 약속은 대부분 특정 인간다수체의 '아르키메데스 점'으로 간주되어야 한다.

바야흐로 우리 인류는 후기-근대 탈脫전체주의 시대로 진입하고 있다. 이 전인미답의 전 지구적 민주주의 시대야말로 폴리스의 유목성과 공적 약속의 특수성에 대한 편견 없는 이해와 포용의 태도를 요구한다. 현재 지구상에 있는 거의 모든 국가가 다인종·다문화 정치공동체라는 사실과, 최근 들어 급격히 높아진 시민들의 민주주의 의식 수준을 고려할 때, 개인들의 자발적이고 직접적인 담론적 정치참여 열망은 점점 더 강해지고, 이들의 참여 양태 역시도 한층 다양하고 적극적으로 변할 것이다. 그 이유는 무엇일까? 이에 덧붙여, 한 국가의 법과 규범에 저촉되지 않는 초국가적 영역에서 이루어지는 의사소통의 행위들은 어떻게 이해되고 판단되어야 하는가? 이러한 질문들은 우리의 후기-근대적 문제 인식을 조건화한다. 이러한 시대정신과 문제의식에 기꺼이 응답할 새로운 정치철학이 바로『한나 아렌트 정치미학』이다.

3장

아렌트의 『판단력 비판』 독해

한나 아렌트는 임마누엘 칸트의 지적 아우라가 깊게 깔린 쾨니히스 베르크에서 성장했으며, 만 16세에 칸트의 전 저작을 독파할 정도로 영민했고 학구적이었다. 그러나 한 가지 역설은 그가 평소 칸트를 "최고 철학자"로 칭송했음에도 생애의 끝자락에 이르러서야 비로소 칸트 연구에 몰입했으며, 그 업적과 함께 정치철학자의 반열에 올랐다는 사실이다. 이를 두고 칸트 철학자로 명성이 높은 주디스 슈클라는 아렌트가 "의도적으로 자신의 과거 속으로 관망하는 여정을 칸트와 마치고 있다"(Shklar 1977, 90)고 촌평한다.

이러한 평가를 차치하더라도, 아렌트의 후기 정치철학은 칸트를 경유하지 않고서는 절대로 이해할 수 없다고 할 정도로 곳곳에서 칸트의 지적 영향을 받은 흔적이 발견된다. 칸트 철학 연구와 강의에 많은 시간과 노력을 쏟아부은 생애 마지막 몇 년 동안 그는 자신이 특별히 "칸트의 정치철학서"라고 책의 성격을 규정한 『판단력 비판Kritik der Urteilskraft』
에 대한 독창적인 재해석 작업에 매진했다고 알려진다. 그를 아는 모두
가 예상하였듯, 아렌트의 칸트 미학 독해는 거의 창조적 파괴에 가까우
리만치 혁신적이었다. 그가 강의 중에 재해석한 논점들은 '칸트 정치철
학 강의 노트'에 오롯이 담겨 있다.

이 장의 목표는 아렌트가 재해석한 칸트 미학의 논점들을 밀착해서
검토하는 것이다. 우리는 그 작업을 통해 그가 미완으로 남긴 『정신의 삶
The Life of the Mind』의 3권 '판단함Judging'이 완성되었다면 어떤 모습으로
나타나게 되었을지 추론할 수 있을 것이다. 또한 그 연장선상에서 우리
가 이 책을 통해 '한나 아렌트 정치미학'이라고 명명할 그의 정치철학과
칸트 미학 사이의 지적 연계성과 이론적 차이점을 좀 더 직접적으로 이
해할 수 있게 될 것이다.

1. 칸트의 반성적 판단 모델

칸트의 제3 비판서인 『판단력 비판』은 1790년에 출간되었다. 그
가 이 책을 구상하기 시작한 것은 이때보다 30년 앞선 시점이었는데, 칸
트는 당시 작업 원고의 가제목을 "도덕 취향 비판Kritik des moralischen
Geschmacks"으로 정했었다고 한다(LM II, 255). 그러나 칸트는 책이 출간
되기 3년 전인 1787년 12월 28일, 친구인 카를 레온하르트 라인홀트Karl
Leonhard Reinhold에게 보낸 서신에서 그 원고의 제목을 "취향 비판Kritik

des Geschmacks"으로 변경했다는 사실을 밝혔다(Schaper 1992, 368).[37] 물론 최종적으로는 지금 우리가 알고 있는 바로 그 '판단력 비판Kritik der Urteilskraft'으로 재수정된 듯하다.

흥미롭게도 칸트는 이 저서의 출간과 더불어 명실상부한 "근대 미학의 아버지"로 불리게 된다(Schaper 1992, 368).[38] 아렌트의 설명에 따르면, 칸트가 자신의 책 제목에 "판단judgment"이라는 어휘를 포함하게 된 이유는 18세기 당시 사회 엘리트들 사이에서 크게 유행했던 '취향'이라는 어휘가 함축하는 뜻의 배후에 '판단력'이라는 전혀 새로운 인간의 정신 기능이 놓여 있다는 사실을 발견했기 때문이다(LM II, 255). 이러한 아렌트의 설명이 의미하는 바는 무엇인가? 그 의미를 파악하기 위해서는 칸트 철학에 대한 기본적인 이해가 필요하다.

칸트 철학은 크게 이론 철학과 실천 철학으로 나뉜다. 전자의 대표작인 『순수이성비판』은 우리 정신의 '이해력understanding'(또는 오성)의 기능에, 후자의 대표라고 할 수 있는 『실천이성비판』은 '이성reason'의 기능에, 그리고 『판단력 비판』은 당연히 '판단'의 기능에 각각 초점을 맞춰 기술되었다. 칸트의 설명에 의하면, 판단은 "우리 인식 기능의 위계상, 이해력과 이성이라는 정신 기능 사이의 중간적 용어a middle term"(Kant 1952, 4)이다. 또한 그것은 선험 세계를 전제하는 인식 기능, 즉 이해력과 이성이 제외하고 있는 '느낌feeling'이라는 감각기능을 다루는 제3의 철학 영역으로 규정할 수 있다(Kant 1952, 14).

---

37 이것은 칸트가 라인홀트에게 보낸 1787년 12월 28일 자 서신에서 드러난 내용이다.
38 『판단력 비판』은 칸트 논의에서 오랫동안 주목을 받지 못했는데, 이는 현대 철학에서 미학에 대한 논의가 거의 사라졌다는 사실과 무관하지 않다. 필자가 참고한 한국어 번역본은 Otfried Höffe, 임마누엘 칸트, 이상헌 옮김(문예출판사, 1997)인데, 이 책은 Otfried Höffe, *Immanuel Kant*(München: C. H. Beck, 1983)를 우리말로 옮긴 것이다.

칸트는 판단 개념을 그 성격에 따라 두 가지로 구분한다. 하나는 "규정적determinant 판단"이고, 다른 하나는 "반성적reflective 판단"이다. 『순수이성비판』에 등장하는 "규정적 판단"은 특수한 것을 보편적인 것, 즉 규칙, 원칙, 법칙과 같은 선험적 개념이나 규칙a priori concept or rule을 적용하여 판단하는 것이다. 이와 대조적으로 "반성적 판단"은 관찰된 특수한 것에서 보편적인 것을 포착해 내는 방식이다. 다르게 표현하면, 이것은 선험적 범주가 부재한다는 가정하에 주관적 취향에 바탕을 두고 있는 것에서 새로운 개념이나 규칙을 발명해 내는 방식이다.[39] 여기서 칸트가 사용하는 "반성한다to reflect"라는 말의 의미는 "주어진 표상representation을 다른 표상들 또는 개인의 인식 기능들과 비교하고 결합해 새로운 개념을 창출하는 것"을 가리킨다(Schaper 1992, 369).

칸트는 이런 배경에서 "아름다운 것the beautiful은 삶의 증진이라는 느낌과 직결되며, 매력charms이나 즐거운 상상력a playful imagination과도 양립할 수 있다"(Kant 1952, 91)고 주장한다. 그리고 그 연장선상에서 '아름다운 것'과 관계를 맺는 '취향'에 대해 "이해interest와 분리된 즐거움delight 또는 그와 정반대 감정에 매개된 어떤 대상이나 표상의 양식을 평가하는 기능"(Kant 1952, 50)이라고 정의한다. 또한 '취향 판단'은 주관적인 것이며, 오직 '쾌감the feeling of pleasure'만이 그것의 잣대가 된다고 단언한다(Schaper 1992, 371). 이는 쾌감이 그 자체로서 모종의 이성적 구조로 되어 있으며, 아름다운 것에 가치를 두고 아름답지 못한 것은 혐오하는 심미적 평가 기능을 수행한다는 그의 믿음을 반영한다.[40]

---

39 칸트는 나중에 '반성적 판단'에도 선험적 요소, 즉 공통감각이 작용한다는 사실을 깨닫고 이 입장에서 후퇴하지만, 여전히 판단이 '특수한 것'에서 '보편적인 것'을 포착해 내는 기능이라는 생각은 유지했다.

이 대목에서 한 가지 짚고 넘어갈 사항은, 칸트에게 '아름다운 것'은 곧 '도덕적인 것'이라는 등식이 성립한다는 사실이다. 지금까지 칸트 연구의 중요한 경향 중 하나가 그의 "미학과 도덕의 연관성"에 관한 것이었던 이유는 바로 이 때문이다. 칸트는 "애호할 만한 도덕적 가치들은 아름답다"고 주장하며, "도덕 감정의 의미 속에 도덕 판단에서 정신 기능들의 조화로부터 결과되는 기쁨의 감정을 포함시킨다."(Munzel 1995, 312) 결과적으로 칸트는 "우리 의지의 대상으로서 선한 것the good에 대한 관조는 반성적 판단의 형식을 취하는" 특징을 보이는 한편, "우리가 아름다움beauty에 관해 관조함으로써 얻을 수 있는 기쁨의 감정과 유사한 기쁨을 준다"고 가정한다(Munzel 1995, 319).

칸트에게 취향은 아름다운 것을 평가하는 능력이므로, 취향이 곧 취향 판단의 능력인 셈이다. 그러면 취향 판단의 능력은 어떤 방식으로 작용하는 것일까. 칸트는 이 질문에 대해 '아름다운 것'을 평가하는 "취향 판단의 네 원칙the Four Moments"을 제시한다. 그 네 가지 조건은 "질quality", "양quantity", "관계relation", 그리고 "양식modality"이다(Schaper 1992, 372). 이 네 가지 조건은 판단의 논리적 기능들로서 각기 아름다운 것에 대한 부분적 설명을 가능하게 해 주는 동시에 그 측면들이 함께 결합한 형태로는 취향 판단에 관한 종합 설명을 제공한다.

제1 원칙은 "아름다운 것은 초연한disinterested 쾌감pleasure에 의해 느껴진다"라는 것이다(Schaper 1992, 373). 이 질質의 원칙은 '이해interest'로부터의 자유를 의미한다. 제2 원칙은 "우리가 어떤 대상이 아름답다고

---

40 G. Felicitas Munzel, "The Beautiful Is the Symbol of the Morally-Good: Kant's Philosophical Basis of Proof for the Idea of the Morally-Good." *Journal of the History of Philosophy* 33, no.2(1995)를 참고하라.

말하는 이유는 그것이 보편적 즐거움delight을 보유한다고 여기기 때문이다"라는 것이다. 이 양量의 원칙은 성격상 '보편성universality' 요구의 원칙이다. 제3 원칙은 우리는 아름답다고 말해진 "그것 속에서 어떤 [다른] 목적이 표상되어 있지 않은 최종 완성태the form of finality를 알아본다"라는 것이다. 이 관계關係 원칙은 '주관적 궁극성subjective finality'을 시사한다. 끝으로, 제4 원칙인 양식樣式 원칙은 아름다운 "그것이 [우리를] 즐겁게 할 뿐만 아니라, 필경necessarily 그렇게 하며, 개념들과 상관없이 그렇게 한다"라는 것이다(Schaper 1992, 372-373, 383).

칸트는 이 네 원칙 중 첫째와 셋째, 둘째와 넷째를 각각 하나로 묶어 재배치한다. 특성상 '질'과 '관계' 원칙의 결합 조는 심미적 경험이 일어날 수 있는 내용적 조건을 설정하며, '양'과 '양식' 원칙의 결합 조는 판단의 형식이 내포하는 심미적 경험의 내재적 보편성과 필요성을 함축한다(Schaper 1992, 374). 양자에 대해 약간의 설명을 추가한다면, 첫 번째 조는 '아름답다'라는 느낌의 증거와 관련되는 부분이다. 이를테면 무엇이 이해타산과 무관하게 기쁨을 준다고 느껴질 때, 그리고 대상 속에서 그것의 최종 완성태를 발견함으로써 기쁨이 일어날 때, 그 대상 속에 아름다움의 증거가 존재한다고 간주할 수 있다는 것이다.

이와 대비되는 두 번째 결합 조인 '양'과 '양식' 원칙은 심미적 판단에 타당성을 부여하는 조건이 된다. 칸트의 설명에 따르면, "판단이 심미적aesthetic이라는 의미는 그것이 어떤 개념에 바탕을 두고 있는 것이 아니라 주관적 토대subjective grounds", 즉 판단자의 내적 느낌에 근거하고 있다는 의미다(Kant 1952, 70). 그러나 역설적이게도 이 내적 느낌은 개념에 매개되지 않은 감흥이 관련된 "어떤 보편적 음성a universal voice"을 듣는다고 가정된다. 칸트는 나중에 이것을 "공통감각"[41]이라는 이론적 개념 범주로 특정하게 된다.

여기서 칸트가 주목한 것은 "심미적 판단이 누구에게나 타당성을 가질 가능성"(Kant 1952, 56)이다. 그는 "나의 취향 판단은 상식 판단의 한 사례로서의 예제적exemplary 타당성을 갖는다"(Kant 1952, 84)라고 주장했다. 칸트의 이 주장이 중요한 이유는 다른 무엇보다 취향 판단, 즉 심미적 판단이 사람들 사이에서 이루어지는 의사소통의 대상이 될 수 있음을 적시했기 때문이다. 더욱이 취향 판단이 비록 느낌, 즉 '개념에 매개되지 않은 감흥'과 직접적인 관계를 맺고 있더라도, 그것을 "상식 판단의 한 사례"로 규정함으로써 자신이 생각하는 심미적 판단의 척도가 상식임을 간접적으로 밝혔기 때문이다. 가령 상식이 심미적 판단의 척도라면, 그것은 사람들 각자가 취향 판단의 주관성을 극복할 가능성으로 보이기 때문이다.

칸트의 관점에서 개인이 세계 내 대상에 대해 맺게 되는 심미적 관계는 자체적으로 특수한 합리성의 형식을 취한다. 이 관계는 결코 객관적 인식이나 도덕성으로 환원될 수 없다.[42] 왜냐하면, 심미적 경험의 주관적 감흥 속에는 세계와 생명 일반에 대한 보편적 감정이 포함되어 있기 때문이다(Höffe 1997, 316-317). 그러나 "선험적a priori으로 심미적인 것은 인식 또는 행위의 원리와 일치하지" 않으므로 심미적인 것에 관한 판

---

41 칸트는 이 용어를 "상식", "공동체 감각", "내부 감각", "제6의 감각the sixth sense" 등 매우 다양한 의미로 사용하기 때문에 학자마다 선호도가 다르다는 점에 유의해야 한다. 치바는 그중에서 "공동체 감각"이라는 뜻의 "the sense of the community"를 선호한다. Shin Chiba, "Hannah Arendt on Love and the Political: Love, Friendship, and Citizenship." *The Review of Politics* 57, no.3(1995): 533.

42 우리는 추후 논의에서 칸트의 이 견해가 그의 '공통감각' 도입과 모순적이라는 사실을 확인하게 될 것이다.

단에는 반드시 독립적 논증의 토대, 즉 "독립적이며 선험적인 원칙들"이 필요하다(Höffe 1997, 316).[43] 이는 심미적 판단의 자율성autonomy 선언으로 이해할 수 있다. 이런 견지에서 한스게오르크 가다머Hans-Georg Gadamer 는 "칸트가 미학을 주관화했다"고 비판한 바 있다(Schaper 1992, 317).

실제로는 칸트 자신도 이 심미적 판단의 주관성 문제를 고민했던 것으로 보인다. 그는 우리가 앞에서 언급한 '공통감각'을 보편타당한 심미적 기준으로 설정함으로써 이 문제를 해결하고자 했다. 이는 여타 계몽주의 철학자들의 심미적 판단에 관한 미학적 관점과 칸트가 차별화하는 지점으로 나타난다. 오트프리트 회페Otfried Höffe의 다음 설명을 들어보자.

> 칸트는 심미적 경험을 이론적 인식이나 실천적 인식의 전前단계나 퇴각 또는 부가물로 평가절하하는 대신에, 아름다움beauty의 법칙들이 갖는 고유성을 주장한다. [칸트에게] 심미적인 것the aesthetic은 실재에 접근하는 하나의 고유한 방식이다. 칸트는 취향 판단을 인식의 [저급한] 한 형식으로 간주하는 바움가르텐의 이성주의 미학을 거부하고, 관찰 질료의 풍부함을 보여 주는 버크Burke의 감각주의 미학 역시도 비판한다. 그는 버크가 취향 판단을 단순한 감정으로 환원한다고 생각한다. 끝으로 칸트는 심미적 판단이 단순한 습관이나 동

---

43 칸트 철학의 기저에 깔린 일관된 원칙 중 하나는 "인과율the causality principle"이다. 따라서 칸트의 논의에는 'A가 발생하는 것은 B —대개 그가 선험적으로 존재한다고 간주하는 "정언명법categorical imperatives"과 같은— 가 있기 때문이라는 전제'가 늘 수반된다. 제3 비판에서 그는 심미적 판단이 '이성적 토대'를 갖지 않는다고 주장함으로써, 이 정신의 활동을 하나의 'B가 전제되지 않은 A'라는 '자발적spontaneous'인 것으로 상정하는 듯하다. 그러나 이 자발성은 인간이 보편적으로 공유한다고 가정되는 일종의 '선험적' 개념인 "공통감각"의 도입으로 인해 사실상 무의미해진다고 볼 수 있다.

의에서 기인한다고 주장하는 경험주의 미학도 거부한다(Schaper 1992, 318에서 재인용).

위 인용문에서 볼 수 있듯, 칸트의 심미적 접근법은 바움가르텐이나 버크의 미학적 접근법과 분명한 차이점을 노정한다. 이는 그가 기본적으로 심미적 판단이 누구나 이해할 수 있고 누구에게나 구속력을 갖는다는 믿음에 근거해, 비록 취향 판단이 주관성에 기초하고 있을지라도 결국 보편성으로 인도될 수밖에 없다는 확고한 이론적 입장을 견지했기 때문이다.

칸트는 상식의 차원에서 취향 판단의 세 가지 명제를 제시한다. 첫째, 취향은 사람마다 제각각이다. 요컨대, 취향은 철저히 주관의 영역에 속한다는 것이다. 둘째, 취향에 대해서는 논쟁하지 않는다. 왜냐하면, 취향은 과학적 방법으로 "논증될 수 없는" 성격, 즉 비이성적 영역에 속하기 때문이다. 끝으로, 취향을 주제로 토론할 수 있다. 이 토론 가능성은 언뜻 보기에 제1 명제인 "취향은 사람마다 제각각"이라는 것에 모순되는 것처럼 보인다.

이 대목에서 우리는 칸트가 취향 경험에 대한 공통분모로서 심미감이라는 선험적 토대를 상정한다는 사실을 기억할 필요가 있다. 이 심미감이라는 공통의 선험적 토대가 존재하는 한 우리는 취향에 대해 토론할 수 있다. 따라서 제3 명제는 사실상 주관과 객관의 결합을 추구한다고 이해할 수 있다(Ferry 1994, 71-72).[44] 이를 약간 풀어서 설명하면, 취향 판단은

---

44   Luc Ferry, *Homo Æstheticus: l'invention du goût à l'âge démocratique*(Paris: Grasset Bernard, 1990); Luc Ferry, 미학적 인간, 방미경 옮김(서울: 고려원, 1994).

기본적으로 주관적 감흥에 기반하고 있지만, 심미감이라는 보편 감정이 선험적 토대로서 존재하기 때문에 주관성의 객관화가 가능해진다는 것이다.

그러나 칸트는 이 심미감 외에 또 다른 선험적 범주인 도덕성을 끌어들이고 있다. 그의 본래 정체성이 도덕철학자라는 점을 고려하면 이는 오히려 자연스러운 귀결일지도 모르겠지만, 탈도덕주의를 추구하는 아렌트의 관점에서는 실망스러운 부분이 아닐 수 없다. 칸트는 『판단력 비판』 2권에서 "숭고함sublimity"에 관해 논하면서 '숭고함'의 감정을 '아름다움'의 감정과 대비시킨다.[45] 그의 견해상 숭고한 것the sublime과 아름다운 것the beautiful은 그 자체로 각기 사람들에게 기쁨을 선사하며 반성적 판단의 형식을 통해 평가된다. 그러한 심미적 감흥은 인간의 상상력에 의존하기 때문이다(Schaper 1992, 382-385).

칸트가 보기에 '숭고함'과 '아름다움'의 판단에는 현격한 차이가 있다. 다른 무엇보다도 아름다움에 관한 판단은 대상의 형태form에 관한 평가지만, 숭고함에 대한 판단은 "무형formlessness"이자 "무한limitlessness"인 총체성totality 차원의 평가이다(Kant 1952, 90). 양자의 차이는 예술작품에서 느끼는 기쁨과 자연현상에서 느끼는 경외감을 비교해 보면 명확해진다. 이런 맥락에서 칸트는 인공미(또는 예술미)와 자연미를 대비시키는 한편, 후자인 자연미가 더 우월하다는 견해를 제시했다. 자연미는 인공미와 달리 인간의 고차원적 감정인 '도덕심'을 우러나게 하는 원인이기 때문이다.

---

45   샤퍼는 이 2권이 없었다면 칸트 미학은 "취향 비판서"로서 훨씬 간결하면서도 논점이 명확했을 뻔했다고 논평한다(Schaper 1992, 385).

이에 덧붙여 칸트는 아름다운 예술작품에 관한 관심이 "도덕적으로 선한 것과 결부된 정신적 습관의 증거"를 제시하지 않는 데 반해, 자연미에 관한 관심은 "언제나 선한 영혼의 징표"라고 주장했다(Kant 1952, 162). 이 주장의 핵심은 인간의 정신이 숭고함과 맞닥뜨릴 때, 그것은 곧 도덕적 행위자인 자기 자신과 맞닥뜨리는 것이므로 감각과 이해의 영역을 초월하게 된다는 논리로 집약된다. 칸트에게 이 숭고함이라는 감정은 '선한 것'으로부터 얻는 (도덕적) 기쁨과 동일한 성격이다. 안타깝게도 칸트의 취향 판단 논의는 결국 이처럼 도덕 판단 논의로 환원되는 것이다(Schaper 1992, 384).

추정컨대, 만약 『정신의 삶』의 3권 '판단함Judging'이 완성되었다면 그것의 주요 논의 내용은 아마도 지금까지 우리가 검토한 『판단력 비판』의 핵심 주장과 논점들로 채워졌을 것이다. 그리고 아렌트는 그러한 논의의 연장선상에서 칸트의 '도덕적' 관점을 자신의 '정치적' 관점으로 대체하게 되었을 것이다. 이제 그가 어떻게 칸트 미학을 창조적으로 재해석해 자신의 정치미학으로 탈바꿈시키는지 면밀히 살펴보기로 하자.

2. 『판단력 비판』의 창조적 재해석

아렌트는 "판단"을 인간에게 있는 완전히 새로운 정신적 능력으로 재발견한 것이 칸트의 탁월한 공적이라는 점을 반복해서 강조한다. 물론 칸트가 판단과 '취향'을 결부시키게 된 것에는 약간의 행운이 따른 듯이 보이는데, 취향은 당시 유럽의 지식인층에서 선풍적인 인기를 끈 토론 주제였기 때문이다(LM II, 255). 그러나 비록 이 판단의 주관적 근거로서 취향이라는 개념을 완전히 포기한 것은 아니지만, 칸트는 『판단력 비판』의 저술 작업을 진행하는 과정에서 점차 논의의 무게중심을 취향에서 판단으로 옮겨 갔다. 이것은 칸트가 취향의 주관성을 극복하기 위한 방안으로 판단의 '객관화' 기능에 주목했기 때문이라고 볼 수 있다.

칸트가 판단을 정신적 능력으로서 재발견한 것을 칭찬했다는 사실로 미루어 볼 때, 아렌트는 우선 그가 판단으로 강조점을 이동한 것이 올바른 방향이었다는 점에 동의를 표한 듯하다. 그러나 철학적 반정초주의와 탈도덕주의 관점을 견지하는 아렌트는 칸트가 심미감이라는 '선험적 토대'를 설정한 것이나, 숭고함이라는 감정과 도덕적 기쁨을 동일시한 것과 같은 그의 '도덕주의' 편향성, 그리고 그가 내놓은 주관성 극복 방안에 대해서는 비판적일 수밖에 없었을 것으로 짐작된다. 이와 관련하여 그가 궁극적으로 해결해야 할 과제는 이 칸트 미학의 선험적 판단 기준을 대체할 비╫선험적 대안을 찾는 것과 칸트 미학의 도덕주의를 탈피할 이론적 방안을 마련하는 것이었다.

이에 아렌트는 먼저, 칸트 미학에서 도덕적 토대를 제거함으로써 판단함에 자율성을 부여하는 방안을 찾아 나선다. 그의 탈도덕화 시도는 그가 『인간의 조건』에서 아리스토텔레스의 프락시스 개념을 탈도구화함으로써 자신의 정치행위 개념을 수립한 것의 연장선상에서 설명할 수 있다. 이 아리스토텔레스적 '자기충족성'의 구현 문제는 인간실존 양식의 또 다른 구성 축으로서 '사유'행위에 완전한 자유를 부여하기 위한 불가피한 선택이다. 이른바 아렌트의 행위론적 관점에서 보면, 사유행위를 포함해 인간의 모든 행위는 어떤 목적이나 동기는 물론 의지나 도덕률에 의해 강제되지 않을 때 순수하게 "행위를 위한 행위", 즉 인간실존의 유의미성을 구현하는 자유로운 행위로 볼 수 있기 때문이다.

다음으로는 칸트가 우리를 인간공동체의 일원이 되도록 돕는다고 규정한 일종의 초감각an extra sense인 "공통감각sensus communis"을 그의 다른 개념 범주인 "확장된 심리enlarged mentality"와 결합시키는 방식의 새로운 설명을 내놓는다. 요컨대, 공통감각 개념으로부터 판단의 '선험적', 또는 '목적론적' 범주로서의 규범성을 제거하는 한편, 그것에 '타인의 입장에 대한 이해 능력'으로서 우리가 판단할 때 작동하는 사유思惟 기제라는 기능적 의미를 대신 부여한다. 이는 인간실존의 조건으로서 '인간다수성'의 관점에서 볼 때, 판단은 사적私的이거나 주관적인 차원에 귀속될 수 없다는 믿음 때문이다.

물론 칸트도 판단을 우리가 의견을 함께 나누고자 하는 사람들과의 소통 과정으로 인식하고 있으며, 바로 그런 맥락에서 타인의 입장을 고려하는 능력으로서 '확장된 심리'라는 개념 범주를 도입한 바 있다. 그러나 문제는 그가 개인들의 사유 과정에서 공통감각이라는 외부적 기준이 판단의 척도로 작용한다고 가정한다는 점이다. 엄밀히 말해, 이 공통감각은 판단자 자신이 '외부에 존재한다고 인정한 상식', 즉 주관적 해석의 결과로 볼 수 있다. 이와 대조적으로 아렌트는 판단자가 사유 과정에서 '무토대적 토대' 위에서 의견을 함께 나누고자 자신이 초대한 대상들과의 상호 의사소통을 통해 잠정적인 내부 기준을 발견하게 될 것으로 가정한다.

그러고 나서 아렌트는 칸트가 판단의 근거로서 취향과 판단 기능을 구별한다는 사실에 주목해 판단의 개념을 더욱 정교화한다. 그의 설명에 따르면, 판단과 취향 양자는 공히 "특수한 것the particular"을 다루며 사물의 가치를 평가한다는 특성을 공유한다. 그러나 판단과 취향 사이에는 간과할 수 없는 중요한 차이점이 있다. 이는 기본적으로 주관성이 용인되는 취향과 달리, 판단에는 공정함impartiality이 요구되기 때문이다. 물론 한 개인이 사회의 일원으로서 보여 주는 취향 역시도 다른 사회구성원들의 동의를 소구訴求하지 않는다고는 볼 수 없다. 그러나 판단은 사물이나 사람을 평가하고 그 결과를 타인들과의 상호작용 과정에 직접적으로 반영하기 위한 것이므로 사회구성원들의 동의 확보가 훨씬 더 현실적으로 중요하다.

우리가 지금까지 살펴본 것처럼, 아렌트는 칸트 미학의 구조적 문제점을 선험적 기준의 설정과 도덕주의로 특정했다. 이 두 가지 구조적 문제는 아렌트의 다음 네 가지 구체적인 이론적 문제의식으로 세분해 설명할 수 있다. 그것은 1) 심미적 판단의 기준으로서 자기충족성 조건, 2) 판단의 상호주관적 타당성 확보 근거, 3) 판단함과 행위함의 연계성, 그리고 4) 심미적 판단의 무도덕성과 정치성 등의 문제다. 이 개별 항목들에 대해 좀 더 자세히 검토함으로써 아렌트 정치미학이 탄생하기까지의 직접적인 경로를 확인해 보기로 하자.

1) 심미적 판단 기준으로서 자기충족성

칸트와 아렌트가 판단의 대상 —즉 사물 또는 행위— 이 그 자체로 높은 완성도를 보유하는가, 즉 아리스토텔레스적 의미에서 '자기충족성'을 확보하는가의 문제를 중요하게 생각한다는 것은 별로 놀라운 사실이 아니다. 요컨대, '자기충족성'을 심미적 판단의 중요한 기준으로 설정한다는 것이다. 일례로 칸트의 "취향 판단의 네 원칙" 가운데 첫 번째인 '질' 원칙과 세 번째인 '관계' 원칙은 자기충족성의 조건으로 볼 수 있다. 그것은 인간, 사물, 행위 등이 필요로부터 해방될 것과 그 자체로 최고 완성태가 되는 목적 외의 다른 목적에 복무하는 것을 허용하지 않기 때문이다.

칸트의 견해에 따르면, 모든 이해관계로부터 초연함이라는 조건이야말로 사물의 아름다움을 평가하는 훌륭한 기준이 될 수 있다. 아렌트는 칸트의 "*uninteressiertes Wohlgefallen*무관심한 흡족함"이라는 표현에 관해 "이 초연한 기쁨disinterested joy이라는 태도는 생명체의 필요가 충족되어서 삶의 필요로부터 해방된 연후에나 취해질 수 있으며, [이때] 인간은 세계에 대해서 자유로울 수 있다"(BPF, 210)고 부연한다. 여기서 그는 자신이 『인간의 조건』에서 정치행위의 조건으로 제시한 바로 그 '자기충족성'을 소환해 칸트의 심미적 판단과 연계시킨다.

실제로 아렌트에게 "외견을 판단하는 올바른 범주는 아름다움 beauty"(BPF, 210)이다.[46] 그러나 "우리가 외견을 인지하기 위해서는 우선 자유롭게 우리 자신과 대상 사이에 일정한 거리a certain distance를 둘 수 있어야 한다."(BPF, 219) 이 거리는 우리가 우리 자신은 물론 우리 삶의 필요와 관련된 욕구와 이해타산을 젖혀 둘 때 비로소 실체화한다. 비록 아렌트가 공영역을 외견의 공간으로 설명하고 정치행위를 모종의 외견으로 간주하며 예술행위에 비유하고 있다고 할지라도, 아렌트가 말하는 심미적 판단을 위한 '거리'는 물리적 성격보다는 인식적, 또는 심리적 성격

---

46 아렌트는 이와 관련해 "외견의 세계"를 잘 보살피기 위해서는 "훈련되고 잘 닦인 마음 the *cultura animi*"(키케로의 용어)이 요구된다고 주장한다.

을 지닌다고 볼 수 있다. 칸트가 심미적 판단의 대상을 대체로 '사물'로 한정한다면, 아렌트는 특별히 인간의 '행위'를 심미적 판단의 대상으로 특정하기 때문이다.

한마디로 아렌트에게 '아름다운 것'은 곧 인간의 '아름다운 행위'로 해석될 수 있다. 만약 그렇지 않다면 그가 아름다움에 관해 제시하는 다음의 네 가지 요건은 의미적 맥락을 잃기 때문이다. 첫째, "우리는 정치적 판단의 한계 내에서 아름다움을 사랑한다." 둘째, "아름다움이란 불멸성imperishability의 명시화다." 셋째, "인간세계 속에서 잠재적 불멸성이 명시화된 찬란한 영광으로서 아름다움이 없다면 모든 인간의 삶은 허망할 것이며 위대함은 지속되지 못할 것이다." 넷째, "아름다움이 부여되는 한 말과 행위의 찰나적 위대함은 세계 안에서 지속된다."(BPF, 213-214, 218)

이 각각의 연명에 대해서는 약간의 보충 설명이 필요해 보인다, 우선 "정치적 판단의 한계 내에서"라는 표현은 곧 동료 시민들과 함께 구성하는 '공영역'에서 이루어지는 판단을 지칭한다. 다음으로 아름다움의 불멸성은 곧 아름다운 행위 덕분에 불후의 명성을 얻은 인간에게 부여된다. 그리고 "인간세계 속에서 잠재적 불멸성이 명시화된 찬란한 영광"은 인간의 행위 능력이 '실체화한' 것으로서의 아름다운 행위가 인간 삶의 유의미성과 위대함의 원천임을 암시한다. 끝으로, 아렌트는 아름다움의 대상인 정치행위의 위대함과 아름다움이 상호연계된다고 주장한다. 이 주장은 누군가의 '말과 행위'가 찰나적 위대함을 구현했다면, 그것에 이미 아름다움이 부여된 것으로 볼 수 있으며, 그러면 그의 말과 행위는 그가 속한 인간세계 속에서 대대손손 기억됨으로써 영원히 존속하게 될 것이라는 논리를 설파한다.

요약하면, 칸트와 아렌트 양자 모두 사물이 외부적 목적에 복무하지 않고 그것 자체의 최고 완성태를 지향하는 자기충족성을 아름다움의 핵심 구성요건으로 인식한다. 그뿐 아니라 아름다움의 판단에는 '초연한' 태도, 즉 심미적 거리가 필요하다는 점도 동의한다. 그러나 아렌트는 칸트와 달리 아름다움의 판단 대상을 '정치행위'로 한정함으로써 칸트의 판단미학과 차별화를 시도했다고 평가할 수 있다. 한마디로 말해서 아렌트 정치미학은 정치행위에 관한 판단미학이다.

2) 판단의 상호주관적 타당성

칸트와 아렌트는 판단함이 판단자의 '주관성'을 객관화함으로써 '보편성'에 도달하는 인간의 정신 활동이라는 데 이견이 없으며, 이것이 가능해지는 이유로 인간에게 상상력imagination이라는 정신 기능이 존재한다는 사실을 꼽는다. 그들이 원칙적으로 동의하는 또 다른 사항은 판단함이 '비교'를 전제하는 정신의 활동이라는 점에서 판단에는 모종의 논쟁 또는 의사소통 과정이 수반되며, 이 논쟁을 종결시키기 위해서는 모종의 보편적 판단 기준이 요구된다는 점이다. 따라서 그들은 판단함이 판단 대상에 대한 상호주관적 타당성을 확보하는 정신의 활동이며, 그 목적상 '보편적 판단 척도'를 어디서 찾아낼 것인가가 초미의 관심사로 떠오른다는 점에도 의견이 일치한다. 그러나 그러한 판단의 척도를 찾아내는 방식에서 양자는 분명한 차이를 보여 준다.

칸트는 일종의 계몽된 사유 방식인 "확장된 심리"가 어떤 "보편적 음성a universal voice" 또는 특별한 감각인 "공통감각"이라는 선험적 도덕 감정을 자각하는 방식으로 판단의 보편성을 확보한다고 설명한다. 이와 대조적으로 아렌트는 사유의 현상학적 관점에서, 인간이 판단함에 돌입할 때 그 자신의 내부에는 "자신과의 대화"의 장이 열리며, 거기서 스스로 상상력을 동원하여 설정한 '다수' 관중과 가상의 대화를 나누는 과정에서 판단이 이루어진다고 설명한다. 이 자신의 내부에 개설되는 대화의 장은 놀랍게도 아렌트가 『인간의 조건』에서 설명한 '공영역'이 내부로 옮겨진 '내부'-공영역으로 드러난다. 이것은 현실 속의 공영역이 '재현된' 것이므로, 아렌트적 판단에서는 칸트의 선험적, 또는 도덕적 범주 대신에 비ᚖ선험적·무도덕적·개방적 의사소통이 결정적으로 중요한 역할을 한다고 볼 수 있다.

칸트는 모든 사람이 공히 "하나의 구속력 있는 범주로서 도덕률"에 저촉되기 때문에 인간은 "도덕적으로 평등"하다고 믿는다. 원칙상 이성적 존재로서 인간은 도덕에 관한 한 동등한 수준의 이해가 가능하므로 인간의 태생적 차이는 극복된다. 아렌트는 이와 유사하지만 약간 다른 각도에서 인간의 태생적 불평등은 오직 인간이 인공적으로 창조한 평등한 정치공동체 속에서 "정치적 시민권"(LKPP, 250)을 합법화하는 방식을 통해서만 극복될 수 있다고 믿는다. 우리가 '아렌티안 폴리스'라고 명명한 '인공의' 정치공동체, 즉 아렌트가 '세계', '공영역', '인간관계망' 등으로 다양하게 부르는 이 공간은, 성격상 고대 아테테 폴리스의 '이소노미아'가 현대적으로 재해석된 공간으로, '정치적 평등'이 보장되는 정치행위의 장이다.

이러한 도덕적 평등과 정치의 평등이라는 각기 다른 지향성과 관점에도 불구하고 칸트와 아렌트는 '철학적 평등'에 대한 신념을 공유했다. 요컨대, 그들은 사유하는 일이 철학자의 특권이라거나, 철학자가 보통 사람보다 우월한 판단 능력을 갖췄다고 생각하지 않았다는 것이다. 이 점

을 염두에 두고 아렌트가 '칸트 정치철학 강의'에서 직접 소개한 칸트의
관점을 확인해 보자.

> 칸트에게 철학자는 우리가 공히 경험하는 것들을 명료화하는
> 사람이다. … [예를 들면] 칸트에게 쾌감과 불쾌감에 준해서 삶을 평
> 가하는 임무 ―플라톤과 다른 철학자들은 사람들은 대부분 있는 그
> 대로의 삶에 대충 만족한다고 주장하면서 [삶에 대한 평가를] 철학자
> 의 고유 임무로 생각했다― 는 삶에 대해 반성해 본 적이 있는 건전
> 한 생각을 가진 보통 사람이라면 누구에게나 기대할 수 있는 일이다
> (LKPP, 28).

칸트가 언급한 대로 "플라톤과 다른 철학자들은 … 철학자의 고유
임무로 생각"했던 우리 인간의 "삶을 평가하는 임무"는 "건전한 생각을
가진 보통 사람이라면 누구에게나 기대할 수 있는 일"이다. 이와 관련해
아렌트도 "철학은 소수 철학자의 특권이 될 수 없으며, 모든 사람의 권
리"라는 입장을 견지한다. 아렌트 연구자들은 이러한 칸트와 아렌트의
인식론적 관점을 "철학적 평등주의philosophical egalitarianism"라고 지칭한
다. 여기에 양자의 상이한 지향성을 각기 반영한다면, 칸트는 '도덕'의 차
원에서 인간의 평등성을 주장하므로 '도덕적 평등주의'를, 아렌트는 칸
트와 대조적으로 '정치'의 차원에서 인간의 평등성을 주장한다는 점에서
'정치적 평등주의'를 추구한다고 말할 수 있을 것이다.

지금까지의 논의를 요약하면, 칸트와 아렌트 양자는 판단함이 상호
주관적 타당성을 확보하는 정신의 활동이기 때문에 결국은 보편성으로
귀결될 것이라는 점과 의사소통이 그 방법론으로서 수반된다는 점에 원

칙적으로 동의한다. 그러나 두 철학자가 각기 표상하는 철학적 평등주의는 지향성 차원에서 차이를 노정하며, 그것이 그들의 의사소통 형식 및 내용을 달리 규정하게 된다. 그 결과, 양자가 각기 심미적 판단의 척도를 규명하는 과정에서 칸트는 도덕적 고려에, 아렌트는 정치적 고려에 우선성을 두게 되었다고 이해할 수 있다.

3) 판단함과 행위함의 상호연계성

아렌트는 칸트가 인간의 판단과 행위의 연관성을 완전히 부정하는 것은 아니지만 기본적으로 판단의 원칙과 행위의 원칙은 별개라는 입장을 견지한다고 지적한다. 그리고 이 입장은 프랑스혁명 당시 그가 보여준 태도에서 간접적으로 확인이 가능하다는 설명을 덧붙인다. 잘 알려진 것처럼, 칸트는 혁명 소식을 듣고서 평소 시계처럼 정확한 자신의 하루 일과 준수 원칙을 깨뜨릴 정도로 프랑스혁명에 대해 열띤 관심을 보였다. 반면에, 아렌트의 주장에 따르면, 프랑스혁명 주도자들의 행태에 대해서는 냉소적인 태도를 보임으로써 안팎이 다른 모순적 행동을 했다고 알려져 있다.

이를 두고 아렌트는 "칸트는 '관조적 쾌감과 정지된 즐거움'만을 취하는 의식철학적 방관자였다"고 비꼬았다. 그 이유는 아렌트가 행위와 판단의 원칙은 동일해야 한다는 신념을 가지고 있었기 때문이다. 주지하듯이 아렌트는 행위가 수행되는 현실 속 공영역은 판단이 이루어지는 내부 공간인 우리 정신 속에, 문자 그대로, '재현'된다고 가정한다. 따라서 적어도 이론상으로는 정치행위와 판단행위가 '동일한' 구조 아래 '동일한' 동학에 의해 이루어진다는 설명이 가능해진다. 이런 맥락에서 비록 정치행위가 육신의 활동이고 판단행위는 정신의 활동일지라도, 이 둘의 상호연계 가능성은 이론적으로 주효하다. 아렌트의 견해상 이 둘이 연계되지 않을 때에는 심각한 문제가 발생할 수 있기 때문이다.

아렌트는 "대부분의 악행evil은 선과 악에 대해 자기 입장을 결정하지 못한 사람들에 의해 저질러진다"고 강조했다(Dossa 1984, 166). 사람들 대부분의 예상과 달리, "아우슈비츠의 살인마"로 일컬어진 나치 대령 아이히만은 "정상인"과 똑같이 양심적인 인간이었다.[47] 아이히만이 살아온 과거를 살펴보았더니, 그는 법을 잘 지킨 독일 시민으로 드러났다. 그가 자신이 히틀러의 명령에 절대적으로 복종한 것은 단지 군인으로서 의무를 이행한 것뿐이라고 합리화할 만했다(EJ, 24-26). 그러나 그가 유대인 학살에 조력자 역할을 떠맡은 것은 반인류적 범죄라는 것도 엄연한 사실이다. 사실 그의 범죄는 자신의 "도덕적 충동과 정치적 삶의 관계"(Dossa 1984, 172)를 성찰하지 못한 결과였다. 요컨대, 악을 행하는 것을 미리 방지하는 효과를 창출하는 그의 판단 기능이 작동하지 않은 결과였다는 것이다.

소크라테스 이래로 자기 자신과의 대화라는 '철학함Philosophizing'의 전통은 오늘에 이르기까지 면면히 이어져 내려왔다. 철학은 말 그대로 고독 속에서 이루어지는 작업이다. 그러나 아렌트가 주장하듯, 철학자가 세상사에서 물러나 조용히 자신만의 세계 속에 침잠한다는 이유로 그것이 독아적獨我的 작업이라고 간주하는 것은 큰 오산이다. 인간다수성이라

---

47   아렌트의 예루살렘 재판 참관 보고에 따르면, 아이히만은 법정에서 "지구상의 모든 반유대주의자에게 경고하는 의미로 공중 앞에서 스스로 목을 매겠다"라고 제안하기도 했다(EJ, 24).

는 인간의 실존적 조건은 그가 비록 단독성의 세계 속에 침잠해 있다 하더라도 그가 홀로 남겨지는 것을 결코 허락하지 않기 때문이다. 여기서 관건은 철학자가 고독한 사유 과정에 잠재적으로 현전하는 관중들을 자신의 실제 대화 상대자로 초대하는가 초대하지 않는가일 것이다.

아렌트에게는 자신의 스승이었던 두 명의 탁월한 실존철학자의 사례가 비교 대상이었다. 하이데거는 잠재적 다수 관중의 존재를 무시한 결과, "이기적인" 철학자의 길을 걷게 된 사례였다. 그는 히틀러에 대한 충성 약속의 대가로 프라이부르크대학 학장에 오르는 불명예스러운 선택을 함으로써 사회적 물의를 빚은 것은 물론, 개인적으로도 학자적 명성이 땅에 떨어지는 치욕의 삶을 살았다. 이와 대척점에 있는 사례는 야스퍼스인데, 그는 철학의 개방성과 대화를 중요시했던 "이타적" 철학자의 전형이었으며, 하이데거보다 훨씬 더 "인본주의적"이었고, 정치적으로도 "현명하게" 처신했다(Canovan 1992, 254).

이 대목에서 잠시 프랑스혁명에 대한 칸트의 이중적 태도로 돌아가 보자. 아렌트가 발견한 칸트는 스승 소크라테스의 인민재판 이후 정치와 결별했던 플라톤이나, 마케도니아 출신으로 일신상의 위험을 염려해 아테네에서 야반도주했던 아리스토텔레스의 이기적인 이미지와 겹쳐졌다. 그들은 정치와 철학의 경계에서 일관되게 철학의 안전함을 택한 사람들이다. 그들의 대척점에는 철학과 정치의 합일을 꿈꾸었던 소크라테스가 서 있다. 그의 유명한 산파술은 시민들 사이에 하나의 "공동 세계"를 구축하기 위한 모종의 "정치활동"이었다. 그는 "정신의 삶"과 "시민의 삶"이 합치되는 이상향을 구축하고자 했기 때문이다(Canovan 1992, 258, 260).

아렌트의 관점에서는 한 개인이 세상사에서 떨어져 나와 자신만의 고요한 세계로 돌아가 자신과의 대화를 재개할 때, 그는 다수의 관중 속에 있는 자신과 다시 만나게 된다. 이는 그의 행위와 판단의 원칙이 동일해질 수밖에 없는 이유가 된다. 이런 맥락에서 아렌트는 정치행위가 현실 세계 속 공영역에서 이루어지는 활동이라면, 판단함은 정신세계 속 '내부-공영역'에서의 활동이라는 이론적 관점을 수립한다. 한편 이 내부-공영역에서 이루어지는 사유함은 현실의 정치행위에 선행하는 사전 연습의 성격을 띤다. 다시 말해 사유와 행위는 이런 방식으로 상호연계되고 있으며, 그 결과로 인간은 이른바 '지행일치知行一致'의 삶을 영위하게 된다.

4) 심미적 판단의 무도덕성과 정치성

칸트에게 이 세계 속에서 발생하는 모든 현상은 다 "위대한 세계극 the great world-drama"의 일부일 뿐이다. 이런 견지에서 칸트는 아리스토텔레스에 버금가는 목적론자라고 볼 수 있다. 그는 우선 도덕적 인과율을 선험 범주로 상정하고 일종의 자연주의적 목적론을 채택함으로써 결과적으로 판단이라는 주관적 정신작용이 "공통감각"이라는 도덕률의 구현에 복무하도록 만들었다. 이것은 심미적 판단이 순전히 자발적인 느낌에서 비롯되는 "초연한" 활동이라는 『판단력 비판』의 최초 명제에 모순을 제기하는 결과를 초래했다.

좀 더 구체적으로 말해서, 칸트는 심미적 판단에 수반되는 고유한 주관성이 어떻게 보편성을 획득할 수 있는지를 설명하는 과정에서 일종의 선험적 범주인 "공통감각"을 불러들임으로써 사실상 심미적 판단의 '자발성'을 무력화한다. 다른 한편으로, 그는 "인공적 아름다움"과 "자연적 아름다움"을 구별하면서, 후자인 '숭고미'를 전자인 '인공미'보다 우월할 뿐만 아니라 순수하게 자발적인 느낌이라고 못 박았다. 따라서 숭고미는 도덕률과 무관한 상태로 남겨진 것과 대조적으로, 인공미, 즉 예술적 아름다움은 도덕률의 영향력 아래에 놓이게 된다. 이처럼 칸트는 인간이 창조하는 모든 예술의 아름다움은 그것이 도덕적일 때에만 아름다울 수 있다고 규정한다는 것이다. 이는 그의 판단미학이 도덕적 목적론의 한 유형이라는 사실을 뒷받침한다.

이와 대조적으로, 아렌트는 단호히 무도덕적 입장을 견지한다. 그가 보기에 판단함은 판단 자체가 목적인 자기충족적 활동이어야 하므로, 그것은 도덕이나 목표에 대한 고려와 상관없는 '순수하게 행위를 위한 행위'로 남겨져야만 한다. 더욱이 판단의 대상이 하나의 예술품으로 간주되는 정치행위인 한, 또한 정치행위의 장과 판단함의 장이 동일한 의사소통적 구조인 한, 판단행위는 정치행위와 마찬가지로 외부 목적에 복무해서는 안 된다. 이에 아렌트는 아리스토텔레스의 프락시스를 탈도구화해야 했던 것과 동일한 이유로 칸트의 판단을 탈도구화한다.

칸트 판단의 탈도구화가 의미하는 것은 무엇일까? 첫째로, 여기서 탈도구화는 내용 면에서 판단의 '탈도덕화'를 말한다. 그리고 이것의 실질적 의미는 칸트가 외부적 판단 척도로서 제시한 '공통감각'을 제거하겠다는 것이다. 이에 따라 판단 활동은 무토대적 상태에 놓이게 되므로 무언가가 그 자리를 메워야 한다. 이 대목에서 우리는 '아렌티안 폴리스'에 존재하는 '무토대적 토대'가 바로 '판단의 척도'로서 작용할 개연성을 환기해야 한다.

이를 약간 다른 각도에서 설명하면, 일반적으로 의사소통적 상황에서는 하버마스의 '의사소통적 합리성'이나 한센의 '시민합리성'과 같은 절차적 이성이 작동한다고 가정된다. 아렌트는 이에 덧붙여 타인의 면전에서 이루어지는 '말과 행위'의 수행과 동시다발적으로 발현하는 행위자의 공적 정체성, 유일성, 자유, 위대성, 탁월성 등에 대한 현장에서의 심미적 평가가 의사소통적 합리성이나 시민합리성에 추가적인 요소로 작용한다고 믿는다. 이런 점에서 아렌티안 폴리스에서 이루어지는 의사결정은 참여자들에게만 구속력이 있는 '잠정적'인 성격의 약속으로 볼 수 있다. 다른 말로 하면, 이것이 바로 판단의 '무토대적 토대'이자 '자기-정초적 토대'로서 잠정적인 판단의 척도이다. 이것이 아렌트 정치미학의 독특한 이론적 특질을 구성한다.

3. 정치미학의 명제: 판단의 자기-정초적 토대

이상에서 자세하게 논의한 칸트의 『판단력 비판』에 대한 창조적 재해석은 아렌트 정치미학의 초석을 놓은 사전 작업에 해당한다. 우리가 확인한바, 두 철학자는 인간의 정신요소 중 '느낌'이라는 것에 관한 판단이 어떻게 이루어지는지를 두고 설명하는 방식을 달리했다. 칸트는 판단의 도덕적 기능을, 아렌트는 판단의 정치적 기능을 탐구하는 데 역점을 두었기 때문이다. 특히 아렌트 정치미학은 사물을 "그것의 [실용적] 기능이나 효용과 떼어 생각하고 판단하는 능력"(BPF, 215)이 지닌 예상 밖의 '정치적 효과'를 조명하는 정치이론적 기획으로 볼 수 있다.

한센에 의하면, 프랑스의 정치철학자 클로드 르포Claude Lefort는 혼

란스러운 정치 상황에 필요한 것은 "무엇이 옳고 그른가, 무엇이 현실적이며 비현실적인가에 대한 판단 기준을 제시하는 정치철학"이라는 의견을 제시한 바 있다(Hansen 1993, 3). 플라톤과 아리스토텔레스와 같은 '전문적' 서구 철학자라면 이 의견에 당연히 동의했을 듯하다. 그러나 소크라테스의 '비전문적' 철학함의 방법론에서 이론적 영감을 얻은 아렌트는 르포가 플라톤의 이데아론적 시각에서 '철학적 전제philosophical tyranny'를 답습한다고 지적했을 것이다.

좀 더 구체적으로, 아렌트는 플라톤이 '동굴의 비유'에서 두 개의 이데아를 제시했다고 주장한다. 첫 번째는 소크라테스가 『향연Symposion』에서 언급한 "최고 이데아the highest idea(또는 the supreme idea)"로서 순수한 '아름다움'의 이데아다. 그것은 다른 사람들과 함께 동굴에 갇혀 있었던 철학자가 동굴 속의 어둠을 밝힐 수 있는 "찬란한 밝음shining brightness", 즉 "아름다운 것the beautiful"을 동경하여 동굴을 떠나도록 이끈 '아름다움美'의 이데아다. 여기서 철학자는 선구안을 가진 '선각자'로 묘사되고 있다.

두 번째는 그 철학자가 동굴로 돌아와 '아름다움'의 이데아를 이해할 수 없는 무지한 사람들을 설득하기 위해 그들에게 적용할 수 있는 "좋은 기준"을 찾아내려고 했을 때 발견한 것인 "선善의 이데아"다. 이 선의 이데아가 바로 『국가Politeia』에 등장하는 유형이다. 아렌트의 설명에 의하면, 플라톤의 최고 이데아는 본래 '아름다움'이었지만, 나중에 정치적 필요에 따라 '좋음'으로 교체되었고, 그로써 플라톤은 '정치에 대한 철학의 전제'를 이론화한 철학자로 공인되었다.

주지하듯이, 아렌트는 '철학'과 '정치'의 관계에서 전자의 우월함을 강조하는 '전문적' 서구 철학에 반대하는 '철학적 평등주의'를 표방한다. 이런 아렌트의 시각에서는 철학자를 선각자로 본다거나, 아니면 더 우월한 견해를 제시하는 사람으로 보기보다 '다른' 견해를 가진 사람으로 보는 것이 합리적이다. 이는 철학자와 일반인은 동일한 정신 능력을 보유하므로 각기 대동소이한 철학적 잠재력을 가지고 있으며, 스스로 판단할 수 있는 능력을 갖추고 있다는 사실을 전제한다. 그러므로 우리는 다만 철학자가 일반인보다 정신 능력을 더 많이 더 자주 사용한다고 말할 수 있을 뿐이다.

이러한 '철학적 평등주의' 입장에서는 플라톤식 철학적 전제專制를 거부할 수밖에 없다(BPF, 111-113). 이와 유사한 맥락에서 아렌트는 칸트의 정언명법에 대해서도 그것이 마치 하나의 일반적 법칙인 양 '항상 그것에 따라 행위해야 한다'고 강제하는 행위의 도덕적 준칙이라고 비판한다. 그 이유는 개인의 합리적 사유가 사실상 이 정언명법에 부응할 필요성을 강제한다고 볼 수 있기 때문이다(BPF, 219-220). 이는 칸트 미학이 다시금 도덕적 의무론으로 회귀하는 것과 다름없다. 아렌트가 보기에 정작 사람들에게 필요한 것은 객관적 "판단 기준을 제시하는 정치철학"이 아니라 그들이 스스로 자신의 판단 기준을 발견하도록 지원하는 정치철학이다.

이에 아렌트는 우리가 이미 앞에서 살펴본 것처럼 칸트의 판단미학을 독해하고 전유하는 과정에서 칸트의 선험적 도덕률을 거부한다. 그런데 문제는 그 결과로 판단의 척도가 사라짐으로써 아렌트의 판단함 judging이 사실상 "무토대적groundless"[48]인 상태로 남게 되었다는 것이다.

---

[48] 아렌트 행위 개념의 "무토대적" 특성에 대한 자세한 설명은 Villa(1996), Chap.5 "Groundless Action, Groundless Judgment: Politics after Metaphysics"를 참조. 여기서 빌라는 아렌트의 행위와 판단 개념이 "형이상학적 합리성metaphysical rationality"을 탈피하여 자율성autonomy과 자유freedom에 비추어 재고되고 있으므로, "형이상학적 의미에서" 무토대적이라고 주장한다(Villa 1996, 157). 또한 이런 아렌트의 시각은 "탈형이상

아렌트는 어떤 방식으로 이 문제를 해결하게 되는 것일까. 아렌트가 이해하는 판단은 사유자가 단독으로 수행하는 작업이 아니라 사유의 장에 초대된 다수 관중과의 가상의 대화를 통해 일어난다. 원칙상 이 내부 대화의 장은 '타인의 입장이 되어 볼 수 있는 상상력'을 통해 출현하며, 그 내부 공간에 초대된(또는 참여하는) 사람들은 각자 자신의 견해를 동등한 자격으로 자유롭게 표출한다.

따라서 이 공간에서는 사람 수만큼의 의견이 제시될 수 있으며, 각각의 참여자는 의견의 홍수 속에서 자신의 입장을 정해야 하는 과제를 떠안게 된다. 문제는 그처럼 다양한, 또는 다른 견해들 속에서 각자가 어떤 방식으로 자신의 균형점을 발견할 수 있는가이다. 이것은 '판단의 기준'이 무엇이냐는 질문과 다름없다. 가령 어떤 개인이 자신만의 판단 기준을 가지고 있지 않다면, 이러한 의견의 홍수 속에서 자신의 견해를 정하는 것은 결코 쉬운 일이 아닐 것이다. 그뿐 아니라 그가 자기 삶의 과정에서 반복적으로 부닥치게 될 판단 시점마다 무방비 상태에 놓임으로써 판단의 일관성을 유지하기는 더더욱 어렵게 될 것으로 보인다. 판단 기준의 부재는 심지어 개인의 자아정체성에 위협적인 요소로 작용하며 극단적인 경우에는 자아분열을 초래할 수도 있다.

이런 맥락에서 아렌트가 '판단의 토대 또는 척도' 문제를 과소평가한다는 비판이 제기되는 것은 당연하다. 이에 일부 아렌트 연구자들은 이러한 비판을 의식한 아렌트가 자신의 판단 토대의 진공상태를 메우려고 고민한 흔적이 여기저기서 발견된다고 주장하기도 한다. 비근한 예

학적 정치이론post-metaphysical political theory"에 중대한 시사점을 함축한다고 귀띔한다 (Villa 1996, 143).

로 아렌트가 정치행위와 자유의 문제를 설명할 때 소개한 몽테스키외의 영광, 평등 애호, 두려움, 불신, 혐오 등과 같은 정치공동체의 "원칙들principles"(OR, 152)이 그러한 목적성을 띤다는 견해가 제시된 바 있다. 또다른 예로는 아렌트가 특정 공동체 구성원들 사이의 유대감으로 설명하는 "세계사랑amor mundi"[49]이 이 토대의 진공을 메울 수 있는 해결책으로 제시되기도 했다.[50]

그러나 아쉽게도 이것들이 효과적인 판단의 기준으로 작용할 수 있을지는 미지수다. 우선 아렌트가 언급한 "원칙들"의 경우, 그 스스로도 정확히 지적하고 있는 것처럼, 그것들은 "너무 일반적인" 성격을 띠기 때문에 어떤 명백한 행위 결과의 '보편성'을 결과할 것으로 가정하기가 어렵다. 이에 대한 아렌트의 설명을 직접 들어보자.

> 동기처럼 자아the self의 내부에서 작동하지 않는… 원칙들은 비록 너무 일반적이라서 특수한 개별 목표goal의 규범이 되지 않지만, 일단 행동이 개시되면 그것의 특수한 개별 목적이 이러한 원칙들에 비추어 판단될 수 있[다]… 행위에 선행하는 지적 능력의 판단이나 행위를 창발하는 의지의 명령과 달리, 행위를 고무하는 원칙은 오로지

---

49 이 용어는 아렌트가 성 아우구스티누스로부터 차용한 것으로, 치바에 따르면, 아렌트적 의미로는 "시민적 유대감the civic bond"이라고 해석될 수 있으며, 이것의 속뜻은, 케이탑의 표현에 따르면, "인류에 대한 인본적 애정humanized love of humanity"이라고 볼 수 있다. 치바의 설명을 약간 더 소개하자면, 아렌트의 "amor mundis는 enlarged mentality, representative thinking, sensus communis, impartiality 등의 개념을 통해 규정지어질 수 있다."(Chiba 1995, 531-532, 533)

50 치바는 "비록 아렌트 자신은 어디에서도 amor mundi 개념을 의지함willing과 연관시키고 있지 않지만, 나는 모종의 정치적 의지함의 형태a political form of willing를 발견하려는 아렌트의 [이론적] 모색은 이 개념에 비추어 이해하는 것이 최상이라고 제안하고 싶다"라고 말한다(Chiba 1995, 533).

[현재] 수행되고 있는 행위 속에서만 전적으로 명시화한다. … 원칙들은 행위가 지속되는 동안만 이 세계 속에 존재한다(BPF, 152. [ ] 안의 내용 및 강조는 필자).

우선 위 인용문 속에 등장하는 행위 고무 원칙은 "[현재] 수행되고 있는 행위 속에서만 전적으로 명시화"하므로 "행위가 지속되는 동안만 이 세계 속에 존재한다." 이는 개인들이 부지불식간에 '내재화'한 공동체적 가치들이기 때문이다. 이런 이유로 이 일반적 성격의 원칙들이 해당 공동체 외부에서 수행되는 특수한 개별 목적을 가진 행위의 '판단 원칙'으로 기능하는 데는 약간의 문제점이 있어 보인다. 더욱이 그러한 원칙들은 행위의 "특수한 개별 목표"의 가치를 판단하는 척도일 뿐, 행위자의 내부에 있는 동기처럼 그의 행위를 창발하는 기능은 기대할 수 없다.

이 '행위 창발'의 관점에서는 아렌트가 『혁명론』에서 제시한 또 다른 행위 고무 원칙인 "공적, 또는 정치적 자유public or political freedom와 공적, 또는 정치적 행복public or political happiness"(OR, 123)을 생각해 볼 수 있다. 이것은 방금 논의한 몽테스키외의 공동체적 원칙과 달리, 개인이 스스로 감지하는 '주관적', 또는 '개인적' 차원의 느낌이다. 아렌트의 설명에 따르면, 그것은 개인들이 설마 "자신이 하게 될 것이라고 결코 예상한 적이 없던 것"이나 "이전에는 전혀 할 의향이 없었던 행동들로 강제된 것"을 하도록 준비시킨다(OR, 123). 사람들이 이렇듯 '비합리적'인 행동을 하는 이유는 무엇일까? 아렌트의 정치존재론적 관점에서 볼 때, 그것은 타인들의 '인정'을 통해 자신의 공적 실재감을 향유할 수 있기 때문이다.

이 '공적, 또는 정치적 자유 및 행복'이 다소 '이기적' 발상에서 비롯된 즐거움이라면, 치바(1995)는 보다 '이타적' 발상에서 아렌트의 "세계사랑amor mundi; Love of the world" 개념을 행위의 동기 요소로 특정한다. 요컨대, "시민적 유대감"으로서 "세계사랑"은 행위자가 '공동 세계'의 우선성이라는 관점에서 자신의 이기심을 버리고 타자들의 입장을 존중하는 판단을 하게 하며, 그 결과로 공익 또는 공공선에 이바지하는 행위를 수행하도록 인도한다는 것이다. 그러나 이러한 설명은 아렌트가 탈피하고자 했던 칸트의 도덕적 판단의 문제를 다시 불러들인다. 결과적으로 이 제안은 칸트의 '공통감각'을 아렌트의 '세계사랑'으로 대체한 것뿐이기 때문이다.

아렌트가 사유함의 중요성을 강조하는 이유는 우리가 명시적 판단 기준이 부재한 상황에서도 각자의 판단 기능을 통해 이성적이고 보편타당한 판단 결과를 내놓을 수 있다고 믿기 때문이다. 이와 대조적으로 "사유함의 외부에 존재하며 동기처럼 자아의 내부에서 작동하지 않으면서 판단에 [간헐적으로] 끼어드는 원칙들"이나, "공적, 또는 정치적 자유와 행복"과 "세계사랑"과 같은 요소들은 개인의 취향이나 그때그때의 감정 상태에 따라 얼마든지 결과가 달라질 수 있으므로, 엄밀히 말해 보편적 척도가 될 가능성을 담보한다고 볼 수 없다. 그러므로 그러한 것들이 각각의 개인(또는 시민)을 하나의 일관된 행위 결과로 인도한다고 일반화하는 데는 무리가 따른다.

이에 아렌트의 정치행위 이론에서 영감을 얻어 의사소통행위 이론을 기술한 하버마스(1984)는 이성적 판단의 기준으로 봉사할 수 있는 모종의 보편규범을 정초함으로써 아렌트의 무토대적 판단이 내포하는 이론적 난제를 해결하고자 한다. 그는 먼저 의사소통적 합리성 개념 수립과 관련해 칸트의 정언명법으로 관심을 돌린다. 칸트에 따르면, 모든 인간은 "도덕법이 명하는 바대로 각자는 최고선의 실현이라는 의무를 이행해야 한다."(김진 1994, 96) 성격상 그것은 "인간의 본질을 이성으로 규정함"으로써 도출해 낸 "절대적 도덕률"(유홍림 1994, 467)이다. 이처럼 칸트의 지상명령은 인간의 자유의지와 무관하게 작동되므로 인간의 행위를 보편화하는 척도로 간주된다.

한편 하버마스의 의사소통행위 이론의 관점에서 보면, 칸트가 순수 윤리학과 도덕 의지를 강조하는 것은 "초험적 이념으로서의 의미"에만 국한된 것이므로, 그것은 여전히 경험적 세계 속에서 보편적 규범으로 합법화되어야 할 필요성의 문제가 제기된다(유홍림 1994, 476). 하버마스는 이 문제를 해결하기 위해 사람들이 의사소통 과정을 통해 상호이해에 도달할 것을 목표로 삼은 "이상적 담화상황idealen Sprechaktsituation; the ideal speech situation"이라는 '절차적 모델'을 제시함으로써 칸트의 정언명법을 형식적 차원에서 "도덕적 논쟁maralische Argumentation; moral argumentation의 절차"로 대체시킨다. 그렇게 탄생한 그의 보편화용론은 "논의의 규칙으로서 보편화의 원칙Universalpragmatik; a principle of universalization을 정식화"한 결과로 이해할 수 있다(유홍림 1994, 467-477).

이를 좀 더 쉽게 표현하면, 하버마스의 '보편화용론'은 참가자들로 하여금 이상적 담화상황 속에서 '도덕적 논쟁'을 통해 '판단의 토대'를 발견하도록 하는 방법론이다. 그러나 칸트의 도덕적 딜레마에서 벗어나고자 하는 아렌트의 시각에서 볼 때, '이상적 담화상황'이 반드시 도덕적 논쟁을 위한 것이라고 못 박을 필요는 없다. 그 이유는 아렌트가 '이상적 담화'의 장으로 간주한 고대 아테네 폴리스는 성격상 '정치적 논쟁'의 장이었다는 사실에서 찾을 수 있다. 그리고 이 해석은 우리가 아렌트의 판단의 토대 부재 문제의 해법을 찾는 데 결정적으로 중요한 이론적 통찰을 제공한다.

하버마스의 의사소통행위 이론은 담화에 참여하는 사람들이 합리적 판단을 할 수 있는 이상적 상황을 설정한 다음, 참여자들이 자신의 모든 개인적 고려 사항과 무관하게 의사소통의 원칙에 따라 공적 합의에 도달해야 한다고 가정한다. 이 이론적 가정은 아렌트가 탐구하고 있는 담화상황의 실제 작동 및 운영 방식과 관련해 참여자들이 어떻게 이성적 판단을 할 수 있는지, 또는 어떤 방식으로 이성적 합의에 이르게 되는지를 예시한다. 잘 알려진 대로 하버마스는 이상적 담화상황에서의 언어적 행위는 "의사소통적 합리성*kommunikative Rationalität*; communicative rationality" 원칙에 따라 이루어진다고 설명한다.

그러나 이러한 하버마스의 이론화 시도는 한 가지 근본 문제를 해결하지 못하는 한 완전한 이론이라고 볼 수 없다. 그는 공적 담화 속에서 시민이 의사소통적 합리성을 통하여 '공적' 주체로 전환될 수 있는 절차적 방법론을 제시하는 반면, 시민이 자발적으로 공적 담화에 참여하게 되는 근본 동기에 대한 설명을 제공하지는 못하기 때문이다. 이와 대조적으로 아렌트는 인간이 공적 담화에 참여하게 되는 근본 이유가 그의 존재론적 필요 때문이라고 설명한다. 요컨대, 개인들이 시민으로서 공적 담화, 즉 정치의 장에 참여하는 것은 '공민적' 의무일 뿐만 아니라, 자신의 공적 정체성 획득 및 공적 행복 추구를 위한 합리적 선택이라는 것이다.

한센은 이러한 하버마스의 이론적 통찰과 아렌트의 시민적 동기를 함께 고려하는 방식으로 아렌트의 정치행위를 그것의 '무토대적' 상황에서 구출하고자 한다. 그는 우선 아렌트가 "시민합리성citizen rationality"(Hansen 1993, 198) 개념을 성립시키고 있다고 주장한다. 이어서 "비록 다른 이슈들에 관한 논의에서는 대체로 감추어져 있을지라도, 시민적 합리성에 관한 한 아렌트는 두 가지 타당한 설명을 강력히 제시한다"고 덧붙인다. 첫 번째 설명은 아렌트가 '통치'와 '정치'를 구별하면서, 통치는 복종을 요구하는 경향이 있으며 이를 거부하는 "진정한 시민은 복종하지 않는다"고 믿는다는 사실을 근거로 제시한다. 요컨대, 통치에 굴복하지 않는 시민의 정치적 지향성이 곧 시민적 합리성이라는 것이다 (Hansen 1993, 197-198).

다음으로는 아렌트가 시민들이 "정치적으로" 생각해야 한다고 독려한다는 사실을 설명 근거로 제시한다. 실제로 아렌트는 나치 정권 아래에서도 사물에 대해 비판적 거리를 두고 판단할 수 있었던 평범한 시민이 다수 존재했으며, 지적 능력이 뛰어난 지식인 중 적잖은 사람들이 정권에 부역한 사실과 대조적으로, 이들은 정권의 목적에 부응하기를 고집스럽게 거부했다는 사실을 강조했다. 이는 일반 시민들이 주어진 정치적 상황과 사회적 환경을 '합리적'으로 정의할 수 있음을 보여 준 사례였다 (Hansen 1993, 197-198).

요컨대, 한센의 주장은 아렌트가 새롭게 정초한 "시민합리성"이란, 시민들이 통치의 대상이 아닌 정치적 주체로서 주어진 정치 사안에 대해 옳고 그름, 즉 '정치적 올바름political correctness'을 판단하는 척도라는 것이다. 바꿔 말해서, 그는 마치 의사소통적 합리성이 하버마스의 이상적 담화상황에서 합리적 판단의 척도 또는 절차적 원칙으로 작용하는 것과 마찬가지로, 시민합리성도 아렌트의 정치적 담화상황에서 정치적 올바름의 판단 척도로서 기능할 것임은 물론, 하버마스가 침묵하고 있는 정치참여의 동기로 작용할 수 있다고 본 것이다.

한센의 설명이 사실이라면, '시민합리성'은 앞에서 논의한 '세계사랑'보다 훨씬 구체적인 성격의 정치참여 동기이자 판단의 토대를 제공할 것으로 기대된다. 또한 그것은 공적 의사소통의 장 내부에서 자연스럽게 작동할 것으로 여겨지는 언어적 상호작용 원칙으로서나 일종의 '무토대적 토대a groundless ground'로서 판단의 척도 기능을 수행할 것으로도 기대할 수 있다. 다른 무엇보다 이 시민합리성은 아렌트가 칸트의 '정언명법'이나 '공통감각' 또는 몽테스키외의 '원칙들'처럼 판단 과정의 외부에 존재하는 보편적 척도를 정치적 판단의 기준으로 상정하지 않는다는 점에서도 확실히 아렌트의 관점과 부합한다고 볼 수 있다.

사실 지금까지 여러 사람이 제안한 아렌트의 판단 척도 가운데 이 시민합리성 개념이 가장 실효성 있어 보인다는 점은 부인하기 어렵다. 그럼에도 우리는 이 대목에서 우리가 '이 시민합리성을 모든 사람에게 기대할 수 있는가?'라는 질문을 하지 않을 수 없다. 가령 '시민'이 아닌 무국적자라면 이 범주와 무관할 수 있고, 또 시민으로서의 정체성이 약한 사람이라면 시민적 의무를 떠맡기보다 회피할 수도 있기 때문이다. 요컨대, 이 시민합리성은 '시민'으로서의 정체성과 의무감을 강제하는 모종의 '이성'으로 이해할 수 있지만, 정치공동체 안에는 이런 측면으로는 이성적이지 않은 사람들이 오히려 다수를 구성하고 있는 듯하다는 것이다. 따라서 아렌트의 판단 척도가 무엇인지는 여전히 논쟁의 주제로 남아 있다고 볼 수 있다.

잠시 환기하자면, 아렌트는 정치적 판단 상황에 놓인 시민들은 기성의 판단 기준들을 무비판적으로 적용하기보다 반성적 판단 과정을 거쳐 주어진 상황에 특화된 최적의 판단 기준을 스스로 발견하거나 정초해야 한다는 '시민적 명제'를 제시했다. 이는 히틀러의 국가사회주의 체제하에서 정치적 올바름을 추구한 시민들에게 요구되었듯, 현대 대의민주주의 정치체제에서도 제도정치가 제대로 작동하지 않을 때 시민들에게 요구되는 동일한 과제이다. 이 시민적 명제에는 불가피하게 시민들이 어떻게 그러한 기준을 발견하거나 정초할 수 있는지를 묻는 방법론적 질문이 따라붙는다. 이에 아렌트는 '사유함의 현상학' 이론 기술을 통해 이 질문에 답하게 된다. 이어지는 제2부의 핵심 주제가 바로 이것이다.

제2부

사유, 사유함, 그리고 실존적 정치존재론

4장

독일 실존주의 철학과 사유함

아렌트는 「실존철학이란 무엇인가?」라는 논문에서 하이데거 철학은 칸트가 해체한 "고전적 존재론"의 재구축 시도였지만, 그가 기획했던 "『존재와 시간』의 2권을 출간하지 못한 결과, 자신의 존재론을 구축하지 못했다"(Arendt 1946, 176)면서 냉정한 평가를 내렸다. 이후 그는 자신의 스승이 이루지 못한 과업을 대신 완수하겠다는 연구 목표를 설정한다. 그러나 그것은 순수 철학적 존재론이 아닌 정치존재론의 형태로 나타나게된다. 이 장에서는 아렌트가 두 명의 독일 실존주의 거장인 하이데거와 야스퍼스의 유산으로부터 자신의 정치존재론을 구축해 가는 과정을 밀착해 추적할 것이다.

하이데거는 일차적으로 '존재Being'[51]의 의미를 시간성temporality으

---

51 Being과 being은 모두 '있음'이라는 뜻이지만, 그 둘은 각기 다른 있음이다. "있음은 두

로 가정함으로써, 다음으로는 "인간의 있음이 죽음에 의해 조건 지어[진다]" 사실을 논증하는 '다자인Dasein'[52] 분석을 통해서 존재의 의미가 '무nothingness'임을 주장한다. 그리고 그 연장선상에서, 인간이란 삶과 죽음 사이의 시간적 '있음'에 지나지 않는다고 간주한다. 이러한 인간의 있음의 양태가 '다자인'이다. 이 같은 인간의 존재 양식 이해 방식에 대해 아렌트는 시간성(또는 본질)으로서 '존재'와 '있음'을 인간 속에 결합한 것은 하이데거의 특별한 철학적 공헌이라고 평가했다(Arendt 1946, 177-178).

한편, 야스퍼스는 하이데거와 실존철학적 전제前提, 어휘, 개념들 다수를 공유하는 한편으로 명백한 시각적 차이도 함께 보여 준다. 우선 하이데거의 다자인과 비교될 수 있는 그의 "엑시스텐츠Existenz"는 "존재의 한 형태가 아니라 인간 자유의 한 형태"로 설명된다(Arendt 1946, 183). 좀 더 구체적으로, 야스퍼스의 인간실존은 "가능성의 엑시스텐츠"로 보아야 한다. 왜냐하면, 인간은 사유함을 통해 자신의 엑시스텐츠를 포착하며, 현실 속에서는 타인들과의 소통을 통해 자신의 실재를 획득할 수 있다고 가정되기 때문이다.

아렌트가 보기에 이러한 '사유함-소통', 그리고 '엑시스텐츠-실재'라는 병치 구도는 야스퍼스 철학의 급진적 단면인 동시에 하이데거 철학의

가지 차원으로 나뉘게 된다. 우리의 삶이 벌어지고 있는 변화의 소용돌이인 현실적 '있음'의 세계와 이 밑바탕에서 변화하는 소용돌이를 견뎌 내며 계속 있게끔 하는 '본질' 또는 '실체'의 세계가 그것이다."(이기상 2001, 343) 필자는 이 설명을 수용하는 한편, 편의상 대문자 Being은 '존재'로, 소문자 being은 '존재자'로 각각 표기한다. 다른 한편으로, being은 동사 '있다be'의 동명사이기도 하다. 이러한 쓰임이 요구될 때는 being을 '있음'으로 표기하며, 이때 '있음'은 '현실적 있음', 즉 '존재자'의 '현전'으로서의 있음을 가리킨다.

52　하이데거의 'Dasein'은 일반적으로 '현존재'로 옮겨지지만, 이 책에서는 원단어의 우리말 음가를 살려 '다자인'으로 표기한다. 이에 덧붙여, 야스퍼스의 'Existenz'는 영어의 'Existence'와 유사한 용어로서 우리말로는 '탈존재'라고 옮겨지기도 하지만, 이 책에서는 우리말 음가인 '엑시스텐츠'로 표기할 것이다.

폐쇄성을 극복하려는 시도로 볼 수 있다. 왜냐하면, '철학함' 자체를 일반 사람들 사이의 의사소통으로 이해할 경우에는 하이데거처럼 철학을 철학자의 '비非세계적' 작업으로 규정할 필요가 사라지기 때문이다. 따라서 야스퍼스의 시도는 "철학을 과학 및 여타 학문 분과들로부터 분리해" 일상생활의 영역 속에 위치시키는 획기적 발상의 전환으로 해석할 수 있다. 이 철학의 '일상화' 또는 '대중화' 접근 방식은 '시장'의 철학자 소크라테스의 '철학함philosophizing'을 상기시키는 한편, 장차 아렌트가 추구하게 될 '철학적 평등주의'의 단초를 제공한 것으로 볼 수 있다.

아렌트의 견해상 독일 실존주의의 최종 주자는 야스퍼스다. 무엇보다 야스퍼스는 그 이전의 실존철학자들이 자기성Self-ness에 함몰됨으로써 비세계적 사유의 철학을 고집한 것과 대조적으로 그 전통에 반기를 들었다. 그 결과 독일 실존주의를 독아론solipsism, 이기주의, 비非세계성으로부터 구해 냄으로써 독일 실존철학을 새로운 유형의 인본주의 철학으로 변형시키는 성과를 이룩했다(Arendt 1946, 186). 이러한 극찬에 가까운 평가는 아렌트 자신의 실존주의가 장차 야스퍼스 철학의 지향성을 계승할 것임을 짐작하게 한다(Hinchman 1994).

1. 하이데거의 '다자인Dasein' 존재론

하이데거는 『존재와 시간Sein und Zeit』(1927, §25)에서 인간의 실존existence 양식을 '다자인Dasein'으로 지칭한다. 그의 설명에 의하면, 다자인은 맥락에 따라 '세계-내-있음*In-der-Welt-Sein*; being-in-the-world', '타인들과-함께-있음*Mit-anderen-Sein*; being-with-others', '공동-있음*Mitsein*; co-being' 등의 의미로 다양하게 해석될 수 있다(Heidegger 1962, 149). 여기서 '있음'이란 "어떤 사물을 지칭하는 것이 아니라, 사물들이 자신의 본질적 가능성을 드러내는 현전함의 사건an event of presencing"으로 이해될 수 있다(Ansell-Pearson 1994, 512). 이 '현전하는 사건'으로서의 있음은 특정 시간 및 장소와 별개로 이해될 수 없기에, 근본적으로 "그곳*Da*; there"의 있음*Sein*: being일 수밖에 없다.

언뜻 보기에 다자인은 "자아the Self의 성격을 띠고" 있는 듯하다.[53] 그러나 하이데거 자신의 설명에 의하면, "일상 속 다자인의 '주체who'는 정확히 '나 자신'이라고 할 수" 없고, "자아the ego"라고도 할 수 없다. 흔히 "우리가 일상의 '주체'로 지칭하는 것"은 "다스만*das Man*; they; 그들"[54]이다(Heidegger 1927, 50). 그의 복잡한 설명을 좀 더 평이한 말로 풀어 보면, 다자인은 일상에 몰입되어 아무 생각 없이 살아가는 '인간의 있음' 양태인 '다스만'과 달리, 자기 '있음'의 기원에 대해 문의하며 자신의 실존 조건들, 특히 자신의 유한성에 도전하는 '인간의 있음' 양태로 정의할 수 있다.

이 다자인으로서의 인간 특성은 다음 두 가지로 요약된다. 첫째, 다자인은 죽음에 대한 두려움 또는 염려*Sorge*를 지니고 있다. 죽음은 인간 실존을 '무'로 바꾸기 때문이다. 따라서 인간이 진정성 있는 자아로 존재한다는 것의 의미는, 그가 '무'의 위협에 맞서 자신의 현전을 시공간적으

---

53   아렌트는 대체로 하이데거의 다자인을 "자아the Self"로 지칭하는 경향을 보인다.
54   이 책의 외래어 표기 원칙에 따라 흔히 '세인ㅔㅅ'으로 옮겨지는 '*das Man*'도 음가대로 '다스만'으로 표기한다.

로 천명하는 것과 다름없다. 이러한 자기 천명이 어떻게 가능해지는 것일까? 이를 설명하기 위해서는 인간의 특성인 의식의 작용에 주목할 필요가 있다.

둘째, 인간은 이미 자신이 무엇인가에 의해 "세계 속에 던져졌음"을 알고 있으므로, 즉 본질과 실체의 분리 사실을 의식하고 있으므로, 본질에 해당하는 무엇인가에 대해 "실존적 부채감"을 느낀다. 그는 이 부채감으로 인해 자신의 의식 속에서 자기 자신과의 무성의 대화를 하는 중에 들려오는 목소리, 즉 "일상적 몰입상태로부터 자신을 불러내는 일종의 독백"인 "양심의 소리"를 경청하게 된다(LM II, 184). 이렇게 묘사된 다자인은 일상 세계에서 자신의 고요한 내부 구역으로 물러나 사유함 속에서 자기 '있음'의 근거인 존재를 탐구하는 철학자의 이미지와 겹치고 있다(LM II, 174).

그러나 하이데거는 그의 중기 저술인 『기고Beiträge』에서 다자인을 "그곳의 존재자a being of there"로 재규정한다(Arendt 1946, 8). 여기서 '그곳'은 "총체성 속에 드러나는 존재의 개방성, 즉 진리aletheia가 원래의 의미로서 드러나는 영역"을 가리킨다. 이제 다자인은 존재가 '그곳성thereness'의 시공간적 현장을 관통하는 '있음'의 '발생함'이라는 현상으로서 새롭게 재정의되어야 한다(Dallmayr 1990, 529). 이를테면 "그곳의 있음"으로서 다자인은 '존재'의 관통을 허용하는 동시에 자기 '있음'의 사건을 일으킨다고 볼 수 있다.[55]

---

[55] 이 대목에서 우리는 하이데거의 "언어는 존재의 집"이라는 언명을 환기하게 된다. 흥미롭게도 존재의 집으로서 언어는 곧 있음의 사건을 일으키는 주범이기 때문이다. 우리는 아렌트가 하이데거의 이 통찰을 '정치행위' 개념 속에 투사하고 있음을 추론할 수 있다. 이 주제는 나중에 다시 다룰 기회가 있을 것이다.

이렇게 재정의된 다자인은 『존재와 시간』에 나타난 최초의 정의와 약간의 차이를 노정한다. 초기 하이데거의 다자인은 자기 '있음'을 세계에 천명함으로써 자신의 실존을 구현하려는 투지를 지닌 적극적 주체로 묘사되었다고 볼 수 있다. 이와 대비되는 후기 다자인은 단순히 "존재론적 발생함"에 참여함으로써, 자신의 '있음'을 천명하는 적극적 주체가 아닌 '존재'의 의지를 구현하는 소극적 주체로 묘사되고 있다.

이러한 변화는 하이데거 존재론의 논점이 '*Sein*있음'에서 '*Da*그곳'로 이동한 결과였다. 놀랍게도 후기 하이데거는 자신의 '*Da*' 개념을 고대 폴리스에 빗대어 설명한다. 이제 그는 폴리스를 "안정된 거주지나 어떤 실증적이며 경험적인 [인간 삶을 위한 물리적] 구조"라기보다는 "인간이 있음의 한가운데 역사적으로 거주하는 현장" 또는 "존재와 무, 생과 사의 사이에 있는 영구적 경연장"으로 인식한다(Dallmayr 1990, 538). 그리고 다자인으로서 인간은 존재의 역사*Seingeschichte*가 창조되는 역사의 현장에 모습을 드러내는 방식으로 존재에 참여한다고 간주된다.

아렌트가 보기에 이러한 다자인의 수동성은 그의 "해제*Gelassenheit*" (Heidegger 1955)[56] 개념에서 그 정점頂點에 도달한다. 이때 '해제'는 중기 하이데거 사유함에 나타나는 "무의지에의-의지"와 "있음(존재자)들을 있는 그대로 용인하는 태도letting beings be"의 단면을 보여 주는 개념이다. 그러나 안타깝게도 그 개념의 도입으로 '다자인'과 '다스만'의 구분은 사실상 용도 폐기된 것이나 다름이 없다(LM II, 188, 182).

아렌트의 관점에서 하이데거의 해제 개념은 그의 철학 이론에 세 가

---

56 하이데거의 용어인 *Gelassenheit*의 영어 대칭어는 Releasement이며 그것의 우리말 표현은 '해제'다. 하이데거는 이 용어를 '냉담하게 용인하는 태도'로서 "letting-be용인"와 같은 의미로 사용한다.

지 중요한 시사점을 가진다. 첫째, 주지주의에서 숙명주의로의 전환이다. 이제 인간은 "존재자의 주인"이 아닌 "존재의 양치기"로 묘사되며, "미지의 장소로부터 인간에게 '보내진' 존재론적 선ﬦ이해들에 따라 시간화된 현전화presencing의 관리자"와 다름없다(Villa 1996, 226). 다시 말해 인간은 존재의 요구사항을 듣도록 운명 지어져 있다는 것이다. 이는『존재와 시간』속 "진의적 자아the authentic self"가 스스로 양심의 소리에 귀 기울였던 것과 매우 대비되는 발상이다. 이런 맥락에서 아렌트는 헤겔의 "세계정신"이 하이데거에게서 재발현하고 있다고 지적한다(LM II, 179-180, 187).

그 연장선상에서, 둘째, 아렌트는 하이데거가 해제 개념을 도입함으로써 "사유함 자체를 탈주체화하고, 사유하는 존재로서 인간이라는 주체로부터 사유 능력을 박탈하는 동시에 그것을 존재의 기능으로 탈바꿈시켰다"(LM II, 174)고 주장한다. 초기 하이데거는 인간 의지의 목적성을 천명하였고, 인간의 진의적 자아는 의지함willing을 통해 드러난다고 말하였지만, 후기 하이데거는 용인letting-be 개념과 더불어 자신의 초기 입장을 철회하고, 나아가 인간이 그의 배후에서 말하는 존재의 명령을 듣는다고 말을 바꾼다. 그로써 인간의 의지함에 대한 필요성은 완전히 무효화되는 셈이다.

그렇다고 해서 후기 하이데거의 존재론에서 사유함의 용도가 사라지거나 중요성이 줄어드는 것은 아니다. 사유함은 '존재'를 상기하는 과정이기 때문이다. 다만 중기 이후 하이데거의 관점에서 볼 때, 사유함은 "무엇을 파악하거나, 조종하거나, 조장하지 않으며" 그것은 간단히 말해서 "표현되지 않은 존재의 뜻을 언어화한다."(Villa 1996, 193, 239) 그런데 이러한 논점 변화는 한 가지 치명적인 결과를 초래한다. 그것은 언어적 존재로서 주체의 존엄성과 자발성이 무시된다는 점이다. 다시 말해 후기

하이데거의 다자인은 야스퍼스가 정확히 지적한 것처럼 "소통 부재" 상태에 놓이게 되는 것이다.[57]

셋째, 실제로 하이데거는 기본적으로 사유함을 인간 ―'다자인'뿐 아니라 '다스만'도 함께 포함한 인간 전체― 의 가장 유의미한 행위 양식으로 이해한다. 특히 "사유함은 프락시스를 능가하는 행위"(Heidegger 1977, 239)라는 그의 주장은 아리스토텔레스의 입장과 정확히 일치하며, 그것을 비판적으로 재전유한 아렌트의 입장과도 대체로 공명한다고 볼 수 있다. 그러나 문제는 그가 사유함을 인간이 속해 있는 '외견'의 세계는 물론, 그가 인간관계망을 함께 구축하고 있는 타인들로부터도 완전히 분리하고 있다는 데 있다. 그 결과 하이데거 존재론은 '존재Being'의(또는 ontological) 존재론일 수는 있지만, '존재자being'의(또는 ontic) 존재론은 될 수 없는 성격을 담지하게 되었다.

2. 야스퍼스의 '엑시스텐츠Existenz' 존재론

야스퍼스는 하이데거의 '다자인'은 인간만이 가질 수 있는 유일한 실존 양태라는 인식에 공감한다.[58] 그런 한편, 그는 다자인과 유사한 성

57　야스퍼스는 하이데거의 『존재와 시간』을 읽은 후 단 세 마디로 이것은 "소통 부재, 세계 부재, 신神 부재"라고 촌평하였다고 알려져 있다(Hinchman 1994, 151).
58　야스퍼스는 하이데거와 우정이 싹트던 초창기부터 "철학이란 통속의 속박 아래에 있는 실존을 구출하는 수단이며, 실존을 개인의 책임으로 생각하게 만드는 수단이라는 확신"을 공유했다(Lilla 2018, 61).

격을 보여 주는 동시에 그것과 차별화되는 자신의 실존 양태로서 '엑시스텐츠' 개념을 독자적으로 제시한다. 그가 이해하는 하이데거의 "실존은 대상으로서의 인간"이며 "세계 속에 있는 다른 존재자들 사이에 놓인 한 존재자"로서의 인간이다. 이와 대비되는 그의 '엑시스텐츠'는 "대상화할 수 없는 자아로서의 인간"으로 정의된다. 그는 직접 "엑시스텐츠는 나의[즉 내가 소유하는] 실존은 아니며, 인간실존은 [장차 그렇게 될] 가능성possible의 엑시스텐츠"(Jaspers 1994, 62, 63)라고 선언한다.

야스퍼스의 견해상 모든 인간은 불변의 삶의 조건들 —예컨대 죽음, 죄의식, 운명, 인생의 다양한 변곡점 등과 같은 "한계상황들"— 의 영향력 아래에 놓여 있다. 이 '한계상황들Grenzsituation'이라는 용어는 『세계관의 심리학Psychologie der Weltanschauungen』(1919)에 처음 등장하며, 나중에 "boundary situations" 또는 "border situations" 등으로 옮겨졌다. 이것은 "우리의 엑시스텐츠를 둘러싸고 있으며 평상시에는 의식되지 않다가 우리가 삶, 그리고 특별히 죽음과 관련된 근본 문제에 당면할 때 수면 위로 떠오르게 되는 상황들"을 가리킨다.

이러한 상황들은 우리의 내재적 의식에 속하기 때문에 인간의 실존 조건이 되는 것이며, 그런 이유로 엑시스텐츠로서 "인간 존재의 구역"으로 간주할 수 있다. 우리는 이러한 "한계상황에 유의미하게 대처함"으로써 "우리의 내부에서 엑시스텐츠로 되어 가는 것"이다(Jaspers 1994, 96, 97). 여기서 우리 인간이 한계상황에 "유의미하게" 대처한다는 것은 구체적으로 무엇을 말하는가?

야스퍼스는 '우리는 경험을 통해 우리 안에 있는 무엇인가가 우리의 한계상황들을 초월하도록 유인한다'는 사실을 알고 있다고 전제하며, 우리가 이 '무엇'에 잘 응답함으로써 엑시스텐츠, 즉 '진의적 자아'가 될 수 있다고 설명한다(LM I, 192). 그러고 나서 이 응답 과정을 '사유함의 3단계 도약 과정'으로 바꿔 아래와 같은 정교한 설명을 제공한다.

이 [세 개의] 도약들은 모든 것이 미심쩍음에도 불구하고 세계 속에 있는 나의 실존으로부터 나를 [빼내어] 보편적인 인식 과정에 개입하도록 [나를] 실질적인 고독 속으로 데리고 간다. 내가 어쩔 수 없이 잡동사니로 가득한 세계 속에 참여하고 있음에도 불구하고, [나를] 사물들에 관한 명상으로부터 가능성의 엑시스텐츠의 해명 과정으로, [나를] 가능한 엑시스텐츠의 형태인 실존으로부터 현실화된 엑시스텐츠의 형태로 데리고 간다. 첫 번째 단계는 사물들의 구조체계를 반영하는 이미지들에 관한 사유함으로의 도약이며, 두 번째는 엑시스텐츠의 실체를 밝히는 사유함으로의 도약이고, 세 번째 도약은 우리를 엑시스텐츠에 관해 사유하는 삶으로 인도한다(Jaspers 1994, 100).

위의 인용문에서 알 수 있듯, 야스퍼스는 사유 과정을 통해 인간실존이 엑시스텐츠로 변환된다고 주장한다. 우선 인간실존은 '가능성의 엑시스텐츠'로서 "미심쩍은" 세계 속에 존재한다. 인간은 세계 속에 있는 것들 어느 것에도 확신을 갖지 못한다. 왜냐하면, 인간의 행위가 의외의 결과들을 초래하는 취약성을 가지고 있다는 사실을 그가 알고 있기 때문이다. 그러한 예기치 못한 결과들은 그에게 고통을 안겨 준다. "세계 속의 모든 행위는 행위자가 알지 못하는 결과들을 초래한다. 비록 그가 결코 그러한 결과들을 의도하지 않았더라도, 자신이 그 원인 제공자임을 알고 있기에 그는 자기 행위의 결과들에 대해 경악하지 않을 수 없다."(Jaspers 1994, 102) 따라서 그는 늘 죄의식에 시달리게 된다.

이러한 세계적 상황을 벗어나기 위해서 인간이 할 수 있는 가장 우선적 선택은 사유 과정 속으로 도피하는 것이다. 이것이 사유함의 제1 단계 도약이다. 사유함의 고독한 영역으로 들어선 이후 거기서 그는 새로운 눈으로 자기 자신의 실존과 다시 만나게 되며, 자신의 실존이 처한 상황들을 해명하기 시작한다. 그는 해명 과정을 통해서 그것들을 객관화한다. 요컨대, 그는 인간실존의 유한영역을 뛰어넘어 철학함의 무한영역을 경험하게 되는 것이다. 이것이 사유함의 제2 단계 도약이다.

그러나 아쉽게도 이러한 "한계상황들에 관한 사유 속에서 이루어진 해명은 아직 실존적으로 현실화된 것"이 아니다. "우리는 이 작업을 엑시스텐츠가 아니라 가능성의 엑시스텐츠로서 수행하기 때문이다." 명상은 사유자의 "현실태를 보류"시키므로 사유자는 단지 엑시스텐츠가 될 가능성에 지나지 않는다고 말할 수 있다. 물론 명상은 "상황들의 객관적 재현 그 이상의 무엇이다." 어떤 개인이 명상 과정에서 얻은 객관화된 지식은 그로 하여금 "무한성에 관심을 두는 엑시스텐츠로서 자기 실존의 한계상황들을 파악하도록" 만들기 때문이다. 이 사유함의 제3 단계에서 비로소 "가능성의 엑시스텐츠가 현실성의 엑시스텐츠로 전환된다."(Jaspers 1994, 98-99)

이렇게 체계적으로 기술된 야스퍼스판 '사유함의 현상학'은 인간의 실존적 삶에 있어서 사유함의 현실적 적실성을 선명하게 부각한다. 또한 개별 인간과 그의 현실적 삶의 공동체 사이의 긴밀한 연관성을 적시하며, 마침내 개인의 실존적 현상으로서 '소통communication' 개념에서 그것의 실체성을 포착한다. 야스퍼스의 표현을 차용하면, "나와 나의 대화 상대자"는 의사소통 과정 속에서 "각자의 정체성과 자율성을 잃지 않은 채" 일종의 소통 연합체를 함께 구성하며, 이러한 "대화 과정에서 나는 타인들은 물론 나 자신에게 명시화"하는 것뿐 아니라 "자아a Self로서 나 the I의 현실화"(Jaspers 1994, 74, 76)를 구현하는 것이다.

　지금까지 논의한 야스퍼스의 '소통' 개념은 두 개의 서로 다른, 그러나 상호연계된 차원을 포함한다. 첫 번째는 사유자가 의식 속에서 자기 자신과 무성의 대화를 나누는 사유함의 차원이다. 두 번째는 현실에서 사람들 간의 실제적 대화가 이루어지는 공적 영역에서의 정치행위 차원이다. 물론 독일 실존주의 엑시스텐츠 철학자로서 야스퍼스가 전자에 더 큰 비중을 두고 있는 것은 명백한 사실이다. 그의 철학 이론에서 사유함은 개인의 내적 영역에서 '가능성의 엑시스텐츠'를 그의 진의적 자아인 엑시스텐츠로 변형시킨다고 가정되기 때문이다.

　이에 아렌트는 야스퍼스의 소통(대화) 개념이 기본적으로 "공적인 정치영역에 뿌리를 두고 있지 않으며, 나와 너의 개인적인 마주침에 뿌리를 두고 있다"(EU, 443)는 사실에 주목한다. 이는 두 개 차원에서 이루어지는 대화 양식상의 유사성에도 불구하고, 대화의 목적을 오직 엑시스텐츠를 획득하기 위한 실존적 분투로 한정해 설명하기 때문이다. 야스퍼스가 주목하는 "대화 과정에서의 분투는 개인이 [자신의] 엑시스텐츠를 획득하기 위한 투쟁이며, 그것은 자신의 엑시스텐츠는 물론이고, 타인의 엑시스텐츠 획득도 함께 겨냥하고 있다."(Jaspers 1994, 77)

　야스퍼스는 이것을 "애정 어린 분투loving struggle"라고 부르고 있는데, 그 이유는 그것이 대화 상대자의 엑시스텐츠 역시도 함께 고려하기 때문이다. 두 사람이 특정한 대화 상황에 있을 때, 양자는 일종의 연대감(신뢰)을 형성하게 되고, 그 연대감이 "대화 상황을 지속시키며, 그것을 공동의 일로 변형시키고, 그것의 결과를 함께 책임지게 만든다."(Jaspers 1994, 78-79) 이러한 의사소통상의 공조와 관련된 한 가지 특이한 점은 그것이 시끄러운 '논쟁'의 양태를 취한다는 사실이다. 논쟁은 파트너들이 각기 타협보다 해명을 요구하는 궁극적 목표에 강도 높게 몰입되어 있음으로 인해 불가피하게 치러야 할 비용으로 이해할 수 있다. 결국 그들이 함께 겨냥하는 바는 모종의 합의된 이성이며, 이것은 "실질적으로 진리와 동격"이라고 볼 수 있다(EU, 441).

아렌트의 이론적 관점에서 야스퍼스 실존철학의 가장 중요한 공헌은 철학과 우리 일상 사이의 거리를 좁힌 점이다. 실제로 아렌트는 「실존철학이란 무엇인가?」라는 논문에서 "그[야스퍼스]는 철학을 철학함philosophizing[59]으로 변형시키고 있으며, 철학적 '결과들'이 [철학적] '결과들'로서의 성격을 상실하는 방식으로 그것들이 사람들 사이에서 소통될 수 있는 길을 모색한다"고 평가했다. 다시 말해 야스퍼스는 서구 철학 전통의 '두 세계 이론'을 포기함으로써 사람들이 오직 하나의 세계 속에서 거주하며, 그 세계와 더불어 소통하고, 그 세계에 속할 수 있도록 돕는 일을 시도했다는 것이다(EU, 183-185).

이 평가는 장차 아렌트의 실존주의 철학이 나아갈 두 가지 방향성을 암시하는 단서가 된다. 하나는 그가 두 세계 이론을 포기하는 '일원론'을 추구할 것이라는 사실이며, 다른 하나는 '세계'와 '소통'이라는 개념 범주가 그의 철학 이론의 중심에 놓이게 될 것이라는 사실이다. 실제로 그는 야스퍼스와 달리 '소통'은 "공적인 정치영역에 뿌리를 두고" 있으므로 정치영역과 사유영역 두 차원에서 동일한 '소통' 방식이 적용될 수 있음을 논증함으로써, 부지불식간에 '정치영역'에 발을 들인 야스퍼스보다

---

59 야스퍼스의 용어 philosophize(그리고 philosophizing)는 아렌트의 think(그리고 thinking)에 해당하며, 소크라테스의 '나와 나 자신' 사이의 내적 대화inner dialogue 모델을 전거하고 있다.

한층 급진적인 '정치화' 행보를 취하게 된다.

3. 아렌트의 '정치적 실존주의' 존재론

1) 성 아우구스티누스의 기독교적 실존주의와 시간성

20세기 독일 실존주의 철학의 쌍벽인 하이데거와 야스퍼스를 사사한 아렌트는 독일 관념론 전통의 집요함과 모순됨을 함께 인식했다. 그리고 그들의 논의 지평 위에서 그들의 실존주의 존재론의 관점들을 비판적으로 재전유하는 방식으로 자신의 고유한 존재론적 관점을 구축해 나갔다. 그가 두 스승과 다른 실존주의적 관점을 가지게 된 가장 결정적인 요인은 바로 20세기 초엽 유럽의 불안정한 전체주의적 현실정치 상황과 1941년 이후 자신의 새로운 삶의 터전이 된 미국의 상대적으로 안정된 민주주의적 정치체제를 체험하는 과정에서 그 스스로가 터득한 '정치적인 것'에 대한 심오한 통찰이었다.

이러한 '정치적' 실존 경험은 아렌트가 인간 삶의 두 차원 ―'활동적 삶'과 '관조적 삶'― 에서 각기 독특한 관점을 구축하게 되는 전혀 예상치 못한 결과로 이어졌다. 먼저 1958년 출간된 저서 『인간의 조건』에 제시된 아렌트의 '폴리스' 이론과 '정치행위' 이론은 인간의 활동적 삶에 관한 그의 정치이론적 관점을 선명하게 보여 주었다. 그런 한편, 1978년에 출간된 미완의 유작 『정신의 삶』에서 아렌트는 '사유함의 현상학'과 '판단' 이론을 기술함으로써 자신의 정치철학적 관점을 제시한 바 있다. 이 아렌트의 두 저작은 이론적으로나 내용 면에서 상호연계된 것일 뿐만 아니라, 하나가 다른 하나를 전제한다는 기술상의 특징을 보여 준다.

흥미롭게도 이 두 저작 사이의 연결고리로 여겨지는 저술이 바로 아렌트가 1929년 하이델베르크대학에 제출한 『사랑 개념과 성 아우구스티누스』라는 제목의 박사학위 논문이다. 아렌트는 1960년대에 들어서면서 이 독일어 학위 논문을 영어로 출간할 계획을 세우고 본격적인 수정 작업에 돌입했다. 그러나 안타깝게도 『예루살렘의 아이히만』 출간 이후 수년간 설화에 휘말리면서 시간과 노력이 급격히 소진되었고, 또한 개인적인 바쁜 일정들로 인해 이 출간 계획은 수포로 돌아갔다. 이후 영문판 작업은 1996년 조안나 스코트Joanna Scott와 주디스 스타크Judith Stark라는 두 명의 탁월한 편집자에 의해 마무리되었다.

공편자들의 공신력 있는 설명에 따르면, 아렌트가 1920년대 독일 실존주의 철학의 거장인 하이데거와 야스퍼스의 영향력 아래서 저술한 박사 논문의 어조와 논점은 그가 1960년대에 진행한 수정 작업에서도 대체로 유지되었다. 그러나 그가 새롭게 추가한 내용으로 인해 분량이 상당히 늘어났을 뿐 아니라 일부 주장의 강조점도 눈에 띄게 바뀌었다. 이는 아렌트가 그동안 『인간의 조건』, 『혁명론』, 『과거와 미래 사이』, 『예루살렘의 아이히만』과 같은 정치적 성격의 저술 작업을 통해 발전시킨 자신의 정치이론적 관점과 정치철학적 개념 범주들을 그의 박사 논문 수정 작업에 역으로 편입시킴으로써 본래 '신학적' 주제의 책이었던 것을 '정치철학적' 저서로 완전히 탈바꿈시킨 데 따른 결과였다.

그런데 아렌트는 왜 성 아우구스티누스의 '사랑' 개념을 학위 논문의 연구 주제로 정하게 된 것일까? 물론 그가 성 아우구스티누스를 "로

마의 유일한 철학자"라고 칭송했다는 것은 잘 알려진 사실이다. 그러나 더욱 직접적인 연구 주제 선택 동기는 무엇보다 당시가 성 아우구스티누스 서거 1500주년인 1930년이 다가오던 시점이었다는 사실과 결코 무관하지 않았을 것으로 보인다. 더욱이 자신의 스승인 하이데거와 야스퍼스가 공히 성 아우구스티누스의 기독교적 실존주의 문제의식에 심취해 있었다는 사실도 한몫했을 것으로 짐작된다.[60]

아렌트는 박사학위 논문에서 "내가 나 자신의 문젯거리가 되었다"(*Confessions* X, 33, 50)라는 성 아우구스티누스의 유명한 고백에 주목했다(LSA, 86). 그의 설명에 따르면, 로마가톨릭 사제이자 교부철학자였던 성 아우구스티누스는 영원불변한 신의 창조물로서 인간의 실존 근거는 신에게서 발견된다고 믿었다. 따라서 그는 인간실존의 유의미성 역시도 신, 즉 창조주로서 인간의 외부에 존재하는 신으로부터 찾았다. 이것은 한마디로 인간의 '본질'과 '실존'이 분리돼 있다는 사실과 함께 양자가 결합되어야 할 필요성을 동시에 시사한다. 결론적으로 그가 보기에 죽음 이후 신의 나라, 즉 천국에 가는 것은 기독교인이 꿈꿀 수 있는 최상의 행복이자 궁극의 목표일 수밖에 없었다.

그러나 비록 한시적 상황이기는 할지라도, 한 인간으로서 생명이 있는 한 그는 지상의 도시에 머물러야만 한다. 그런데 기독교로 개종하기 전에는 한 사람의 마니교도로서 방탕한 삶을 살았던 성 아우구스티누스 자신의 개인적 경험에 비추어 볼 때, 지상 세계는 죄를 짓도록 유혹하는 것들로 가득하며, 언제든 그의 '최상의 행복'을 탈취해 갈 공세를 취하

---

60 야스퍼스는 자신의 위대한 철학자 시리즈 1권을 '플라톤과 성 아우구스티누스'라는 제목의 비교 연구물로 배치했으며, 하이데거는 1920년대 당시 성 아우구스티누스에 관한 철학 강의로 명성을 떨친 바 있다.

고 있다. 따라서 그는 자기 존재의 기원에 대한 갈망과 최상의 행복을 성취하지 못할지도 모른다는 두려움 속에 있다. 이러한 기독교적 실존주의 문제의식이 성 아우구스티누스로 하여금 인간의 실존에 관한 탐구로 나아가게 했다. 그 결과 그는 『고백록』에서 자신이 고안한 "단계적 질문방식"[61]에 따라 스스로 묻고 답하는 사유함의 향연을 펼치게 된다.

인간은 신의 창조물이다. 우리는 신이 자신의 형상에 따라 인간을 창조했다고 알고 있다. 그러면 신과 인간의 차이란 무엇인가? 신은 영원한 존재이며, 인간은 임시적인 존재다. 신은 불변의 존재지만, 인간은 늙어 가며 병들고 때가 되면 죽는다. 그렇다면 인간을 죽음으로 이끄는 것은 무엇인가? 그것은 시간이다. 시간은 무엇인가? 우리는 본능적으로 시간이 존재하고 있으며 끊임없이 흘러가고 있다는 사실을 알고 있다. 그러므로 인간은 시간에 종속된 존재다. 그런데 신은 시간보다 먼저 존재했고, 시간과 무관하게 존재한다. 물론 죽음은 우리를 시간의 종속 상태에서 해방시켜 줄 것이다. 그러나 신이 주신 생명을 스스로 끊는다는 것은 기독교인으로서 상상도 할 수 없는 일이다. 시간을 멈추게 할 방도는 전혀 없는 것인가?

결과적으로 성 아우구스티누스의 인간실존의 본질 탐구는 이처럼 시간에 대한 탐구로 인도되었다. 우리가 시간이라고 부르는 것은 일반적으로 과거, 현재, 미래로 삼분되어 있다. 과거는 더 이상 존재하지 않는 시간이고, 미래는 아직 당도하지 않은 시간이다. 따라서 우리가 가지고 있는 시간이란 오직 현재뿐이다. 이 현재는 무엇인가? 플로티노스Plotinos

---

61   "단계적 질문방식the progressive questioning"(Jaspers 1957, 71)이란 야스퍼스가 성 아우구스티누스의 자기심문self-examination 방식을 가리키는 표현이다.

는 현재를 "과거가 끝난 시점이자, 미래가 시작되는 시점"이라고 설명했다. 요컨대, 현재, 즉 '지금the Now'은 과거와 미래가 만나는 장소로 볼 수 있다는 것이다.

그러면 우리는 어떻게 이 사실을 확인할 수 있는가? 그것은 우리가 지금 바로 이 현재 시점에서 과거의 것들에 대한 기억과, 미래의 것들에 대한 기대를 할 수 있기 때문이다. 현재는 "과거와 미래를 현재의 기억과 현재의 기대로서 불러들이고 있다." 기억이 과거의 징표이고, 기대가 미래의 징표라면, 지금의 징표는 무엇인가? 안타깝게도 과거와 미래가 만나는 장소로서 '지금'은 자신만의 징표가 있어야 할 자리를 과거와 미래의 것들에게 내줘 버렸다. 그렇다면 자신의 존재를 증언해 줄 수 있는 것을 아무것도 가지고 있지 않은 지금은 엄밀한 의미에서 시간이 아니라고 봐야 한다.

이러한 논리적 추론 과정의 끝에서 성 아우구스티누스는 이제 '지금'을 탈시간화된 시간, 즉 흐름이 멎은 정지한 시간으로 규정하고 그것의 특성에 대해 한층 분석적인 태도를 보여 준다. 그리고 지금은 "찰나적 순간" 존재하다가 이내 다시 '시간화'하여 기억 속에 저장되는 어떤 것이라고 결론짓는다. 바꿔 말해서 우리의 "기대가 '아직-없음nondum; not yet'이 현전화한 것이라면, 시간의 저장소로서 기억memoria은 '이제-없음iam non; no more'이 현전화한 것이다."(Confessions XI, 28, 37) 그러므로 '지금'과 기억은 불가분의 관계에 있다.

그런 한편, 우리의 기대와 욕망은 우리가 이미 지식의 형태로 기억하는 것들에 의해 촉발된다. 이런 견지에서 기억은 과거의 것들을 저장해 두었다가 인간실존에 "단일성과 총체성"을 부여하는 일을 수행함으로써 우리가 하나의 인격체로서의 정체성을 갖도록 돕는다고 볼 수 있다(LSA, 56). 추후 좀 더 상세히 논의할 기회가 있겠지만, 아렌트는 『정신의 삶』에서 성 아우구스티누스의 메모리아를 "눈크스탄스*nunc stans*; the standing now: 지금"로 개칭하여 전유한다.[62]

아렌트 학위 논문의 관점에서 성 아우구스티누스가 '정지된' 시간으로서 '지금'이라는 개념을 발견한 일은 두 가지 중요한 논점을 함축한다. 첫째, 기독교 신자 개인의 차원에서 성 아우구스티누스는 '시간이 정지한' 명상 속에서 신과 만나는, 즉 신의 존재 양식 또는 '신神의 현전現前함'에 참여하는 방법을 제시한 것이다. 성격상 "성 아우구스티누스의 영혼에 관한 탐구는 신에 관한 탐구다."(Jaspers 1962, 71) 그러나 로마제국의 사제로서 성 아우구스티누스는 신자들이 신의 도시가 약속하는 행복을 지상의 도시에서도 경험할 수 있는 길을 발견하고자 했다.

이런 목적에서 성 아우구스티누스는 인간의 자기 존재에 관한 성찰, 즉 존재와 본질이 분리되어 있다는 실존적 성찰을 자신의 존재와 본질은 항상 결합 상태로 있었지만 단지 자신이 그것을 확신하지 못했을 뿐이라는 주장으로 슬쩍 바꾸게 된다. 기독교 신자가 신을 명상하는 한 그는 자신의 창조주와 합일 상태에 있는 것과 같은 효과를 경험할 수 있다는 설명과 함께. 이런 견지에서 성 아우구스티누스의 신은 인간 이성의 힘으로 파악되는 존재, 즉 사유의 산물로 볼 수 있다. 이는 성 아우구스티누스의 기독교 실존주의적 통찰이 근대 철학, 특히 독일 실존철학에 중요한 사유의 전범典範이 될 수 있었던 이유기도 하다.

---

62 이 '지금'을 설명하기 위해 아렌트는 *nunc stans* 외에도 "*nunc aeternitatis*the eternal now, 영원한 현재", "an immovable present부동의 현재", "an enduring present지속적 현재", "a kind of lasting todayness일종의 영속적 오늘", "the gap between past and future과거와 미래 사이의 틈새" 등의 다양한 표현을 사용한다(LM II, 12). 거기서 아렌트는 *Nunc stans*의 출처가 둔스스코투스Duns Scotus임을 밝힌다.

둘째, 기독교적 실존주의 철학자 성 아우구스티누스는 인간의 '절대과거man's absolute past'에 대한 원초적 기억과 '절대미래man's absolute future'에 대한 궁극적인 기대를 인간의 '절대현재man's absolute present'로서 지금, 즉 '메모리아' 속에 통합시키고 있다. 요컨대, 기독교인은 현재의 기억 속에 자신의 탄생 이전의 것들을 보전하고 있으며, 이 기억이 자신의 죽음 이후 다가올 미래에 대한 기대를 현재에 재현시킨다는 것이다. 따라서 그는 현세에 살면서도 하느님에 대한 유대감(사랑)을 유지할 수 있고, 이러한 정신적 유대감 덕분에 그는 하느님의 뜻에 합당한 생활을 할 수 있다. 이러한 이성적 추론 방식이 성 아우구스티누스가 신에 대한 사랑을 강조하고, 세속적인 것에 대한 사랑과 현세적 삶에 대한 가치를 평가절하 하는 기독교 교리를 설파한 원동력이었다.

이 '신 대對 인간', '초월 대對 실재'라는 형이상학의 이원론적 인식 구도는 플라톤 이래 서구 철학 속에서 면면히 이어진 전통일 뿐만 아니라, 현대 실존철학의 전통 속에도 여전히 그 잔영이 드리워져 있다. 비근한 예로 죽음의 실존철학자 키르케고르도 결국은 신의 품으로 돌아갔고, 하이데거는 절대적인 신의 자리를 존재의 음성과 양심의 부름으로 대체시켰다. 그들은 '사유함'을 통해 인간실존과 인간의 본질 사이의 합일을 추구한다는 점에서 성 아우구스티누스 기독교 실존주의의 후계자로 볼 수 있다. 또한 그들은 설명 방식의 차이에도 불구하고 공히 인간의 본질과 사유를 동일한 것으로 여기며, 인간은 사유함을 통해서만 자기 삶의 유의미성을 발견할 수 있다는 실존철학적 믿음을 공유한다.

2) 인간실존, 사유함, 그리고 카프카Kafka의 '그He'

가령 사유함이 그것 자체의 목적을 가진 활동이라면, 그리고 오직 사유함에 적합한 은유는 우리의 통상적인 감각 경험으로부터 도출된 바로서 살아 있음에 대한 지각the sensation of being alive이라면, 사유함의 목표나 목적에 관한 모든 질문은 삶의 목표나 목적에 관한 질문들과 마찬가지로 답변할 수 없다는 결론이 나온다(LM I, 197).

위 인용문은 『정신의 삶』 1권 '사유함'의 4절 "우리가 사유할 때 우리는 어디에 있는가?"에서 발췌한 것이다. 여기서 아렌트는 우리 정신의 활동으로서 사유함은 "그것 자체의 목적을 가진 활동"인 동시에 우리의 현실 속 감각 경험에 비견되는 "살아 있음"을 지각하는 활동이라는 것을 전제하고 있다. 이 중첩적 전제는 암묵적으로 르네 데카르트의 '코기토Cogito' —나는 사유한다, 그러므로 존재한다— 라는 근대 철학 전통을 전거한다. 왜냐하면, 코기토의 관점에 비춰 볼 때, 사유함의 목적은 사물의 의미를 해석함으로써 그것에 실재성을 부여하는 것이며, 사유의 주체는 그렇게 함으로써 자신이 '살아 있음'을 지각한다고 설명할 수 있기 때문이다.

이와 대조적으로, 아렌트는 사물에 대한 주관적 해석이나 단독적 존재로서 자신의 실재성을 포착하는 것이 "사유함 자체의 목표나 목적"은 아니라고 생각한다. 데카르트의 주관주의 철학을 거부하는 그의 '전도된 코기토The Reversed Cogito'[63] —나는 존재한다, 그러므로 사유한다— 의 관점에서 볼 때, 사유함은 이제 진리 추구가 아니라 인간 삶의 의미 추구라는 존재론적 목적에 복무해야 한다. 바꿔 말해서, 사유함의 본령은 칸트의 유명한 세 가지 철학적 질문 —나는 무엇을 알 수 있는가? 나는 무엇을 해야 하는가? 그리고 나는 무엇을 바랄 수 있는가?— 이나 야스퍼스가 제시한 "한계상황들boundary situations"(LM I, 192)과 같은 것들에 대한 성찰 과정이다. 이는 소크라테스가 『변명』에서 주장했듯이, "검토되지 않은 삶은 살 가치가 없는 삶"이기 때문이다.

아렌트는 자신이 새롭게 재정의한 사유함의 특징을 다음 세 가지로 요약한다. 첫째로 사유함은 항상 "탈구적脫臼的; out of order"이다. 그것은 일상의 모든 활동을 중단한 다음에 시작되며, 반대로 일상 활동 복귀와 동시에 중단된다(LM I, 197). 둘째로 사유하는 자아the thinking ego의 "진의적 경험들"이 명시화하는 방식은 다양하다. 왜냐하면, "사유하는 자아가 도달할 수 있는 것은 그게 무엇이든 결코 실재로서의 실재reality quo reality일 수 없기 때문이다."(LM I, 198) 끝으로, 사유함은 현실의 외견 세계로부터 퇴각한 이후에 개시하는 정신의 활동이므로 "항상 부재물不在物들을 다루며, 또한 현전하거나 손에 닿을 수 있는 것으로부터 떠난" 상태에서 진행된다(LM I, 201).

이러한 특징들은 결국 사유함이 우리의 의식 속에서 발생하는 정신의 현상이라는 사실로 귀결된다. 따라서 이 사유함이라는 정신의 현상을 이해하기 위해서는 먼저 그것이 실제로 발생한다고 추정되는 지점을 특정할 필요가 있다. 이에 아렌트는 "우리가 사유할 때 우리는 어디에 있는가?"(LM I, 201)라는 질문과 함께 자신에 앞서 이 문제에 천착했던 성 아우구스티누스의 정신현상학적 설명으로 시선을 돌린다. 우리가 앞에서 이

---

63   아렌트의 '전도된 코기토' 관점에 관한 좀 더 자세한 설명은 7장을 참고하라.

미 살펴보았듯이, 성 아우구스티누스는 '지금the Now'으로서 '현재'라는 독특한 시간 개념과 함께 그것의 축적 지점인 '메모리아*memoria*'라는 의식의 공간을 발견했다. 그곳은 우리가 눈으로 특정할 수 없는 "어떤 부재한 장소a nowhere"지만, 인간이 사유할 때 그의 사유하는 자아의 활동이 이루어지는 "무시간의 영역the region of notime"이다(LM I, 199, 201).

그러나 아렌트는 자신의 독일 실존주의 존재론적 관점에서 성 아우구스티누스의 '지금'으로서 현재 또는 '메모리아' 개념을 재해석하고 확장시킨다. 그가 보기에 우리가 사유할 때 우리는 단순히 무시간적 영역에 있는 것이 아니라, 그와 동시에 '지금'이라는 현재의 시간을 '자신만의 시간'으로 포착해 간단없이 축적한다. 다음으로는 성 아우구스티누스의 메모리아라는 의식의 공간을 과거와 미래 사이에 낀 현재인 '눈크스탄스', 즉 '정지된 현재'로서 재해석한다. 요컨대, 아렌트는 성 아우구스티누스의 '메모리아'를 현실의 감각 세계로 끌어내 '외부화'함으로써 관조적 삶*Vita Contemplativa*과 활동적 삶*Vita Activa*의 병치구도를 설정하고 있다는 것이다. 끝으로, 아렌트는 카프카의 "그He"의 비유 및 시간 개념에 대한 도식을 통해 이러한 재해석의 타당성을 논증하고자 한다.

그HE는 두 명의 적을 가지고 있다. 그중 하나는 후방에서, 기원으로부터 그를 압박한다. 다른 하나는 그의 앞길을 봉쇄하고 있다. 그는 양편 모두와 전투를 벌인다. … 그러나 이것은 오로지 이론상의 이야기이다. 거기에는 두 명의 적뿐만 아니라 그도 있다. 그의 의도를 진정으로 알고 있는 자는 누구인가? 그가 꿈꾸는 것은 경계가 느슨해진 미래의 어느 순간 —이 순간은 여태까지의 어느 밤들보다 더 캄캄한 밤을 요구할 것이다— 에 전선戰線을 벗어나 자신의 전투 경험에 비추어 두 적의 싸움을 심판하는 위치로 올라서는 것이다(BPF, 7; LM I, 202. 강조는 필자).

이 비유 속 두 명의 적은 과거와 미래를 가리킨다. "그"는 현재를 상징하는 동시에, 현재라는 시간 속에 존재하는 인간으로서 그의 실존을 암시한다. 그가 거기에 없다면 시간의 연속성이 깨질 이유는 없다. 요컨대 과거와 미래의 세력은 구조상 "그"가 서 있는 지금이라는 한 각점(Nunc Stans)에서 서로 충돌한다는 것이다. 따라서 현재는 양 세력의 충돌여파로 인해 시간의 연속선상에서 튕겨 나가게 되고, 그 결과로써 대각선 통로를 구축하게 된다. 아래 그림은 아렌트가 자신의 시간 개념을 명료하게 설명하기 위해 도식화한 것이다.

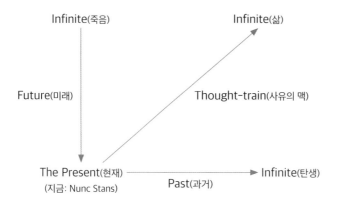

LM I, 208

우선 위 도식에 나타난 대각선, 즉 '사유의 맥'의 의미를 심층적으로 파악해 보자. "모든 사유함은 담론적이다all thinking is discursive."(LM I, 202) 아렌트는 이 언명을 통해 사유함이 원칙적으로 "어떤 사유의 맥a train of thought"을 따라 순차적으로 무한히 진행될 수 있는 성격을 지닌다고 설명한다. 그런 한편, 우리는 현실 세계 속으로 탄생하는 순간부터 죽음에 이르는 순간까지 하루하루 시간과의 싸움 속에서 각자 자기만의 삶의 궤적을 그려 나간다. 이렇게 보았을 때 사유함의 '사유의 맥'과 인간실존의 '삶의 궤적'은 모종의 순차적 전개 과정이라는 유사성을 공유한다.

이 점을 염두에 둔다면, 위 도식 속의 대각선은 한 인간이 시간의 연속선상에 끼어듦으로써 과거와 미래의 세력이 서로 충돌해 '튕겨 나간' 시간 조각의 적재선, 즉 그를 중앙에 두고 양자가 지속적으로 충돌함으로써 창조된 그의 '현재들'을 상징하는 일종의 (무시간적) '시간선'이다. 그것은 한 인간의 탄생과 죽음 사이에 놓인 한시적인 인간 삶의 이미지를 보여 준다. 이 시간선은 그의 탄생과 더불어 시작되었고, 정확히 언제인지 알 수는 없지만 반드시 찾아올 그의 죽음과 함께 끝날 것이기 때문이다. 다른 말로 하면 이 대각선은 그의 '이제-없는no more' 시간인 과거와 '아직-없는not yet' 시간인 미래가 만나는 현재 지점(들)을 표상한다.

결과적으로, 그가 서 있는 현재인 '지금'은 두 시간 세력이 싸움을 벌이는 전장戰場이다(LM I, 203). 여기서 "전장은 그가 자신의 일생을 보내는 중간에 낀 공간an in-between이며, 확장된 지금an extended Now"을 말한다(LM I, 205). 인간은 자신을 간단없이 "그의 과거와 미래 사이"에 틈입시킴으로써 "그의 현재를 창조"하고 있으며, '현재'라는 찰나적 순간의 포획을 무수히 반복함으로써 이른바 '현재들'이 적재된 '상상의' 대각선을 창출한다고 이해할 수 있다. 요컨대, 대각선은 개인이 '창조한' 현재의 순간들이 누적된 결과, 즉 인간 삶의 궤적으로 바꿔 이해할 수 있다는 것이다. 이에 필자는 세 선의 끝에 각각 '탄생', '죽음', '삶'을 추가했다.

여기서 잠시 카프카의 비유로 돌아가면, 그 '상상의' 대각선은 '사유하는 자아'의 내부 상태로 이해될 수 있다(LM I, 202). 카프카의 비유 속 과거의 힘과 미래의 힘, 즉 그의 두 "적들"은 "그"가 표상하고 있는 현재를 제압하고자 한다. "그"는 "자신을 전방으로 밀고 있는 '이제-없는' 과거라는 시간과 그를 후방으로 보내고자 하는 미래라는 '아직-없는' 시간을 자각하게" 된다(LM I, 206).[64] 그런데 이 아렌트의 사유하는 자아는 '현재'라는 시간을 망각하지 않고 오히려 그것을 자각하게 된다. 성 아우구스티누스에게 있어 과거와 미래 양자는 신을 전거典據하고 있는데, 신은 인간의 기원인 '절대과거'일 뿐 아니라 최종 목적지인 '절대미래'이기도 하다. 그리고 '지금'은 이 두 개의 '절대'영역이 함께 결합하여 '절대'현재, 즉 '메모리아memoria'라는 공간으로서 나타나게 되는 것이다.

　　그런 한편, 비록 현세의 물리적 시간인 '지금'에 위치하고는 있을지라도, 기본적으로 세속적 삶에 가치를 두지 않는 성 아우구스티누스의 기독교 신자에게는 과거와 미래 사이에서 벌이는 전투가 필연적 선택사항이 아닐 수도 있다. 기독교 교리상 그에게 유의미한 현재는 신의 '현전現前' 상태인 절대현재뿐이기 때문이다. 그러나 세속적인 아렌트의 "그"는 '물리적' 시간으로서의 현재에 남아 있기 위해서 양방향으로 전투를 벌여야만 한다. 그래서 지속되는 전투로 인해 지쳐 있는 카프카 비유 속의 "그"는 "전선을 뛰쳐나와 삶이라는 게임의 외부에 있는 심판, 관중, 그리고 판단자의 입장에 서고 싶다"는 바람을 가지게 된다. 아렌트는 여기서 "그"가 확보하고자 하는 것은 "사유함에 필요한 고요와 정적靜寂"(LM I, 207, 208)이라는 의견을 제시한다.[65]

64　이러한 시간의식 패러다임의 원고안자는 후설이며, 후설은 성 아우구스티누스로부터 그 원형을 전유했다. 후설의 시간의식 연구에 관해서는 Edmund Husserl, 시간의식, 이종훈 옮김(파주: 한길사 1996)을 참조하라.

65　흥미롭게도 이 견해는 우리에게 현실정치에 잠시 개입했다가 자신의 숲속 서재Todtnauberg의 고요 속으로 복귀한 하이데거의 행로를 연상시킨다.

이 '사유함으로의 퇴각'이라는 현상에 대한 아렌트의 설명은 우리의 예상을 보기 좋게 빗나간다. 무엇보다 그것은 성 아우구스티누스가 구상했던 기독교적 사유함의 조건인 인간실존의 현장, 즉 세계와의 완전한 단절을 의미하지 않는다. 이미 앞에서 우리는 아렌트가 설정한 대각선(눈크스탄스) 통로가 암묵적으로 인간실존과 사유함이 동격이라는 사실을 가리키고 있음을 확인했기 때문이다. 이 사실은 인간실존과 사유함이 불가분의 관계에 있음을 적시하는 동시에, 사유를 신 또는 존재로 나아가는 직통로로 상정하는 성 아우구스티누스나 하이데거의 견해에 대한 과감한 수정의 필요성을 의미했다.

이에 아렌트는 성 아우구스티누스로부터 "지금the Now"과 "메모리아memoria" 개념을 전유하여 자신의 "눈크스탄스nunc stans"로 변형시키는 동시에, 그것의 의미를 독일 실존철학의 맥락에서 해석하고 확장시킨다. 그 결과, 성 아우구스티누스의 지금이라는 비시간적 시간은 인간이 과거와 미래 사이에 끼어듦으로써 발생시키는 그의 역사적 현재의 시간, 탄생과 죽음 사이를 채우는 인간실존의 시간, 일상의 전투에서 사유함으로 철수한 인간의 고요한 성찰의 시간 등으로 재해석된다. 그와 동시에 본래 '메모리아' 개념 속에 내포됐던 신과의 연계성이 제거되어 순전히 '인간화된' 시간으로 성격이 바뀌게 된다. 다시 말해, 카프카의 "그"를 통해 설명되는 아렌트의 시간은 인간이 '그곳의 있음Dasein'으로써 발생하는 물리적 시간인 동시에, 그의 실존적 징표이기도 하다.

앞에서 살펴보았듯, 하이데거는 애초에 인간을 탄생과 죽음 사이의 한정된 시간의 구역 안에서 자신의 진정한 자아정체성을 실현하고자 분투하는 존재로 규정함으로써 성 아우구스티누스의 종교성과 거리를 두는 듯이 보였다. 그러나 그는 중기 이후 점차 다자인과 관련해 '존재Being'

라는 선험적 범주의 압도적 영향력을 강조함으로써 다자인의 분투적 특성을 무력화시키는 방향으로 나아갔다. 아렌트는 초기 다자인의 분투성을 카프카의 "그"를 통해 인간실존의 필연적 특질로서 전유한다. 이와 동시에 하이데거가 인간의 실존적 분투를 사유영역에 한정시키는 것과 대조적으로 사유와 행위의 영역 양쪽에 다 같이 적용함으로써 차별화한다.

한편 야스퍼스의 이중적 소통 양식이 아렌트에게 직접적인 이론 모델을 제공한 것은 사실이지만 아렌트와 야스퍼스의 소통 양식 사이에는 한 가지 중요한 차이점이 나타난다. 야스퍼스의 '개방적' 성격의 실존철학은 순수 사유에 집착하는 전통적 철학과 차별화되는 '철학함'이라는 삶의 방식을 주장하며, 그 과정에서 인간의 실존적 상황으로서 '세계'를 사유함 속으로 끌어들인다. 그러나 이 사유함 속으로 불러들여진 외견의 세계는 탈맥락화되고 객관화되어 궁극적으로는 초월되어야 할 대상으로 설명된다. 아렌트는 야스퍼스식 '철학함'의 결함은 그가 사유 과정에 불러들인 세계가 '세계성worldliness'을 상실한다고 가정한 점이라고 인식했고, 나중에 그것이 왜 오류인지를 우리 정신 활동에 관한 현상학적 설명을 통해 논증하게 된다.

이상의 논의를 요약·정리하면, 아렌트의 '정치적 실존주의political existentialism'의 요체는 그가 정치의 영역과 사유의 영역을 동일한 현상학적 구조로 설명한다는 사실에서 찾을 수 있다. 아렌트에 따르면, 행위가 수행되는 현실 세계 내부의 환경과 사유 활동이 수행되는 정신 내부의 환경은 놀랍게도 동일한 '인간다수성' 조건의 지배를 받는 구조다. 양쪽 모두 사람들 다수가 참여하는 '소통'의 장으로 가정되기 때문이다. 아렌트는 우선 정치행위의 핵심을 언어적 상호작용으로 규정하고, 이어서 야스퍼스의 설명을 통해 사유함의 근간을 의사소통으로 특정함으로써,

사실상 정치행위와 사유행위가 동일한 의사소통 양식임을 확인시킨다.

그런 한편, 그는 '활동적 삶'을 대표하는 정치행위와 '관조적 삶'을 대표하는 사유행위를 인간이 자기 실존을 실현하는 두 가지 행위 양식으로 간주한다. 가령 인간이 사유하지 않거나 행위하지 않는다면, 그는 현존하지 않는 것과 다름없기 때문이다. 잠시 우리의 기억을 환기하면, 사유행위는 상상력을 통해 공영역에서 수행한, 또는 수행할 가능성이 있는 정치행위를 의식 속에 재현하는 현상으로 설명되었다. 그 결과, 사유행위는 '정치행위'의 일종으로서 '정치적' 유의미성을 가지게 된다. 요컨대, 개인들은 현실 세계 속 '공영역'에서와 마찬가지로, '내부-공영역' 속 사유함의 과정에서 '상상의' 타인들과 상호작용 —야스퍼스의 "애정 어린 투쟁"— 함으로써 자기 존재의 "실재감sense of reality"을 획득하게 된다는 것이다.

이러한 아렌트의 정치적 실존주의 설명이 함축하는 것은 다른 무엇보다도 그것이 사유행위에 대한 정치적 재해석 시도였다는 점이다. 또한 정치이론의 관점에서는 사유영역과 정치영역의 상호연계성에 대한 새로운 인식의 필요성을 공식적으로 제기한 점도 간단히 지나칠 수 없는 중요한 부분이다. 그 덕분에 우리가 정치행위와 사유행위는 인간의 개별적인 동시에 연계된 두 가지 정치활동이며, 그 연장선상에서 정치영역과 사유영역은 긴밀히 연계되어 있을 뿐만 아니라 동일한 구조로 되어 있으므로 원칙상 동일한 정치적 기능을 담당할 수 있다는 흥미로운 사실을 새롭게 인식하게 되었기 때문이다.

물론 인간실존을 실현하는 양식으로서 사유행위가 정치적 유의미성을 가진다는 아렌트의 입장에 대해 비현실적이라는 비판도 분명히 존재한다. 그 이유는 기성의 도구주의道具主義 정치이론가들이 정치행위나 사유행위의 존재론적 접근법 또는 이해 방식을 아예 고려 대상으로 여기지 않으려는 경향이 강고하기 때문이다. 그러나 누군가가 정치영역은 권력투쟁의 장이라고 관행적으로 간단히 일축하거나, 정치는 자기 삶과 무관한 일이라고 관성적으로 반응할 때, 아렌트의 정치적 실존주의 관점과 접근법은 틀림없이 정치이론가들이 적극적으로 계몽을 시도할 수 있는 매우 적실한 이론적 방편이 되어 줄 것이다.

<hr />

5장

사유Thought와 사유함Thinking

1. 사유는 반복과 차이의 발생사건

1) 사유의 '자기충족성' 허구

현재 우리가 '사유思惟; thought'라고 부르는 말의 철학적 기원은 그리스어인 '*theoria*테오리아'다. 이것은 '진리를 [알아] 봄' 또는 '관조觀照'라는 뜻을 가지고 있었다. 주지하듯이, 고대 그리스의 철학 전통은 플라톤의 '이데아idea' 세계와 '현상appearances' 세계라는 이원론적 세계관 위에 세워졌다. 플라톤은 이데아(관념) 세계 또는 가지계可知界가 규정하는 제1 원칙the First Principle이 현상(감각) 세계 또는 가시계可視界에 있는 인간적인 것들의 기준이 되어야 한다고 보았다. 바로 이런 맥락에서 철학자가 가지계에 속한 이데아를 관조 또는 명상하는 행위인 '테오리아'는 인간이 할 수 있는 최고의 활동으로 여겨졌다.

흥미롭게도 아렌트는 이 '테오리아'라는 어휘와 별개로, '관중the spectator'을 뜻하는 그리스어 '*theatai*'에서 '이론'을 뜻하는 'theory'와 '관조적'이라는 뜻을 가진 'theoretical'이 파생되었다는 놀라운 사실을 추가한다(LM I, 93). 이 사실은 '관중'과 '관조적' 활동 사이의 관련성을 암시한다. 그리고 그 연장선상에서 관중과 관조적 활동에 종사하는 철학자 사이에도 역시 모종의 공통분모가 발견될 수 있을 것이라는 점은 자명해 보인다. 우리는 실제로 아렌트가 『정신의 삶』 1권 끝부분에서 인용한 피타고라스Pythagoras의 언명에서 그것을 확인할 수 있다.

삶이란 마치 하나의 축제와 같다. 일부는 싸워 이기기 위해 [올림픽] 축제에 가고, 다른 일부는 장사를 하러 간다. 그러나 최고의 사람들은 관중*theatai*의 자격으로 축제에 간다. 이처럼 우리 삶에서도 천박한 사람들은 명성*doxa*이나 이득을 찾아 헤매지만, 철학자들은 진리를 찾아 나선다(LM I, 93).

위 인용문에서 알 수 있듯이, 피타고라스는 '관중'과 '철학자'를 '최고의 사람들'로 지칭했다. 그가 그렇게 한 근본 이유는 무엇일까? 우선 축제장 속의 관중은 직접 시합에 참가하여 승리를 쟁취하거나 축제 행사장을 돈 벌 기회로 활용하려는 사람들과 달리, 시합에 관여하지도 또 물건을 팔지도 않으면서 오롯이 경기를 관전하고 초연하게 객관적으로 평가하는 부류다. 같은 논리로 인간의 삶에서 개인적인 "명성이나 이득"이 아닌 "진리"를 추구한다고 여겨지는 철학자들만이 인간세계 내 복잡다단한 현상들에 연루되지 않고 그것들의 외부에서 그것들의 실재, 즉 진리를 포착해 낼 수 있는 부류로 볼 수 있다.

간단히 말해서, 관중과 철학자의 공통분모는 바로 사물에 대한 '초연하고 객관적인 평가'나 '진리의 간파'에 필요한 '관조' 능력을 소유한다는 점이다. 이 능력의 본질은 무엇인가? 아렌트의 설명에 따르면, 이 능력은 "우리 일상의 필요물our daily wants에 의해 결정되는 통상적인 활동들을 끊어 내는 의도적 행위"와 "여가schole" 시간을 갖는 일을 통해 실현된다(LM I, 92-93). 이렇게 보았을 때 '관조'는 곧 현실 세계로부터 물러나 '자기 자신과의 대화'를 통해 일상을 초월하려는 인간의 '자기충족적' 활동이다. 여기서 '자기충족적'이라는 말은 활동 그 자체의 목적 이외의 다른 외부 목적에는 복무하지 않는다는 것을 뜻한다. 그럼에도 이 말의 의미를 제대로 이해하기 위해서는 아리스토텔레스의 "좋은 행위" 개념을 먼저 이해할 필요가 있다.

그는 『니코마코스윤리학』에서 "좋은 행위는 [그것] 자체가 목적"이며 그러한 사례는 "프락시스praxis"와 "테오리아theoria"(Aristotle 1984, 1140b)뿐이라고 주장한다. '활동적 삶'을 대표하는 프락시스가 좋은 '행위'라는 것에는 누구나 쉽게 동의하겠지만, 관조가 어떻게 좋은 '행위'일 수 있는지에 대해서는 약간의 의문이 생길 수밖에 없다. 이는 무엇보다 '프락시스'의 동적動的 성격과 '테오리아'의 정적靜的 성격이 분명히 대비되기 때문이다. 그럼에도 아리스토텔레스가 그 둘을 동격으로 취급할 수 있었던 것은, 그가 프락시스가 육신의 '활동'이라면 테오리아는 정신의 '활동'이라고 보았기 때문이다.

그러나 비록 아리스토텔레스가 프락시스를 '자기충족적' 행위로 규정했을지라도, 그의 이론 속에서는 사실상 외부 목적에 복무하는 행위로 다루었음이 밝혀진다. 그는 프락시스를 성격 발달의 수단이자, 덕 실현, 정의 구현, 행복 획득의 수단으로 설명했기 때문이다. 이 점은 아리스토텔레스가 종국에 프락시스는 행복eudaimonia 또는 정의로운 폴리스라는 최종산물 또는 목적으로 이끌린다고 설명한 데서 확인된다(Villa 1996, 47), 결국 아리스토텔레스에게 행위 수행 자체가 목적인 행위는 오직 '관조'뿐이다. 그는 이성에 의해 인도된 활동만이 자기충족적이며 영속적인 "최고의 활동"인데, 그것은 바로 "관조적인 것"이라고 명백히 밝힌다(Aristotle 1984, 302). 이는 서구 철학 전통에서 프락시스에 대한 테오리아의 우월성을 천명한 명증한 사례이다.

다른 한편, 아리스토텔레스는 프락시스와 관계되는 "목적적 이치", 즉 실천지phronesis; practical wisdom에 대한 설명도 제공한다. 실천지는 "자기에게 좋고 아름답고 옳은 것"을 선택하는 현상계에 적합한 지혜를 말한다. 이것은 그의 다른 지혜의 범주인 철학적 지혜sophia; philosophic wisdom나 직관적 이성nous; intuitive reason과 차별화된다. 예를 들어, 건축가의 건축술techne; art이나 의사의 의술은 건축물과 건강을 결과하는 목적적 이치이므로 실천지에 해당한다. 바꿔 말해서 아리스토텔레스는 '앎knowing'이 '행doing'의 조건이라는 믿음을 보여 주고 있다(Aristotle 1984, 191).

그러나 아렌트의 관점에서 볼 때, 아리스토텔레스가 말하는 실천지에 바탕을 둔 정치행위나 이성에 근거한 관조행위 양자는 모두 엄밀한 의미로 자기충족성 조건에 위배된다. 그 이유는, 첫째, 실천지에 바탕을 둔 행위는 그 자체가 목적이 아니라 그 행위를 통해 다른 어떤 외부적 결과를 창출하기 위한 도구적, 또는 합목적적 행위로 드러난다. 이와 약간 다른 맥락에서, 둘째, 관조행위의 한계는 무엇보다 진리를 찾아 나서기 위해 동굴을 떠났다가 결국 다시 동굴로 귀환하는 철학자의 행보에서 분명히 드러난다. 요컨대, 철학자의 관조행위는 상시적이라기보다 한시적인 특성을 띠며, '한시성'은 아리스토텔레스적 의미로 불완전성이므로, 관조행위 역시 자기충족성을 완전히 충족한다고 볼 수 없다는 것이다.

우리는 이 대목에서 플라톤의 '동굴의 비유' 속 철학자가 왜 다시 동굴로 돌아갈 수밖에 없었는지를 다시 한번 진지하게 질문해 봐야 한다. 우선 이 철학자의 귀환은 다른 무엇보다 인간이 다른 인간들과 함께 살아가는 존재라는 '인간다수성' 조건, 즉 동료 시민들과 더불어 삶을 영위해야 할 필요성을 암시한다. 또한 철학자의 동굴 복귀는 관조행위가 인간의 실존적 필요로부터 완전히 자유로운 행위일 수 있는지 의구심을 품게 한다. 이런 배경에서 아렌트는 관조행위가 완전히 자기충족적이라는 서구 철학의 전통적 입장을 기각한 다음, '사유'라는 정신의 활동에 관해 처음부터 다시 검토하기 시작한다.

2) '페넬로페Penelope의 베 짜기' 은유

아렌트는 사유를 '페넬로페의 베 짜기'에 비유했다. 그는 이 비유를 통해 무엇을 말하려는 것일까? 그 의미를 파악하기 위해서는 먼저 호메로스가 기술한 『오디세이아』의 내용을 개략적으로 살펴볼 필요가 있다. 이 책은 트로이 전쟁에서 목마 군사 반입 작전을 짜고 지휘한 지략가였던 이타카의 왕 오디세우스의 이야기다. 그는 트로이 전쟁 승리 후 바다의 신 포세이돈의 방해로 곧바로 귀향하지 못하고 십수 년 동안 주변 섬 이곳저곳을 방랑하며 갖은 고초를 다 겪은 후, 그를 측은하게 여긴 아테네 여신의 도움으로 마침내 고향인 이타카로 귀환하게 된다.

오디세우스의 여러 가지 진귀한 일화 가운데 백미는 단연 그가 치명적인 죽음의 세레나데를 부르는 세이렌이 길목을 지키고 있는 죽음의 해협을 무사히 통과하는 과정을 담은 내용이다. 이곳을 지나가는 항해자들이 세이렌의 매혹적인 선율에 홀려 오는 족족 바닷속으로 뛰어들었기 때문에 오디세우스 이전에는 살아 돌아간 자가 없었다. 그가 선원들에게 자기 몸을 돛대에 꽁꽁 묶게 한 다음 그들 각자가 자기 귀를 틀어막게 하는 방법으로 그곳을 무사히 통과한 일화는 '이성의 간지the ruse of reason'의 표상이자 인간 이성이 자연의 힘을 이긴 근대적 계몽의 상징으로도 설명된 바 있다.[66]

오디세우스의 집에는 그의 아내인 페넬로페가 10여 년째 남편을 기다리고 있었다. 그런데 해가 갈수록 구혼자의 숫자가 점점 늘어났고, 페넬로페는 그들의 등쌀에서 벗어나기 위해 남편의 수의를 다 짤 때까지만 기다려 달라며 밤낮으로 베 짜기에 열중하는 듯한 모양새를 취했다. 그러나 웬일인지 그렇게 열심히 짜는 베는 한 뼘도 늘어나지 않고 매일 그 자리에 머물러 있었다. 그 이유는 왕비가 밤이 되면 낮에 짠 베를 몽땅 풀어 버리는 일을 반복하고 있었기 때문이었다.

아렌트가 '사유'를 페넬로페의 베 짜기에 비유하는 이유는 두 가지다. 첫째로, 사유는 반복적으로 이루어지는 정신의 활동이다. 비록 사람마다 편차는 있을지라도, 일반적으로 우리는, 마치 페넬로페가 매일매일 베틀로 복귀하듯이, 필요가 생길 때마다 반복적으로 사유 활동을 재개한다. 둘째로, 우리가 일단 사유함의 과정에 진입하게 되면, 우리의 사유하

66　Max Horkheimer and Theodor Adorno, *Dialektik der Aufklärung*(Amsterdam: Querido Verlag N. V., 1947)를 참조하라. 이 책은 1972년 존 커밍에 의해 *The Dialectic of Enlightenment*(New York: Herder and Herder)라는 제목으로 번역되었다.

는 자아는 사유의 맥을 따라 그 과정을 무한히 연장시킬 수 있다. 그러나 우리가 그 과정에서 빠져나오는 순간, 우리 내부에 개설되었던 '사유의 장'은 즉각 폐쇄된다.

따라서 사유는 반복적으로 수행되는 정신의 활동이지만, 사유의 장이 열릴 때마다 마치 그것이 처음인 듯이 원점에서 새롭게 시작해야만 한다. 이는 마치 페넬로페의 일과인 베 짜기가 전날 베를 풀었던 지점에서 시작하듯이, 새로운 사유는 이전의 사유 결과를 무효로 한 이후에만 가능하기 때문이다. 이것은 사유가 '현상現狀; the status quo'을 파괴함으로써 인간 삶에 '새로움'을 추가할 가능성을 담보하게 되는 원리이며, 또한 아렌트가 페넬로페의 베 짜기 은유를 도입한 가장 중요한 이유로 볼 수 있다. 이러한 '현상 타파'의 관점에서 보면 사유행위와 정치행위는 동격이다. 아렌트에게 인간의 정치행위는 '모종의 새로운 시발점a new beginning'을 정초하는 일, 즉 기성의 세계에 새로움을 추가하는 일로 정의되기 때문이다.

우리가 비록 사유행위나 정치행위가 기성의 것들에 대한 '창조적 파괴'를 통해 새로움을 부여하는 인간의 활동이라는 아렌트의 견해에 적극 동의하더라도, 여기서 반드시 짚고 넘어가야 할 한 가지 의문점이 있다. 상식적으로 말해서, 페넬로페가 앞서 짠 베를 풀었다 해도, 실을 푼 흔적까지 말끔히 없앨 수는 없을 것이다. 이와 유사하게, 우리가 사유의 담론적 성격을 고려한다면, 비록 이전의 사유가 종결되어 해체되더라도, 그것의 흔적은 다음 사유의 배경에 잔영으로 남는다고 볼 수 있다. 따라서, 새로운 사유는 완전한 진공상태에서 이루어질 수 없으며, 그것은 사실상, 그것 이전의 사유와 다음 사유의 교차점 또는 전거점典據點으로 인식되어야 마땅하다. 물론 여기서 사유의 반복은 유의미한 차이의 생성으로 귀결되겠지만 말이다.

한편, 버틀러가 통찰력 있게 지적하듯이, 우리의 언어행위는 기본적으로 인간 삶의 형성 조건인 "사회적 시간성social temporality"(Butler 2004, 8)에 종속적이며, 사회적 의미화 규범들 및 관행들로 이루어진 "의미화 구조structures of signification"(Butler 1997, 184) 속에서 수행된다. 우리가 이 관점을 수용한다면, 우리는 모종의 담론 형식을 취하는 동시에, 현실 세계 속에 이미 존재했거나 장차 존재하게 될 특정 공론장의 재현을 전제하고 있는 아렌트의 사유 역시도 "특정 발화 시점의 이전과 이후를 연결하는 시간성 속에서 발생하며, 이전 시점에 작동했던 사회적 의미체계와의 연계선상에서 같거나 다른 의미를 생성"(서유경 2011a, 36)한다는 데 주저없이 동의할 수 있을 것이다. 이는 필자가 '아렌티안 폴리스'를 모종의 '아르키메데스 점'으로 재해석한 논리적 근거이기도 하다.

여기서 잠시 물리적 시간의 작동 방식에 주목해 보자. 분명 하나의 시간 단위로서 하루는 약속된 24시간이 다 채워지는 시점에 만료된다. 그러나 바로 그 순간 또 다른 하루가 새로운 '오늘'로서 개시되며, 그것은 즉각 24시를 향해 부지런히 달려간다. 겉보기에 하루라는 시간은 이처럼 무심히 흘러가 없어져 버리는 듯하다. 그러나 실상은 그것이 하루하루 차곡차곡 쌓여 가면서 일주일, 한 달, 일 년, 십 년이 되는 방식으로 인간이 죽음에 이르기까지 그의 나이테를 형성해 간다. 이처럼 우리 인간의 삶이라는 것은 결국 시간의 축적 과정이자 그 결과물이다.

아렌트는 정확히 이런 관점에서 인간실존의 본질은 물리적·생물학적 삶의 층위와 정신적 삶의 층위가 한 인간 속에서 지평 융합된 형태라고 믿는다. 이는 물리적 시간의 흐름이 개별 인간의 '생물학적 삶'의 연속성을 창출한다면, 사유의 맥은 개별 인간의 '정신의 삶'의 연속성을 책임지고 있기 때문이다. 그러나 그 둘 사이에는 한 가지 중요한 차이점이 있다. 그것은 물리적 시간이 인간 삶에 일률적으로 부과되는 외부적 강제 조건이므로 선택의 여지를 남기지 않는 데 비해, 사유는 인간 삶의 내부적 조건이자 인간의 자유로운 선택을 허용한다는 사실이다.

요컨대, 개별 인간실존의 양태에 유의미한 차이를 만드는 것은 결국 '사유'에 대한 개인의 선택 여부로 환원된다는 것이다. 아렌트가 생애 말기에 다시 '관조적 삶'의 문제로 돌아갈 수밖에 없었던 이유도 바로 이 때문이다. 이제 이 점을 염두에 두고 지금부터 본격적으로 '사유함 thinking' —이것은 아렌트가 '사유 활동'을 지칭하는 표현이다— 이라는 정신의 현상이 실제로 어떤 방식으로 발생하게 되며, 또한 그것이 어떻게 우리 삶에 차이를 만들 수 있는지 면밀히 검토해 보자.

2. 사유함의 현상학The Phenomenology of Thinking

1) 정신the Mind의 세 가지 기능

아렌트는 인간 정신the mind의 기능들은 모든 인간에게 똑같이 주어졌을 뿐 아니라 동일한 방식으로 작동하기 때문에 인간은 '철학적으로' 평등하다고 주장한다. 사유가 모든 사람에게 항상적으로 주어진 정신의 기능이라면, '사유함thinking'과 '철학함philosophizing' 사이의 구별은 불필요해진다. 이에 그는 인간 정신의 활동으로서 '사유함'은 서구 철학 전통에서 얘기하듯 철학자들만 향유하는 "소수의 특권이 아니라 모든 사람에게 항상 현전하는 정신 능력"(LM I, 191)으로 새롭게 인식되어야만 한다고 주장한다. 역으로 '사유 불능'도 "모든 사람에게 항상 현전하는 가능성"인데, 이는 "과학자, 학자, 다른 정신적인 업무와 관련된 전문가들"이라고 해서 비껴갈 수 있는 것이 아니다. 아렌트의 설명을 직접 들어 보자.

> 사유함을 그것의 비인지적이고 비전문화된 의미에서 인간 삶의 어떤 자연적 필요로 이해한다면, 즉 우리 의식 속에 주어진 차이의 실현 방식으로 이해하게 되면, 그것은 소수의 특권이 아니라 모든 사람에게 항상 현전하는 정신 능력으로 볼 수 있다. 같은 이유로 사유 불능은 지적 능력이 부족한 다수의 '결함'이 아니라, 모든 사람—과학자, 학자, 다른 정신적인 업무와 관련된 전문가들도 예외는 아니다— 에게 항상 현전하는 가능성이다. 이 사유 불능은 소크라테스가 최초로 그 가능성과 중요성을 발견한 '자기 자신과의 내적 교제'를 회피한다(LM I, 191; RJ, 187; Arendt 2019, 339-340).

위 인용문에 나타나는 '사유함'은 비전문적인 사유자의 정신 활동, 특히 소크라테스가 발견한 '자기 자신과의 내적 교제'를 특정하고 있다. 이것은 어떤 방식으로 이루어지는 것일까? 아렌트의 설명에 의하면, 우리 정신은 사유함thinking, 의지함willing, 판단함judging이라는 기능을 수행한다. 이 세 가지 기능은 서로 상당 부분을 공유하면서도 각기 독자적인 영역을 확보하고 있으며 서로 다른 자율적 활동 원칙에 따라 작동한다.

여기서 우리는 이 '사유함'이 두 가지 용법을 가지고 있다는 사실에 유의해야 한다. 첫 번째는 정신의 세 가지 세부 기능 전체를 포괄하는 용어이자 '철학함'과 동의어로서의 '대문자' 사유함Thinking이다. 아렌트가 이 광의의 '사유함'과 '철학함'을 동일시하는 결정적인 이유는, 추후에 보다 심층적으로 논의하겠지만, 그가 기본적으로 소크라테스 철학의 요체인 '문답법elenchus'과 사유함을 동일시하고 있기 때문이다.

이와 대비되는 좁은 의미의 사유함은 정신의 세 가지 세부 기능 가운데 특별히 첫 번째 기능을 가리킨다. 이 '소문자' 사유함은 다른 두 기능 —의지함과 판단함— 에 "사유대상들thought objects", "비가시적 요소들invisibles", "후속사유들after-thoughts"을 제공하며, 특히 의지the will에는 미래의 이미지들images을, 판단judgment에는 과거의 이미지들을 제공한다(Young-Bruehl 1982b, 281).

다른 말로 하면, 이 협의의 사유함은 먼저 감각 인상들을 "이미지"들로 "탈감각화"하여 기억 속에 비축한 다음, 필요한 순간이 오면 이미 비축·저장된 이미지 가운데 적합한 것을 불러내어 "사유대상들"로 전환시킨다(Jacobitti 1988). 그 결과 사유대상들은 "탈시간화되고 탈감각화된 현상들"(LM II, 75-77)로 변하게 되며, 우리가 삶을 영위하는 현상의 세계, 즉 직접적인 감각 지각 경험들로 이루어진 세계는 우리 정신에 사유대상들로 전환된 형태로 제시된다는 것이다.

이 전환 작업의 중요한 이론적 효과는 사유가 현상 세계로부터 자율성을 확보할 수 있다는 점이다. 우리 정신의 감각 인식 속에 재료로 주어진 사유대상들은 말 그대로 '탈시간화되고 탈감각화된 현상들'이므로 현상 세계의 물질성과 직접성이 유보된다고 볼 수 있다. 이러한 전제하에 사유함은 의지함이 사유대상들로부터 어떤 대안을 선택할 때 요구되는 판단 기준을 설정하면서 의지의 선택 과정에 개입한다. 그 결과로 판단자는 판단의 매개 활동을 통해 사유가 표상하는 '객관성'과 의지가 표상하는 '주관성', 그 어느 쪽에도 경도되지 않고 자신의 정체성도 상실하지 않는다는 가정이 수립된다.

이처럼 아렌트의 독특한 이론적 가정들은 우선적으로 소크라테스의 사유법으로 거슬러 올라간다. 아렌트의 '사유함'은 기본적으로 소크라테스가 제시한 철학함의 방법론으로서 '나와 나 자신의 대화a dialogue between me and myself' 양식이 활성화된 상태로 설명할 수 있기 때문이다. 그에 따르면, 우리의 "사유하는 자아the thinking ego"의 근본 경험은 물리적·신체적 장애물들로부터 방해받지 않는 순수한 정신 활동이다. 그리고 우리 의식 내부에서 이 사유하는 자아가 '하나-속-둘'의 형태로 분열함으로써 '나와 나 자신의 대화'라는 내부 대화 구도가 설정된다.

설명을 약간 보태면, 사유함에서 '하나-속-둘'은 내부 공간에서 이루어지는 대화 속의 '나와 나 자신'이며, 의지함 속에서의 '하나-속-둘'은 나의 의지I-will와 나의 무의지I-nill로 분열된다. 그러나 판단함의 경우에는 앞의 두 기능의 작동 방식과 다소 차이가 있다. 그 이유는 사유하는 자아는 "당신이 [이] 활동을 개시하는 순간 당신은 세계를 직면해야 하고, 지속적으로 자신의 한계를 느끼게 되며, 말하자면, 당신 자신의 몸(현실적 상황)을 고려하게 될 것"(Arendt 1979, 305-306)이기 때문이다. 여기서 '자신의 몸'은 그가 처해 있는 현실 세계 내 인간관계망Human networks에서의 상황을 가리키는 은유적 표현으로 이해할 수 있다.

정치행위에서와 마찬가지로 판단함의 과정에는 타인들의 존재(또는 견해)가 전제되며, 또 특수한particular 대상물이나 사건이 연루된다. 우리의 사유하는 자아는 "하나-속-둘"의 대화 속에서 화자話者와 청자聽者(또는 관중)로 역할이 나뉜다. 전자는 "마치 내부 감각이기라도 하듯이 [자신을] 스스로 감지하는 역할"을 맡으며(LM II, 266), 후자는 관중으로서 판단함의 전 과정에 함께 참여하여 검열관의 역할을 맡는다(LM II, 195).

그러나 여기서 놓치면 안 될 문제는 판단함은 단순히 '일대일一對一; one-to-one'의 분열 구조가 아니라 '일대다一對多; one-to-many'의 대화 양식이 동시에 활성화된 상태라는 점이다. 이는 판단자가 판단 과정에서 스스로 상상력을 동원해 타인들을 내부 구역 ─칸트의 용어로는 "확장된 심리" 상태─ 속으로 불러들여 자신의 판단을 타인들의 판단과 비교해 볼 수가 있기 때문이다. 아렌트는 우리가 우리에게 주어진 선택지들을 검토하기 위해 우리 자신을 타인의 입장에 놓을 수 있는 "모종의 내부-공영역an interior public space"을 만들 수 있다고 생각한다(Young-Bruehl 1982b, 295).

> 사유함thinking에서 하나-속-둘은 (내적) 대화 속의 "나와 나 자신"이며, 의지함willing 속에서는 나의 의지I-will와 나의 무의지I-nill이다. 판단의 되감김recoil은 [이 둘과] 차이가 있다. 그것은 "나와 너(너희들)"의 [개념이] 활성화된 상태이기 때문이다. 판단 시에 우리는 상상력 속에서 타인들을 우리 내부 [의식] ─칸트가 말하는 "확장된 심리enlarged mentality"─ 에 등장시켜서 우리의 판단을 타인들의 판단이라기보다는 [우리의] 가능한 선택사항들과 비교함으로써, 그리고 우리 자신을 타인의 입장에 놓음으로써 내부-공영역an interior public space을 만든다(Young-Bruehl 1982b, 295).

영-브루엘이 설명하는 이 '내부-공영역'은 아렌트가 『인간의 조건』에서 자세히 기술한 정치행위의 수행 공간과 구조적으로 동일하다. 이 점은 마치 정치행위에 잠재적으로 부여된 행위자의 자유가 '인간다수성' 조건으로 인해 사전에 조율되어야 하는 것처럼, 판단행위의 자유 역시도

"상상력 속에서 타인들을 우리 내부"에 등장시켜 정치행위 상황에서와 유사한 사전 검열을 통과해야만 한다는 것을 암시한다. 따라서 '내가 무엇을 하고 싶다I-will는 것'과 '내가 무엇을 할 수 있다I-can는 것' 사이의 간극은 바로 이 '판단' 과정에 타인들의 관중 역할이 개입됨으로써 메워지게 된다. 실제로 이 내부-공영역에서 일어나는 관중 역할의 실질적 내용은 문자 그대로 "타인들의 판단" 그 자체는 아니며, 판단자가 자신의 "가능한 선택사항들과 비교"하는 정신 기능을 말한다. 여기서 아렌트가 적시하는 것은 "판단자의 관점이 정치행위의 경우에서와 같이 모종의 공적 실재를 획득한다는 사실"(Villa 1996, 70)이다.

아리스토텔레스가 '테오리아'를 가장 '좋은 행위'로 규정한 것은 그것이 현상 세계 외부에서 이루어지는 비활동적인 정신의 기능이라는 측면에서 일견 모순인 듯이 보였다. 그러나 아렌트는 사유함이 작동하는 방식을 소크라테스적 대화법에 근거하여 구체적으로 설명함으로써 사유함과 행위함 사이의 연계성을 상정한다. 이에 덧붙여 사유함이 인간의 내부에 '재현된' 현상 세계라는 일종의 대화 상황에서 이루어지므로 그것이 '행위'로서의 정치적 유의미성을 함축한다는 점을 적시함으로써 테오리아의 '행위성'을 옹호한다. 그와 동시에 이 양자 사이의 연계성이 '나쁜' 행위 대신에 '좋은' 행위를 결과할 것이라는 이론적 가설을 추가한다. 이 가설은 사유함에 수반되는 판단과 양심이라는 두 가지 부산물에 근거하고 있다.

2) 사유함의 부산물로서 판단과 양심

아렌트는 사유함이 두 가지 부산물을 수반한다고 주장한다. 하나는 '판단'이고, 다른 하나는 '양심'이다. 그는 사유함이 또 다른 정신의 기능인 판단함과 결합하여 우리의 못된 생각을 "일소하는" 역할을 일정 부분 수행하게 된다고 가정한다. 판단함은 "인간의 정신 능력 중 가장 정치적인 것"(LM I, 192)으로 볼 수 있는데, 판단함의 과정에는 정치행위에서처럼 타인들의 존재(견해)가 전제되며, 또 특수한particular 대상물이나 사건들이 연루되기 때문이다. 앞에서 이미 살펴보았듯, 우리의 '사유하는 자아'는 "하나-속-둘"의 대화 속에서 화자話者와 청자聽者(또는 관중)의 역할로 나눠진다. 후자의 경우 다수의 관중으로서 판단의 기능을 함께 수행한다(LM I, 195).

간단히 말해서, 아렌트에게 "정치적 사유는 결론(행위)에 도달하기에 앞서 타인들의 견해를 자신의 견해에 비추어 판단하며 [자신의] 입장을 형성하는 과정"(Canovan 1983, 108)이다. 위에서 이미 언급한 대로, 아렌트는 사유함을 우리 내부에 들어서는 소크라테스식 대화의 장 또는 야스퍼스식 '소통'의 장으로 간주한다. 요컨대, 현실 세계 내 행위 수행의 장으로서 공영역, 즉 정치의 장이라는 개념을 인간의 정신 활동, 특히 판단함에 대입시키는 방식으로 "내부-공영역"을 만든다는 것이다. 이런 맥락에서 보면 정치행위와 유사類似-정치행위로서의 판단은 인간다수성 또는 상호주관성을 전제하는 의사소통의 두 가지 다른 양태일 뿐이다.

아렌트가 판단은 "인간의 정신 능력 중 가장 정치적인 것"(RJ, 188; Arendt 2019, 341)이라고 주장할 때, 그것이 가리키는 바는 판단함의 정치적 효과, 즉 '양심'을 활성화하는 정신 기능이다. "양심은 정신 속에 항존하면서 우리에게 어떻게 행위를 수행해야 하는지를 말해 주는 내부의 음성도 아니고, 또 신의 음성처럼 행위에 앞서 지침을 주는 것도 아니다." 양심은 어떤 행위의 예상된 결과 ―예컨대 '평화적 관계의 파열'― 에 대한 두려움으로 인해 등장하는 "후속사유"(LM I, 190)로 정의할 수 있다. 그것은 우리의 "하나-속-둘"이 고독한 내적 대화를 재개할 때만 끼어들어 이 둘 사이의 '평화적 관계' 조성에 관여하므로 지능intelligence이나 선 goodness 개념과 무관하다(Yarbrough and Stern 1981, 337).

이를테면, 우리가 어떤 행위를 수행한 이후에 느끼게 되는 흡족함, 미진함, 아쉬움 등에 대한 자각은 다음 행위 수행 시에 척도로 작용할 수 있다. 이러한 척도를 가지고 있다는 것은 "내가 나의 행위를 선택할 수 있고, 내가 무엇이 될 것인가, 세계에 나를 어떤 방식으로 보여 주기를 원하는가에 대해 결정할 수 있다"는 일종의 자유를 느낄 수 있다는 의미기도 하다(Jacobitti 1988, 55). 이런 맥락에서 아렌트에게 사유함은 행위함과 마찬가지로 '자유의 추구'라는 동일 목표를 지향하는 인간의 활동으로 이해할 수 있다.

이에 덧붙여, '내가 의지하는 바를 동시에 할 수 있다'는 느낌은 그것이 행위로 증명되기 전까지는 불확실한 상태이므로 의지함과 행위함은 불가분의 관계를 형성할 수밖에 없다. 실제로 '내가 무엇을 하고 싶다 I-will'는 것과 '내가 무엇을 할 수 있다I-can'는 것 사이의 간극은 나와 또다른 나 사이 '무언의 대화'에 나의 '판단'을 돕는 관중의 역할이 개입됨으로써 메워질 수 있다. 이미 앞에서 살펴본 것처럼, 아렌트는 소크라테스의 사유 양식인 "나와 나 자신의 대화"를 자신의 사유 양식인 "나와 다수(관중)의 대화"로 확장시킨 바 있다. 그리고 그는 '내가 의지하는 것'과 '내 속의 다수가 동의하는 것'을 행위로 옮긴다면 자유의 느낌을 획득한다고 믿는다. 그는 어떻게 이러한 믿음을 갖게 된 것일까?

3. 사유함Thinking과 행위함Acting의 상호연계성

1) 근대적 사유함으로서 데카르트의 '내관內觀'

한나 아렌트는 우리 인간은 누구를 막론하고 '유사한' 정신 능력을 보유하고 있으므로 그들의 정신 기능들이 제대로 작동한다면 '유사한' 결과를 창출하게 될 것이라고 가정한다. 그리고 이런 맥락에서 인간의 사유행위가 그들의 개별 관점과 관심사의 차이에도 불구하고 어떤 공통분모로 수렴하게 될 것이라는 칸트의 생각에 동의한다. 그러나 칸트와 아렌트는 우리 정신의 작동 방식에 관한 이해 차원에서 분명한 차이가 엿보인다. 그 차이점을 이해하기 위해서는 아렌트가 데카르트의 '내관introspection'이라는 개념 범주를 어떻게 이론적으로 재전유하는지를 분석적으로 검토할 필요성이 있다.

아렌트의 설명에 따르면, 데카르트의 '내관'은 "자기 내면을 읽는" 방식이다. 그는 인간 정신의 기능이 매개하는 이 '자기-독해' 방식이 "한 사람의 사유thoughts와 정념passions이 다른 사람의 사유 및 정념과 유사함similitude을 보여 줄 것"(HC, 299)이라고 믿는다. 그 이유는 "인간의 예술작품 중 가장 인간적인 것 —즉 세계— 을 건설하고 판단하는 규칙과 표준 역시도 인간의 외부에 있는 것이 아니며, 이것들은 감각senses이나 정신the mind에 의해 인식된 세계적 현실a worldly reality 속에서 사람들이 공유하는 것"(LM I, 195)이기 때문이다.

아렌트의 설명은 개인의 판단 기준이 이미 '그의 내부에 존재한다'는 주장인 듯이 들린다. 그러나 이 '주장'은 이어지는 표현, 즉 "이것들은 감각이나 정신에 의해 인식된 세계적 현실 속에서 사람들이 공유하는 것"이라는 표현과 함께 이해할 때 비로소 정확한 의미를 파악할 수 있다. 아렌트는 '내부-공영역'에서 사람들과의 '대화'를 통해 도출한 '판단 기준'을 암시하는 것이다. 이 지점에서 아렌트와 칸트의 차이점이 분명해지는데, 아렌트의 이 '판단 기준'은 칸트가 외부에서 들여온, 또는 내재화한 '공통감각'과는 전혀 다른 성격의 기준이기 때문이다.

좀 더 구체적으로 말해서, 한 사람의 사유자思惟者로서 내가 행복해지기 위해서는 "하나-속-둘" 속의 대화 파트너인 '나'가 '나의 자아'가 하게 될 일을 미리 예측하고 사전 검열하여 이 둘이 적대 관계에 놓이는 불행을 초래하지 않도록 해야만 한다. 아렌트는 이러한 소크라테스의 관점을 단순히 수용하는 차원을 넘어, 그가 명시적으로 표현하지 않았지만 암묵적으로 가정하고 있는 바로서 '사유함'과 '행위함'의 연계성, 즉 철학과 정치의 연계성을 이론적으로 정립하고자 한다. 이는 사유함이 근본적으로 "순수한 [정신] 활동"이지만, 그것이 내부-공영역에서 이루어진다고 가정하는 한, 세계 속에서 살아가는 사유자의 실존적 조건인 '인간다수성'과 무관하게 이루어질 수는 없기 때문이다.

사유하는 자아the thinking ego의 근본 경험은 물리적·신체적 장애물들로부터 방해받지 않는 순수한 [정신] 활동이다. 그러나 당신이 [이] 활동을 개시하는 순간 당신은 세계를 직면해야 하고, 지속적으로 자신의 한계를 느끼게 되며, 말하자면, 당신 자신의 몸(현실적 상황)을 고려하게 될 것이다(Arendt 1979, 305–306).

위 인용문은 비록 사유함이 기본적으로 인간세계에서 물러나 수행하는 정신의 활동일지라도 세계와 완전한 단절 상태, 즉 현실 세계 속에 있는 것들과 별개로 이루어질 수 없음을 적시한다. 아렌트에게 "내가 하고 싶은 바를 동시에 할 수 있다I-will-and-I-can"는 느낌은 우리의 선택이나 자유 경험에 수반되는 권능감이다. 우리가 어떤 행위를 한 후에 느끼는 미진함이나 아쉬움에 대한 자각은 다음 행위의 선택에 영향을 미치게 된다. 이러한 자각은 "내가 나의 행위를 선택할 수 있고, 내가 무엇이 될 것인가, 세계에 나를 어떤 방식으로 보여 주기를 원하는가에 대해 결정할 수 있다"는 자유의 느낌이라고 말할 수 있다(Jacobitti 1988, 55).

여기서 잠시 우리의 기억을 되돌리자면 아렌트는 자신의 행위 이론을 통해 "정치의 존재이유는 자유이며, 그것이 경험되는 장은 [정치]행위"라고 주장했다. 그런데 자코비티가 설명하듯, 우리가 사유함을 통해 최종적으로 얻을 수 있는 것이 "자유의 느낌"이라면, 결과론적으로 행위함acting과 사유함thinking은 동일한 목표를 지향하는 인간의 활동이라고 말할 수 있다. 이런 맥락에서 우리는 아렌트가 암묵적으로 사유 과정에 일종의 '공영역' 또는 '폴리스'가 들어선다고 가정한다는 사실을 떠올리게 된다. 요컨대, 아렌트는 자신의 정치이론에서 현실 세계 내 정치행위 공간으로서의 '공영역', 즉 정치의 장과 인간의 사유함, 특히 판단행위의 장으로서의 '내부-공영역'의 병치 구도를 설정하고 있다는 것이다.

원칙상 사유자는 내부-공영역에서 사유하는 자아의 '자기 분열' 방식으로 다양한 타인들의 관점과 의견들을 검토하여 자신의 아집과 편견을 초월해 초연한 판단을 하게 된다. 바꿔 말해서, 사유자는 정치행위가 이루어지는 공영역에서와 마찬가지의 방식으로 내부-공영역에서도 모종의 '공적' 실재감을 느낄 수 있다. 이 점은 수행 자체를 목적하는 행위로서 정치행위가 반성적 사유로서 판단과 공유하는 또 하나의 중요한 정치적 특성이다. 따라서 "정치적 사유는 결론(행위)에 도달하기에 앞서 타인들의 견해를 자신의 견해에 비추어 판단하며 입장을 형성하는 과정"이며, 특정 개인의 '자기 독해'가 주관성으로 흐르지 않고 객관적 타당성을 확보하게 된다고 말할 수 있는 근거가 된다.

지금까지 논의한 내용을 요약하면, 아렌트에게 정치행위와 유사類似-정치행위로서 판단함은 상호주관성을 전제로 하는 인간의 의사소통행위 양식으로 설명된다. 여기서 그는 소크라테스의 "나와 나 자신의 대화"라는 사유 양식을 '나와 다수 관중의 대화'로 변형시킨다. 그가 그렇게 하는 이유는 '공영역'과 '내부-공영역'이 인간다수성이라는 동일한 인간실존의 조건으로 인해 동일한 구조로 드러났기 때문이다. 그러므로 우리는 아렌트의 정치영역인 '공영역the public realm'의 특징과 성격을 좀 더 면밀히 파악할 필요가 있다

2) 아테네 폴리스와 '아렌티안 폴리스The Arendtian Polis'

아렌트에게 '정치행위'는 유일하게 사물 또는 물질의 개입 없이 언어를 매개로 사람들 사이에 발생하는 자유로운 활동이며, 다수성이라는 인간의 조건에 부응하는 인간 활동으로 정의되고 있다(서유경 2000). 그리고 그는 그 연장선상에서 "정치는 인간다수성이라는 사실에 기초하고 있

다"(PP, 93)고 주장한다. 이에 덧붙여 "정치의 존재이유는 자유이며, 그것이 경험되는 장은 행위"(HC, 197; BPF, 146, 151, 156)라고 주장하면서, '인간 다수성-정치-자유-행위' 사이의 상관관계를 설정한다.

아렌트는 '자유freedom'에 대해 '자신이 하고 싶은 것을 하는 것'으로 정의하는 사람은 자유가 무엇인지를 전혀 알지 못하는 사람이라고 일축한 다음, 사람은 자신의 재량권 안에 있는 무엇인가를 할 때만 진정한 의미로 자유로울 수 있으므로, 자유로운 행위는 판단 과정을 통해서 얻어지는 결과라고 역설한다(BPF, 147). 또한 그는 "자유가 언제나 일상생활의 한 가지 사실로 주지되어 온 곳은 정치영역"(BPF, 146)이라고 선언하는 방식으로 자유 개념을 '정치적' 차원에 한정시킨다.

이에 덧붙여, 인간이 진정으로 '인간답다'고 말할 수 있는 조건은 그들이 자연적 필요에 따른 관심과 욕구에서 벗어나서 인간세계를 통해 인간의 독보성을 천명하는 것이다. 그런데 이 인간의 독보성이라는 것은 '자유로운' 정치행위, 즉 언어를 통해 자신을 천명하는 방식으로만 구현할 수 있다. 이를 종합하면, 아렌트가 이해한 인간의 정치행위는 그것이 특수한 동기에 좌우되거나 외부적 목표에 복무하지 않고, 행위 자체를 위한 행위로서 자기충족성을 지닐 때 '자유롭다'고 말할 수 있다(BPF, 151). 따라서 자유로운 행위로서 정치행위는 인간을 인간답게 만드는 목적 외에 다른 외부적 목적에 복무하지 않아야 한다는 것이다.

아렌트는 그러한 정치행위의 원형을 고대 아테네 폴리스에서 발견했다. 그곳은 정치행위가 수행되는 '정치극장'이었다. 그것은 "광의로 외견appearance의 공간, 즉 내가 다른 사람들 앞에, 또 다른 사람들이 내 앞에 출현하는 공간이며, 인간이 다른 생명체나 무생물처럼 실존하는 동시에 그들의 외견을 숨김없이 드러내는 장소"(HC, 198)였다. "정의상 외견씨의 공간에서 발생하는 것이라면 무엇이든 정치적이다."(BPF, 155) 그런데 아렌트는 아테네 폴리스는 단순히 직접민주주의가 행해졌던 도시국가라는 물리적인 장소만을 가리키는 것이 아니며, '말과 행위를 공유하는 데 관심이 있는 사람들이 공유하는 인식적 공간'이라는 전대미문의 정치행위론적 해석을 추가한다(Villa 1996, 51).

이러한 아렌트의 독창적 폴리스 정의에 입각한다면, 역사적으로 존재했던 물리적 장소로서 고대 아테네 폴리스와 별개로, 사람들이 가는 곳마다 말과 행위의 공유 공간으로서 '폴리스'가 세워질 수 있다. 그리고 그 연장선상에서 우리는 언제 어디서든 사람들이 함께 참여하여 말과 행위를 공유하는 장소, 즉 현재 우리가 대개 '공론장'으로 이해하고 있는 현대적 공적 의사소통의 공간들을 '폴리스'로 이해할 수 있을 것이다. 아렌트는 이 폴리스를 '공영역the public realm'이라는 개념 범주로 수립했지만, 종종 '정치영역', '세계', '인간관계망' 등으로 바꿔 부르기도 한다. 여기에 영-브루엘이 공식화한 "내부-공영역an interior pubic space", 즉 우리가 사유할 때 들어서는 '대화의 장'도 하나의 '폴리스' 유형으로 포함시킬 수 있을 것이다.

이런 배경에서 필자는 아렌트가 고대 아테네 폴리스를 모델로 삼아 수립한 이론적 '이념형an ideal-type'을 '아렌티안 폴리스the Arendtian polis'로서 새롭게 개념화하고자 한다. 이 아렌트의 '인식적', 또는 '비非물리적' 정치 공간으로서의 '아렌티안 폴리스'는 특히 우리가 이미 사유의 현상학에 대해 논의하는 과정에서 살펴본 대로, 칸트의 반성적 판단 이론적 통찰에 근거해 판단 시에 우리 내부에 생기는 "내부-공영역"까지를 총망라하는 개념 범주다. 이와 같은 범위 확장은 "내부-공영역"이 현실 세계에 존재하는 '공영역'이 '내부화한', 또는 '재현된' 형태로서 설명된다는 점에서 정당성을 확보한다.

이 대목에서 아렌트의 정치행위 이론으로 돌아가 '공영역'의 구조와 성격을 좀 더 구체적으로 파악해 보기로 하자. 아렌트의 정치행위는 인간실존의 가장 명징한 표현이다. 가령 '말과 행위words and deeds'를 통해 수행되는 '정치행위'를 배우가 무대에서 말과 행위를 통해 펼쳐 보여 주는 예술 공연에 비유할 수 있다면, 정치행위의 궁극적 목적은 '아름다움'의 구현으로 환원된다.[67] 이 행위자와 그의 행위의 '아름다움'에 관한 평가는 현장에서 그의 일거수일투족을 지켜보는 관중의 몫이다. 따라서 행위자는 가장 적절한 순간에 가장 적절한 말과 행위를 수행하기 위해 모든 것을 쏟아붓게 된다.

이 아렌트의 '행위자-배우' 비유는 아테네 폴리스의 독특한 정치문화와 시민들의 '분투적' 정치행위 양태에서 비롯되었다. 무엇보다, 첫째, 아테네 폴리스는 공공성publicness, 즉 광범위한 공표성이 보장된 공간이었다. 한 시민이 민회, 시민 법정, 아고라 등의 '정치적 공간' —즉 아렌트의 "공영역"과 그 연장선상에서 우리의 "아렌티안 폴리스"— 에 출현한다는 것은 곧 자신과 타인들 쌍방 모두에게 보여지고 들려진다는 의미였다. 거기서는 '외견appearances'이 실재를 구성했다. 따라서 그것의 평가 기준은 '아름다움'일 수밖에 없었고, 모든 것 —예컨대 사사로운 감정이나 의견들— 은 명증한 실재의 공간이라는 장소의 성격에 맞게 '탈개인화', '탈개별화'해야만 했다. 그렇지 못하면 그것들은 그저 음침하고 불확실한 실존의 양태로 존재하게 될 것이기 때문이다. 결국 아렌트에게 있어 폴리스는 개별 시민들이 사사로움을 '초월'하기 위해 분투하는 장소

---

67   이에 아렌트는 "심미적 행위론an aesthetic action theory"을 정초했다고 평가된다(Villa 1996, 52).

였다고 말할 수 있다.

둘째, 아렌트의 표현상, 폴리스, 즉 공영역은 사람들이 보는 앞에 존재하여 "마치 하나의 책상을 사이에 두고 사람들이 둘러앉은 것처럼" 서로의 관심을 한데 집중하며, 서로에게 서로를 연결하는 공동 점유 공간이다. 또한 그것은 인간의 손에 의해, 또는 결정에 따라 건설된 '인공 세계an artificial world'로서 그 속에 사는 사람들의 관심사가 이야기되는 공간이다. 거기에 참여한 사람들은 동일한 '외견'을 각자의 위치에서 제각각의 시선으로 바라보고 있다. 따라서 이곳에서 드러나는 세계의 실재는 정말로 신뢰할 만한 타당성이 담보된 것이며, 참여자들이 사영역에서 상상도 할 수 없는 객관성을 담지한다고 여겨진다(Villa 1996, 51-56).

이제 아렌트의 정치행위론 속에서 타자가 어떻게 나타나는지의 문제로 시선을 돌려보자. 아렌트의 타자는 우선적으로 '관중', 즉 행위자의 정치행위를 감상하는 평가자 역할을 맡게 된다. 여기서 잊지 말아야 할 점은, 아렌트 이론 속에서 행위가 펼쳐지는 무대는, 그것이 물리적 장소이든 또는 인식적(은유적) 장소이든 상관없이, 그가 가장 이상적인 정치극장으로 보았던 고대 폴리스를 전거한다는 점이다. 그 역사적 폴리스에서 시민은 누구나 지배자인 동시에 피지배자였다. 요컨대, 완전한 정치적 평등이 보장된 상태 —즉 이소노미아isonomia— 였다는 것이다.

그러므로 타자로서 관중은 늘 타자의 역할에만 묶이지 않는다. 자기 발언 순서가 되면 그의 역할은 언제든 행위자로 바뀔 것이다. 여기서 중요한 것은 자신이 타자가 아닌 다른 역할을 맡게 될 가능성에 대비하는 태도다. 이른바 정치행위는 가장 적절한 순간에 적절한 말과 행위를 수행하는 양태였다(HC, 26). 이 태도는 그로 하여금 현재 행위자의 행위가 적절한 것인지 아닌지, 이 행위가 저 행위보다 훌륭한지 아닌지, 맘에 들지 않는 행위를 보고 현장을 떠나야 하는지 그냥 있어야 하는지 등을 판단하는 것이다. 비록 번거롭기는 하지만, 이 모든 것이 장차 자신의 순서가 올 때를 위한 준비 과정이므로 마땅히 짊어져야 할 의무이자 부담이다.

한편 정치학계 내부에서는 이 아렌트의 이념형으로서 '순수하게 행위를 위한 행위'는 행위자가 행위의 탁월성을 추구하는 과정에서 심한 경쟁을 유발할 것이므로 일종의 도덕적 진공상태가 창출될 것이라며 우려하는 목소리가 표출된다. 하지만 방금 위에서 보았듯, 행위자나 타자 모두 아테네의 독특한 정치문화 맥락에서 통용되는 행위원칙과 공적 윤리에 부응하는 역할을 하도록 기대되며 또 동료들에 의해 평가된다. 따라서 그러한 우려는 공연한 기우일 수 있다. 그보다는 오히려 행위자가 행위를 통해 자신만의 특수한 정체성을 백일하에 드러내게 되며, 자기 실존의 의미를 '공적 맥락에서' 스스로 확인하게 된다는 것이 중요한 사실일 것이다.

결론적으로, 아렌트는 정치행위론을 통해 인간다수성 개념이 담보하는 상호주관적 행위, 인간실존의 유의미성을 보장하는 수행적 행위, 그리고 도덕이나 계급성 또는 외부 목적으로부터 자유로운 자기충족적 정치행위의 이념형을 제시함으로써 '철학적' 윤리학과 차별화되는 '정치적' 윤리학을 정초하고 있다고 볼 수 있다. 특히 사유함을 현상학적 방식으로 설명함으로써 정치행위와 사유행위가 동일한 원리로 작동함을 보여 준 점과 후자가 전자의 일탈 가능성을 미연에 방지할 수 있다는 주장 등은 우리가 그의 정치철학을 '정치윤리학'의 한 유형으로 분류해야 할 이유가 된다.

6장

사유함과 '무토대적 토대A Groundless Ground'

나는 분명히 그리스적 시원을 가지며 현재까지 우리가 알고 있
는 형이상학과 철학의 모든 범주의 해체dismantle를 한동안 지속해서
시도해 오고 있는 사람들 집단에 동참했다. 이 시도는 우리가 전통
의 끈은 끊어졌으며 그것을 다시 이을 수 없다는 가정하에서만 생각
할 수 있는 작업이다. 역사적 맥락에서 실제로 무너진 것은 수천 년
동안 종교, 권위, 전통을 묶어 주었던 로마의 삼위the Roman trinity다
(LM I, 212).

한나 아렌트는 수천 년간 이어진 서구 철학 전통을 위시하여 우리
의 일상적 삶 속에서 인간의 인식 체계를 지배했거나 지탱해 주었던 종
교, 권위, 전통과 같은 인식적 토대들이 점차 형해화되어 온 것은 부인할
수 없는 사실이라고 주장했다. 그리고 이러한 인식적 '토대들'의 붕괴 현

상으로 인해 인간의 인식 체계가 사실상 무토대적 상황에 놓이게 되었으며, 인간의 행위는 물론 행위를 매개로 형성되는 모든 인간관계도 그 근거 기반을 잃게 되었다고 덧붙인다. 이에 그는 이처럼 변화된 상황에서 우리가 여전히 그 전통적 토대들과의 밀접한 연계성 속에서 수립된 "형이상학과 철학의 모든 범주"를 그대로 고수하는 것은 불합리하다는 결론에 도달한다.

이러한 배경에서 아렌트 정치철학은 총론적으로는 "우리가 알고 있는 형이상학과 철학의 모든 범주의 해체"를 목표로 설정하는 동시에, 각론적으로는 "지지대 없는 사유함Thinking without a bannister"의 방법론을 제시한다. 아렌트는 이 '해체주의적' 접근법에 대해 로마의 삼위로 대변되는 "전통의 끈은 끊어졌으며 그것을 다시 이을 수 없다는 가정하에서만 생각할 수 있는 작업"이라고 설명한다. 그리고 아렌트 연구자들은 이것을 아렌트의 '반정초주의antifoundatinalism'라고 부른다.

이러한 총체적인 형이상학적·철학적 난국을 어떻게 타개할 것인가? 아렌트는 "모든 것이 난관에 봉착했을 때" 우리가 유일하게 믿을 수 있는 것은 오직 인간의 행위뿐이라는 굳건한 믿음을 보여 준다. 그는 "인간에게 주어진 행위 능력은 아무것에도 기댈 수 없는 가장 어려운 순간에조차도 함께 행동함으로써 기적을 일으킬 수 있다"(Arendt 1971, 446; RJ, 189; Arendt 2019, 342)는 정치행위에 대한 무한 신뢰와 함께, "인간에게 주어진 정신 능력은 그러한 [기적을 일으키는] 행위로 이끌리는 판단에 이르게 한다"고 주장했다. 그가 정치행위와 판단에 대한 관점을 각각 '정치행위론'과 '판단 이론'으로 기술한 것은 이 주장을 논증하기 위함이었다.

아렌트의 정치행위 이론과 판단 이론의 공통분모는 단연 그의 반정초주의 방법론과 '무토대적 구성주의groundless constructivism'로 볼 수 있다. 따라서 이 장에서는 이 방법론이 어떤 방식으로 사실상 무토대적 상태에 놓인 아렌트의 정치행위와 판단행위의 난맥상을 해결할 수 있는지, 즉 무엇이 어떻게 전통적 토대들이 사라진 공백을 메우면서 정치행위와 판단행위를 위한 새로운 토대로 작용할 수 있는지를 면밀히 따져 볼 것이다.

1. 아렌트의 '아르키메데스 점'과 코기토*Cogito*

아렌트는 근대의 징표로서 "세계소외 현상"과 "아르키메데스 점의 내재화"를 지목한다(HC, 248-250). 갈릴레오 갈릴레이Galileo Galilei(1564-1642) 이전 철학자들도 우주는 지구와 천체로 이루어져 있다는 관념을 가지고 있었지만, 이 이분법적 우주관이 사실로 입증된 것은 순전히 갈릴레오의 망원경 덕분이었다. 갈릴레이의 망원경은 그때까지 추정에 의존했던 무한한 우주의 신비를 인간들에게 실증적인 방식으로 제시함으로써 인간의 감각 인식에 확실성을 부여했다. "이것은 이제껏 지구에 한정되었던, 그리고 자신의 신체 감각에 한정되었던 인간의 이해 범위를 확장하는 결과로 이어졌다."(HC, 259-260)

아렌트는 망원경의 출현이 인간의 인식에 초래한 구체적인 결과 두 가지를 특정한다. 첫째로 망원경 발명은 인간 사고의 범위가 과거 "지구 대對 천체"라는 이분법에서 "인간 대對 우주"라는 이분법으로 확장되는 계기를 마련했을 뿐만 아니라, '절대진리'는 존재하지 않는다는 사실을 입증했다. 이를테면, "지구가 우주라는 대상에 함축하는 관계성이 모든 측정의 준거가 되었으므로 지구상에서 발생하는 것은 전부 상대적"(HC, 270)이라는 것이다. 따라서 사물의 진위는 특정 기준에 따라 달라질 수 있으므로 그것의 절대적 진리성은 부정된다.

그리고 둘째, 망원경 발명이 암묵적으로 가리키는 것은 자연의 진리가 전통적 사유 체계 속에서 가정됐던 것처럼 소수의 선택된 사람들에게 스스로 드러나는 것이 아니라는 사실이다. 이제 자연의 진리는 인간이 고안한 도구를 통해 발견할 수 있게 되었기 때문이다. 이러한 결과는 고대 이래로 인간이 현실 인식 차원에서 가져왔던 감각의 오류 가능성에 대한 우려를 말끔히 제거해 주었다. 그러나 아렌트의 정치이론적 관점에 볼 때 가장 의미 있는 것은 지구 바깥의 어느 한 지점에서 지구를 바라다볼 때 비로소 지구의 본모습을 제대로 알 수 있을 것이라던 아르키메데스Archimedes(기원전 3세기)의 추론이 실체적 사실로서 확인된 점이다.

그 지점은 이른바 '아르키메데스 점the Archimedean Point'으로 알려져 있다. 아렌트의 설명에 의하면, 그 점은 인식론적 차원에서 우리 인간에게 매우 중대한 영향을 끼쳤다. 그것은 인간들이 지구상의 모든 물리적 조건에 매인 상황에서도 마치 지구 바깥의 어느 한 지점에서 지구를 바라보듯이 일정한 거리를 두고서 사물을 바라보는 방식으로 설명할 수 있다. 다시 말해 그것은 사물에 대한 총체적 이해를 도모할 수 있는 인식론적 접근법이다.

아렌트는 근대 주관주의 철학자인 데카르트가 이 접근법을 자신의 철학함에 적용했다고 귀띔한다. 요컨대, 데카르트가 바로 그 아르키메데스 점을 인간의 내부로 옮겨 놓음으로써 자신의 근대적 사유법을 창시했다는 것이다(HC, 284). 이 주장이 구체적으로 의미하는 것은 데카르트가 인간의 내부로 옮긴 '아르키메데스 점'이 인간실존의 기초라는 '코기토*Cogito*'의 기본 입장이다. 바꿔 말해서, 이것은 주관주의적 자기-독해를 위한 "무토대적 토대*Abgrund*; the groundless ground"(Villa 1996, 134)로 볼 수 있다. 이것은 우리가 앞에서 이미 살펴본 '내관'이라는 '자기-독해' 기법을 통해 형성되는 토대이므로 사유함thinking이 전제된다. 데카르트 철학적 관점에서 인간의 '진의적authentic' 실존이라는 것은 한마디로 인간이 일상성을 극복하려는 자신의 의지에 따라 일상에 별 의미 없이 존재하는 "기존의 것들에 새 생명을 불어넣는" 의미 부여의 과정이므로, 여기서 사유함은 곧 자기 존재의 의미 창조 작업으로 이해할 수 있기 때문이다 (Villa 1996, 136).

그러나 아렌트의 견해에 따르면, 데카르트 철학이 인간 정신의 기능에 의존하고 있다고 해서 그것이 엄격한 사유 활동을 전제하고 있다고는 말할 수 없다. 그것은 단지 형식상 사유 기능을 통해 외부 세계를 재해석하는 방식을 취하고 있을 뿐이며, 마치 과학자들이 측정기구를 사용하듯이 정신을 측정의 도구로 인식하고 있기 때문이다. 그가 사유 과정에서 무슨 일이 일어나는지에 관해 침묵하고 있다는 사실이 이를 방증한다. 그런 한편, '내관'의 주관주의는 서구 철학 전통 속의 '외견appearance'과 '있음being'의 구분을 모호하게 만든다. 이러한 데카르트식 사유함의 구조에서 '외견'은 오직 재해석을 통해서만 실재를 획득할 수 있기 때문이다.

한편, 아렌트의 견해상, 데카르트의 "새로운 사유법"은 플라톤 철학이 가정하는 관념의 세계를 부정함으로써 "진리 추구"를 포기하는 대신, 외견의 세계에서 "사물의 의미를 탐색"하는 방식이다. 그는 이 점을 설명하기 위해 칸트의 '이성*Vernunft*; reason'과 '지성*Verstand*; intellect'의 구분에 주목한다. 칸트는 이성을 "사유하고 이해하려는 충동"으로, 지성을 "증명할 수 있는 특정의 지식을 갈망하고 또 그것을 획득할 수 있게 하는" 정신적 역량으로 이해한다(RJ, 163; Arendt 2019, 302). 다시 말해, "지성은 상식적 경험의 연장이며, 과학적 탐구 속에서 그것의 가장 정련된 형태를 찾아볼 수 있는 추론reasoning이므로 앎knowing 또는 인지cognition로서 진리의 영역에 속한다."(Yarbrough and Stern 1981, 330)

이와 대조적으로, "이성reason의 필요는 진리 추구가 아니라 의미 추구 필요성에 의해 고무된다."(LM I, 15) 사유함으로 지칭되는 이성의 활동은 지식의 한계를 넘어서는, 즉 알 수 없는 것에 대한 물음을 제기함으로써 그것들의 '의미'를 발견하는 데 그 목적이 있다(LM I, 14). 이런 맥락에서, "진리와 의미는 동일한 것이 아니다."(LM I, 15) 무엇이 유의미하다고 해서 그것이 곧 진리라고 말할 수는 없으며, 인지(또는 앎)의 결과로 얻어지는 확실성과 물증은 사유함과 거리가 있다. 사유함은 앎의 영역을 넘어서는 활동이며, 용인된 이념과 규칙을 새롭게 해석하는 작업이고, 기존의 가치를 새것으로 교체하는 활동이기 때문이다.[68]

이런 견지에서 아렌트는 '인간은 왜 사유하는가?'라는 질문에 대해서는 '유의미한 삶을 살기 위해서'라는 답을 내놓아야 한다는 견해를 제시한다. 그리고 사물에 대한 의미 탐색으로서 사유함은 "인간 삶의 자연적 필요a natural need of human life"이므로 모두의 삶에 절대적으로 필요한 일이며, 또 누구나 할 수 있는 일이라고 주장한다(LM I, 191). 이 주장은 철학이 더 이상 소수의 특권으로 치부되어서는 안 된다는 신념의 표현이

---

[68] 아렌트는 마치 아리스토텔레스가 관조contemplation를 '정신의 활동'으로 간주하는 것의 연장선상에서 '사유함thinking'과 '행위함acting'을 동일시한다. 비근한 예로 그는 "모든 사람이 부지불식간에 다른 모든 사람이 신봉하는 것에 경도되었을 때 [어떤] 사유가들이 은둔지에 숨는 것"은 "일종의 행위a kind of action"라고 지적한다. 이에 덧붙여 "사유함의 일소적 요소the purging component of thinking는 의미상 정치적"이라고 주장한다(LM I, 192).

다. 이런 맥락에서 그에게는 '철학적 평등주의'의 선도자라는 호칭과 함께 '철학의 대중화'를 추구한 철학자라는 평가가 따라붙는다.

역설적이게도 아렌트의 철학적 평등주의는 사유와 담을 쌓고 사는 '사유 불능'의 지식인들에게도 똑같이 적용할 수 있다. "사유 불능은 지적 능력이 부족한 다수의 '결함'이 아니라 모든 사람 —과학자, 학자, 다른 정신적인 업무와 관련된 전문가들도 예외는 아니다— 에게 현전하는 가능성이다. … 사유하지 않는 사람들은 몽유병 환자처럼 꿈속에서 헤맨다."(LM I, 191) 아렌트의 이 유명한 언명은 단순히 '사유 불능'의 지식인들을 질타하기 위한 것이 아니라, 사유함이 인간의 '있음'과 '외견'을 결합시키는 존재론적 기능을 한다는 점을 설명하려는 것이다. 그와 동시에 정신의 활동인 사유함을 통한 자기 삶의 의미 탐색이, 외견의 공간에서의 정치행위를 통한 자기 삶의 의미 추구와 상호연계될 수밖에 없는 불가피성을 암시한다.

이제 아렌트와 '코기토Cogito'라는 이 절의 핵심 주제로 넘어갈 순서다. 먼저 아렌트가 기본적으로 '사유'와 '있음'의 관계를 설명하는 '코기토', 즉 "나는 생각한다, 그러므로 나는 있다"(최명관 2010, 96)라는 데카르트의 제1 원리를 깊이 검토했을 것이라는 추정은 어렵지 않다. 그가 1920년대에 대학에서 공부한 독일 실존주의 철학의 기본명제가 바로 사유와 있음의 문제였기 때문이다. 이 점 외에도 아렌트의 '반정초주의' 입장은 '모든 것을 의심해 보아야 한다'라는 데카르트의 '회의' 명제와 본질적 친화성을 보여 준다.

아렌트의 반정초주의 입장은 의도적으로 정치행위나 판단을 "무토대적"[69] 상태로 남겨 둔다. 그러나 그의 '무토대주의'는 어디까지나 '철학적', 또는 '형이상학적' 무토대주의다. 잠시 환기하면, 아렌트는 한 학회에서 철학자 한스 요나스Hans Jonas가 전통적 가치와 기준들이 무너진 시대를 살아가려면 우리의 행위 또는 판단의 "궁극적 토대를 부활시켜야 하지 않겠는가?"라고 질문하자 "만약에 사람들이 여전히 신이나 지옥을 믿었다면, 즉 궁극적인 것들이 [지금까지] 존재한다면 전체주의적 재앙은 없었을 것"이라고 대답한 바 있다(Arendt 1979, 313-314; Villa 1996, 162).

니체를 연상시키는 아렌트의 이 대답이 의미하는 것은 무엇보다 서구 철학이 무한 신뢰를 보내온 기존의 형이상학적 토대가 그 효능을 상실했다는 현실 인식과 요나스의 말처럼 어떤 대안이 필요하다는 사실의 인정이다. 아렌트는 이러한 문제의식에서 데카르트의 근대적 주관주의가 인간의 내부로 옮겨 놓은 '아르키메데스 점'으로 시선을 옮기게 된다. 그것이 어떻게 '철학적', 또는 '형이상학적' 토대 상실에 대한 대안이 될 수 있다는 것일까?

아렌트는 데카르트의 코기토에 대한 비판과 함께 이 질문에 대한 답을 찾아 나선다. 그의 설명에 의하면, 근대 철학은 방법론상으로 아르키메데스 점을 인간의 내부로 옮겨 놓은 다음, 그 점에서 모든 사물을 파악하고 설명하는 사유자 중심의 주관주의 형식을 취해 왔다. 이 주관주의 형식을 대표하는 것이 바로 그 유명한 "나는 사유한다, 그러므로 존재한다"라는 코기토 명제다. 그리고 이 명제를 바탕에 깔고 있는 것이 독일 실존주의 철학의 '유아론'이라고 규정한다. 이런 맥락에서 아렌트 논의

69　아렌트 행위 개념의 "무토대적" 특성에 관한 자세한 설명은 Villa(1996), Chap.5 "Groundless Action, Groundless Judgment: Politics after Metaphysics"를 참조하라. 거기서 빌라는 아렌트의 행위와 판단 개념이 "형이상학적 합리성"을 탈피하여 자율성autonomy과 자유freedom에 비추어 재고되고 있으므로 "형이상학적 의미에서" 무토대적이며, 그러한 아렌트의 시각은 "탈형이상학적 정치이론post-metaphysical political theory"으로서 중차대한 시사점을 갖는다고 주장한다(Villa 1996, 143, 157).

의 초점은 데카르트의 코기토가 내부화했다고 본 '아르키메데스 점'으로 모아질 수밖에 없다. 과연 무엇이 문제인가?

결론을 먼저 말하면, 아렌트는 코기토가 '내부화'한 아르키메데스 점을 인간의 외부로 끌어내는 방식으로 이 문제를 해결하고자 한다. 그의 이론적 시도는 사유를 객관화하는 의사소통적 패러다임의 탄생이라는 결실로 이어졌다. 나중에 이 의사소통적 패러다임 형식을 통해 외부화한 아르키메데스 점은 또다시 사유함을 통해 '내부-공영역' 속에 '재현'되지만, 사유 활동은 그것의 세부 정신 기능들로 인해 주관주의로 흐르지 않는다고 가정된다. 여기서 그가 인간의 정신 활동 중 가장 '정치적'인 성격을 띤다고 주장한 판단의 기능이 중추적 역할을 맡게 된다. 그리고 마침내 이러한 이론적 가정과 판단의 역할에 기초하여 자신이 장차 수립할 새로운 정치철학이 '사유의 정치적 유의미성'을 밝힐 수 있는 학문 분과라고 선언한다.

이 선언과 관련해서는 약간의 보충 설명이 필요해 보인다. 우리가 앞에서 이미 검토한 것처럼, 아렌트가 이론화한 사유함의 동학은 현실 세계 내 특정 공영역 속의 의사소통적 상황을 내부로 옮긴, 또는 재현한 형태로서 '사유하는 자아'의 성찰 과정 —즉 '내부' 공영역— 에서 재가동된다. 이것 역시 '내부화' 과정을 거치지만, 이는 데카르트가 내부화했다고 주장된 '아르키메데스 점'과는 확실히 다른 성격이다. 놀랍게도 이것은 현상 세계 속 '의사소통의 장'을 우리 정신의 내부 구역에 재현한 것이므로 '세계-단절적' 성격이라기보다 오히려 '세계-지향적' 성격이라는 점에서 데카르트식 '성찰을 위한 성찰'의 주관성을 극복할 가능성을 담보하기 때문이다.

앞에서 이미 언급했듯, 아렌트가 이해하는 한 근대적, 또는 현대적

'철학함'의 목표는 진리 추구가 아니라 인간 삶의 의미 탐색이다. 이와 유사하게 그가 훈련받은 독일 실존주의 철학의 관점에서도 인간은 이미 현상 세계 속에 현존하는 '그곳의 있음being there'으로서, 즉 '다자인Dasein'으로서 자신의 '있음'에 대한 진의적 의미를 파악하고자 한다. 이런 근거로 아렌트는 인간의 '있음'이 '사유함'에 선행한다는 독일 실존주의적 관점, 즉 '나는 존재한다, 그러므로 사유한다'라는 코기토의 '역명제'를 지지하게 된다.

다른 한편으로, 아렌트의 철학적 반정초주의 관점에서 볼 때, 개별 행위자의 행위 기준은 외부에서 발견되는 것이 아니라 사유 과정에서 참여자들과의 '공동' 작업을 통해 새롭게 구성되어야 한다. 이는 사유함의 두 가지 부산물인 '판단'과 '양심'이 행위의 잠정적 토대 형성에 관여하기 때문에 가능해진다. 바꿔 말해서, 특정 개인이 내적 대화를 통해 자신이 어떤 행위를 할 것인가를 '결정'하지 않는 한, 그 행위는 실체화하지 않을 것이다. 이 '결정'에 직접적으로 관여하는 것이 판단이다. 아렌트는 판단이 '내부-공영역'에서 일어나는 한, 그것은 혼자만의 작업이 아니라 다수가 참여하는 가운데 그들과의 상상의 대화를 통해 일어나는 것이며, "타인의 관점을 이해하는 능력" 덕분에 이 내적 대화의 장이 '객관성'을 담보하게 된다고 믿는다.

물론 아렌트가 상정하는 다자간 대화의 장은 하버마스의 경우처럼 사람들 다수가 하나의 공통분모로 응집하는 형태는 아니며, 참여자들이 각자의 견해를 동등하고 자유로운 상태에서 서로에게 '드러내는' 장소다. 따라서 이 장소에는 사람 수만큼의 다른 의견이 존재한다고 간주되며, 참여자 개인은 의견의 홍수 속에서 자기 입장을 정하는 임무를 수행해야 한다. 이 현실 세계 내 '대화의 장' 또는 '공론장'을 인간의 의식 속으로 옮겨 놓은 내적 대화의 장에서도 이 의사소통 동학은 똑같이 적용된다고 간주된다. 문제는 어떻게 개인이 이처럼 '상충하는' 견해들 속에서 자신의 균형점을 발견하는가 하는 점이다.

가령 어떤 개인이 자신의 '판단 기준'을 가지고 있다면, 그는 아마도 자신이 맞닥뜨리는 의견의 홍수 속에서 자신의 '주관적' 기준을 적용할 수 있을 것이다. 그러나 그것은 '주관적'인 것이므로 함께 참여한 사람들의 동의 여부에 그것의 실효성이 결정될 것이다. 이런 점에서 어떤 '객관적' 판단 기준이나 척도의 필요성이 인정되는 것은 분명한 사실이지만, 아렌트는 그러한 역할을 해 왔던 전통적 기준들이 효용성을 잃었다고 선언했다. 그의 비판자들이 바로 이런 관점에서 아렌트가 '판단의 척도' 문제를 과소평가하고 있다고 지적하는 것도 결코 무리는 아니다.

그러나 아렌트가 판단의 척도 문제를 과소평가했다는 지적은 오해에 불과하다. 앞서 논한 바 있듯이, 아렌트의 정치행위 이론에 대해 소상히 알고 있는 누군가는 그가 몽테스키외의 정치공동체 통치 원칙들이나 '세계사랑' 개념을 판단의 척도로서 제시했다고 주장할 수도 있다. 또 다른 누군가는 그가 칸트의 '공통감각'이 판단의 척도가 될 수 있음을 암시했다고 주장할지도 모른다. 그런가 하면 하버마스의 의사소통행위 이론에서 이론적 통찰을 얻은 한센(1993)과 같은 이론가는 아렌트의 이론에서 "시민합리성citizen rationality"이 판단 척도로 작용할 실제적 가능성을 주장한다.

먼저 몽테스키외의 명예, 평화 애호, 용기, 수치심 등과 같은 정치적 "원칙들principles"에 관해 잠시 생각해 보면, 그것은 사유함의 외부에 위치하는 일반적 행위원칙이다. 따라서 특수한 개별 목표goal의 규범은 될 수 없고, 행위가 지속되는 동안만 이 세계 속에 존재한다(BPF, 152). 다시 말해, 이 정치적 원칙들은 특정 정치공동체에 특수한 문화적 '코드'로서 개별 구성원에게 내재된 가치이므로 행위의 판단 원칙으로 작용할 수 있다. 그러나 그것들이 직접적으로 행위를 창발하는 기능이 있다고는 볼 수 없으므로, 아렌트 행위 이론의 구조상 행위 창발 기능을 담당하는 다른 어떤 요소가 필요하게 된다.

이와 대조되는 개념 범주는 모종의 시민적 유대감으로서의 "세계사랑"이다. 이것은 행위자로 하여금 자신의 이기심을 버리고 남의 입장을 존중하는 판단을 하게 만들고, 그 결과 공익에 이바지하는 행위를 수행하게 하는 창발 기능이 있다고 주장된다. 문제는 우리가 이 '시민적 유대감'을 '애국심'과 같은 것으로 바꿔 이해할 때 발생한다. 그것은 특정 정치공동체의 범위 바깥에서는 작동하지 않을 가능성이 있기 때문이다. 결국, 아렌트의 '원칙들'이나 '세계사랑' 같은 범주는 넓은 의미의 '보편적' 행위 기준이나 토대일 수밖에 없다. 따라서 개별성, 즉 개인의 취향에 따라, 또는 그가 처한 상황에 따라 선택의 결과가 달라질 가능성은 여전히 실재한다.

결과적으로, 아렌트의 정치행위 이론과 그것의 투영물로 볼 수 있는 판단 이론이 '토대' 부재의 상태에 놓이게 되는 것은 맞지만, 이는 정확히 아렌트가 의도했던 이론적 효과다. 그리고 바로 이 지점에서 '아르키메데스 점'의 은유가 이론적 장치로서 그 진가를 발휘하게 된다. 아렌트의 이론적 장치로서 '아르키메데스 점'은 기원전 3세기의 천체 물리학자였던 아르키메데스가 주장한 지구 밖의 한 지점도 아니고, 그것을 내부화한 데카르트의 주관주의적 해석 관점도 아니다. 그것은 '아렌티안 폴리스', 즉 의사소통의 장으로서 정치영역, 공영역, 세계의 관점으로서 '아렌티안 아르키메데스 점'이다.

이 아렌티안 아르키메데스 점은 각각의 의사소통 현장에 특화된 '무토대적 토대'로 정의할 수 있다. 이 '특수한' 성격의 의사소통 과정에 참여한 사람들은 자신들이 현장에서 실시간으로 공유하는 '상황 속에서' 모종의 의사소통적 판단의 토대를 발견하고 있다고 가정된다. 원칙상 참가자들은 공유된 현장의 의사소통 상황 속에서 개인적 입장과 관점을 고집하는 대신, 다른 참가자들의 입장과 관점을 청취하는 의사소통의 상호성 원칙에 따라 모종의 잠정적 합의에 도달하려는 노력을 기울일 것으로 기대된다. 아렌트의 담화 참가자들은 주어진 의사소통의 장에 진입하는 시점에 자신이 외부에서 가지고 온 개별 관점은 잠시 유보하겠다는 암묵적 약속을 한 것과 다름없기 때문이다.

이러한 배경에서 한센은 아렌트의 정치이론에는 이미 '시민합리성' 개념이 배태되어 있다고 주장한다. "다른 논제들에 관한 논의에서는 대체로 감추어져 있을지라도, 시민합리성에 관한 한 아렌트는 타당한 설명 두 가지를 강력하게 제시하고 있다."(Hansen 1993, 197) 그가 여기서 언급한 첫 번째 설명은 아렌트가 진정한 시민은 부당한 통치자에게 복종하지 않으며, 자기 스스로 정치에 참여하려는 의지가 있어야 한다고 주장한다는 것이다. 그리고 두 번째 설명은 아렌트가 시민들이 정치적으로 생각할 수 있으며 그들에게 주어진 환경을 합리적으로 정의할 수 있다고 믿는다는 것이다.

한센의 시민합리성 개념은 분명 하버마스의 '의사소통적 합리성'보다 한층 진일보한 아렌트적 시각의 설명이다. 시민합리성은 단지 의사소통 과정의 절차를 이성적으로 규율하는 것에 그치지 않고, 무엇이 정치적으로 올바른지 그렇지 않은지를 판단하는 정치윤리적 지향성으로 한 차원 더 나아간다는 점이 그 이유다. 그러나 시민합리성이 내용과 기능

면에서 칸트의 '공통감각'의 다른 이름일 뿐이라는 지적을 피하기는 어려워 보인다. 이 시민합리성의 실제 내용은 특정 정치공동체에 속한 시민들이 보유한다고 가정되는, '정치적 올바름'에 대한 공유된 생각과 느낌이라고 말할 수 있기 때문이다. 그러므로 이것은 인간의 '외부' 기준이 '내부화'한 유형이다. 결과적으로 이것은 "새로운 정치철학은 옳고 그름의 철학적 기준을 제공하는 대신, 시민들 스스로 그러한 기준을 발견하도록 지원해야 한다"는 아렌트의 이론적 입장과 모순된다고 하겠다.

2. '아렌티안 폴리스'와 유목적 주체

1) 공영역과 정치행위의 유목성

"당신이 어디를 가든 당신은 하나의 폴리스가 된다."(HC, 198) 이 주장은 아렌트 정치철학의 '유목성'에 대한 직접적이면서도 결정적인 단서다. 이미 여러 곳에서 언급한 것처럼, 아렌트가 상정하는 '공영역'의 역사적 모델인 물리적·실체적 공간으로서 고대 아테네 폴리스는 단순히 하나의 도시국가라는 물리적 장소만을 가리키는 것이 아니었다. 아렌트가 자신의 정치행위론을 통해 수립한 '이념형an ideal-type'으로서 '아렌티안 폴리스'는 "'말과 행위'를 공유하는 데 관심이 있는 사람들의 언어적 상호작용 공간이자 공통의 '의미화 구조structures of signification'"가 작동하는 인식적 공간을 가리키기 때문이다.

이러한 견지에서 아렌티안 폴리스의 이론적 근사치는 아마도 벤하비브를 위시한 하버마스주의자들이 제시한 현대 사회 내 '공론장', 특히 하버마스의 '이상적 담화상황'으로 볼 수 있다. 현대의 공론장은 그 숫자도 무수하며 형태도 다양하다. 성격상 "그것은 광의로 외견의 공간, 즉 내가 다른 사람들 앞에, 또 다른 사람들이 내 앞에 출현하는 공간이며, 인간이 다른 생명체나 무생물처럼 실존하는 동시에 그들의 외견을 숨김없이 드러내는 장소"(HC, 198-199)라는 공통점이 있다. 예컨대 행정부, 입법부, 사법부 내 다양한 위원회, 지방정부의 각종 위원회, 공청회, 타운홀 미팅, 공론화위원회, 청문회, 촛불문화제 광장, 온라인 토론장 등등 이른바 '공론'이 펼쳐지는 곳이라면 두루 다 포함된다.[70]

그러한 공론의 장소들은 설립 주체도 다르고 설립 목적도 다르지만, 사람들이 말과 행위를 공유할 목적으로 언제 어디서든 세울 수 있다는 공통점이 있다. 따라서 아렌트의 공영역은 어느 한곳에 고정된 장소라기보다는 여기저기에서 자유롭게 생성되며 또 말과 행위의 공유 목적이 달성되는 것과 동시에 사라지게 되는 한시적인 인간집합체로서의 존재 양태를 보여 주게 된다. 이는 비유적으로 말해서, 마치 유목민들이 임시 정박지에 게르Ger를 설치했다가 정박의 이유와 목적이 소멸하면 다음 정박지로 가기 위해 게르를 걷는 것과 흡사한 형태로 볼 수 있다.

일반적으로 이러한 한시적·비고정적 장소인 '아렌티안 폴리스'에서는 거기 모인 사람들 모두가 주인공이며, 그들이 말과 행위를 통해 주고받은 내용과 함께 도출한 잠정적 약속 사항이나 타협안 또는 합의사항들

---

70 하버마스는 현대적 공론장의 범위에 담론이 펼쳐지는 장으로서 잡지나 언론 매체까지 포함시킨 바 있다.

이 그 '공간'의 운용법*modus operandi*으로 작동하게 될 것이다. 이러한 아렌티안 폴리스의 유목성은 정치행위의 수행성 조건과 긴밀히 맞물리게 된다. 우선 정치행위는 현상적 측면에서 "내가 다른 사람들 앞에, 또 다른 사람들이 내 앞에 출현하는" 현상이다. 이것은 아렌트적 표현으로 "세계 속에 자신을 끼워 넣는 일"이며 자신의 존재를 공표하는 일이다. 둘째, 정치행위는 자신의 정체성을 드러내는 일이며, 버틀러의 표현을 빌리면, 언어적 주체로서 자신의 현존을 "의미화signifying"하는 일이다(Butler 1999, 2004; 서유경 2011a). 이는 타인들로부터 자신의 존재에 대한 가치를 공개적으로 인정받음으로써, 즉 '공적 정체성'을 획득함으로써 스스로 세계 내 자기 현존의 의미를 객관적으로 파악하는 방식이다.

셋째, 다른 무엇보다도 정치행위는 공개적 장소에 모인 타인들 앞에서 언어적으로 수행된다는 특성이 있다. 이런 성격 때문에 정치행위는 형식상으로는 여러 다양한 관점과 의견들 속에 자신의 관점과 의견을 끼워 넣는 일이며, 내용상으로는 자신이 '하고 싶은' 것과 자신이 '할 수 있는' 것 사이의 균형점을 찾는 일로 규정할 수 있다. 이것은 의사소통의 관점에서 각각의 행위자가 자신의 입장과 의견을 상호주관적으로 재구성함으로써 일차적으로는 이기심과 사사로움을 넘어서는, 그리고 다음으로는 장차 자신이 개별적으로, 또는 타인들과 함께 공동으로 선택하게 될 행위의 타당성과 실효성을 확보하는 중요한 관문으로 볼 수 있다.

이러한 아렌트의 정치행위의 특성은 한마디로 그가 '세계', '인간관계망', '공영역' 등으로 자유롭게 바꿔 부르는 '아렌티안 폴리스'라는 공간 속에서 인간이 자신을 '공적'인 존재로서 새롭게 부각시키는 일로 요약할 수 있을 것이다. 이런 맥락에서 "당신이 어디를 가든 당신은 하나의 폴리스가 된다"는 아렌트의 주장을, 우리는 우리가 가는 곳마다 명시적,

또는 암묵적으로 약속된 보편타당한 시행 원칙과 절차를 통해 반복적으로 '시공간적 좌표'를 찍는다는 의미로 풀이해도 전혀 이상한 일은 아닐 것이다.

실제로 우리는 일상에서 이러한 상황을 자주 접하게 된다. 가령 누군가가 처음 만들어지는, 또는 기존의 어떤 모임에 초대받아 나갔다고 가정해 보자. 그는 거기 모인 사람들 앞에 처음으로 모습을 드러내는 것이며, 역으로 거기 모인 사람들도 그에게 각자의 모습 그대로 드러나게 된다. 그는 거의 틀림없이 '자기소개' 요청을 받을 것이다. 그러면 그는 자신이 누구이며, 무엇을 하는 사람이고, 왜 거기에 오게 되었는지, 앞으로 자신이 그 모임에 참여하여 어떠어떠한 일을 해 보고 싶다든지 등등을 포함해 자신의 '등장'에 대한 일종의 '자기 해명'을 하게 될 것이다. 심지어 시간적 여유가 있다면 기존의 구성원들도 처음 온 그를 위해 각기 그와 비슷한 자기소개 과정을 되풀이할 것이다. 그러한 일련의 통과 의례를 거친 이후에야 비로소 그 단체 또는 공간의 '정식' 회원으로서 명시적, 또는 암묵적 승인을 받는 게 일반적 관행이기 때문이다.

이와 유사하지만 조금 다른 경우도 생각해 볼 수 있다. 누군가가 자신이 직접적인 초대를 받은 바는 없지만 신문에 실린 공청회 소식을 보고 개인적인 호기심이나 관심이 발동해서 그 장소에 갔다고 치자. 그가 현장에서 발제자와 토론자들 사이의 갑론을박을 듣고 있다가 불현듯 의견을 말하고 싶어졌다면 그는 사전에 약속된 방식으로 발언권을 얻어 자신의 의견을 밝힐 수 있다. 그가 현장에서 간단히 통성명하고 의견을 개진했다면, 아렌트적 관점에서, 그것은 그가 그 '폴리스'에서 자신을 공적인 주체로서 정립한 것이다. 이것은 아렌트의 정치행위가 아렌티안 폴리스에서 작동하는 가장 간단한 설명 사례로 볼 수 있다.

우리는 이처럼 특정한 시공간적 형식에 구애받지 않는 융통성 있는 아렌트적 정치행위의 특성을 '유목성nomadity'으로, 그러한 행위를 수행하는 주체를 '유목적 주체a nomadic subject'[71]로 지칭해도 무방할 것이다. 유목민은 항상 주어진 상황과 여건 속에서 자신이 잠시 머물 곳을 정하며 그곳에서 최선을 다해 진정성 있는 삶을 영위하고자 한다. 그러나 그들의 삶은 항상 떠남을 전제로 머무는 것이기 때문에, 그들은 어느 고정된 장소에 정착한다기보다 한시적으로 여건이 허락하는 장소에 정박한다고 봐야 한다.

이 지점에서 우리는 자연스럽게 『차이와 반복』의 저자이자 유목성의 철학자인 들뢰즈의 인식 세계로 진입하게 된다. 들뢰즈의 설명에 따르면 "유목민의 공간은 탈영토화된 공간"이며, 그들의 잠정적인 "재영토화"는 탈영토화를 위한 것일 뿐이다. 그럼에도 유목민이 그의 여정 중에 잠시 정박하는 그 공간은 그들에게 "절대적" 영토 —들뢰즈적 용어로는 "국지적 절대"— 로서 포획되며, 이러한 그들의 이동 방식은 정박점과 정박점을 잇는 삶의 '동선'을 그리게 된다(이진경 2002b, 366-385).

눈썰미 있는 독자라면 벌써 눈치챘을 테지만, 사실 아렌트의 현상학적 정치존재론의 관점에서 정치적 존재이자 언어적 존재인 우리 인간의 삶은 근본적으로 이러한 유목민의 이동 행태에 비유될 수 있다. 우리는

---

71 이 '유목적 주체'라는 용어는 들뢰즈 철학에서 파생된 표현이다. 그러나 들뢰즈주의자인 로지 브라이도티의 동명의 저작 *Nomadic Subjects: Embodiment and Social Difference in Contemporary Feminism*(Cambridge: Cambridge University Press, 1994)와 직접적인 관련은 없다. 그의 유목적 주체와 "철학적 유목주의"는 그가 한국어판(2005) 서문에서 밝히고 있듯 "여성 스스로에게 권한을 부여하려는 페미니즘의 기획"이기 때문이다. 이와 대조적으로 필자의 '유목적 주체'는 페미니즘의 전통이 아니라 아렌트적 관점에서 행위하는 주체의 성격을 설명하기 위한 개념 범주다. 이와 관련해서는 Suh(2013)를 참조하라.

공적인 공간과 사적인 공간을 가로지르고 넘나들면서 공적인 행위 주체로서 공적 공간을 잠정적으로 '재영토화'하기도 하고 사적인 행위 주체로서 공적인 공간에서 퇴각하여 '탈영토화'하기도 하는 일을 반복적으로 수행하기 때문이다.

이를 다시 버틀러식의 구성주의적 용어로 표현하면, 우리는 주어진 공적인 시공간 속에서 언어적으로 주체화함으로써 자기 존재의 공적 정체성을 구축했다가 그 임무가 종료되면 다시 사적인 삶의 자리로 돌아간다. 이러한 삶의 패턴은 우리의 삶이 지속되는 한 무한히 되풀이된다. 이런 견지에서 우리 인간 삶의 가장 두드러진 특성은 유목성이며, 그런 한에서 우리는 근본적으로 유목적 주체일 수밖에 없다. 아렌트의 공영역과 정치행위에 관한 기술은 이러한 인간 삶에 대한 구성주의적 이해 방식과 대체로 공명한다고 볼 수 있다.

2) 유목적 주체와 정치행위

인간 삶 속에 배태된 유목성 또는 유목적 주체로서 인간의 구성주의적 특질은 인간의 언어행위가 어떻게 수행되는지를 검토할 때 보다 명확히 드러난다. 여기서 우리는 아렌트와 동일한 문제의식을 가지고 인간의 언어 수행이 창출하는 정치적 효과에 천착하는 버틀러의 '수행성의 정치' 이론에 주목한다. 버틀러는 아렌트와 대동소이하게 인간은 언어적 존재, 즉 언어를 통해 현존의 의미를 구현하고 획득하는 존재라는 아리스토텔레스의 정의를 명시적으로 수용할 뿐만 아니라, 언어행위가 곧 정치행위라는 아렌트의 정치이론적 명제를 자신의 수행성 이론의 암묵적 전제로 채택하고 있다. 그는 이런 점에서 한 사람의 '아렌트주의자an Arendtian'로 볼 수 있다.

버틀러에 따르면, "발화speech는 늘 어떤 식으로든 우리의 통제 범위를 벗어난다."(Butler 1997, 15) 마치 우리의 몸이 "우리의 과거, 현재, 미래의 역사성을 담지하는 실체로서 항상 다르게 변할 가능성과 더불어 생존"(Butler 2004, 217)하는 것처럼, 우리의 언어행위도 항상 "특정한 시간적 지평의 연계성 속에서"(Butler 1997, 14) 수행되는 특성으로 인해 그 지평의 연계성에 변동이 생기면 동일한 언어행위라도 다르게 해석될 가능성을 배제하기 어렵다. 요컨대 특정의 언어행위가 지니는, 또는 창출하는 힘은 특성상 맥락적이고 한시적인 성격을 지닌다는 것이다.

우리의 언어행위는 항상 시공간과 맥락에 따라 다르게 해석될 수 있다. 이를테면 어떤 발화자가 기존의 사회적 관행에 따라 의도하고 예상했던 언어행위의 효과가 나타나지 않거나 애초 기대했던 것과 전혀 다른 효과를 낼 수도 있다는 것이다. 또한 어떤 행위자가 거의 같은 시점에 두 집단의 다른 청중을 상대로 동일한 언어행위를 수행했다고 해도 그가 동일한 반응을 이끌어 낼 수 있을 것이라고 확신하기는 어렵다. 이는 비록 발언이 동일한 시점에 이루어져 사회적 의미 체계 내 어떤 변화 요인이 개입하기 이전이더라도 어떤 청중인가에 따라 얼마든지 다른 반응 효과가 나타날 수 있기 때문이다.

그런 한편, 인간은 언어행위를 통해 무언가를 끊임없이 구성하고 해체하며 재구성하는 일을 되풀이한다. 이런 관점에서 볼 때, 인간은 '언어-구성적' 존재로 정의될 수 있다. 이 대목에서 우리는 '인간이 끊임없이 구성하고 해체하며 재구성하는 것'이 무엇인지 묻지 않을 수 없다. 그것은 놀랍게도 행위자 자신의 '정체성'이다. 버틀러의 언어적 구성주의 관점에서 볼 때, 우리의 정체성은 고정불변하며 단일한 어떤 것이 아니라, 시공간과 맥락에 따라 유동적이며 항상 언어적으로 재구성되는 속성을 가진다.

이런 배경에서 버틀러는 행위자의 정체성이 '의미화' 과정을 통해 천명된다고 주장한다. 일반적으로 누군가의 정체성은 "이미 항상 의미화된 상태에 있는 어떤 것"이므로, 그것은 행위자가 주어진 언어 형식에 참여함으로써만 확인이 가능하다. 그러므로 어떤 행위자가 자신의 정체성을 확인하고 싶다면, 그는 "다양하게 상호연계되는 담론들 내에서 순환함"으로써 의미화 과정에 지속해서 관여해야만 한다. 이러한 언어적 재구성 과정이 아니라면 그의 정체성은 은폐될 것이며, 극단적인 경우라면 언어적 행위 주체로서 '그'는 존재할 수 없기 때문이다.

> "나"를 주장할 수 있게 하는 조건들은 의미화 구조, [즉] 그 ["나"라는] 대명사를 정당하게, 또는 부당하게 일컫는지를 단속하는 규칙들, 그 대명사가 인지되어 순환할 수 있는 용어들을 수립하는 [의미화] 관행들에 의해 제공된다. … 하나의 정체성으로서 의미화된 것은 어떤 주어진 한 시점에 의미화된 것이며, 그 시점 이후로는 특정 자격을 부여하는 비활성 언어 조각으로서 거기에 그대로 존재하지 않는다(Butler 1999, 184).

위 인용문에서 알 수 있듯, 버틀러는 "나"라는 정체성은 주어진 "의미화 구조" 속에서 끊임없이 언어적으로 구성된다고 가정한다. 여기서 의미화 구조는 시간적 상황 조건과 사회적 규칙들의 직접적인 지배 아래에 놓여 있다. 따라서 기존의 의미화 구조에 변경 사항이 생기면 새로운 의미화 구조가 형성되어야 하며, 이는 "재의미화resignification" 또는 "재기술rearticulation"의 필요성을 뜻한다. 그런데 행위자의 언어행위가 항상 이미 의미화 구조를 전거하고 있으며 사실상 그 속에서만 의미를 창출한다는 점을 고려한다면, 버틀러 이론의 초점은 자연스럽게 '재의미화'에 관한 설명으로 모이게 된다. 요컨대, '이 재의미화 구조는 어떻게 형성되는가?' 또는 '행위자는 어떤 방식으로 재의미화 구조 형성에 관여하는가?'라는 질문에 답해야 한다는 것이다.

여기서 잠시 아렌트의 유목적 주체 논의를 상기해 보자. 현대 사회 내부에는 아렌트의 공영역으로 인식할 만한 '아렌티안 폴리스'가 무수히 많이 존재하며, 시민들은 그러한 공간들을 자유롭게 넘나들고 가로지르면서 제각각 언어행위를 수행한다. 아렌트 정치이론의 시각에서 그러한 정치행위 공간으로서의 '아렌티안 폴리스'는 곧 '아렌티안 아르키메데스 점'으로 바꿔서 이해할 수 있다. 이를 다시 버틀러의 시각으로 재해석한다면, '아렌티안 폴리스'와 '아렌티안 아르키메데스 점'은 각기 다른 독립된 '의미화 구조'를 표상한다고 말할 수 있다. 따라서 거기 참여하는 개별 행위자는 각각의 의미화 구조에서 자신의 정체성을 언어적 주체로서 재구성해야만 하는 것이다.

이런 견지에서 다양한 공영역에 자유롭게 자발적으로 참여한다고 간주되는 아렌트의 행위자는 하나의 고정된 주체성의 양태가 아닌 여러 가지 다양한 양태의 '이행적' 주체성을 가진다고 간주될 수 있다. 이러한 상황이 우리가 그를 유목적 주체로 부르는 것을 정당화한다. 특히 여기서 '유목적'이라 함은 단순한 물리적 이동성을 가리키는 것을 넘어, 후기구조주의 철학에서 말하는 "유목적 의식"과 맥을 같이한다고 볼 수도 있다.

유목민이 된다는 것, 이행移行 속에 산다는 것은, 사람이 공동체 속에서 기능할 수 있게 해 주는 정체성을 위해 필연적으로 안정적이고 재보증해 주는 근거지들을 창출할 수 없거나 그러기를 꺼린다는 말이 아니다. 오히려 유목적 의식은 여하한 유의 정체성도 영구적인 것으로 취하지 않는 데서 발견된다. 유목민이란 오직 통과해 지나갈 뿐이기 때문이다(Braidotti 2004, 75. 강조는 필자).

무엇이 '유목적 의식'인가? 가령 어떤 사람이 각기 성격이 다른 아렌티안 폴리스에 중첩적으로 참여한다고 가정하면, 참여자로서 그의 정체성은 그가 참여하는 공영역의 의미화 구조 —그곳의 성격, 목적, 참여하는 구성원 등이 표상하는, 또는 담지하는 공간적 특질— 에 따라 현장에서 새롭게 재구성되어야 한다. 비근한 예로, 최근에 숙의민주주의 구현과 진작 차원에서 '신고리 5·6호기 공론화위원회'나 '연금개혁 공론화 500인 회의'와 같은 민주적 혁신을 위한 '정치의 장'이 설치된 적이 있다. 성격상 그것은 '아렌티안 폴리스'였고, 거기 참여한 시민들은 서로 다른 '의미화 구조' 속에서 각자의 잠정적, 또는 이행적 '정체성'을 새롭게 구성함으로써 그 공간에 부여된 임무를 수행했다.

이러한 아렌티안 폴리스 내 행위 주체의 '유목적' 특성과 관련해서 한 가지 문제점이 제기될 수 있다. 가령 참여자의 정체성이 특정 공영역의 내부에서 구성되는 것이라면, 그것은 그곳의 시공간적 맥락에 한정해 판단되어야 한다. 그리고 같은 행위자가 다른 공영역으로 이동하게 되면 그는 다시 새로운 행위 주체로서의 정체성 구성 과정을 되풀이하게 될 것이며, 그 결과, 그는 이전 공영역에서 구성했던 행위 주체와 동일한 관점을 대변하지 않을 수 있다. 여기서 문제는 우리가 이처럼 이행성移行

性 또는 일회성 一回性을 띠는 유목적 주체를 신뢰하고 그에게 책임감 있는 행위를 기대할 수 있을지 의구심이 생긴다는 점이다.

그러나 이러한 의구심은 적어도 원칙상으로는 기우에 불과하다. '아렌티안 폴리스'의 행위 주체는 비록 유목성을 띨지라도 결코 이기적이거나 무책임한 주체가 될 수 없기 때문이다. 그곳은 '인간다수성'이 구현된 공간이므로, 정치행위는 행위자의 탁월성을 드러내는 동시에 타인들의 심미적 판단 대상이 된다. 따라서 행위자의 이기성이나 무책임성은 지양되며, 그곳에서 공유된 말과 행위는 암묵적인 상호 약속의 형태로 기억화하거나, 아니면 명시적인 문서로 작성돼 참여자 전체에게 사후 구속력을 갖게 된다. 이런 맥락에서 특정의 아렌티안 폴리스는 하나의 기준점 또는 척도로서 '아르키메데스 점'으로 간주될 수 있는 것이다.

사실 이처럼 아렌티안 폴리스에 참여해 함께 합의를 도출하고 그 약속을 사후적으로 이행하는 것 ―아렌트는 "약속의 체결과 이행the making and the keeping of promises"이 우리가 정치의 영역에서 발견할 수 있는 "최상급의 인간 능력"(OR, 175)이라고 주장한다― 이 바로 민주적 정치공동체를 지탱하는 공민적 책임성이다. 이런 맥락에서 아렌트가 무조건 정치적 행동주의를 부추긴다는 학계 일각의 지적이야말로 근거 없는 섣부른 비판일 뿐이다. 실제로 아렌티안 폴리스에서 수행되는 "정치행위는 다수의 행위자 사이에서 일어나는 어떤 것이며, 이는 각 개인의 의도나 목표가 계속해서 다른 사람들의 의제로 인해 좌절될 수 있다는 것을 의미한다." (Canovan 1992, 276) 따라서 '자신이 하고 싶은 것은 무엇이든 한다'라는 식의 개인주의와 무책임성은 아렌트 정치이론과는 거리가 멀다고 하겠다.

요약하면, 아렌트에게 "정치는 다수의 사람 사이에서, 즉 그들이 자신들 사이에 함께 지탱하고 있는 공간 속에서 이루어진다."(Canovan 1992,

281) 다른 말로 하면, 정치는 인간의 '탄생성natality'과 '인간다수성human plurality'의 함수 관계가 빚어내는 산물이다. 왜냐하면, 인간의 탄생성은 새롭게 시작할 수 있는 자유와 그것의 구현 수단으로서 행위 능력을 개인들에게 부여하며, 인간다수성은 개인들이 자신의 자유를 구현할 수 있는 정치적 공간을 창출할 수 있는 근본 조건이기 때문이다.

아렌트는 이 사람들 사이에 끼인 공간 —즉 '아렌티안 폴리스'— 이 "마치 책상을 가운데 두고 둘러앉아 있는 것"처럼 사람들을 모으는 동시에 분리시키는 기능을 한다고 주장한다. 이 말은 첫째로, 행위자의 말과 행위, 즉 행위자의 "외견을 인지하기 위해서는 우선 우리가 자유롭게 우리 자신과 대상 사이에 일정한 거리를 둘 수 있어야 한다"(BPF, 219)는 것, 그리고 둘째로, 행위의 가치를 판단하는 척도는 예술작품의 경우처럼 '아름다움'이 되어야 한다는 것을 의미한다. 아렌트가 제시하는 언어적 상호작용의 한 형태로서 정치행위는 원칙상 공개적 장소에 있는 타인들의 인정을 겨냥하고 있다는 점에서 심미적 판단의 대상이 될 수밖에 없으며, 사물의 아름다움에 관한 판단은 '심미적 거리'를 둘 때에만 가능하기 때문이다.

결론적으로, 아렌트의 '유목적 주체'는 인식론적으로 심미적 판단에 필요한 거리를 둘 수 있는 주체다. 그는 자신이 기본적으로 '이행' 또는 '통과'의 과정에 있음을 인지하고 있으므로, 어느 누구와도 또 어떤 장소와도 필요 이상의 몰입 단계로 진입하지 않는다. 이는 그로 하여금 '지금, 여기'에 최선을 다할 수 있게 하는 조건이다. 그는 유목민으로서의 진의적 삶, 즉 들뢰즈가 말하는 '재영토화' 임무에 충실하기 위해 타인의 말과 행위의 아름다움을 공정한 눈으로 객관적으로 평가할 것이며, 같은 이유로 자신의 말과 행위의 아름다움을 위해서도 최선을 다할 것이다.

물론 그와 동시에 그곳에 있는 다른 참여자들과 "의도적이고 편견 없는 연대성"을 구성할 수도 있을 것이다. 이러한 '유목적 의식'이야말로 아렌트가 정의한 '공존과 제휴로서의 정치'에 가장 요구되는 덕목일 수 있다. 다음 절에서는 이 정치적 덕목이 현실 세계 속에서 어떤 방식으로 구현될 수 있는지를 구체적으로 검토할 것이다.

3. 시민공화주의적 분투주의와 약속의 정치

1) 유목적 주체와 분투주의

샹탈 무페Chantal Mouffe는 "민주주의를 효과적으로 시행하기 위한 필수조건은 상이한 정치 프로젝트 주체들이 '분투적agonistic'인 논쟁을 펼칠 수 있는 공공영역the public sphere이 존재하는 것"이라고 주장한다. 이는 민주주의가 제대로 작동하려면 정치적 주체들에게 "갈등 차원conflictual dimension"을 제공해야 한다는 뜻으로 읽힌다(Mouffe 2005, 2-7). 그 이유는, 갈등이 공개적 논쟁으로써 조정될 수 있는 공공영역들을 통해 당파적 이해관계들이 해소되지 않는 한, 민주주의는 여전히 "우리 대對 그들"로 이루어진 적대 관계들만 반복 재생산할 것이며, 평화적인 공생 관계로 나아갈 수 없을 것이기 때문이다.

가령 우리가 민주주의 사회 내부에서 이루어지는 "모든 합의는 배제행위를 바탕으로 하고 있으며 모든 사람의 의견이 포함된 '합리적' 합의란 불가능하다"(Mouffe 2005, 11)는 무페의 관점을 수용한다면, 민주주의 사회는 사실상 적대 관계들로 이루어진 집합체로 간주할 수 있다. 따라서 우리는 권력이나 이익에서 배제된 사람들이 언제든 체제에 위협적인 존재들로 변할 잠재성을 항상 염두에 두어야만 하며, 민주주의 정치의 주된 임무 중 하나는 사회관계 속에 존재하는 잠재적 적대감을 해소하는 것이 되어야만 한다(Mouffe 2005, 19). 이러한 잠재적 적대감을 해소하는 방법은 무엇인가? 무페는 다음과 같이 설명한다.

> 갈등conflict이 합법적인 것으로 수용되기 위해서는 정치결사체를 파괴하지 않는 형태를 띨 필요가 있다. 즉 갈등 당사자들 사이에 어떤 유형이 됐든 [그들을 함께 묶어 주는] 공통의 끈이 있어서, 적과 친구라는 적대적 관계에서 불가피하게 행해지는 방식대로 상대방의 요구를 비합법적인 것으로 여겨 상대를 제거할 대상으로 취급하지 않아야만 한다. … 적대주의antagonism는 공통된 토대를 갖지 않은 쌍방 사이에 성립하는 우리/그들 관계인 반면, 분투주의agonism는 갈등 당사자들이, 비록 자신들의 갈등에 대한 합리적 해법이 존재하지 않는다는 사실을 인식하면서도, 상대의 정당성을 인정하는 우리/그들 관계이다. … 우리는 [종국에] 민주주의의 임무는 적대주의를 분투주의로 바꾸는 것이라고 말할 수 있다(Mouffe 2005, 20. 강조는 필자).

위 인용문에 나타난 '시민공화주의적 분투주의'의 해법은 고대 아테네 시민들이 보여 주었던 이상적 정치의 형태다. 아렌트는 『인간의 조건』과 『혁명론』에서 아테네 시민들의 "분투정신the agonal spirit"을 진정한 민주주의의 성공 요소로 꼽은 바 있다. 따라서 우리는 무페의 '분투주의' 개념의 원천이 고대 아테네 민주주의라는 사실을 알 수 있으며, 그 연장선상에서 우리는 또 한 사람의 '아렌티안'과 조우하게 된다. 이에 우리는 무페가 강조하는 의사소통적 분투주의는 아렌트가 고대 아테네 시민들에게서 발견해 자신의 시민공화주의 정치이론에 접목한 접근법이라는 사실에 주목한다.

우리의 기억을 잠시 되살리자면, 아렌트의 정치철학은 인간 삶의 두 차원 —'활동적 삶'과 '관조적 삶'— 이 상호연계되어 있을 뿐만 아니라 동일한 동학에 의해 작동된다는 믿음에 기초하고 있다. 이것은 정치와 철학에 대한 반反플라톤주의적 통찰로서, 다수에게 속한 정치(행위)영역과 소수에게 속한 철학(사유)영역의 우열 및 분리 필요성 주장에 맞서 양자를 동일 선상에 위치시킴으로써 고대 이래로 관행화된 철학의 엘리트주의를 혁파하려는 시도였다.

아렌트는 『혁명론』에서 플라톤에 대해 다음과 같이 촌평한다. "한 [철학자의] 정치철학에 의해 가까스로 감추어진 철학과 정치 사이의 적대감은, 소크라테스의 죽음 이후 [플라톤이] 행위하는 자와 사유하는 자를 서로 분리시킨 뒤로 줄곧 서구 철학 전통의 저주는 물론이고, 서구 국가 통치술의 저주가 되어 왔다."(OR, 318, n.1) 이처럼 아렌트가 정치와 철학의 분리가 양자 모두에게 '저주'였을 뿐만 아니라, 국가 통치술에도 '저주'였다고 주장하는 이유는 무엇일까? 아렌트의 관점에서 볼 때, 정치와 철학의 결합은 불가피하게 윤리학을 불러들이게 된다. 학문적 특성상 윤리학은 사람들 사이의 문제 —즉 갈등과 화해, 경쟁과 제휴 등— 에 대한 성찰과 실천적 해결책을 모색하기 때문이다.

잘 알려진 대로, 플라톤이 정치와 철학의 분리 입장을 갖게 된 계기는 스승인 소크라테스의 죽음이었다. 그러나 역설적이게도 아렌트가 정치와 철학의 결합 관점을 가지도록 이끈 스승은 바로 소크라테스였다. 아렌트는 '철학함'을 통해 자신이 사는 정치공동체의 정치에 참여했고 억울한 누명을 쓰고서도 그리스 시민으로서 독배를 마신 소크라테스의 삶과 철학이 갖는 함의에 주목했다. 아렌트가 발견한 소크라테스는 철학과 정치의 합일을 꿈꾸었다. 그의 산파술은 사실상 시민들 사이에 모종의 "공동 세계", 즉 "정신의 삶"과 "시민의 삶"이 합치되는 이상향을 구축하고자 했던 "정치활동"으로 이해할 수 있다(Canovan 1992, 258, 260).

다른 한편, 소크라테스의 사유함, 즉 '무성의 대화'는 판단을 통해 자신의 영혼과 육신의 조화를 성취하는 것이었으며, 그것이 바로 '행복'에 도달하는 길이었다. 어떻게 '나와 나 자신의 대화'를 통한 영혼과 육신의 조화가 행복에 도달하는 수단이 된다는 것인가? 우리는 그 이유를 그의 대화 형식에서 찾을 수 있다. 내적 대화는 사유하는 자아라는 "하나-속-둘"(나와 나 자신) 사이에 이루어지며, 이 둘이 함께 '나'라는 통합체를 지탱하기 때문이다. 바꿔 말해서, 나의 두 부분 —'나me'와 '나 자신 myself'— 이 의견의 일치를 보지 못하고 불화하는 경우 나는 자기모순에 빠지게 되며 이는 영혼이 불행한 사태다. 가령 '나'라는 반쪽이 사람을 죽였다면 '다른 나'라는 반쪽은 살인자와 동거해야 할 운명에 처하기 때문이다.

윤리, 즉 '정치적 올바름'에 대한 플라톤과 소크라테스의 접근법은 매우 대조적이다. 플라톤이 내세의 처벌을 담은 '에르Er' 신화를 제시함으로써 사람들에게 '선한' 삶을 살라고 위협한다면, 소크라테스는 이생에서 죄인이 된 자신의 반쪽과 더불어 살게 되는 고통을 회피하라고 권면한다. 아렌트는 명확히 후자인 소크라테스의 일원론적 접근법을 전유한다. 그리고 소크라테스가 '저녁에 귀가했을 때 자신을 맞아 주는 또 다른 자신의 목소리'라고 한 '양심'의 역할에 주목한다. 그리고 우리 정신 활동에 관여하는 '양심'은 어떤 행위의 예상된 결과 —예컨대 '평화적 관계의 파열'— 에 대한 두려움 때문에 등장하는 "후속 사유after-thought"라고 할 수 있는데, 이것이 판단함과 결합하여 우리의 못된 생각을 "일소하는" 역할을 일정 부분 수행하게 된다고 주장한다(LM I, 190).

바꿔 말해서, '내부-공영역'에서 이루어지는 "정치적 사유는 결론(행위)에 도달하기에 앞서 타인들의 견해를 자신의 견해에 비추어 판단하며 입장을 형성하는 과정"이다(Canovan 1983, 108). 이처럼 아렌트에게 사유행위는 전체주의나 독재 체제 아래서 시민들의 자유로운 정치행위가 금지되거나 정치적 자유가 제한될 때, 또는 시민들이 현실적으로 선택할 수 있는 것들이 부재할 때 현실 세계 내 정치행위를 대체할 수 있는 실효적 대안으로 인식되었다. 사유하는 일은 "소수의 특권이 아니라 모든 사람에게 항상적인 [정신적] 기능"(LM I, 191)이기 때문에, 또한 물리적 세계가 아닌 '재현된' 세계에서 발생하기 때문에, 누구든 의지만 있으면 시도할 수 있는 '대안적' 정치활동으로 볼 수 있기 때문이다.

물론 사유함의 '정치성'은 아렌트가 우리의 정신 기능 중 가장 '정치적'이라고 선언한 판단 기능을 통해 구현된다. 아렌트는 소크라테스식 대화법, 즉 나와 또 다른 나 사이의 '무성의 고독한 대화' 속에서 내가 무엇을 하고 싶다는 것I-will과 내가 무엇을 할 수 있다I-can는 것 사이의 간극이 바로 이 판단 기능 덕분에 메워질 수 있다고 설명한다. 이것은 '판단' 과정에 참여하는(또는 초대되는) 관중의 역할을 활성화함으로써 아렌트가 기대한 이론적 효과를 창출하게 된다. 실제로 이 '관중'의 역할은 소크라테스의 대화법에서는 찾아볼 수 없는 요소인데, 아렌트가 이것을 사유함의 판단 기능에 새롭게 도입하면서 사유함의 지평을 "나와 [관중] 다수의 대화"로 확장시킨 것이다.

　앞에서 이미 언급했듯, 이러한 아렌트의 이론적 시도는 '공영역'과 '내부-공영역'의 병치 구도로서 나타나고 있다. 요컨대, 아렌트는 의사소통의 즉자적 차원과 대자적 차원을 구분하는 한편, 여기서 발생하는 의사소통 양식을 동일한 현상학적 동학으로 설명함으로써 이 두 차원을 연계시키고 있다는 것이다. 이러한 아렌트적 사유함의 관점에서 "내부-공영역" 속의 개인은 스스로 다양한 타인들의 입장과 의견을 상정하여 자신의 아집과 편견을 초월하는 초연한 판단을 하게 될 것으로 기대된다. 그러므로 나의 행위는 '내가 의지하는 것'과 '내 속의 관중 다수가 동의하는 것'이 만들어 낸 합작품이라고 볼 수 있다.

　그러나 한 가지 현실적인 문제점이 있다. 소크라테스의 '나와 나 자신의 대화' 형식에서는 판단 결과가 곧바로 나의 행위로 이어질 수 있을 것으로 보인다. 이와 대조적으로 아렌트의 '나와 다른 사람들의 대화' 형식에서는 내가 상상력을 동원하여 타인들의 의견을 참고해 모종의 타협점을 찾은 경우이므로, 현실의 공영역에서처럼 '직접적인 상호 합의'에 기초한 결정과는 '구속력'과 '실효성' 차원에서 차이가 날 것으로 추론할 수 있기 때문이다. 무엇보다 '판단'은 사후적으로 이루어지는 반성적 활동이므로 반성의 결과는 추후 현실 세계의 맥락에서 반영될 가능성으로 볼 수 있다. 이에 아렌트는 판단행위를 정치행위에 앞선 예행연습이라고 말하는 것이다.

　그런데 문제는 사유자가 이러한 '예행연습'을 마친 후 현실의 공영역에 다시 참여했을 때, 현실 상황은 그가 사유함 속에서 '성찰한' 상황과 동일한 것이 아닐 가능성이 있다는 점이다. 심지어 나의 판단 과정에 참여한 사람들이 다시 참여한 동일한 공영역의 경우라도, 만약 그들 중 일부가 태도를 바꾼다면 내가 사전에 예행연습한 결과를 액면 그대로 내 정치행위에 반영할 수 있을지는 알 수 없다. 그런 상황에서는 다시 새로운 의사소통 과정이 개시되고, 나는 한 사람의 유목민인 양 '지금, 여기'에 집중하는 게 최선이기 때문이다. 아렌트는 정치행위에 수반되는 이 '우발성'과 '예측 불가능성'의 문제를 '약속 체결making promises' 방식으로 해결하고자 한다.

2) '약속의 정치' 패러다임

아렌트의 '정치적인 것the political'에 대한 전혀 새로운 인식은 전통적인 개념 범주에 대한 재해석의 산물이다. 특히 아리스토텔레스가 제시한 '인간'에 대한 두 가지 정의 —즉 '정치적 존재zoon politikon'와 '언어적 존재homo logon ekhon'— 와 그것이 함께 결합한 형태인 시민의 정치적 행위로서 '프락시스praxis'에 대한 재해석에서 출발했다고 볼 수 있다. 그러나 그는 이러한 고대 아테네의 정치적 개념 범주들을 단순히 전유하는 차원에 그치지 않고, 그것들을 20세기 독일 실존주의 관점에서 재해석해 완전히 새롭고 급진적인 존재론적 '정치행위action' 개념으로 재탄생시켰다(Villa 1996; 서유경 2000; 2002).

이미 앞에서 살펴본 대로, 아렌트의 정치행위 개념과 관련해서는 학계 내부에서 공인된 두 가지 접근 방식이 존재한다. 하나는 하버마스(1981)가 제시한 '의사소통적' 행위 패러다임 접근법이고, 다른 하나는 빌라(1996)가 주창한 '수행적performative' 행위 패러다임 접근법이다. 이 두 패러다임은 각각 고대 아테네 폴리스에서 이루어진 시민들의 직접 참여와 숙의熟議 방식에 주목해 실제 현실정치적 상황에서 정치행위가 어떤 형태로 수행되거나 수행되어야 하는지를 보여 주는 두 개의 서로 다른 정치행위 관점을 대표한다. 분명한 사실은, 각기 강조점의 차이에도 불구하고, 양자 모두 아렌트 정치행위의 특징을 이론적으로 체계화함으로써 하나의 정치학 개념 범주로서 아렌트 정치행위의 이론적 효용성을 입증한다는 점이다.[72]

그러나 안타깝게도 두 설명 방식 모두 아렌트가 '정치행위'라고 부르는 것의 실제 양태, 즉 현실정치 속에서 나타나는 구체적인 행위 유형이 무엇인지를 제시하는 데까지 나아가지는 않는다. 아렌트의 저서 여기저기에서 정치행위의 '현실태'가 무엇인지와 관련해 상당히 다채로운 단서들을 찾을 수 있을지라도 말이다. 스승의 저술 작업에 정통한 제자 제롬 콘Jerome Kohn의 분류법에 따르면, 아렌트 정치행위 범주에는 ① 누군가가 자신의 동료 시민들이 동석한 가운데 말speech과 행위deed를 수행하는 일, ② 목적을 미리 알 수 없는 뭔가 새로운 것을 시작하는 일, ③ 공영역the public realm; *res publica* or republic을 정초하는 일, ④ 약속하는 일 promising, 그리고 ⑤ 타인을 용서하는 일forgiving 등이 포함된다(PP, viii, Kohn's Pref.).

필자가 보기에 이 가운데 ①항과 ②항은 명백히 고대 아테네 직접민주주의의 기원으로 거꾸로 소급되는 정치행위 유형으로, 주로 '수행적' 행위 패러다임이 주목한 항목이다. 이와 대조적으로 ④항과 ⑤항은 로마 공화정의 법치주의 통치 방식과 로마제국의 이방 종족에 대한 포용 방식에서 추출한 정치행위 항목으로 볼 수 있으며,[73] 대체로 의사소통적 행위

---

72   이 두 개의 아렌트 정치행위 패러다임에 관한 설명은 서유경(2000)을 참조하라.

패러다임이 주목한 항목이다.[74] 한편, ③항은 양쪽 모두의 해당 사항이다. 이는 공영역의 정초는 두 개의 국면으로 나눠 볼 수 있기 때문이다. 첫 번째 국면은 사람들이 함께 모여 정치적 자유를 구현하기 위해 스스로 나서서 '공화국' ―또는 '아렌티안 폴리스'― 을 정초하는 행위를 '수행' 하는 것이다. 두 번째 국면은 자신들이 정초한 '공화국'의 혁명 정신을 보전하기 위해 공화국 헌법의 정초 과정에 참여하는 ―즉 국가와 약속을 체결하는― 단계다. 이 두 번째 국면을 거쳐야만 비로소 공화국의 정초 작업이 완수된다.

약간의 설명을 추가하면, 아테네 시민들의 지극히 자기노출적이며 경쟁적인 정치행위는 그들에게 "아버지이자 폭군"으로 인식되었던 도시의 법에 대한 절대적 복종 의무를 부과함으로써 통제될 수 있었다(PP, 182).[75] 그럼에도 아테네인들은 법을 스스로 만들기보다 비非시민인 외부 입법자에게 의뢰했으므로 엄밀히 말해 입법 활동은 정치행위 범주에 포함될 수 없었다.[76] 따라서 아테네의 '수행적' 모델은 입법 활동을 정치행

---

73 아렌트 정치행위 이론의 '로마커넥션'에 대해서는 서유경(2011b)을 참조하라.

74 표면상 하버마스의 의사소통행위 패러다임은 로마의 입법 활동을 모델로 삼고 있는 듯 하다. 그러나 그의 보편화용론이 수행적 차원의 원칙과 절차를 제시한다는 사실은 아테네 폴리스에서의 정치행위 수행 방식을 적극 참조한 결과로 볼 수 있다.

75 소크라테스는 『크리톤Kriton』에서 법을 "아버지이자 폭군"으로 지칭한 바 있다(PP, 182).

76 고대 아테네는 '12표법'으로 대표되는 로마와 달리 성문법 체계가 아니었다(OR, 188). 따라서 전쟁 선포와 같은 도시국가의 중대 결정은 델포이 신전의 신탁에 의존하였고, 그 외의 정치적 사안들은 시민들이 민회에 모여 숙의 과정을 거쳐 다수결로 결정했다. 여기서 신탁은 '비시민'의 범주에 해당하며, 민회의 결정은 법이라기보다는 '잠정적' 합의사항이다. 한편, 플루타르크의 『영웅전Bioi Parálléoi』에 따르면, 고대 그리스에서 '최초의 입법자'로 알려진 리쿠르고스Lycurgus는 이집트와 주변 도시국가들을 두루 여행한 후 스파르타의 법체계를 완성해 통치자에게 헌정하고 유유히 사라졌다고 한다. 리쿠르고스의 법은 당시 그리스인들 사이에서 '최고의 법'으로 칭송받았으며, 이 사례는 이해관계를 떠난 사람이 법을 만드는 것이 가장 이상적이라는 교훈을 남겼다.

위의 범주에서 제외시켰다. 이와 대조적으로 로마인들에게 '약속하기'는 곧 법의 제정 활동이었고, 그 자체로서 중요한 정치행위였다. 이 점을 염두에 둔 아렌트는 미국혁명을 설명하면서 입법 활동을 가장 중요한 정치행위 유형으로 특정했고, 그로써 아테네 직접민주주의에 특화된 자신의 '수행적' 정치행위 개념에 로마공화정과 원로원의 특색인 '의사소통적' 요소를 가미했다.

결과적으로, '공영역 정초'라는 정치행위는 아테네와 로마의 정치행위 양식이 함께 융합된 항목이다. 우선 아테네적 '정초' 개념은 곧 폴리스를 세우는 일을 가리킨다. 예컨대 페리클레스가 아테네 시민들에게 "당신이 어디를 가든 당신은 하나의 폴리스가 된다"(HC, 198)고 선언한 연설의 맥락에서 '정초'는 엄밀한 의미로 추상적 차원에서의 '세계' 또는 '인간관계망' 구축을 의미한다. 왜냐하면, 역사적·물리적 정치 공간으로서 아테네 폴리스는 오직 한 곳만 존재하기 때문이다. 이와 대조적으로, 로마의 경우에 이것은 로마 건국은 물론 조약을 통한 로마제국의 물리적 영토 확장행위까지를 다 포함했다. 로마적 정초는 국가나 정권의 수립과 그에 수반되는 헌법 제정과 관련된 개념이며, 조약은 합법적으로 맨 처음의, 또는 원래적 정초행위의 토대를 증대하는 현실정치적인 방안이었다.

아렌트 정치행위론적 관점에서 가장 중요한 이론적 전기는 필자가 아렌트 정치이론의 '로마커넥션'이라고 지칭한 로마의 현실정치에 대한 심층적 이해를 통해 공화국(또는 그의 공영역)과 법이 불가분 관계에 있다는 사실과 더불어 시민들이 상호 약속을 맺는 행위로서의 입법 활동에 대한 정치학적 성찰이었다. 그 결과, 아렌트는 자신의 아테네 폴리스에 특화된 비도구적 행위 모델의 개인주의적·철학적 관점을 지양함으로써 자신의 정치행위론의 현실 적용 가능성을 강화할 수 있었다. 이러한 성찰의 결과로 탄생한 것이 아렌트의 '약속의 정치the politics of promise' 패러다임이다. 필자가 보기에 이 패러다임의 정치이론적 함의와 현실정치적 시사점은 세 가지로 요약할 수 있다.

첫째, 약속의 정치 패러다임은 아테네 폴리스 행위 모델의 포기를 의미하지 않으며, 단지 행위자 개인의 행위 수행 차원에 초점을 맞춰 기술된 지나치게 개인주의적 관점의 설명이라는 약점을 로마식 입법 또는 약속 양식으로 보완하는 제도주의적 관점의 방법론일 뿐이다. 이것은 정치행위의 개인적 행위 수행과 그것의 공동체적 목표 추구 사이의 간극을 메우는 구체적인 행위 실천 양식으로서 '약속하기/입법 활동'의 제시라는 점에서 중요한 정치이론적 개가인 동시에 현실정치 차원에서도 실효성이 담보되는 성과물이다.

둘째로, 이 약속의 정치 패러다임은 정치행위의 공적 성격, 즉 공공성에 윤리학적 시선을 투사함으로써 "정치의 존재이유는 자유"라는 기본명제에 근거한 자유의 정치학 패러다임이 표상하는 개인주의와 급진적 무도덕주의를 이론적으로 극복하는 계기를 제공하였다. 앞에서 우리는 이미 아렌트의 자유 개념이 궁극적으로 '상호 약속'의 한계 내에서 유효한 자유임을 확인할 수 있었다. 이 '상호 약속' 개념은 개인과 개인, 개인과 집단, 집단과 집단, 국가와 국가, 국가와 개인 등 다차원적으로 해석될 수 있다. 이에 덧붙여, 이것은 '나와 나 자신의 대화'가 이루어지는 개인의 사유함의 과정 —즉 아렌트의 '내부-공영역'— 속에서 이루어지는 자기 약속의 차원까지도 총망라한다고 볼 수 있다. 이런 점에서 아렌트의 정치철학과 정치학은 정치윤리학의 차원에서 지평 융합을 이룩하고 있다는 결론에 도달하게 된다.

요약하면, '약속의 정치' 패러다임의 핵심은, '정치행위는 근본적으로 새로운 자유(또는 공화국)를 정초하는 일에서 출발하여 약속의 정초로 종결되며, 그것의 성패는 당사자들의 약속 이행 여부에 달려 있다'라는 명제로 볼 수 있다. 앞에서도 언급했듯, 아렌트 정치이론적 맥락에서 '약속하기'는 곧 특정 정치행위를 촉발시킨 '인민의 힘', 즉 '권력'[77]을 '합법적 권위'로 전환하는 '기억화'와 '문서화'를 통해 공동의 토대를 정초하는 일이다(OR, 175). 그러므로 약속의 불이행은 비단 정치행위의 좌초를 의미하는 것일 뿐 아니라, 공동체의 권위적 토대 구축을 방해하는 반공동체적 행위가 된다. 우리가 공동체의 권위적 토대를 스스로 구축할 수 없다면, 우리는 공동체적 삶의 좌표를 발견할 수도 없을 것이기 때문이다.

아렌트가 정확하게 관찰했듯, 우리는 과거 우리 선대들의 삶 속에서 구심점이 되었던 '종교', '전통', '역사'와 같은 로마적 권위들이 완전히 무너진 세상에 살고 있다. 그는 이런 맥락에서 "과거가 더 이상 그것의 빛을 미래에 투사하지 않으므로 인간 정신이 어둠 속에서 방황한다"(OR, 57)는 토크빌의 견해에 적극 동의했다. 그리고 나서 그는 모든 기준이 모호하여 판단력이 마비될 때 우리 삶을 지탱할 수 있는 유일한 방도는 새로운 기준을 정초하기 위한 정치행위라고 역설했다. 우리의 정치행위는 우리가 원하는 새로운 폴리스, 새로운 자유, 새로운 권위의 토대를 구축하는 일, 그리고 무엇보다 우리가 함께 정초한 것들을 지켜 내자는 약속을 이행하는 일을 포함하기 때문이다. 정치행위는 사실상 유일하게 기적을 일으킬 수 있는 인간 능력이다(HC, 246).

---

77 아렌트가 이해하는 바로서 "권력power은 행위함acting과 발언함speaking 사이의 잠재적 외견의 공간인 공영역을 현존하게 하는 것"이므로 "사람들이 함께 행동할 때 그들 가운데 발생하며, 그들이 흩어지는 순간 [함께] 사라진다."(HC, 200)

제3부

'인간다수체'의 유형학과 타자윤리학

7장

사유함과 '인간다수체'의 유형학

재현함Re-presenting, 즉 실제로 부재하는 것을 현전하게 만드는 일이 정신의 독특한 재능이다. … [어떤 것이] 오직 내 정신에만 나타나게 하기 위해서는 우선 그것이 탈脫감각화되어야만 한다. 그것이 감각-대상들을 이미지들로 변형하는 능력을 "상상력"이라고 부른다. 부재하는 것을 모종의 탈감각화된 형태로 현전하게 만드는 능력이 아니라면, 그 어떤 사유 과정들이나 사유의 맥들도 전혀 생각할 수 없을 것이다(LM I, 75-6).

우리 정신은 세 가지 상이한 활동 —사유함, 의지함, 그리고 판단함— 으로 구성된 일종의 기능적 총체다. 그 정신의 활동들 각각은 각기 독립적인 구역을 확보하고 있고, 그들의 다른 활동 원칙에 따라 자율적으로 움직이지만, 그들 서로 간의 상호연계도 가능하다. 그러나 이 세 가지 능력이 제대로 작동하기 위해서는 우선 외견의 세계로부터, 그리고 현재와 일상의 현안들로부터 물러난 다음 서로 긴밀히 협조해야 한다 (LM I, 76). 물론 이것은 사유함이 현실과 아무런 관계도 없다는 뜻이 아니다. 그와 정반대로 사유함은 상상력을 통해 재현하는 방식으로 현실 자체를 반성하는 작업이다.

우선 우리의 감각 경험에 직접적으로 개방되는 외견의 세계는 사유함 속에서 그것의 실제적인 있음의 형태로 정신의 눈에 현전하게 되는 것이 아니라 일종의 물질적 사유대상으로 변형된다. 우리 정신이 '세계'로부터 확보하는 자율성은 사유대상들이 그것의 '내부' 감각 지각을 위한 원자재로서 주어진다는 사실에서 비롯된다. 이러한 '사유함'의 기능은 우리의 오감에 의해 지각된 대상들을 탈감각화하여, 우리의 기억 속에 탈감각화된 데이터로 저장될 수 있는 "이미지들"로 변형시킨다. 정신의 다른 두 능력인 '의지함'과 '판단함'은 이 지점에서부터 작동하기 시작되며, 저장된 이미지들로부터 필요한 것을 필요할 때 불러내어 사유대상으로서 그것 위에 각자가 맡은 작업을 전개하게 된다. 이 저장된 대상 및 사건들이 비록 탈감각화·탈시간화되었더라도, 의지함은 그 이미지들을 어떤 미래에 대한 예상의 형태로 재현하는 반면, 판단함은 그 이미지들을 특정 과거의 회상 형태로 재현할 것이다(LM I, 85).

이에 덧붙여, 판단함은 그것의 작동 결과가 다시 현실 세계 속에서 후속행위에 반영되어 수행될 개연성이 있으므로 정치적으로 매우 유의미한 기능이다. 그래서 아렌트가 자신의 주된 관심을 서구 전통 철학에서 특권적 주제였던 '의지의 자유'에서, 칸트를 경유하여 '판단의 정치적 기능'으로 옮긴 것은 지극히 당연한 일이었다. 실제로 아렌트가 사유의 정치적 유의미성을 탐구하는 새로운 정치철학의 필요성을 제기했을 때,

그는 비록 관조적 삶과 활동적 삶의 분리, 즉 사유함과 행위함의 분리가 플라톤 이래 서구 철학의 끈질긴 전통으로 살아남았음에도 그것이 형이상학적 오류였다고 지적한 것이다. 이제 우리는 아렌트가 주목한 '사유의 정치적 유의미성'에 관해 본격적으로 논의할 준비가 되었다.

1. 사유함과 인간다수체

1) 전도된 코기토 The Reversed *Cogito*

플라톤의 대화편 『변명』에 등장한 소크라테스는 "검토되지 않은 삶은 살 가치가 없다"라는 유명한 언명을 남겼다. 요컨대, 사유함이 수반되지 않는 삶은 인간에게 어울리는 유형의 삶이 아니라는 것이다. 이와 유사한 맥락에서 아렌트는 "사유함이 없는 삶이란 백주에 몽유병을 앓는 것과 같다"며 소크라테스의 의견에 전적으로 동의한다. 그가 이처럼 사유함을 강조하는 것은 사유함이 인간의 가치 있는 삶을 영위하기 위한 필수조건이라는 확고한 믿음 때문이다.

그 연장선상에서 이 '사유하는 삶'이라는 소크라테스의 이상은 우리가 앞에서 논의한 아렌트의 '전도된' 코기토 the reversed *Cogito* ―'나는 존재한다, 그러므로 나는 사유한다'― 명제를 정당화한다. 이는 그의 '전도된' 코기토의 실제 의미를 '한 사람의 인간으로서 내가 세계 속에서 가치 있는 삶을 살기 위해서는 사유할 필요가 있다'로 해석할 수 있기 때문이다. 이와 대조적으로 데카르트의 '코기토' —'나는 사유한다, 그러므로 나는 존재한다'— 에서 "자아는 세계와 [자신을] 분리함으로써, 그리고 오직 사유 속에서 자신의 존재를 확인함으로써 자신과의 직접적인 관계, 즉 자기 자신에의 현존을 보장할 수 있었다." 그 결과 사유자의 "신체와 세계 내의 현존은 자아의 구성 요소에서 제외된다."(강영안 2005, 62)

그러나 아렌트는 기본적으로 인간의 속성을 물리적 '세계-내-있음'으로 이해할 뿐 아니라, 심지어 사유함 속에서조차 세계성worldliness을 벗어날 수 없다고 간주한다. 그렇다면 그가 "나는 사유하는 동안 내가 실제로 존재하는 곳에 있지 않다"(LM I, 85)라고 한 주장의 의미는 무엇인가? 그것은 정확히 말해서 현실 세계 속의 '나'가 사유함 —즉 세 가지 상이한 활동으로 이루어진 정신의 삶— 속으로 이동해서 '사유하는 자아'로 전환되었다는 것이다. 아렌트는 이 인간의 의식 속에 펼쳐지는 사유함의 공간을 "어떤 꿈의 나라some never-never land", "눈에 보이지 않는 것들의 땅the land of invisibles", "기억the memoria", "눈크스탄스nunc stans"[78] 등으로 다양하게 지칭한다.

이 다양한 명칭 가운데 특히 과거가 미래와 만나는 '절대현재'의 공간으로 설명된 눈크스탄스 —즉 '확장된 지금the extended now'— 는 우리 눈에 보이지 않는 내부 공간이며, 사유하는 자아가 올바른 판단을 내리기 위해 잠시 체류하게끔 현전하는 무시간적 시간 또는 비非-시간적 사유 공간이다(우리의 논의 관점에서 이 공간은 또 다른 유형의 '아렌티안 폴리스'로서 '내부-공영역'을 말한다). 이 공간은 사유자가 자신의 현실적 삶의 외부에 펼쳐진,

---

78 기억the memoria과 눈크스탄스nunc stans는 그의 박사 논문, *Der Liebesbegriff bei Augustin*(1929)에서 플로티노스를 전거하면서 성 아우구스티누스의 시간 개념을 논의하는 맥락에서 나타난 표현이다.

시간이 정지된 상태로 자기 삶에 관한 심판관의 입장이 되어 볼 수 있는 장소이다. 그러나 그가 비록 현실적 삶의 외부에 있더라도, 그는 여전히 '세계적인 것the worldly'에 관해 사유한다는 사실을 놓쳐서는 안 된다. 그 이유는 무엇일까?

2) 인간다수체: '단독적-다수의-있음Being-Singular-Plural'

아렌트가 말하는 '인간다수성human plurality'은 모든 인간의 실존적 조건이다. 한 인간의 생물학적 탄생은 그가 이미 많은 사람이 현존하고 있는 기존의 세계 속으로 한 명의 완전한 이방인으로서 끼어든다는 의미다. 이런 관점에서 아렌트는 우리에게 '살아 있음living'에 대한 로마인들의 이해 방식 ―즉 산다는 것은 다른 사람들 사이에 존재하는 것(라틴어 문구인 "inter homines esse"의 문자적 의미)― 을 일깨운다. 결국 우리 인간은 죽음이 찾아왔을 때에야 비로소 동료 인간들 곁을 영원히 떠나게 되는 셈이다(PP, 165).

이와 유사하면서도 약간 다른 성격인 아리스토텔레스의 '제2의 탄생'이나 아렌트의 '정치적' 탄생의 경우에도 신참은 사실상 사람들이 함께 조직한 기존의 인간관계망 또는 새로운 공영역 속으로 진입한다. 물론 후자의 경우에 신참은 자신의 의도와 무관하게 인간세계 속으로 태어나는 생물학적 탄생과 달리 자신의 의지에 따른 자유로운 선택의 결과로 탄생한다. "우리는 말과 행위와 함께 우리 자신을 인간세계 속에 끼워 넣는다. 이 '정치적' 성격의 삽입은 '거듭남', 즉 재탄생a second birth과 같으며, 우리는 그것을 통해 우리의 [제1의 탄생과 관련된] 원초적·물리적 출현이

라는 꾸밈 없는 사실을 확인하고 받아들인다."(HC, 176)

여기서 아렌트는 두 가지 중요한 논점을 제시한다. 첫째로, '제2의 탄생'은 그가 정의한 언어적 의사소통행위로서의 '정치행위' 수행을 위한 개인의 자발적 선택이라는 점이다. 이 말인즉슨, 인간 각자가 자신의 생물학적 탄생과 함께 자기 인생 이야기가 펼쳐질 새로운 시발점a new beginning이 되었다는 사실을 적극적으로 '확인하고 수용한다'는 의미다. 둘째로, 신참이 특정 인간결사체에 동참한다는 의미는, 제1의 탄생 때와 달리, 그것에 이미 속해 있는, 또는 그것을 새롭게 구성하려는 사람들과 그들이 표방하는 결사 목적에 대한 자발적이고 의식적인 동의 표현으로 볼 수 있다는 점이다. 첫째와 둘째 논점을 종합하면, 한 개인이 자기 이야기를 써 내려가기 위해서는 타인들과 결사하는 형태인 '제2의 탄생'은 피할 수 없는 과정이라는 결론이 나온다. 이는 '인간다수성'을 인간의 실존적 조건으로 인정할 수밖에 없는 근본 이유가 된다.

비록 우리가 우리의 시선을 '사유함'으로 옮긴다 해도 우리는 똑같은 결론에 도달하게 될 것이다. 우리가 하루 일과를 마치고 홀로 조용히 사유의 시간을 갖고자 할 때, 과연 우리는 순전한 단독성의 상태에 놓일 수 있을까? 우리는 소크라테스가 주장하듯 사유함 속에서 오롯이 '나와 또 다른 나' 사이의 고독한 무성의 대화를 나눌 수 있는 것일까? 아렌트가 보기에 소크라테스의 사유함 모델에서 발견되는 한 가지 이론적 오류는 그가 개인의 사유함이 '세계'와 분리된 상태로 이루어질 수 있다고 본 점이다. 아렌트에 따르면, '내부' 공영역에서 이루어지는 정신의 활동으로서의 사유함은 '나와 다수 관중' 사이의 무성의 대화 형식으로 이해해야 한다. 이는 사유함이 세계와 분리된 상태로 이루어질 수 없으며, 사유함이 세계와 관련되는 한 '인간다수성'이라는 인간의 실존적 조건은 결코 작동을 멈추거나 유보될 수 없다는 사실 때문이다.

아렌트 정치철학의 가장 중요한 핵심 개념인 '인간다수성'의 직접적인 원천은 하이데거의 'Mitsein' 또는 '함께 있음being-with' 개념이다 (Bowring 2011, 24). 한편, 하이데거에게 '있음Sein; being'은 "어떤 현전함의 사건an event of presencing이지, 특정의 구체적인 사물a specific thing이 아니다."(Ansell-Pearson 1994, 512) 따라서 무엇 또는 누구의 '현전함'이라는 사건은 특정의 구체적 시간 및 공간과 분리된 추상적인 방식으로는 이해하기 어렵다. 이런 맥락에서 인간은 '그곳Da'에 현전하는 하나의 사건, 즉 그곳의 '있음Sein'으로 정의되며, '그곳의 있음'으로서의 다자인Dasein은 한 개인의 실제적인 있음의 현존 양태 또는 양식이 된다.

주지하듯이, 하이데거의 다자인 개념은 『존재와 시간』에서 "being-in-the-world세계-내-있음", "being-with-others타인들과-함께-있음", "co-being공동-있음" 등 매우 다채로운 방식으로 표현되었다. 장뤽 낭시(2000)는 이러한 하이데거의 실존주의적 인간 이해 방식에서 이론적 영감을 얻어 인간실존의 핵심을 기발한 문구로 응축시킨다. 그것은 "being-singular-plural Être singulier pluriel; 단독적-다수의-있음"이라는 표현인데, 아래 인용문에서 알 수 있듯 "being-with-many l'être-avec-à-plusieurs; 다수와-함께-있음"와 동의어로 설명된다.[79]

> 존재의 본질은 공동-있음일 따름이다. 결국 공동-있음 또는 더불어-있음(다수와-함께-있음)은 그 공동-, 또는 더욱이 그 공동-(동시성)

---

[79]   Jean-Luc Nancy, *Being Singular Plural*, Translated by Robert D. Richardson and Anne E. O'Byrne(Stanford: Stanford University Press, 2000), 32를 참조하라.

이 한 존재의 위상이나 위장된 그 자체를 지정한다. [이것은 그] 단독적 다수라는 것이, 각각의 단독성이 그것의 다수와-함께-있음its being-with-many 과 분리될 수 없는 방식이며, 그 이유는 일반적으로 하나의 단독체는 하나의 다수체와 분리될 수 없기 때문이다. 이 공동-있음을 존재 자체를 하이픈 —"단독적-다수의-있음"— 속에 가둔다. 이것[단독적-다수의-있음]은 어떤 합일의 표식이자 어떤 분리의 표식이며, [또한] 그것은 각각의 용어를 고립 및 타인들과-함께-있음에 남겨 두는 방식으로 자신을 지우는 어떤 공유함의 표식이다(Nancy 2000, 30, 32, 37. 강조는 필자).[80]

---

80   참고로 이 인용문의 영문 번역은 다음과 같다. "The essence of Being is only as co-essence. In turn, coessence, or being-with(being-with-many), designates the essence of the co-, or even more so, the co-(the cum) itself in the position or guise of an essence. [This is the] *singular plural in such a way that the singularity of each is indissociable from its being-with-many and because, in general, a singularity is indissociable from a plurality.* This co-essence puts essence itself in the hyphenation —"being-singular-plural"— which is a mark of union and also a mark of division, a mark of sharing that effaces itself, leaving each term to its isolation and its being-with-the-others."(Nancy 2000, 30, 32, 37. 강조는 필자)
여기서 필자가 낭시의 영문판의 원문을 함께 제시하는 이유는 두 가지이다. 우선, 이 책의 논의 맥락상 그의 'being-singular-plural'이라는 미묘한 개념에 대한 보다 정확한 이해를 돕기 위함이다. 다음으로는 필자가 그의 'being-singular-plural'을 '단수적-복수적-있음'이 아닌, '단독적-다수의-있음'으로 옮긴 이유를 설명하기 위함이다.
첫째로, 위 문단에서 알 수 있듯, 낭시는 'being-singular-plural'이 'coessence' 또는 'being-with-many'와 같은 의미라고 설명한다. 여기서 우리가 주목할 단어는 'many'인데, 이것의 우리말 대칭어는 '많은', '여럿' 또는 '다수'이지, 국내 일부 번역물에 나타나는 표현인 '복수'는 아니다. 같은 맥락에서 우리가 'plural'을 '다수'로 옮기는 데 동의한다면, 이것과 쌍을 이루는 'singular'는 '단수'가 아닌 '단독'이 되어야만 뜻이 매끄럽게 통한다. 이에 덧붙여, 'singularity'와 'plurality'에 각각 'a'라는 부정관사가 붙어 있다는 점에 주목해 보자. 부정관사는 '셀 수 있는' 사물에 붙일 수 있으므로 'a singularity'는 '단독체'로, 'a plurality'는 '다수체'로 옮겨야 한다. 이러한 배경에서 필자는 아렌트의 'human plurality'를 '인간다수성'으로, 'a human plurality'를 '인간다수체'로 각각 옮긴 바 있다.
둘째로, 필자는 아렌트의 'human plurality'를 줄곧 '인간다수성'으로 옮겨 왔다. 그 이유는 아렌트의 연구 분야가 '순수' 철학이 아닌 '정치' 철학이라는 사실과 무관치 않다.

낭시의 설명에 의하면, '단독성singularity'은 이미 '다수적인 것'을 뜻하는 라틴어인 'singuli'에서 파생된 어휘다. 이 용어는 순서에 따라 하나씩 하나씩 속하게 된 총체로서의 그것을 가리킨다. 따라서 '단독적인 것the singular'이라는 의미는 우선적으로 제각각을 뜻하며, 또한 모든 타자와 더불어 있는 그것, 그리고 그들 가운데 있는 그것을 뜻한다. 이런 관점에서 보면 '단독적인 것'은 곧 '다수적인 것'이다.

이 대목에서 하이데거가 인간의 존재 양태를 '다자인Dasein'과 '다스만das Man'으로 구분하는 이유를 잠시 생각해 보자. 다자인의 '있음'은 우리가 앞에서 논의한 '전도된' 코기토 —그는 그곳에 있다, 그러므로 자신의 '그곳의 있음'에 관해 사유한다— 의 양태로 이해할 수 있다. 이를 하이데거의 용어상으로 바꿔 표현하면, 인간은 자신이 "세계 속에 던져진" 존재라는 것을 알기 때문에 자신의 현존이 무언가에 빚을 지고 있다고 느끼게 된다. 이 부채감이 그로 하여금 양심의 소리에 귀 기울이도록 강제하는데, 일차적으로는 그를 일상적 얽힘 상태로부터 불러내 "일종의 독백" 형태인 "나와 나 자신과의 무성의 대화"(LM I, 184)로 인도한다. 이는 전형적인 소크라테스식 '하나-속-둘the two-in-one'의 대화법이다.

그러나 아렌트가 보기에 다자인은 자신이 모종의 '단독적-다수의-

우리는 '정치' 영역에서 '다수결제도', '다수 의견', '소수 엘리트', '다원성plurality', '다원주의pluralism' 등등의 표현을 자주 접하게 된다. 이 사실에서 알 수 있듯, '다多'는 '정치적으로' 유의미한 개념이다. 따라서 우리가 아렌트의 인간다수성이란 개념 범주의 '多'를 '複'으로 옮긴다면, 그 어휘에 고유한 '정치적' 유의미성을 사장시키는 오류를 범하게 된다. 그 이유는 무엇보다 '다수'라는 표현은 어의상 '여러 개인의 개별성'이 살아 움직이는 것을 함축하지만, '복수'라는 표현은 어의상 '여러 개인의 개별성'이 집합성 속으로 형해화함으로써 정치적으로 무의미해진다는 것을 함축하기 때문이다. 이는 아렌트의 개념 범주인 'human plurality'와 그것의 약칭인 'plurality'는 반드시 '인간다수성'과 '다수성'으로, 그리고 그것의 구현체로서 'a human plurality'는 '인간다수체'로 옮겨야 한다는 것을 뜻한다.

있음'의 양태로 현존하는 세계에 대한 보살핌과 단절할 수 없으므로, 즉 주변 사람들과의 관계성을 벗어날 수 없으므로, '나와 나 자신과의 무성의 대화'는 '나와 다수의 무성의 대화'로 확장될 수밖에 없다. 이러한 아렌트의 재해석은 독일 실존주의 철학에 '정치성'을 부여한 것으로 평가할 수 있으며, 그 연장선상에서 아렌트는 "정치적 실존주의political existentialism"[81] 철학자로 일컬어지게 되었다(서유경 2002, 71-90). 학문적 성격상 그의 정치적 실존주의는 아리스토텔레스의 정치존재론과 독일 실존주의 철학이 결합한 결과물로 이해할 수 있을 것이다.

이제 이 점을 염두에 두고 아렌트의 'human plurality'라는 개념 범주로 시선을 옮기기로 하자. 아렌트의 개념들은 종종 하나 이상의 의미로 사용되는 특성을 보여 준다. 예컨대 'world'라는 개념은 물리적 공간으로서 '인간세계'를 가리킬 때도 있지만, 인식적 공간으로서 '인간관계망'을 가리키기도 한다. 이 'human plurality'도 예외는 아니며, 특히 두 개의 상이하지만 직접적으로 상호연계된 의미로 사용된다. 하나는 '인간다수성'이라는 인간의 실존적 조건을, 다른 하나는 인간의 실존적 조건인 '인간다수성'이 명시적으로 실체화한 집합적 인간결사체 형태로서 '인간다수체人間多數體'를 가리킨다. 우리는 아래 인용문 속의 "인간다수체는 고유한 존재들의 역설적 다수체"라는 아렌트의 표현에서 이 두 의미의 상관성을 엿볼 수 있다.

---

81 아렌트의 '정치적 실존주의'에 관한 설명은 학자에 따라 상당한 견해차를 보인다. 비근한 예로 아렌트에 비우호적인 일부 연구자는 그것을 카를 슈미트의 '정치적 결단주의'나 '비상대권' 개념과 연결해 비판한다. 그러나 이러한 해석은 아렌트 정치철학의 특성에 대한 '몰이해'나 '무지'의 결과로 볼 수 있다.

인간의 구별성distinctness은 타자성otherness과 동일하지 않다. …
인간 속에서, 그가 현존하는 모든 것과 공유하는 타자성과, 그가 살
아 있는 모든 것과 공유하는 구별성은 [그의] 고유성uniqueness이 된
다. 그리고 인간다수체는 고유한 존재들의 역설적 다수체human plurality is
the paradoxical plurality of unique beings이다. … 만약 [무엇인가의] 시발점으
로서 행위가 [생물학적] 출생 사실과 조응한다면, 즉 탄생성natality이
라는 인간[실존] 조건의 실체화라면, 발언은 구별성이라는 사실에 조
응하며, 다수성이라는 인간[실존] 조건의 실체화, 즉 동등인들 속에서
구별되는 한 사람의 고유한 존재로서 살아감[이라는 양식]이 실체화한
것이다(HC, 176, 178. [　] 안의 내용 및 강조는 필자).

우리가 '단독적-다수의-있음'이라는 양식을 세계 내 인간들에게 공
통적인 실존 조건으로 수용한다면, 아렌트 정치철학 이론의 핵심 개념
범주로서 '인간다수체'의 특징과 성격에 대해 본격적으로 논의할 준비
가 되었다고 볼 수 있다. 아렌트의 견해상 개인들은 자신의 고유성을 자
신이 속한 "인간다수체의 일원으로서as members of a human plurality" 말과
행위를 통해서만 드러낼 수 있다. 따라서 인간다수체는 기본적으로 말
과 행위를 매개로 의사소통이 이루어지는 언어공동체이며, 그 연장선상
에서 그것은 특수한 공동체적 의미意味와 기술記述 양식을 공유하는 '의미
화' 네트워크로 특징지을 수 있다.
　　그러나 이 인간다수체를 이해하는 데 있어 우리가 부닥치는 가장 큰
이론적 어려움은 지구 전체로는 말할 것도 없고 우리 주변에 무수히 많
은 '인간다수체a plurality of human pluralities'가 다양하게 존재한다는 사실
이다. 물론 우리는 아렌트의 이론적 관점에서 이것들 각각을 '아렌티안

폴리스'로 이해할 수 있으며, 앞에서 이미 설명한 것처럼 '아렌티안 아르키메데스 점'으로 바꿔 이해할 수도 있다. 인간다수체의 성격에 따라 거기 속한 사람들의 속성, 지향성, 목표 등도 달라질 것이기 때문에, 우리가 아렌트 정치철학의 성격을 좀 더 깊이 있게 이해하기 위해서는 유의미한 방식으로 인간다수체들을 유형화하고, 그 각각의 이론적 함의를 밝힐 필요성이 있다.

2. 인간다수체의 다섯 가지 유형

1) 인간 서식지the Habitat로서 물리적 세계(HP-I)

아렌트는 『인간의 조건』에서 아리스토텔레스의 인간에 대한 중첩적 정의 —정치적 존재zoon politikon[82]와 언어적 존재zoon logon ekhon— 에 기초하여 정치적 삶the bios politikos에 관한 논의를 전개한다(HC, 23, 27). 그는 여기에 자신의 새로운 개념 범주인 '인간다수성human plurality'을 추가함으로써 한 차원 높은 수준의 논의로 나아간다. 그의 설명에 따르면, 이

---

[82]　우리말로 '정치적 동물' 또는 '사회적 동물'로 옮겨지는 *zoon politikon*이라는 그리스 용어는 원래 '*polis*'라고 불린 그리스 도시국가에 사는 시민들을 지칭했다. '정치'를 뜻하는 'politics'의 어원도 '*polis*'다. 따라서 '정치적 동물'로 옮기는 게 합리적이다. 그러나 세네카Seneca는 이 용어를 '사회적 동물*animal socialis*'이라는 뜻의 라틴어로 옮겼으며 토마스 아퀴나스는 "인간은 본성상 정치적, 즉 사회적이다*homo est naturaliter politicus, id est, socialis*"라고 표현했다는 점도 함께 기억할 만하다(HC, 23).

개념은 "한 사람이 아니라 다수의 사람이 지구상에 서식하며 그들 사이에 어떤 세계를 형성한다"(OR, 175)는 인간의 실존 조건이다.

아리스토텔레스의 지적처럼, 인간은 공동으로 형성하는 '세계' 속에서 함께 살아가는 존재이다. 이에 아렌트는 "다른 인간들의 현전을 직접, 또는 간접적으로 증언하는 세계가 없다면, 그 어떠한 인간의 삶도 불가능하다"(HC, 7, 22)고 주장한다. 물론 이 언급들 속의 '세계'라는 용어는 다수의 인간이 함께 묶인 형태, 즉 인간다수성이 물질적으로 실체화한 형태로서 '인간다수체'를 가리킨다. 그 이유는 무엇일까. 그것은 인간 삶의 근본성이 바로 언어행위를 수행하는 존재라는 점에 있기 때문이다. "행위 문법: 행위는 모종의 인간다수체a plurality of men를 요구하는 유일한 인간 능력the only human faculty이다."(OR, 175)

아렌트는 자신의 박사 논문 『사랑 개념과 성 아우구스티누스』에서 기본적으로 성 아우구스티누스의 '세계'에 관한 이해 방식을 수용한다. 우선 세계는 "신이 만든 하늘과 땅이라는 구조"로서 물리적 거주 공간을 가리키며, 다음으로는 그 물리적 공간을 점유하고 있는 "세계의 주민들"을 가리킨다(LSA, 66). 그러나 인간들이 살지 않는 '물리적' 세계라는 것은 사실상 아무 의미가 없는 개념 범주에 지나지 않는다. 따라서 세계는 언제나 사람들이 거주하는 형태, 즉 하이데거식으로 표현하면, 사람들의 '그-세계-내-공동-있음cobeing-in-the-world'의 형태로 이해되어야만 한다.

한편, 한 사람의 인간이 태어난다는 것은 항상 '새' 성원이 기존의 세계 속으로 진입하는, 즉 신생아가 자신을 세계 속으로 끼워 넣는 현상으로 볼 수 있다. 그 사람이 누구든, 그의 성별이나 피부색이 무엇이든, 그는 태어남과 동시에 어떤 가정, 어떤 지방 공동체, 어떤 국가공동체, 지구의 남반구 또는 북반구, 지구라는 행성, 그리고 우주의 일원으로서 각각의 '세계'에 무조건 소속된다. 요컨대, 이 신생아는 출생과 더불어 한 사람의 신참으로서 그에게 주어진 '구별성' 및 '타자성'과 더불어 새로운 시발점으로서 자기만의 역사를 기술하기 위해 자신의 재량 안에 있는 행위 능력을 최대한 활용하게 될 것이다. "사람들이 세계 속으로 탄생하는 한, 태양 아래 새로운 것은 그들 자신뿐이라고 말할 수 있다."(OR, 28) 그들은 모든 자연적·물리적 세계, 그가 장차 선택할 인공 세계, 그리고 그의 내부에 있는 의식 세계 내 '단독적-다수의-있음being-singular-plural'의 양태로 존재하게 될 것이다.

우리는 이처럼 다양한 세계 중에서 특별히 생물학적 삶의 터전으로서의 인간다수체, 즉 가정과 같은 물리적 세계를 '인간다수체-I'(HP-I)로 구분한다. HP-I은 개인의 출생과 함께 주어진 것이기 때문에 신참이 자유의지로 선택한 것이 아니다. 그는 자신이 계속 이곳에 남을 것인지 아닌지를 스스로 결정할 수 있는 나이가 되었을 때, 또는 그 이전에라도 스스로 떠나기로 결심할지도 모른다. 그러나 그가 그 세계 속에 머무는 한, 그는 단독의 독립적 존재로서보다는 HP-I의 유기적 총체의 일부로서 간주될 것이며, 그렇게 행동할 가능성이 매우 크다. 그런 이유로 그의 행운, 불운, 행복, 불행, 심지어는 인간 존엄성조차도 대체로 자신의 의지와 무관하게 그가 속한 가족, 부족, 민족, 국가 등의 의지에 좌우될 수 있다.

하이데거의 용어상, 이러한 있음의 양태는 진정성 있는 다자인의 삶의 방식과는 다소 거리가 있으며, '다스만'의 양태로서 일상성 속에 함몰된 삶의 방식이다. 이와 대조적으로, 진정성 있는 다자인은 고유한 인간으로서 자신만의 의견을 제시하며 자기가 속한 세계 내 동료 구성원들을 상대로 자신의 행위 능력을 발휘함으로써 스스로를 차별화할 것으로 기대된다. 아렌트는 인간의 고유성의 두 차원으로서 '구별성distinctness'과

'타자성alteritas'을 구분하며, 양자 모두 인간들이 물질적 대상이 아니라 존엄한 인간으로서 서로에게 보여지는 양태라고 설명한다(HC, 176). 한마디로 인간은 단순히 태생적 외모 측면에서 구별되는 것을 넘어 말과 행위를 통해 스스로 타인들과 차별화하는 존재다.

이러한 시각에서 보면 HP-I은 인간의 생물학적, 전前정치적 삶의 토대 그 이상이 되기는 어려워 보인다. 그것은 다자인의 삶의 양식과 거리가 있다. 스스로 자기 삶을 주도하려는 다자인의 열정은, 마치 고대 아테네 시민과 동료 시민들의 분투정신이 그러하듯, 정치적 삶에의 참여를 욕망하게 할 것이기 때문이다. 그것은 또한 '세계-내-있음'이라는 현존에 대한 부채감이 그에게 정치공동체 내에서 벌어지는 일들에 대한 책임을 지도록 인도할 것이기 때문이다. 사람들이 '다스만'의 양태를 벗어나 '다자인'으로서 자신의 고유성을 제대로 실체화할 수 있는 다른 유형의 세계를 스스로 정초하는 이유가 여기에 있다.

2) 정치적으로 조직된 공영역the Public Realm(HP-II)

자유가 어떤 [해결을 요하는] 문제로서가 아니라 하나의 일상적 사실로서 알려져 왔던 장은 정치영역이었다. … 더욱이 자유에 관해 제대로 말하자면, 그것은 정의·권력·평등처럼 정치영역의 많은 문제와 현상 가운데 하나인 것만이 아니다. 자유는 혁명이나 위기의 시점을 제외하면 좀처럼 정치행위의 직접적 목표가 되지 않지만, 실제로 사람들이 정치 조직 속에서 함께 사는 이유이다. 가령 자유가 없다면 정치적 삶 자체는 무의미해질 것이다. [이런 견지에서] **정치의 존**

재이유는 자유이며, 그것이 경험되는 장은 행위다(BPF, 146; Arendt 2023, 286-287. [ ] 안의 내용 및 강조는 필자).

아렌트의 "정치의 존재이유는 자유이며, 그것이 경험되는 장은 행위"라는 매우 이색적인 정치존재론적 언명은 그의 저서 여러 곳에서 반복적으로 등장한다(HC, 197; BPF, 146, 151, 156). 이것은 정치와 자유의 상호의존성에 관한 정치존재론적 명제로서, 정치행위는 행위자가 특정의 외부적·물질적 목적을 달성하는 수단이 아니라, 인간의 타협할 수 없는 욕망으로서 자유의 향유 기회를 제공한다는 탈도구주의적·탈물질주의적 관점을 담고 있다.

그런데 이 정치와 자유의 상호의존성 명제는 명백히 정치행위가 자유롭게 수행될 수 있는 '정치의 장'을 전제로 성립한다. 그 이유는 동일한 지위에 있는 사람들의 평등한 의견 교환이 "정치적으로 보장된 공영역이 없다면 자유는 세계 내에서 외견을 드러낼 공간을 결여"하게 되기 때문이다. 이에 아렌트는 공영역에서 "입증할 수 있는 사실로서 자유는 정치와 동시에 발생하고 동전의 양면처럼 서로 맞붙어 있다"고 주장한다(BPF, 149; Arendt 2023, 291).

인간은 자유롭기 위해서 삶의 필요로부터 자신을 해방시켜야만 했을 것이다. 그러나 자유의 지위는 해방의 행위에 자동적으로 따라오는 것이 아니었다. 자유는 단순한 해방 말고도 동일한 지위에 있는 타인들의 동석同席을 필요로 했고, 또한 그들을 만날 공통의 공적 영역을 필요로 했다. 정치적으로 조직된 세계, 바꿔 말해서 자유로운 사람들 각자가 말과 행위를 통해 스스로를 끼워 넣을 수 있는 장소가 필요했던 것이다(BPF, 148; Arendt 2023, 290-291. 강조는 필자).

아렌트의 견해상 한 개인의 자유는 그가 자신의 말과 행위를 통해 다른 사람들과 차별화하기 시작함과 동시에 발생한다. 개인의 고유한 말과 행위는 다른 누구도 흉내 낼 수 없으며 행위자 자신의 정체성이 오롯이 드러나는 '발생' 사건으로서 '자유'의 현전화presencing 현상으로 볼 수 있기 때문이다. 이러한 발생적 자유 개념에 기초한다면, '자유로움to be free'과 '행위의 수행to act'은 한가지이다. 이는 아렌트가 "사람들은 자신들이 행위를 수행하고 있는 동안 —그 이전이나 이후가 아니라— 에만 자신이 자유라는 선물을 소유하고 있다는 사실과 구별되는 의미로 자유롭다"(BPF, 153; Arendt 2023, 297)고 주장하는 근거가 된다.

이 대목에서 아렌트는 '자유의 현전화' 현상과 관련해 특별한 정치적 미덕으로서의 '자기통제'가 정치적으로 조율된 자유를 발생시킨다는 설명을 추가한다. 자기통제는 문자 그대로 자신의 욕망에 대한 자제 능력을 말한다. 이것은 사유자의 외부로부터 가해지는 강제력과 달리 그의 내부에서 작동하는 의지 활동과 판단 활동의 협업 결과로 나타나는 강제력이다. 따라서 강제를 명령하는 것도 집행하는 것도 모두 사유자 자신이다. 이 경우에 '나는-의지한다I-will'와 '나는-할-수-있다I-can'가 일치하게 되며, 그 결과 사유자는 '정치적', 또는 '공적' 자유의 느낌을 경험하게 된다(BPF, 160; Arendt 2023, 308; OR, 123).

아렌트의 견해상 이러한 '정치적, 또는 공적' 자유의 느낌이 발생하는 공간이 바로 정치영역이다. "정치영역은 권력과 자유가 결합될 수 있는 방식으로 추론되고 구성되어야만 한다."(OR, 150) 원칙적으로 말해서, 정치영역은 다수의 참여자가 서로 다른 의견과 관점들을 제시하는 공간이므로, 여기서는 각자가 원하거나 추구하는 것들 사이의 '조율'이 불가피하며, 그로써 현실적으로 실행할 수 있는 '타협안'에 도달하는 것이 일반적 관행이기 때문이다. 또한 그들이 동의한 '타협안'만이 '정당성'을 담보하므로, 각자가 그것을 실행에 옮길 때도 역시 자유의 느낌을 경험하게 될 것이다. 역으로 가령 누군가가 타인들의 의견을 묵살하고 계속 자신의 의견만 고집한다면 그는 '정치적 올바름'에서 벗어나게 되므로 필시 모종의 '부자유' 느낌을 경험할 것이다. 이에 아렌트는 '하나의 현상으로서 자유가 발생하는 현장은 정치영역'이며, 이것을 경험한 적이 없는 사람은 온전한 '자유의 느낌'을 전혀 알 수가 없다고 믿었다.

이렇듯 아렌트의 정치는 근본적으로 인간다수성이라는 인간의 실존적 조건에 특화된 자유의 실현을 추구한다. 아렌트가 정치행위를 기성 정치이론들과 달리 비非도구주의적으로 정의하는 이유가 여기에 있다. 그가 보기에 인간의 '자유로움'과 '행위의 수행'은 동시다발적으로 발생하므로 동일한 사안이다. 문제는 자유로워질 수 있는 정치행위의 수행을 위한 특별한 공간이 필요하다는 점이다. 그러한 공간은 개인의 출생 시에 주어진 생물학적 삶의 토대이자 물리적 세계인 HP-I과 달리 그들 스스로 '인공적으로' 조직할 때만 생겨날 수 있다. 그것은 대개 사람들 사이에 존재하는 특정 언어, 문화, 국적, 종교, 전통, 정치이념 또는 구체적인 정치적 지향성, 삶의 목표 등과 같은 정치공동체의 공통분모를 바탕으로 구축된다.

다시 환기하자면, 아렌트가 고대 아테네 폴리스를 모델로 개념화한 이상적 정치공동체가 바로 '공영역'이다. 이곳은 아렌트가 모종의 '이념형'으로 재정의한 정치행위 수행 공간이다. 이 범주에는 공공선의 구현을 지향하는 국민국가들nation-states이나, 크고 작은 결사체들은 물론이고, 최근 우후죽순처럼 증가하고 있는 온라인 커뮤니티들과 같은 현대사회 내 공적·정치적 성격을 띤 공론의 공간들이 두루 다 포함된다. 이런 '현전'의 공간들 속에서 개인들은 각자의 고유성을 드러내는 언어행위를 수행함으로써 모종의 생성적 자유와 구성적 권력, 즉 '인민의 힘'을 현전시킨다. 우리는 이러한 '정치적' 성격의 인간다수체를 HP-II로 지칭한다.

아렌트 자신이 제시한 '테이블에 둘러앉은 사람들 비유'는 HP-II의 성격을 좀 더 쉽게 이해하는 데 유용하다. 그의 설명에 따르면, 누군가가 공영역을 정초하는 일은 마치 사람들 사이에 한 개의 테이블을 설치하고 그것을 중심으로 둘러앉은 상황과 흡사하다. 여기서 '테이블'은 특정의 '공동선' 또는 '공동 목표'를 표상하는 특정의 '세계'를 상징한다. 우리가 공유하는 세계가 표상하는 '공동선'은 "우리를 함께 모으는 동시에, 우리가, 이를테면, 서로에게 걸려 넘어지는 것을 막는다."(HC, 52) 따라서 테이블에 둘러앉은 사람들은 각기 '행위자인 동시에 관중'이라는 이중의 임무를 수행하게 되며, 그 과정에서 각자의 추상적 개별성을 하나의 명확한 세계적 관점으로 변형시킬 것을 암묵적으로 요청받는다.[83]

우리 가운데 누군가는 사람들이 그러한 이중적 역할의 수행이라는 개인적 부담을 기꺼이 감수하면서까지 실제로 그 테이블에 참여하기를, 바꿔 말해 정치영역에 진입하기를 원할 것인지에 대해 의아해할지도 모른다. 이에 대해 아렌트는 "말과 행위를 통해 우리는 우리 자신을 인간세계 속에 끼워 넣게 되는데, 이 끼워 넣기는 제2의 탄생인 양,[84] 우리로 하

---

83 우리의 이론적 관점에서 이 '세계'로서 테이블은 하나의 '아르키메데스 점'으로 간주될 수 있다. 여기서 테이블은 '공통관심사'를 의미하는 동시에, 어떤 세계 내 모든 참여자의 개별성을 초월하는 구심점을 의미한다. 이런 맥락에서 그것은 특정의 '공동-세계적 관점'을 표상한다고 볼 수 있기 때문이다.

84 아렌트의 '제2의 탄생'이라는 문구는 아리스토텔레스가 『니코마코스윤리학』의 1권에서

여금 우리 자신의 본래 신체적 외견을 있는 그대로의 사실로서 확인하고 떠안게 한다"(HC, 176-177)고 설명한다. 요컨대, 시민은 공적 영역에 진입하여 동료 시민들 앞에서 자신의 정체를 밝힘과 동시에 자신이 사적 영역에서는 결코 경험할 수 없는 공적 '실재감sense of reality'을 획득하게 된다는 것이다.

　이러한 아렌트의 설명은 아리스토텔레스의 정치적 삶, 즉 한 사람의 좋은 시민으로서 공적·정치적 사안에 헌신하는 삶의 양태는 물론이고, 그 연장선상에서 사실상 시민들의 위대한 말과 행위의 경연장이었던 아테네 폴리스라는 '정치극장'을 배경에 두고 있다. 폴리스라는 인간사 영역은 시민들의 위대한 '분투적' 행위 수행을 목적으로 수립되었고, 그 목적이 그들에게 유효한 한 지속해서 유지될 필요성이 있었다(HC, 12-13). 여기서 아렌트가 암묵적으로 전거하는 '민회' 출석과 같은 시민들의 행위는 동료 시민들 사이에서 이루어지는 의사소통적 상호작용, 즉 "발언과 설득을 매개로 함께 행동하는 [의사소통의] 형태"[85]였다고 볼 수 있다.

　이를 행위자의 관점에서 다시 설명하면, 한 개인이 특정 정치영역에서 행위를 수행한다는 것은 곧 그의 '단독성'을 타인들의 '현전presence' 속에 '구현'한다는 의미와 다름없다. 이 단독성의 명시화는 개인이 자신의 '고유한 다름'을 다른 누구와도 비교할 수 없는 방식으로, 역사성을 초월하여 자신의 특수한 방식으로 드러낸다는 의미였다. 바꿔 말해서, 한 개인의 '인간 존엄'은 그가 단독자로서의 특수성을 전제로 자신이 누구

　　사용한 "제2의 삶the second life"이라는 표현과 밀접한 관계성을 시사한다.

85　Dana R. Villa, "From *the Critique* of Identity to Plurality in Politics: Reconsidering Adorno and Arendt," in *Arendt and Adorno: Political and Philosophical Investigations*, Edited by Lars Rensmann and Samir Gandesha(Stanford: Stanford University Press, 2012).

인지를 공개적으로 현시하고 인정받을 때 비로소 획득될 수 있는 상호주관적 가치이므로, 정치영역은 인간 존엄의 실현을 위한 모종의 경연장이 되는 것이다.

한편, 한 개인이 특정 정치영역에 자신을 끼워 넣으려면, 그 공간이 표상하는 공통감각에 부응하는 방식으로 그의 말과 행위를 그 세계의 특수한 가치 기준에 맞게 양식화할 필요가 있다. 그 공간에 특수한 '의미화 구조'가 정치공동체의 공동 이익 차원에서 말과 행위의 형식과 내용의 허용 범위를 한정하기 때문이다. 이런 맥락에서 정치영역은 배우들이 주어진 각본에 따라 역할을 수행하는 예술극장에 비유되는데, 그 이유는 무엇보다 그 공간에서 인간 행위의 아름다움, 탁월성, 기교와 같은 것들을 감상할 수 있기 때문이다(Villa 2012, 100).[86] 그러므로 이러한 HP-II 공간에서는 행위자의 개별 목표나 이익 못지않게 말과 행위의 아름다움과 탁월성에 대한 심미적 가치 판단이 이루어진다고 볼 수 있다.

3) 심미적 판단 공중(HP-III)

아렌트에게 '정치적 삶'이란 사실상 '말과 행위'를 통한 공적 자기표현 형태로서의 정치행위와 동격이다. 그의 설명에 의하면, "말과 행위는 동시적으로 수행되며 동급의 동일 유형이므로 동격"으로 여겨지고, 말이 "정보나 소통의 매개 수단이라는 점과 별개로 적절한 순간에 적절한 어

---

86 아렌트는 아름다움beauty과 정치적 판단의 관계를 설명하기 위하여 페리클레스 전몰장병 추도사의 다음 구절에 주목한다. "우리는 정치적 판단의 한계 내에서 아름다움을 사랑한다. 그리고 우리는 야만인들의 유약함이라는 약점이 없는 철학을 한다."(LKPP, 103)

휘를 구사하는 것은 [정치]행위"(HC, 26)로 간주할 수 있다. 이에 덧붙여, 공적 공간에서 내놓은 발언은 그가 속한 정치공동체에 화자가 실제로 '어떤 사람인지who [s]he is'를 드러낸다. 역으로 "우리가 보는 것을 [함께] 보고 우리가 듣는 것을 [함께] 듣는 타인들의 현전은 우리에게 그 세계와 우리 자신이 실재한다는 사실에 대한 확신을 심어 준다."(HC, 50, 57) 이는 앞의 테이블 비유에서도 알 수 있듯, "사물은 그것이 자기 스스로 보여 줄 수 있고 모든 각도에서 인지될 수 있을 때 역사적-정치적 세계와 감각의 세계 모두에서 실재하는 것"(LKPP, 75)으로서 인증되기 때문이다.

방금 위에서 설명한 HP-II는 기본적으로 고대 아테네 폴리스나 현대 대의민주주의 체제 내 공론장 또는 숙의의 장과 같은 '물리적' 장소를 가리킨다. 이 공론 현장에 참여한 사람들은 순서에 따라, 또는 본인의 의사에 따라 화자와 청자의 역할을 번갈아 수행하는 방식으로 '숙의'의 전 과정에 참여한다. 그러므로 현장에서 말해진 것이나 주장된 의견들은 함께 참여한 사람들에 의해 실시간으로 경청되고, 마음속에서 지속적으로 평가가 이루어지며, 필요한 순간에 즉각적인 반사작용을 촉발하기도 한다. 이 상황은 '공론'이 종결점에 이를 때까지 계속된다. 이후 참여자는 공론 과정을 통해 도출한 '합의사항'을 준수할 의무를 지게 된다. 동시에 그 합의사항이 외부에 공개된다면, 그것은 하나의 '공적' 성격의 특수한 준거점으로서의 성격과 지위를 추가적으로 획득하게 될 것이다.

아렌트는 폴리스에서 행위자의 말과 행위가 '보여지고 들려진다'는 표현을 통해 그 공간에서 '발언'과 '판단' 기능이 동시에 이루어진다는 점을 암시한다. 그러나 사실상 '말과 행위'라는 '정치행위'에 시선을 고정한 까닭에, 그 공간에서 동시적으로 작동하는 판단 기능에 관해서는 대체로 침묵한다. 그러나 아렌트는 나중에 칸트의 반성적 판단에 관해 설명한 칸트 정치철학 강의 노트와 자신의 저서인『정신의 삶』을 통해 이 '판단'의 동학에 대한 체계적이고 상세한 설명을 제공한다. 그는 정치행위 공간과 판단행위 공간이 동일한 '일대다'의 대화 공간이라는 이론적 가정을 설정하고, 이번에는 '판단행위'에 시선을 고정시킨다. 따라서 사유함의 과정에서 이루어지는 판단 기능은, 현실 세계 속 '공영역'에서 현재 발언 순서가 아닌 '청자들'이 공론 현장에서 (그리고 자신의 마음속에서) 실시간으로 작동시키는 판단 기능과 동일한 방식으로 이루어진다고 역으로 추정할 수 있게 된다.

아렌트의 '정치영역'에 참여하는 사람들은 '말과 행위'를 통해 정치행위를 수행하는 중간중간 사유행위도 병행해 수행한다. 그러나 그의 초기 저작에서는 마치 정치영역에서는 사유행위가 전혀 이루어지지 않는 것처럼 설명되었다. 이 점은 아마도 나중에 그가『정신의 삶』의 집필 의도를 밝히면서 자신이『인간의 조건』을 저술할 때 '관조적 삶'에 대해 아무것도 말하지 않은 사실을 직접적으로 거론한 일과도 결코 무관하지 않을 것이다.

우리가 이 사실에 주목하는 이유는 다음 두 가지 중요한 이론적 고려 때문이다. 첫째, 이 사실은 아렌트의 행위함(즉 '정치' 또는 '활동적 삶')과 사유함(즉 '철학' 또는 '관조적 삶')의 분리 불가능성 또는 상호연계성 주장을 입증할 수 있는 중요한 사례다. 좀 더 쉽게 풀어 설명하면, 우리는 현실 세계에서 타인들과 함께 있을 때 '아무 생각도 하지 않는 것'이 아니라 그 정반대다. 실제로 타인들이 말할 때, 우리는 그것을 들으면서 동시에 생각하기 때문이다. 이런 근거로 아렌트의 행위자는 '설득'과 '판단'을 동시다발적으로 수행한다고 가정된다(Bowring 2011, 5). 따라서 정치행위와 사유행위의 분리는 이론적으로만 가능하다고 결론지을 수 있다. 이는 사실상 '우리가 사유 활동을 시작하는 즉시 우리의 몸을 생각하게 된다'라는 아렌트의 주장과도 상충하는 단순한 '역명제'에 지나지 않기 때문이다.

둘째, 특정의 정치영역(또는 공론장)의 외부에 존재하는 무수한 '이슈 공중issue publics'과 '정체성 집단'은 나름의 심미적 판단을 제공할 수 있다. 이러한 인간다수체들이 비록 해당 공론장에서 '발언'하지 않더라도, 그들은 거기서 도출된 결과 —즉 '합의사항'— 를 자신들의 '정치적' 의견과 대비시키는 방식으로 '의제화'하거나, 정치적 입장 형성에 있어 적극적으로 고려할 수 있기 때문이다. 이에 우리는 특정 '공론장'의 외부(또는 시민사회 내부)에 존재하면서 그것의 활동 개시 이전과 이후에 해당 공론장의 진행 상황을 예의주시하는 한편으로, 나름의 비판적 거리를 두고 심미적 판단을 제공하는 다양한 유형의 인간다수체들을 HP-III로 구분한다.

성격상 이들은 '심미적 판단 공중aesthetic judgment publics'으로 볼 수 있다. 이들은 언제든 특정 사안에 대해 '지지' 또는 '반대' 목소리를 낼 수 있는 잠재적 후견 또는 비판 세력으로서의 판단 공중이다. 동시에 이들은 특정 관심 주제가 떠오르면 스스로 '정치적으로 조직화하여' 함께 독자적 목소리를 낼 수 있는 정치적 결사 역량을 보유하고 있으므로 '잠재적' HP-II이기도 하다. 예컨대 지역 선거구들, 언론, 특정의 문화적 의미화 네트워크, 또는 정당원처럼 각자가 속한 정치공동체의 관점에서 정치적 판단 작업을 수행하는 네트워크나 일반적 뉴스 소비자들이 다 여기에 속한다.

이러한 광의의 시각에서 '정치행위'는 하나의 사회적 현상으로 확장되며, 사실상 '정치'와 '문화' 사이의 경계선은 무너지게 된다. 이런 맥락에서, 아렌트는 '말과 행위'로서 정치행위와 '공적 전시물'로서 문화적 현상을 판단하는 기준은 공히 '아름다움'이라는 주장을 펼친다.

문화는 행동하는 사람들에 의해서 정치적으로 확립되었다고 여겨지는 공영역이, 본질상 나타나야 하고 아름다워야 할 것들이 전시될 수 있도록 공간을 제공한다는 것을 암시한다. … 말과 행위의 찰나적 위대함은, 아름다움이 그것에 부여되는 한 세계 속에서 견딘다. … 문화와 정치는… 지식이나 진리보다는 판단과 결정, 즉 공적인 삶의 영역과 공동 세계에 관한 사려분별 있는 의견 교환, 그 속에서 어떤 행동 방식을 취해야 할지는 물론이고, 앞으로 그것이 어떻게 보여야 할지, 어떤 종류의 사물들이 그 속에 나타나야 할지에 대한 결정이 문제시되기 때문에 함께 묶인다(BPF, 218, 224).

가령 우리가 이처럼 정치를 일종의 문화 현상으로 이해한다면, HP-II, 즉 정치적으로 조직된 인간다수체는 특수한 문화적 관점을 표상한다고 말할 수 있을 것이다. 이 특정 인간다수체를 표상하는 '특수한' 관점은, 오직 그것의 구성원 또는 참여자들이 그들에게 맡겨진 이중 ―'행위자'로서 화자와 '판단자'로서 청자― 의 역할을 통해 그들이 함께 지켜 내야 할 그들의 공동 세계에 관한 동일한 목표 의식을 공유할 때 실체화한다. 이 대목에서 특정 HP-II의 내부 '판단자'로 존재하거나 그것의 외부 판단자로 존재하는 HP-III는 공동체의 지배 문화가 표상하는 정치적 관점과 모종의 길항 관계를 형성함으로써 합리적 균형자 역할을 한다고 볼 수 있다. 그들이 공유하는 목표 의식과 별개로, 개별 구성원들로 하여금 무엇이 정치적으로 올바른지 올바르지 않은지를 구별할 수 있게 하는 심미적 판단 기능이 작동하도록 돕기 때문이다.

물론 이처럼 '문화적 특수성'에 바탕을 둔 정치적 판단은 그것을 공유하거나 지원하지 않는 의미화 네트워크에 속하는 사람들에 대한 차별과 배제의 가능성을 시사한다. 분명 이러한 부정성은 모든 사람이 평등하게 태어났으므로 모두가 평등하게 대우받아야 한다는 인간 존엄의 원칙에 어긋난다. 그렇지만 우리가 HP-III 각각을 하나의 '아르키메데스점'으로 간주한다면, 그것은 다음에서 다루게 될 심미적 판단을 위한 내부-공영역에서 소환되어 '재현'될 가능성을 담보하게 된다. 요컨대, 사회적으로 배제된 '아르키메데스 점'들이 사유함의 과정에 소환되어 검토된다면, 현실 세계 내 문화적 소수자나 사회적 약자 집단에 대한 차별과 배제 대신 사회정의 구현이 선택지로 떠오를 수 있을 것이다.

4) '내부-공영역An Interior Public Space'(HP-IV)

HP-III에서 이루어지는 판단함의 활동에 관한 한, 특정 세계의 관점이나 어떤 구체적인 인간다수체의 아르키메데스 점 —즉 모종의 집합적 관점— 에 우선성이 주어진 듯이 보인다. 실제로 그것은 센수스 코뮤니스와 강한 유사성을 노정한다. 왜냐하면, 그것이 현장에 있는 동시에 특정 정치공동체 또는 어떤 구체적인 공영역에 물리적으로 참여한 사람의 판단을 위한 관점 또는 척도로 가정되기 때문이다. HP-II와 HP-III의 경우가 여기 해당된다. HP-III는, 비록 그것이 비록 '물리적' 장소인 HP-II는 아니더라도, 상상력을 통해 우리 정신의 반성 작업 과정에서 소환·재현될 수 있다.

영-브루엘은 이 내부 공간을 아렌트의 "내부-공영역"으로 명명했다 (Young-Bruehl 1982b). 우리는 이것을 '인간다수체-IV'(HP-IV)로 구분하고자 한다. 이 '내부-공영역'은 우리 대부분의 예상과 달리 결코 '무인無人'

공간이 아니다. 그와 정반대로 무수한 사람들의 '이미지들'로 채워진, 문자 그대로 '상상의' 인간다수체이다. 이 공간에는 과거에 만났던 사람, 곧 태어날 아이나 10년 뒤의 나, 영웅전이나 소설 속에서 만난 인물, 고대의 진시황이나 조선의 이순신 장군, 전태일 열사나 마더 테레사, 아침 출근 길에 지하철에서 옆에 앉았던 무명의 시민, 직장 동료, 아마존 열대우림에 사는 부족, 이스라엘-하마스 전쟁에서 희생된 민간인 등등 누구나 시공간을 초월하여 '초대'와 '대화'의 대상이 될 수 있다.

가령 한 사유자가 이 내부 공간 속으로 다양한 사람들의 관점들, 다시 말해 그가 현실 상황에서 경험한 적이 있는 크고 작은 모든 세계 —즉 공영역 또는 인간관계망들— 의 특수한 '아르키메데스 점'들을 사유함의 과정 속으로 데리고 들어간다고 가정해 보자. 아렌트의 사유함은 형체도 특정할 수 없으며 무시간적이고 경계도 없는, 무엇보다 우리 정신 속에 실제 인물들이 아니라 그들의 이미지들 또는 사유대상들이 등장하는 무성의 대화 과정이다. 그는 소크라테스의 '하나-속-둘'이라는 대화 모델에서도 인간다수성 조건은 여전히 작동한다고 역설한다. 내가 "나 자신과 하나가 되었을 때조차 나는 둘이거나 또는 둘이 될 수" 있으며, 이 경험을 통해서 "우리는 우리가 가장 기대할 수 없는 곳에서도 [인간]다수성을 발견하게 된다."(PP, 106)

현상적 측면에서 볼 때, 이 내부-공영역 속 사유자가 "그 하나-속-둘이 나누는 무성의 대화"에서 실제로 대면하는 것은 자기 자신의 '사유하는 자아'이다. 그러므로 이 내부 공간에서 이루어지는 대화는 현실 세계 내 실제 공영역(HP-II) 참여자가 동참자들과 직접적인 의사소통을 통해 공동 합의에 이르는 방식이 아니라, 오로지 자기 자신을 만나는, 즉 '자기-심문' 양태로 진행된다. "나는 어떤 자아를 가지고 있고, … 이 자아는 결코 어떤 환상이 아니다. 이 자아가 나에게 이야기함으로써 —나는 단지 나 자신에 관해 자각할 뿐 아니라 나 자신에게 말한다— 내가 듣도록 만들면, 이런 의미에서 비록 나는 하나지만 동시에 '하나-속-둘'이며 거기에는 자아와의 조화 또는 불화가 있을 수 있다."(Arendt 2019, 188)

엄밀히 말해 사유함은 사유자가 내면의 "하나-속-둘"의 무성의 대화 속에서 스스로 둘로 분열되는 정신의 현상이다. 일례로 누군가가 일과를 마친 후 귀가해서 조용히 자신의 하루를 되돌아본다고 가정한다면, 그는 자신을 기다리고 있는 자기의 타자와 대면하는 상황에 놓일 것이다. 그리고 이 상황에서 그를 맞이한 그의 타자 —즉 '사유하는 자아'— 는 그가 누군가에게 잘못을 범해서 나쁜 사람이 되는 것을 원치 않을 것이다. 가령 현실 속의 그가 잘못을 범했다면, 그 시점 이후 그 타자는 그 범법자와 계속 살아가야 할 숙명을 피할 수 없기 때문이다.

잠시 우리의 기억을 되짚어 보자면, 아렌트는 하나의 정신 현상으로서 사유함을 총괄적으로 지휘하는 우리 정신은 구체적으로 사유함, 의지함, 판단함이라는 세 가지 세부 기능을 수행한다고 설명한다. 그리고 이 사유함이라는 정신 현상의 두 가지 부산물은 "양심"과 "판단"이라고 주장한다. 그 이유는 세 가지 세부 기능 가운데 판단함의 수행 과정에는 양심이 등장하게 되기 때문이다. "인간 의식은 차이와 타자성을 암시한다."(Arendt 2019, 335) 그리고 양심의 등장은 사유자와 그의 타자 사이의 견해차, 즉 "우리의 의식 속에 주어진 우리의 정체성 내에 실현된 그 차이"가 초래한 결과로 이해할 수 있다. 아래에서 이에 대한 아렌트의 언명을 직접 들어 보자.

가령 사유함, 그 하나-속-둘의 무성의 대화가 우리 의식 속에 주어진 우리의 정체성 내에 그 [둘 사이의] 차이를 실현함으로써 그것의 부산물인 양심을 결과한다면, 사유함의 해방 효과의 부산물인 판단함은 사유함을 실현시킨다. [말인즉슨] 내가 결코 홀로 있을 수 없고 항상 너무 바빠서 사유할 수 없는 외견의 세계 속에 그것을 명시화시킨다는 것이다. 사유의 바람the wind of thought이 명시화된 결과는 지식이 아니다. 그것은 시비와 미추를 가리는 바로 그 [판단] 능력이다(PP, 184-185. 강조는 원문, [　] 안의 내용은 필자).

한편, 그 사유자가 속한 세계의 관점에서 볼 때, 이미 저질러진 잘못은 "우리 모두 —잘못한 자, 그것 때문에 고통받는 자, 그리고 [양자와 무관한] 관중들— 가 공유하는 세계가 걸린 문제, 즉 그 도시 전체에 잘못이 저질러진 것이다."(PP, 182) 이는 그 범법자를 제외한 나머지 구성원 편에서는 억울하겠지만 자신들이 하지 않은 것에 대한 연대책임을 져야 한다는 의미다. 그것은 그들이 시민으로 소속된 특정 정치공동체 내에서 동료 시민들과 함께 살아가기 위해 치러야 할 대가이기 때문이다(PP, 157-158). 이런 맥락에서 정치적으로 중요한 것은, 세계의 관점에서 유익한 것이 개개인의 관점에서 유익한 것과 서로 일치할 수 있게 하는 판단함의 역할이다.

이와 관련해 칸트는 '공통감각'이 세계 내 구성원들에게 공통으로 작용할 것이며, 이것이 개인들로 하여금 '세계의 관점'으로 수렴하도록 할 것이라는 견해를 밝힌 바 있다. 이 공통감각은 첫째로, 아름다움과 추함, 그리고 옳고 그름을 가려내는 "제6의 감각"이다. 그러나 칸트는 이 감각의 성격을 숭고미와 같은 성격의 '도덕 감정'으로 특정함으로써 도덕적 의무론으로 후퇴한다. 둘째로, 칸트가 이해하는 한 사유함은 '상상력의 힘'에 의해 사유자의 관점을 확장시키는 기능이 있다. 요컨대, 이 '반성적' 사유함이 사유자를 타인들의 입장을 고려하는 '확장된 심리' 상태로 진입시킨다는 것이다. 그러나 사유자나 타인들이 모두 '공통감각'이라는 도덕적 심미율의 지배를 받는다는 전제하에서 타인의 입장이 되어 보는 '확장된 심리'는 사실상 '도덕적 환원주의'를 재인하는 결과를 낳는다.

이런 이유로 아렌트는 이 칸트의 '공통감각'이라는 심미율과 거리를 두는 대신 '소크라테스적 전환'을 시도하게 된다. 우선 그는 플라톤의 대화편『고르기아스』에서 소개한 소크라테스의 유명한 행동 수칙 —"불의를 행하기보다 불의를 당하는 편이 낫다"(RJ, 151; Arendt 2019, 188, 329-331)— 으로서 '양심'을 칸트 미학의 심미율인 공통감각을 대신할 더 나은 대안으로 생각했다. "가령 내가 불의를 행한다면 나는 잘못을 저지른 자와 견딜 수 없는 근접성 속에서 함께 살도록 운명 지워진다. 나는 그를 결코 없앨 수 없다. ⋯ 내가 사유하고 있을 때 나는 나 자신의 대화 상대이듯이, 내가 행동하고 있을 때 나는 나 자신의 목격자이기 때문이다."(Arendt 2019, 188)

우리의 '양심'은 모든 인간의 정신적 기제이므로, 공통감각처럼 특수한 문화공동체나 정치공동체에 국한될 필요가 없는 보편타당한 행동 수칙으로 복무할 수 있다. 성격상 이것은 '공동체'의 심미적 행위원칙이 아니라 '개인'의 '비非모순율'이라는 심미적 행위원칙이기 때문이다. 이는, 아렌트의 설명에 의하면, "우리가 초월적 기준이라고 말하는 것이나 당신이 정신의 눈으로 접수한 당신 외부의 그 어떤 것도 당신에게 옳고 그름의 여부를 통지하지 않기 때문이다."(Arendt 2019, 189) 그런데 이 '양심'은 사유함의 부산물이다.

이에 아렌트는 칸트의 '반성적' 사유함과 유사하지만, '공통감각' 대신 '양심'을 심미적 판단의 척도로 특정하는 소크라테스의 '비판적' 사유함, 특히 '사유의 바람the wind of thought' 관념으로 눈을 돌린다. 왜냐하면, '사유의 바람'은 "[이미] 수용된 행동 수칙들을 승인하기보다는 와해시키기 때문이다."(RJ, 182) 이것은 모종의 지지대 없는 사유함의 방식으로서, 우리의 아렌트 정치미학이 추구하는 사유함의 방법론이다. 결론을 미리 말하면, 아렌트에게 사유함은 곧 '양심의 법정'으로 진입하기 위한 준비 단계이며, 사유함의 부산물로서의 판단함과 양심을 창출하기 위한 선결 조건이다.

사실, 궁극적으로 사유의 정치적 유의미성을 논증하려는 아렌트의 결연한 목표 의식은 실천적 성격의 다음 질문 속에 고스란히 녹아 있다. "고독 속에서 수행되는 사유의 능력이 내가 항상 타인들과 함께 있는 엄밀히 정치적인 영역으로 어느 정도나 확장될 수 있는 것일까?"(RJ, 157) 추정컨대, 이 질문은 우선적으로 정치적 삶에 있어 사유의 정치적 유의미성을 강조하고, 나아가 사유함과 행위함의 관계, 또는 관조적 삶과 활동적 삶의 관계를 재정립하기 위한 포석으로 보인다. 그럼에도 그의 질문은 우리의 다섯 번째이자 마지막 인간다수체 유형을 살펴보기 전까지는 결코 만족스러운 답을 얻을 수 없을 것이다.

5) 정치적으로 비非연루된 '타자Other'[87](HP-V)

아렌트는 『전체주의의 기원』에서 "권리들을 가질 수 있는 어떤 권리"라는 하나의 새로운 정치적 개념 범주를 제시했다. "우리는 권리들을 가질 수 있는 어떤 권리의 현전 사실을 인식하게 됐다. 이것은 어떤 사람이 자신의 행위들 및 의견들에 의해 판단되는 [정치체제의] 틀 아래서 살 수 있는 권리이자, 특정 유형의 [정치적으로] 조직된 공동체에 속할 수 있는 권리를 말한다."(OT, 296) 이 설명은 마치 '시민권'을 말하는 듯하지만, 반드시 그런 것만은 아니다. 왜냐하면, 이 권리는 '정치적으로 유의미해질 수 있는 권리', 즉 '정치적 삶*bios politikos*'을 살 수 있는 권리를 의미하기 때문이다.

여기서 아렌트는 일차적으로 자신이 현실 세계 속에서 직접 경험한 사실들에 근거하여 20세기 초 유럽 내 전체주의 체제들의 등장 이후 자발적이거나 비자발적으로 무국적자가 된 사람들, 특히 유럽 전역에 흩어져 사는 유대인들을 전거하고 있다. 그의 설명에 의하면, 그 무국적자 신분의 유대인들은 국민국가 또는 그와 유사하게 정치적으로 조직된 공동체에 소속되어 자신들의 정치적 삶을 향유할 수 있는 권리를 박탈당했고, 그로써 자신의 행위 및 의견에 비추어 판단될 가능성도 함께 상실했다. 가령 그 '권리들을 가질 권리'가 정치적 실존을 위한 기본조건이라면, 그것의 부정은 사람을 정치적 장애자 또는 무능력자로 만드는 것과 다름없다.

대개 모든 정치공동체의 회원 자격은 '포섭'과 '배제'라는 두 개의 정반대되는 지위가 동전의 양면처럼 함께 묶여 있다. 특정 국민국가의 시민권은 전체 국민에게 헌법에 정해진 기본권 패키지 형태로 주어진다.

---

87 필자의 '타자'는 에마뉘엘 레비나스Emmanuel Levinas의 '타자the Other의 [얼굴]'이라는 표현에서 가져왔다. 좀 더 자세한 내용은, 서유경, "아렌트 정치-윤리학적 관점에서 본 레비나스 '타자(the Other)' 개념의 문제." 정치사상연구 13, no.1(2017): 103-125 참조. 이와 관련하여 필자는 우리가 약간의 변경을 가하여 아감벤의 호모 사케르*Homo Sacer*나 들뢰즈의 '얼굴들*visages*'과도 관련지을 수 있다고 생각한다.

그럼에도 예나 지금이나 다수의 비非-시민, 준準-시민, 그리고 여타 시민 범주에 들 수 없는 유형들이 존재한다. 잘 알려진 것처럼, 고대 아테네에는 여성, 아동, 노예, 외국인과 같이 시민 범주에서 배제된 비非시민 범주들이 존재했으며, 기본권 자체가 없었던 중세 절대군주제하의 신민臣民들이나 20세기 전체주의 정권하에서 침묵을 강요당한 독일, 이탈리아, 구舊소련의 국민도 사실상 정치적으로 '배제'된 시민 범주로 볼 수 있다. 심지어 21세기에도 중국과 북한 정권에서처럼 국민의 침묵을 강요하는 행태는 근절되지 않고 있다.

이와 대조적으로, 헌법상 기본권이 충분히 보장됨에도 불구하고 '자발적으로' 정치와 담을 쌓고 살아가는 현대 자유민주주의 사회 내 대중大衆들도 엄밀히 말해 '포섭' 범주로 구분하는 데는 무리가 따른다. 정치에 무관심한 현대 대중들은 자신의 결정에 따라 자발적으로, 또는 시간과 비용을 충당할 생활 여건이 허락하지 않음으로 인해 비자발적으로, 자신이 속한 정치공동체, 즉 '정치적으로 조직된 세계'로부터 소외되어 있다. 이러한 사람들에게 '시민권'이라는 기본권 패키지는 마치 그림의 떡인 양 무용지물로 남아 있다.

이 밖에도 정치적으로 비非연루된 사람들은 셀 수 없이 많으며 그들의 비非연루 정도나 양태도 매우 다양하다. 예컨대 정치적, 또는 경제적 난민, 선상난민, 토착민들, 성적 소수자들, 빈곤한 사람들, 장애인, 은퇴자, 병자, 도움이 필요한 사람들, 감옥에 갇힌 죄수들, 재활원과 정신병원에 수용된 사람들, 임시 난민 수용소에 있는 사람들 등등이 그러한 범주에 속한다(물론 아직 투표 연령 18세에 이르지 않은 청소년들도 의당 이 부류에 포함하는 것이 맞겠지만 여기서는 논외로 두기로 한다). 이러한 부류들은 주변화되고 소외되고 무시되며 자신들의 정치영역, 즉 '정치적으로' 조직된 공동체인

HP-II로 진입하는 일 자체가 거부된다.

안타깝게도 HP-II에 진입할 수 없다는 사실은 곧 그들이 HP-III에서도 자동으로 제외된다는 것을 의미한다. 우선, 앞에서 이미 논의한 것처럼, HP-III에 포함될 수 있는 사람들은 HP-II 내·외부의 판단자들이다. 더욱이 '내부-공영역'으로서 HP-IV는 사유함의 현상학적 구조 측면에서는 HP-II가 인간 정신 속에 재현된 양태이다. 그러나 판단함의 이론적 토대 관점에서 볼 때, 그것은 무수히 많은 사람과 인간다수체가 각기 판단의 무토대적 토대인 '아렌티안 아르키메데스 점'으로서 소환되어 재현될 수 있는 잠재성의 공간이다.

우리는 이처럼 유형 또는 무형의 '정치적으로 비연루된 사람들'이 속하는 인간다수체를 HP-V 유형으로 분류한다. 성격상 여기 속한 부류들은 '자발적으로 정치화하지 않거나 정치화할 수 없는 사람들'로 볼 수 있다. 따라서 HP-V는 기존의 법체계들은 고사하고 주류 문화의 의미 및 공통의 의미화 네트워크들과 정치적으로 유의미한 방식으로 연결되어 있지 않다. 심지어 그들 중 일부는 정치적으로 완전한 무용지물이나 잉여물처럼 여겨지기까지 한다. 그러나 이러한 생각은 단지 그들이 지닌 전혀 다른 정치적 유의미성을 간과한 단견일 뿐이다. 우선 정치적 다원주의 시각에서 볼 때, HP-V는 기성 사회에서 주변화된, 또는 간과된 부류들로서 '사회적 약자'인 동시에 '소수 의견'이나 '대안 사회' 이미지를 표상한다고 볼 수 있기 때문이다.

가장 빈번히 언급되는 사례로는 미국 내 재세례파 교도가 종교적 신념에 기초하여 자신들이 생각하는 이상적 삶의 양식을 보존하고 지탱하기 위해 의식적으로 현대적 물질주의가 팽배한 주류 정치공동체의 '외부'로서 스스로 소외되기로 선택한 경우를 꼽을 수 있다. 이들의 대척점에는 유럽의 스킨헤드족처럼 자기들 스스로 HP-II를 조직하여 반反사회적 투쟁을 벌이는 부류들이 존재한다. 전자는 스스로 기성 정치에서 '소외'를 선택한 까닭에, 후자는 기성 정치에서 '배제'된 까닭에, 각기 기존의 주류 정치공동체들 '내부'로 자신들의 신념에 기반한 이질적 의견과 대안을 투입한다. 그것의 실제 내용에 대한 외부 사회의 긍정적, 또는 부정적 반응과 별개로, 그들의 '소수' 의견과 '대안' 제시는 물론 민주공화국 내 시민들이 마땅히 향유해야 할 기본권에 의해 보장된다.

이러한 의식적·자발적 소외자군과 달리 스스로 정치적으로 조직할 수 있는 역량과 상황이 안 되는 사람들도 존재한다. 예를 들면, 빈곤한 사람들, 장애인, 은퇴자, 병자, 도움이 필요한 사람들, 감옥에 갇힌 죄수들, 재활원과 정신병원에 수용된 사람들, 임시 난민 수용소에 거주하는 사람들과 같은 '비자발적' 사회적 약자군이 여기에 속한다. 이들은 현실 세계 내 다양한 공영역(HP-II)에 직접 참여할 수 있는 정치적 권리를 정지·박탈당했거나 개인적인 사유로 일부 제한받은 결과, '정치적으로' 무력하고 무가치한 존재가 된 사람들이다. 그러나 가령 누군가가 현실 세계의 '재현' 공간인 내부-공영역(HP-IV)에서 그들의 존재를 소환한다면, 그들의 유보된, 또는 박탈된 정치적 유의미성은 즉각 재활성화될 수 있다.

다시 말해, 이들의 정치적 유의미성의 회복은 순전히 이들을 '나와 나 자신의 대화'의 장인 HP-IV로 소환하는 사람들의 정치적 고려나 순수한 이타심에 좌우된다고 볼 수 있다. 여기서 정치적 유의미성의 '회복'은 곧 '아렌티안 폴리스'로의 편입을 통해 하나의 '아르키메데스 점'으로 전환되는 것을 가리킨다. 누군가가 먼저 HP-IV에서 그들의 관점을 소환하고, 그들이 입장이 되어 보는 '예행연습'을 시도하며, 이어서 HP-II에서 그들의 목소리를 대변하는 방식으로 '사회정의social justice'를 구현하고자 할 때, 그들과 같이 '정치적으로 비연루된' 존재는 '정치적으로 유의미해질 수 있다.

3. 하나의 개념 범주로서 '아렌티안 폴리스The Arendtian polis'

지금까지 우리는 아렌트 정치철학이 암묵적으로 전제하고 있는 것으로 보이는 인간다수체의 다양한 성격과 특징을 5가지 유형으로 구분해 설명하는 방식으로 '인간다수체 유형학A typology of human pluralities'을 수립했다. 이것은 아렌트가 제시한 인간의 실존적 조건으로서 '인간다수성'과 그것이 명시화된 실체로서 '인간다수체'라는 개념 범주, 그리고 이 '쌍태적' 개념의 개별 용도와 관련해 그가 자신의 저작 여기저기에서 설명한 내용을 중심으로 필자가 아렌트 정치미학의 논의 목적상 수립한 이론적 설명 체계이다.

이러한 유형 체계는 왜 필요한가? 두 가지 이유 때문이다. 첫째, 인간다수성과 인간다수체라는 개념은 엄연히 상호연계된 두 개의 개념임에도 아렌트 자신이 일목요연하게 설명하지 않았다는 사실로 인해 각각의 개별성이 간과되어 의미의 혼선을 빚기도 한다. 둘째, 인간다수체의 유형 분류는 아렌트 정치철학과 다른 최신 학문 분과 사이의 학문적 연계성 및 확장 가능성을 한층 가시적으로 만들기 때문이다. 예컨대, 우리가 이미 살펴본 것처럼, 그의 정치적 저술에서 거의 드러나지 않는 '타자'나 '사회정의' 개념 또는 '인정의 정치'나 '정체성 정치' 이론과의 연계성 등이 이 분류 과정을 통해 마치 빙산의 일각인 양 수면 위로 모습을 드러낸다.

이 대목에서 우리가 앞에서 논의한 논점을 간략히 정리해 보자. HP-I은 우리의 생물학적 삶을 위한 유형의 토대로서 '전_前' 정치적 성격의 인간다수체이다. 이것의 대표적 사례는 '가족'으로, 정서적·물질적 자양분을 제공함으로써 장차 '제2의 탄생' 또는 '정치적 탄생'을 준비시키는 공간이다. HP-II는 '정치적으로 조직된' 인간다수체이다. 이것은 아렌트가 '정치영역', '공영역', '세계', '인간관계망' 등으로 맥락에 따라 다양하게 지칭하는 정치적 공간이다. 이 공간의 실제 모델은 고대 아테네의 직접민주주의 현장, 즉 '물리적·대면적' 성격의 정치행위가 수행되는 공간이다.

주지하듯이, 이 HP-II는 나중에 아렌트의 후배 연구자들의 재해석을 통해 풍요로운 이론적 확장이 이루어진다. 이를테면 아렌트로부터 '의사소통적 행위 패러다임'을 이론화한 하버마스는 HP-II를 현대적 공론장인 "공공영역*Öffentlichkeit*; the public sphere", 즉 참여자들 사이에 평등이 보장되고 의사소통적 이성이 작동한다고 가정되는 "이상적 담화상황*idealen Sprechaktsituation*; ideal speech situation"으로 재해석했다. 또한 말과 행위의 수행이라는 언어적 행위의 수행성에 주목한 빌라(1996)와 버틀러(1997; 1999) 등은 이를 '수행적 행위 패러다임'으로 이론화했다. 이에 덧붙여, 아렌트에게 직접 수학한 영-브루엘은 이를 성찰적 사유의 장인 "내부-공영역an interior Public space"으로 재해석했고, 우리는 이것을 HP-IV로 분류했다.

이처럼 아렌트의 정치영역인 HP-II라는 '원본'에는 이미 공인된 3개의 '사본들'이 존재한다. 여기에 필자가 다시 2개의 '사본'인 HP-III와

HP-V를 추가했다. '심미적 판단 공중'으로서 HP-III는, 대면 정치의 장인 HP-II의 내부와 외부에 각각 존재하면서 HP-II의 의사소통적 합리성과 타당성을 보강하는 역할을 맡는다. 내부의 HP-III는 발언을 청취하면서 스스로 판단행위를 수행하며, 자신의 발언을 통해 판단 결과를 제시한다. 이는 아렌트의 '공영역'을 단순히 '행위 수행 공간'으로 일반화하는 기성의 이해 방식에서 탈피하는 중요한 이론적 의미가 있다. HP-II 속에서 작동한다고 가정되는 '의사소통적 이성'은 엄밀히 말해 타인들의 '발언'에 대한 '판단'에 관여한다고 이해할 수 있기 때문이다.

특히 외부에 존재하는 HP-III는 그것이 특정 인간다수체에 특화된 '문화적·심미적 판단 기준'을 표상한다는 데서 찾을 수 있다. 비근한 예로, 정체성 정치의 주체로서 성소수자 집단, 오스트레일리아 원주민 집단, 또는 재세례교 집단 같은 종교 집단 등은 각기 다른 문화적 실천 양식과 심미적 판단 기준을 보유한다. 이들이 비록 주류 사회에서 '주변화된' 인간다수체일지라도, 그 각각은 '정치적으로 조직된 인공적 공간'이며, 고유의 특수한 정치문화, 즉 칸트의 표현인 '공통감각'을 공유한다고 전제할 수 있다. 이는 우리가 이러한 인간다수체 각각을 하나의 '아렌티안 아르키메데스 점'으로 인식할 수 있는 근거가 된다. 일례로 이러한 주변화된 HP-II의 구성원이 특정 정책포럼에 참여할 경우, 그는 자기 집단의 '아렌티안 아르키메데스 점'을 수반한다고 볼 수 있으며, 그것은 현장에서 그의 '판단' 기준의 하나로 작용할 것이다.

물론 이처럼 '문화적 특수성'에 바탕을 둔 정치적 판단은 그것을 공유하거나 지원하지 않는 의미화 네트워크에 속하는 사람들에 대한 차별과 배제의 가능성을 시사한다. 분명 이러한 부작용은 '모든 사람은 평등하게 태어났으므로 모두가 평등하게 대우받아야 한다'는 인간 존엄의 원칙에 어긋난다. 그렇지만 우리가 HP-III 각각을 하나의 '아르키메데스 점'으로 간주한다면, 그것은 심미적 판단을 위한 내부-공영역인 HP-IV에 소환되어 '재현'될 가능성을 담보하게 된다. 요컨대, 사회적으로 배제된 '아르키메데스 점'들이 사유함의 과정에 소환되어 검토된다면, 현실세계 내 문화적 소수자나 사회적 약자 집단에 대한 차별과 배제 대신에 사회정의 구현이 선택지로 떠오를 수 있다는 것이다.

각각의 정치공동체에는 스스로 조직화하여 자신들을 대표할 수 없는 '사회적 최저층'에 속한 사람들이 존재한다. 우리는 신체적 장애 때문에, 경제적 여건이 허락하지 않아서, 사법적 제재를 받고 있어서, 교정기관에 수감된 상태라서 등등의 다양한 이유로 스스로 대표할 수 없는 사람들을 HP-V, 즉 '정치적으로 비연루된 타자'로 구분했다. 이들은 누군가가 HP-II, HP-III, HP-IV 등에 '초대'하지 않는 한 그들의 '정치적 유의미성'이 무시되거나 사장되는 사람들이다. 문제는 이들의 존재가 무시되고 잊히는 사회는 정의롭지 않다는 것이다. 우리가 사는 이 지구공동체는 그들과 함께 구성하는 공동 세계이기 때문이다.

이런 배경에서 필자가 체계화한 '아렌트의 인간다수체 유형학'은 아렌트가 침묵한 '인간다수체'의 다양한 성격을 5개 유형으로 구분해서 설명한다. 그 각각은 하나의 '이념형an ideal-type'으로서 '아렌티안 폴리스the Arendtian Polis'라는 개념 범주에 속한다. 비유적으로 말해서, '아렌티안 폴리스'는 머리가 여럿인 히드라의 형상이다. 그것은 HP-I, HP-II, HP-III, HP-IV, HP-V를 다 포함하는 복합적인 성격의 개념이기 때문이다. 원칙상, 사람들이 말과 행위로 공적인 것에 관해 자신의 의견을 제시하고 타인의 의견을 듣기 위해 모이는 현장이라면 그곳은 모두 '아렌티안 폴리스'로 볼 수 있다. 이는 '당신이 어디를 가든 당신은 하나의 폴리스가 된다'라는 페리클레스의 언명이 의미하는 실제 내용이다.

끝으로, 이 이념형으로서 '아렌티안 폴리스' 개념의 필요성은 두 가지로 요약할 수 있다. 첫째, 지금까지 아렌트 연구자들이 아렌트의 '정치영역' 개념을 단편적·피상적으로 이해한 결과, 아렌트 정치이론과 판단이론을 각각 분리해서 설명할 수밖에 없었다. 이에 따라 아렌트가 추구하는 '정치'와 '철학'의 결합 과제, 즉 행위와 사유의 연계성 문제는 개인차원의 '나와 나 자신의 대화' 패러다임으로서의 '사유함'이라는 문제로환원된다. 이 문제의 대표적 사례인 아돌프 아이히만의 홀로코스트 범죄의 원인은 그가 '사유하지 않았기 때문'이라는 진단이 나왔다. 그러나 이진단의 심오한 의미를 파악하고 설득력 있는 설명을 제시하기 위해서는우리가 위에서 살펴본 '아렌티안 폴리스'에 관한 사전지식이 필수적이다.

둘째, 이 '아렌티안 폴리스'는 인간의 실존적 조건인 인간다수성이명시화된 공간을 총망라한 '이념형'이다. 이것을 아렌트의 이론적 개념범주로 수립한 이유는 그것을 그가 개념화한 '정치행위'와 '판단행위'가동시적·중첩적으로 수행되는 공간으로 재정립하기 위해서다. 이 범주는아렌트의 정치철학 연구자들에게 매우 중요한 이론적 유의미성을 갖는다. 좀 더 구체적으로 말해서, 우리가 '아렌티안 폴리스'라는 개념 범주를사용한다면, 아렌트가 맥락에 따라 다양하게 지칭한 세계, 인간관계망,공영역(그리고 이것의 '재현' 형태인 내부-공영역)이라는 개별 명칭 가운데 하나를 사용할 때 불가피하게 그중 일부 또는 전체를 잃을 가능성을 사전에차단할 수 있다는 것이다.

이에 덧붙여, '당신이 어디를 가든 당신은 하나의 폴리스가 된다'라는 아렌트의 입장은 우리 인간다수체는 기본적으로 말과 행위를 통해 정치행위를 수행하는 공간이라는 의미였다. 요컨대, 인간은 말과 행위의 수행, 즉 '정치행위'의 수행을 통해 존재하며, 그들의 말과 행위의 수행이 허용되는 공간으로서 인간다수체는 그것이 표상하는 목적과 성격에 상관없이, 본질상 '정치적 공간'으로 볼 수 있다는 것이다.

끝으로, 가령 우리가 '아렌티안 폴리스'를 '숲'에 비교한다면, 위에서 구분한 다섯 개의 인간다수체 유형 각각은 그 숲을 구성하는 '나무들'에 해당한다. 그리고 이 각각의 '나무'는 곧 특수한 '아렌티안 아르키메데스 점'을 표상한다. 다른 말로 하면, '아렌티안 폴리스'는 '아렌티안 아르키메데스 점들'의 집합체다. 우리는 이 집합체로부터 '필요한' 순간에 '적실한' 아르키메데스 점들을 선별해 고려함으로써 우리의 판단과 행위의 심미성, 타당성, 객관성, 합리성 수준을 한층 높일 수 있을 것이다.

8장

타자윤리학: 레비나스 vs. 아렌트

　한나 아렌트의 정의상 정치행위는 한 사람의 행위자가 공적인 장소에서 다수 청중을 상대로 자신이 지닌 최고 덕목과 기량을 최대한 펼쳐 보이는 의사소통행위다. 이 정의가 전제하는 것은 행위자가, 첫째로, 특정의 공적 영역에서 언어적 행위 수행을 통해 자신이 누구인지를 청중에게 공개적으로 노출하게 되며, 그 결과, 둘째로, 그들과 함께 구성하는 공동 세계의 유의미한 일부라는 사실, 즉 자신의 공적 실재감을 획득하게 된다는 점이다. 이러한 존재론적 성격의 정치행위는 행위자의 행위 수행 차원에서 탁월성, 적절성, 상호주관성, 타당성을 요구하며, 역으로 청중의 판단 차원에서는 객관성, 공공성, 합리성을 요구한다.

　이는 아렌트 정치행위에는 이미 '타자' 개념이 전제되어 있다는 사실과 함께, 아렌트 정치철학이 불가피하게 '윤리학'으로 독해될 수밖에 없다는 사실을 방증한다. 이에 우리는 방금 7장에서 처음으로 언급한 아렌트의 사회정의 관점에 관한 우리의 이해를 확장시킬 필요성을 느끼게 된다. 이에 필자는 이 확장 작업을 보다 더 효과적이고 유의미한 방식으로 수행하기 위해 에마뉘엘 레비나스Emmanuel Levinas의 '타자the Other' 개념과 그것에서 파생한 주제인 '타자윤리학'을 아렌트의 상대 개념과 비교하는 형식으로 논의를 진행시킬 것이다.

본격적인 논의에 들어가기에 앞서 약간의 배경지식을 제공하자면, 아렌트와 레비나스 두 사람은 공히 독일 실존주의의 두 거장인 후설과 하이데거의 지적 영향을 받았다. 이보다 더 놀라운 추가 사실은 두 사람 모두 유대인이었으며, 히틀러 정권에 의해 개인적인 고초를 겪었다는 공통점이 있었다는 것이다. 그러나 두 철학자는 매우 유사한 학문적 배경에도 불구하고 상이한 접근법을 채택한다. 유대교에 심취했던 종교학자이자 철학자였던 레비나스는 '초월적' 방법론을, 반플라톤적 정치이론가이자 정치철학자였던 아렌트는 '세속적' 방법론을 선호했기 때문이다.

이 점에 착안하여 우리는 레비나스의 타자에 관한 견해를 '철학적 타자윤리학'으로, 아렌트의 타자에 관한 견해를 '정치적 평등의 윤리학'으로 지칭할 것이다. 이는 무엇보다 아렌트의 논의가 정치학적 차원에서 사회정의의 문제를 다루고 있다면, 레비나스의 논의는 '철학적'[88] 차원에서 초월의 문제를 다루고 있기 때문이다. 추후 논의를 통해 차차 밝혀지

---

88 레비나스는 『전체성과 무한』에서 "제일철학은 윤리학"이라고 천명하며, 『타자성과 초월』에서 "존재론 이전에 윤리학이 있다"고 주장한다(Levinas 1999, 98). 또한 제일철학을 운위할 때 자신은 "모종의 윤리학이 아닐 수 없는 하나의 대화철학a philosophy of dialogue"을 지칭하는 것이라고 밝히고 있다(Levinas 1999, 97). 실제로 "제일철학으로서 윤리학"은 후설의 초월적 관념론과 하이데거의 해석학에서 "대면 관계 속에서 있음being의 의미에 대한 윤리학적 질문"으로 넘어가기 위한 레비나스의 방법론인 동시에 그의 급진적 철학의 행보를 대변하는 어구이다(Hand 1996, 75).

겠지만, 아렌트의 관점에서 볼 때, 레비나스 '타자' 개념의 취약점은 인간의 상호성에 바탕을 둔 '정치적' 윤리의 현실적 작동원리를 간과함으로써 도덕적 환원주의의 위험을 초래한다는 점이다.

1. 두 가지 길항적 하이데거 효과

레비나스는 1961년, 『전체성과 무한』으로 국가박사학위를 받고 이듬해 푸아티에대학에서 교수직을 얻기 전까지 유대계 고등학교에서 『탈무드』를 가르쳤으며, 그 이후에도 기회가 있을 때마다 『탈무드』 강의를 계속했다. 이와 대조적으로 평소 자신이 유대인이라는 사실에 별다른 종족적 의미를 두지 않았던 아렌트가 본의 아니게 유대인 정체성 논쟁에 휘말리게 된 것은 『예루살렘의 아이히만』 출간 직후였다. 그의 "악의 평범성" 주장에 분노한 보수적인 시온주의자들이 아렌트에게 자기 종족을 배반한 자라는 낙인을 찍었기 때문이다.[89]

사실 아렌트와 레비나스는 1920년대 후반 독일 프라이부르크대학에서 후설의 현상학 강의를 함께 수학한 동창이었다. 1933년, 아렌트

---

[89] 비근한 예로 오랜 친구였던 정통 시온주의 학자 게르숌 숄렘Gershom Sholem은 당시 아렌트에 대해 "유대 민족에 대한 사랑을 결핍한 유대인"(Villa 1999, 105)이라고 선언했다. 필화 사건 이후 아렌트와 숄렘의 서신 교환 내용과 관련해서는 Villa(1999), chap.2, "Conscience, the Banality of Evil, and the Idea of a Representative Perpetrator" 와 아렌트의 논문 "The Jew as Pariah: A Hidden Tradition." *Jewish Social Studies* 6, no.2(1994): 99-122를 참조하라.

가 파리로 망명하여 7년간 머물렀을 때, 마침 레비나스도 파리에 거주하고 있었다. 하지만 레비나스의 전기 작가인 레스쿠레의 증언에 따르면, 두 사람은 동창생이라고 볼 수 없을 정도로 냉랭한 관계였다.[90] 그러나 1963년, 아렌트가 필화 사건에 휘말려 유대인 공동체로부터 배척당하게 된 순간에 레비나스는 판단을 유보했다. 아렌트는 유대교 전통을 떠나 동화한 자였으므로 더 이상 유대 종족의 의무를 요구하거나 의무를 방기했다는 이유로 처벌하는 것은 옳지 않다고 생각했기 때문이었다.

레비나스는 1928년과 1929년에 걸쳐 스트라스부르대학의 교수이자 후설의 제자인 장 에링Jean Hering의 추천으로 후설의 마지막 세미나에 합류하였다. 하지만 당시 독일 내 대부분의 철학도가 그랬던 것처럼, 그 역시 하이데거라는 비범한 철학자와 그의 『존재와 시간』에 깊이 매료되었다. 당시 레비나스에게 현상학은 철학을 하기 위한 방법론일 뿐이며(Levinas 1969, 28), 철학의 본령은 하이데거가 제시한 존재에 관한 탐구로 보았다. 2년 후 스트라스부르에 복귀한 레비나스는 『후설 현상학에서의 직관 이론』(1930)으로 박사학위를 받았고, 이어 후설의 『데카르트적 성찰』(1931)을 번역 출간함으로써 처음으로 프랑스에 현상학을 소개한 인물이 되었다.

비록 같은 스승 밑에서 동문수학했던 경험과 독일 실존주의의 현상학 인식론 및 하이데거 철학이라는 유사한 형이상학적 사유법을 공유했을지라도, 그들은 상당히 다른 학문적 지향성을 보여 주었다. 우선 아렌트는 야스퍼스의 지도하에 완성한 『사랑 개념과 성 아우구스티누스』

90　레스쿠레에 따르면 레비나스는 아렌트에게 경쟁의식을 가지고 있었다. 아렌트는 자신보다 하이데거 철학을 더 잘 이해했던, 그리고 하이데거로부터 더 큰 철학적 관심을 받았던 동급생이었기 때문이다.

(1929)라는 논문에서 세계 속에서 살아가는 인간은 사유함thinking(또는 반성)의 과정에서 타인과 더불어 살아갈 수 있는 능력, 즉 이웃에 대한 사랑과 '세계에 대한 사랑'을 계발할 수 있으며, 또 그렇게 해야만 한다고 주장했다.[91]

1933년 나치 정권의 출범은 철학도 출신 아렌트에게 현실정치와 정치학으로 관심을 돌리는 결정적인 계기로 작용했다.[92] 아렌트는 히틀러의 국회의사당 방화 사건 이후 곧바로 정치적 망명길에 올랐으며, 1941년 미국에 도착하기까지 줄곧 유럽의 정치적 소용돌이 한가운데 있었고, 현실정치 상황의 부침에 따라 목숨이 위태로운 순간도 여러 차례 경험했다.[93] 하지만 다른 어떤 것보다 충격적인 사건은 스승 하이데거의 프라이부르크대학 학장 취임 소식이었다. 나중에 그는 그 사건이 하이데거에 대한 인간적 배신감뿐 아니라, 철학에 대한 회의마저 불러일으켰다고 소회를 밝힌 바 있다.[94]

하이데거의 학장 취임 소식은 레비나스에게 훨씬 더 내밀하고 치유할 수 없는 개인적 상흔으로 남았다. 그는 위대한 철학서인 『존재와 시간』을 저술한 하이데거에 대한 존경심은 결코 거둬들일 수 없다고 거듭해서 밝힌 것으로 유명하다. 그런 한편, 1934년 「히틀러주의 철학에 대한

---

91 아렌트는 성 아우구스티누스의 기억*memoria*에 관한 논의를, 하이데거의 존재론적 접근 방식, 특히 시간에 대한 특수한 설명 방식을 통해 '기독교 현상학적 실존주의'의 형식으로 독해하고 있다. 이에 관한 좀 더 자세한 논의는 서유경(2002)을 참조하라.

92 아렌트는 1964년 권터 가우스와의 인터뷰에서 이 사건은 그로 하여금 "지식인으로서, 또 유대인으로서 책임의식을 느끼게 하였다"고 밝힌 바 있다(EU).

93 아렌트의 사촌이자 친한 친구였던 발터 벤야민Walter Benjamin이 자신의 미국 망명 시도가 여러 번 좌절되자 자살한 사건도 여기에 포함된다.

94 아렌트는 1970년대 초 「80세를 맞은 하이데거」라는 글을 통해 그의 나치 부역을 세상 물정 모르는 순진한 철학자의 직업적 실수로 치부하면서 그 의미를 애써 축소하려는 듯한 태도를 보여 주변의 빈축을 산 바 있다.

몇 가지 고찰」이라는 제하의 논문에서는 "히틀러와 하이데거의 관련성을 결코 잊지 못할 것이다. 설령 짧은 기간 동안 관련되었을지라도 그 관련성이란 영원한 것이다"(서동욱 2000, 187)라면서 하이데거 철학의 근본적 문제를 저격하기도 했다.

그리고 그 연장선상에서 자신의 철학적 궤도를 '반反하이데거주의' 입장으로 전격 선회한 레비나스는 자신이 서구 형이상학의 결정체로 여겼던 하이데거 존재론에 대해서도 총체적 비판을 가한다. 그는 먼저 서구 존재론의 주된 특징은 모든 것을 동일자the same로 환원하는 전체성 totality인데, 그것은 사물의 외재성exteriority을 간과하므로 온전한 사유 방식이 아니라고 주장한다. 그는 이어서 '알 수는 없지만 여전히 존재하는 영역'을 외재성으로, 이를 다시 자신의 "무한infinity" 개념으로 바꿔 설명하는 수순을 밟는다. 그 결과, 마침내 '철학적 타자윤리학' 이론의 탄생이라는 결실을 거두게 된다.

아렌트도 레비나스와 유사하게 서구 철학 전통 안에서 유럽의 전체주의 발흥 현상의 원인을 찾을 수 있을지 모른다고 생각했다. 1951년의 『전체주의의 기원』은 바로 그러한 문제의식에서 출발한 첫 번째 성과물이었다. 그가 보기에 전체주의 정부는 개인들 사이의 모든 대화 장치를 없애고 사람들 사이의 의사소통 공간을 파괴함으로써, 그러한 정치적 공간이 없다면 존속하기 어려운 인간의 자유로운 행위 능력을 철저히 봉쇄했다(OT, 465-466). 이러한 문제의식하에서 아렌트는 정치행위의 중요성에 초점을 맞춘 정치이론을 제시함으로써 현실정치의 난맥상을 바로잡고자 하는 한편, 그 이론을 뒷받침할 '정치적 평등의 윤리학'을 제시하였다.

아렌트와 레비나스에게는 하이데거의 실존주의 존재론과 후설 현상학이라는 동일한 학문적 배경, 그리고 반유대주의적 인종 탄압의 질곡에서 살아남았다는 공통의 경험이 있었다. 그러나 결과론적으로 한 사람은 '반反하이데거주의'를 기치로 내 건 철학적 해법을, 다른 한 사람은 '반反전체주의'를 목표로 한 정치학적 해법을 제시했다. 그럼에도 한 가지 흥미로운 사실은 양자 모두 '타자' 개념을 중심에 둔 타자윤리학의 관점으로 수렴한다는 점이다. 지금부터 레비나스와 아렌트의 타자윤리학이 지닌 공통점과 차이점을 검토해 보자.

2. 레비나스의 '철학적' 타자윤리학

1) 타자에 대해 책임의식을 느끼는 주체

레비나스가 자기 철학의 방향을 윤리학으로 전환하게 된 것은 1933년 이후 제2차 세계대전을 거치면서 독일 국가사회주의의 전체주의적 악행의 직접적인 대상, 즉 타자로서 자신의 개인적 경험과,[95] 그가 내건 하이데거 존재론의 극복이라는 학문적 목표가 함께 융합된 결과로 볼 수 있다. 그는 자신의 철학 속에서 '상처 입은 자'로서의 '타자autrui: the Other'[96] 개념을 구축하고, 나아가 타자에 대한 윤리적 책임을 강조하는

---

95 레비나스는 나치의 가스실에서 부모와 형제를 잃었다. 정신분석학적 관점에서 레비나스의 개인적 상처trauma와 윤리학의 관계를 체계적으로 분석한 Critchley(1999), chap.8, "The Original Traumatism: Levinas and Psychoanalysis"를 참조하라.

96 레비나스의 용어 타자autrui: the Other라는 말의 영어 대칭어는 인격체로서 타자the personal Other 또는 총체로서 당신the you을 뜻하며, 타자autre: other는 일반적인 타자를

타자윤리학을 정초했다.

레비나스는 자신의 철학적 윤리학의 행보를 플라톤 이래 존립해 온 서구 존재론 전체에 대한 반성의 의미로 해석했다. 그가 보기에 서양의 존재론은 타자를 동일자로 환원하는 전체성의 철학이었다(서동욱 2000, 140). 그래서 그는 자아의 외부에 엄연히 존재하는 타인의 있음이라는 사실로부터 새로운 철학의 방향성을 제시하고자 했으며(김연숙 2001), '다른 이', 즉 타인의 존재가 개별 인간 존재에게서 차지하는 자리를 드러내 보이고자 했다(강영안 2005, 30).

레비나스는 1947년의 저서 『존재에서 존재자로』[97]에서 하이데거 존재론과 차별화된 타자 중심 존재론의 개략적인 얼개를 보여 주었다. 이 작업의 핵심은 기존의 존재Being 중심의 서술에서 존재자beings 중심의 서술로 전환하는 것이었으며, 이 전환의 주된 목표는 실체로서의 주체 개념을 복원하는 것이었다. 당시 전방위적으로 심원한 구조주의의 영향 아래 주체의 소멸과 인간의 죽음이 운위되던 파리 한복판에서 이런 식으로 주체의 복원을 시도한다는 것 자체는 위태로운 도전임에 틀림 없었다. 그럼에도 레비나스는 그처럼 지성계의 주류를 거스르는 단호한 결단

___

가리킨다(Levinas 1969, 24-25ff). 이는 *Totality and Infinity*(Pittsburgh: Duquesne University Press, 1969)의 영역자인 Alphonso Lingis가 레비나스의 동의하에 그런 관행을 수립했기 때문이다. 다른 한편, 김연숙은 the Other*autrui*는 '다른 이'를 지칭하며, other*autre*는 다른 모든 존재자를 지칭한다고 설명한다. 특히 후자는 주체의 외재성을 구성하는 범주들, 즉 사물의 세계로서 타자, 인간 존재로서 타인인 타자, 그리고 신으로서의 타자를 일컫는 총칭으로서의 '타자'다(김연숙 2001, 104). 그럼에도 현재 우리말 속에서는 이 두 어휘에 대한 적당한 대칭어를 찾기가 어렵기 때문에 양자 모두 '타자'로 번역되고 있다. 레비나스의 윤리학은 주로 인격성을 담지하고 있는 타자the Other와 관련된 논의 구조를 갖는다. 이에 필자는 후자인 other를 지칭할 때 '타자들'로 표기하여 전자와 차별화를 꾀하고자 한다.

97 이 저서의 인용은 서동욱이 번역한 한국어판(Levinas 2001)을 사용한다.

을 했다.[98]

레비나스의 작업은 우선 하이데거가 '다자인Dasein'을 자신의 외부, 즉 존재 안에 던져진 '탈자태Ekstase'로 기술함에 따라 드러난 이론적 약점을 보완하려는 시도로 보였다. 그가 보기에 하이데거의 중기 이후 저술에서 모습을 드러낸 다자인은, 하이데거 존재론적 구조상, 존재의 목소리를 경청하도록 요구받기 때문에 자기 내면의 목소리에 귀를 기울이지 못하며, 그 결과, 책임 있는 개별 주체로 간주될 수 없다. 다시 말해, 다자인은 보이지 않는 존재의 뜻을 전달하는 메신저로서의 화자일 뿐이다. 따라서 다자인의 개별 주체성은 사상되며, 그 연장선상에서 주체의 개인적 책임에서도 방면된다고 볼 수 있다.

레비나스는 이 다자인의 '개별 책임으로부터의 방면'에 반대해 이론적 처방을 내리게 되는데, 그것이 바로 타자를 향한 '무한의 책임의식을 느끼는 윤리적 주체' 개념의 수립이었다. 그는 1961년, 자신의 국가박사학위 논문인 『전체성과 무한』에서 한층 깊어지고 정리된 형태로 자신의 타자윤리학 이론을 선보였다. 그는 책의 서문에서 "이 책은 주체성subjectivity을 타자에 대한 환영welcome과 환대hospitality로서 제시할 것이며 이것 속에서 [나의] 무한 관념the idea of infinity이 완성될 것이다"라고 선언했다(Levinas 1969, 27).

사실 레비나스의 '무한 관념'은 인간이 유한한 존재라는 사실과 대

98 레비나스는 구조주의에 대해 공개적으로 반감을 표시했다. 그는 주체의 내재성과 개인적인 책임을 소멸시키는 모든 것에 반대했는데, 구조주의가 바로 그런 것 중 하나였기 때문이다(Lescourret 2006, 497). 그가 당시 프랑스 지성계의 주류 경향에 경도되지 않고 독자적 세계를 유지할 수 있었던 것은 유대주의Judaism라는 굳건한 지식 체계가 존재했기 때문이다. 그는 유대주의를 일종의 존재론, 즉 "존재에 대한 이해"로 정의했으며, 유대주의의 종교화에 반대했다(Lescourret 2006, 5).

조적인 발상을 담고 있다. '무한 관념'은 인간의 지적 능력으로 알 수 없는 미지의 영역, 인간의 사유와 의지가 닿을 수 없는 영역, 레비나스 자신의 표현을 차용하면, 인간의 그 어떠한 완벽성의 척도로도 잴 수 없는, 본질적으로 낯설고 초월적인 영역에 대한 열망이다. 이것은 인간이 현재 상태를 벗어나고자 할 때 형이상학적으로 추구하게 되는 어떤 것이다(Levinas 1969, 18).

가령 철학이 존재에 관한 물음이라면, 철학은 이미 존재를 상정하고 있는 것이다. 가령 철학이 존재에 관한 물음 그 이상이라면, 그것은 철학이 그 물음을 넘어서게 도와주기 때문이지, 그 물음에 답하게 하기 때문은 아니다. 존재에 관한 물음 그 이상일 수 있는 것, 그것은 진리가 아니라 선善이다(Levinas 2001, 30).

위 인용문에서 알 수 있듯, 레비나스는 철학의 역할에 대해 하이데거 실존주의 철학의 존재에 대한 물음을 넘어서 인간의 초월을 돕는 것이라고 규정한다. 여기서 그는 초월의 방식으로 플라톤의 '선의 이데아'나 종교에서 말하는 '신의 계시'를 따르는 것을 염두에 두고 있는 듯하다. 이처럼 그의 철학이 '선'의 추구를 목표로 하는 한, 그것은 도덕적 성격을 띨 수밖에 없을 것이다.

2) '선善'의 추구 문제

레비나스는 "존재자들existents은 어떤 익명의 역사가 내놓는 발화[사

건]에 자신의 입을 빌려주는 대신에 [스스로] 말해야 한다"(Levinas 1969, 23)
는 주장을 통해 헤겔 역사철학의 주체에 대한 피동적 태도를 강도 높게
비판한다. 그러나 이것은, 앞서 언급한 것처럼, '존재'에 대한 존재자의
종속성이라는 구도 위에 수립된 서구 존재론에 대한 총체적 비판의 성격
을 지녔다. 그는 이와 대조적으로 '주체'는 자기 안에, 즉 '존재사건'의 발
생이라는 순간instant 안에서 수립되어야 한다는 대안적 입장을 제시한
다. 아래 인용문에서 알 수 있듯, 그는 하이데거의 존재자와 존재의 관계
를 '자아moi와 자기soi'의 관계라는 '자기성'의 형식으로 변형하여 제시한
다음, '타자'의 존재를 영구적으로 인정함으로써 '자아-자기'라는 동일성
의 형식을 수정하는 단계로 나아간다.

> 레비나스에게는 존재자가 존재자로 드러나는 사건, 즉 존재사
> 건이 문제가 되는 것이 아니라, '존재와 다른 것' 또는 '존재사건 너
> 머의 선'이 어떻게 사회적 관계(타자와의 관계) 속에서 가능할 수 있는
> 가가 쟁점이다. … '자아moi'와 '자기soi'의 피할 수 없는 결부라는 '자
> 기성'의 구조 속에서는 어떤 초월이나 구원도 바랄 수 없다. 그러
> 므로 초월은 무엇보다도 자아와 자기의 관계를 끊는 것이다(Levinas
> 2001, 2, 서문 각주 1).

위 인용문에서 레비나스가 말하는 자기성의 구조는 무엇이며, 인간
은 왜 그것을 파괴하면서까지 초월을 획득해야 한다는 것일까? 레비나
스에게 자기성의 구조는 개인이 자신의 '욕구need'를 충족시키기 위해,
대상(타자들), 사람, 사물 등을 자신의 세계 내로 흡수하여 자기 소유로 만
들려고 하는 존재의 내부에 머무르는 경향을 표상한다. 이 경향은 모든

존재자가 태생적으로 지니게 된 태도이자, 자기 세계의 주인으로서 존재자가 자기 자신에게 전념하는 존재 양식이다.[99]

바꿔 말해서, 존재자는 이미, 레비나스의 표현을 빌리면, '있음'[100]으로서의 존재와 자신이 '존재하겠다'는 계약을 맺은 상태이므로, 존재함에 필요한 것들을 자신의 외부 세계로부터 취해야만 한다는 것이다. 이와 관련하여 레비나스는 "존재자는 세계를 향유jouissance한다"라는 긍정적인 표현을 사용한다. 이 표현은 대상적 세계를 도구적 유용성의 맥락에서 이해한 하이데거와 서구 존재론의 기본 태도에 대한 반성을 담고 있다. 하지만 대상적 세계를 이용하든, 아니면 향유하든, '욕구하는 자아'는 결국 이기적인 존재일 수밖에 없는 것이다.

한편, 레비나스에 따르면, 인간은 자신의 존재 유지를 위해 대상을 소유하고자 하는 '욕구'와 정반대의 성향도 지니고 있다. 바로 '욕망desire'이다. 그것은 플라톤이 욕망할 수 있는 최고의 것으로서 존재자들 너머에 있는 최고선의 이데아를 이야기했을 때의 욕망, 곧 '초월'하고자 하는 욕망이다(서동욱 2000, 143). 이 욕망은 어떻게 실현될 수 있는가? 이와 관련해 레비나스는 '초월' 개념을 도입하면서, 이것은 서로 연결된 두 계기에서 우연히 찾아오는 선물이라고 설명한다. 여기서 서로 연결된 두 계기란 무엇을 말하는가?

---

99   이는 "존재자가 존재 속에서 스스로를 정립"하는 방식이다(Levinas 2001, 55).
100   레비나스는 앞선 서구 존재론이 '존재Being'를 반쯤은 독립적인 어떤 실체로 규정한 전통적 방식을 거부하고, 그것의 의미를 '텅 빈 있음'으로 재규정한다. 이러한 레비나스의 이론적 시도는 일견 성공적인 듯이 보인다. 그의 시간, 무한, 잠, 출산, 현현 등과 같은 개념들이 이 존재의 재규정에 따라 새로운 의미를 부여받게 되기 때문이다. 하지만 필자가 보기에 레비나스는 '타자의 얼굴' 개념에 과거 존재Being가 가졌던 최고성, 절대성, 대치 불가능성 등을 옮겨 놓았을 뿐, 서구 존재론으로부터 존재Being의 은유를 완전히 제거하지는 않았다(또는 못 했다).

첫 번째 계기는 '자아'와 '자기'의 관계를 끊고 해탈을 달성하는 순간이다. 레비나스에게 시간은 순간과 순간이 끊기고 다시 이어지는 과정의 반복으로 이해되고 있다. 그런데 한 순간의 끊어짐과 다음 순간의 이어짐은, 곧 '나'의 죽음과 부활을 가리킨다. 시간 속의 한 순간을 소유하던 나는 그 순간이 끝남과 동시에 죽음을 맞이하고, 다음 순간이 찾아오면 또다시 재생한다. 결국 나는 이런 식으로 끊임없이 죽음과 부활을 반복함으로써 '있음'을 거머쥐려고 하는 것이다. 레비나스의 설명에 의하면, 한 순간의 끝에 찾아오는 '나'의 죽음이 "낯선 곳d'paysement" —그의 용어로는 '여기here'— 을 내게 열어 주며, 나는 거기서 '자기성의 구조', 즉 자아와 자기의 결부 상태에서 벗어나게 된다(Levinas 2001, 155-157).

두 번째 계기는 바로 이 '낯선 곳'에서 '타자의 얼굴'과 만나는 순간이다. "타자의 얼굴"은 '고통받는', '궁핍한' 얼굴로 현현하여 나에게 대상화되어 소유되는 대신에 나에게 윤리적으로 행동하기를 명령한다. 그리고 나는 그의 명령을 회피하지 못한다. 나는 신神이 그 타자의 얼굴을 통해 내게 말을 건네고 있다고 여기기 때문이다. 다른 말로 하면, 타자는 동일자인 내게 흡수되는 것이 아니라, 나의 주체성에 개입하여 나의 주체성을 변화시키는 요소다. 따라서 레비나스에게 '초월'이라는 것은, 고통받는 얼굴의 모습으로 나타나는 절대적인 타자, 규정 불능의 무한자와 관계함을 말한다(서동욱 2000, 143-144).

결국 레비나스에게서 타자와의 관계, 즉 타자에 대한 나의 윤리적 책임성은 내 주체성의 본질적인 구조를 이루는 동시에 초월의 본질적 구조를 형성한다. 내가 타자에 대해 윤리적 책임성을 지닌다는 것, 내가 주체로서 선다는 것, 내가 초월할 수 있다는 것은 한 가지 사건에 붙여진 여러 다른 이름들인 것이다(서동욱 2000, 146).

부연하면, 레비나스의 대표 개념인 "타자의 얼굴Le Visage de l'autre; the face of the Other"은 "신의 명령commandement divin; the Word of God", "무한의 흔적", "정의", "가까운 이웃의 얼굴", "명령자", "초월의 신호" 등으로 다양하게 지칭된다. 또한 그것은 신God처럼 육신의 형태를 취하지 않으며, 또 맥락과 무관하게 '나와 타자 사이의 대화 순간'에 현현하는 것으로 설명된다(Levinas 1999, Chap.12 참조). 이 설명은 아렌트의 사유함의 과정에서 이루어지는 '나와 타자들 사이의 대화'에서 타자들이 일차로 탈맥락화하여 '사유대상들'로 전환된 이후, 의지함과 판단함이라는 정신의 기능을 통해 '재맥락화'하는 과정을 거쳐 판단의 결과로서 '새로운 의미'를 창출하는 방식과 일견 유사하면서도 미묘한 차이를 보여 준다. 우리 논의의 편의상, 그 차이점을 밝히기에 앞서 레비나스 타자윤리학의 한계를 먼저 살펴보기로 하자.

3) '나'와 '타자'의 비대칭적 소통 구도

아렌트와 레비나스는 동일한 인간실존의 문제를 탐구했던 독일 현상학적 실존주의 철학자다. 그들은 서구 형이상학 전통도 20세기 전체주의 운동의 발생에 대해 일부 책임이 있다고 진단했다. 강도의 차이는 있었지만, 두 사람 모두 그 전통의 폐해를 바로잡는 일에 적극 나서겠다는 철학적 포부를 가지고 있었고, 각기 서로 다른 방식으로 지금까지 존재 Being 편으로 기울어져 있었던 독일 실존주의 철학의 무게중심을 존재자

being 쪽으로 이동시키는 데 어느 정도 성공했다고 볼 수 있다. 두 사람의 유사성은 '세계 내 존재'로서 자신과 타자의 행위에 대해 스스로 책임을 떠맡는 능동적 '주체' 개념을 상정했다는 사실에서도 발견된다.

레비나스는 자아와 타자의 관계를 설정하면서 자아의 동일성 구조로 함몰되지 않는 타자 개념을 정초했다. 물론 타자를 자아의 상위에 위치시킴으로써 비대칭적 수직 관계를 설정한 것은, 그것이 종교성을 띤다는 일반적인 지적에도 불구하고, 기성의 관습을 뒤집는 매우 혁신적인 이론적 시도임이 분명하다. 실제로 그의 타자윤리학은 권력 있는 자, 돈 있는 자, 더 많이 배운 자들과 같은 사회적 주류에 속한 자들이 타자가 제기하는 윤리적 요청을 거부하지 못하도록 모종의 '정언명법'을 제정·공포한 효과를 창출하고 있다. 그러나 이 '비대칭' 구도는 그가 '해체'하려고 했던 서구 철학의 동일성 구도를 다시 불러들이고 있다는 비판을 면하기 어렵다. 이는 단지 '자아가 역으로 타자와 동일시'하는 방식으로 방향만 바뀐 형태기 때문이다.

레비나스 타자윤리학은 이 타자 동일시 외에도 현실적 적용의 문제점을 노정한다. 그는 '나'와 '타자' 사이의 윤리적 관계를 '비대칭적' 구도 위에 설정한다. 이 구도상, '나'는 세속적으로 우위일지라도 도덕적으로는 열위이므로, 나의 이기심을 버리고 세속적으로는 열위이지만 도덕적으로 우위인 '타자'의 고통에 무조건 응답해야 한다. 이것은 엄밀히 말해 나와 타자 사이의 관계가 '비합리적'이라는 의미다. 이러한 비합리적 비대칭 구도가 이론적 타당성과 적실성을 담보할 수 있을지, 그리고 무엇보다도 현실의 인간관계 속에서 실제로 작동할 수 있을지에 대해 확신하기란 쉽지 않다. 여기서 가장 명백한 문제점 두 가지를 간단히 짚어 보기로 하자.

첫 번째는 와일드Wilde가 『전체성과 무한』의 서문에서 지적한 문제다. 그는 우선 레비나스가 상정한 '자아-타자' 관계는 주관적이고 유아론적인 성격을 띤다고 지적한다. 이 관계는 일단 현실 세계가 아닌 사유 속에서 '나와 타자' 사이에 구축된다고 가정된다. 그 결과, 유형의 '세계'와 그 속의 타자들 —가족, 친구, 상사, 스승, 제자, 집에서 기르는 강아지, 어제 읽은 책, 지금 마시고 있는 포도주, 막 연분홍으로 물들기 시작한 봄의 산과 들, 곧 다가올 대선 등등— 이 구체적으로 끼어들 여지는 별로 없어 보인다. 물론 이 이론 체계가 개별 인간에게 성찰과 자기 발전의 계기를 제공할 것이라는 점에는 전혀 이의가 없다. 그러나 레비나스의 타자 이론이 사회 속에서 어떤 구체적인 영향력을 갖게 될지는 누군가의 추측 가능성으로 남겨진다.

둘째로, 레비나스가 설정한 소통 구도 속에서 자아는 타자의 일방적 '명령'에 항상 복종해야 한다. 초월의 욕망 때문이라고는 하지만, 그것은 어딘가 군색한 변명처럼 들린다. 타자는 왜 항상 고통받는 얼굴로 내게 나타나는가? 그는 왜 항상 내게 명령하고, 나는 왜 그와 대화를 하지 못하고 듣기만 해야 하는 것일까? 나의 친구도 나처럼 타자의 방문을 받는 것일까? 이러한 몇 가지 간단한 이론적 질문에 명쾌하게 답할 수 없다면, 레비나스 타자윤리학은 '윤리와 도덕의 우선성' 주장으로 일축될 수밖에 없을 것이다.

실제로 레비나스는 생전에 우리가 방금 위에서 살펴본 것들과 유사한 질문 공세에 시달렸던 듯하다. 비근한 예로 1975년, 네덜란드 레이던 대학의 철학자들과 가진 질의응답 시간에 타자의 얼굴에 관한 질문을 받았고, 그는 그때 다음과 같은 답변을 한 것으로 전해진다.

타자는 나 말고 그가 원하는 자를 대신 선택할 수 있습니다. 아마도 이 세상에 이처럼 많은 사람이 있는 것은 바로 그 때문일 것입니다. 내가 타자를 대처하기보다 타자가 나를 대신해 주기를 기대한다면 그것은 의심스러운 도덕이 될 것이고, 나아가 모든 초월을 파괴하는 일이 될 것입니다(Lescourret 2006, 404-407).

위 답변에서 우리는 레비나스 윤리학이 담지하고 있는 명백한 도덕적 성격을 엿볼 수 있다. 레비나스는 '타자'가 '나'를 특별히 선택한다는 구도를 설정한 다음, '나'를 선택한 타자의 요청을 수락해야 한다고 주장함으로써 '나'의 '도덕성'을 시험대에 올려놓는다. 문제는 왜 그 '나'는 타자의 도덕적 요청에 응답해야만 하는가인데, 그것은 그렇게 하지 않는다면 '나'는 자신의 초월을 꿈꿀 수 없게 되기 때문이다. 이처럼 레비나스는 한 개인의 초월 가능성이 타자의 도덕적 요청을 수용하는지 수용하지 않는지에 좌우된다고 믿는다.

이는 아렌트의 무도덕적, 또는 비종교적 접근 방식과 명백히 차별화되는 지점이다. 아렌트에게 '타자들the others'은 한 사람의 시민인 나 자신과 모든 면에서 동등한 동료 시민들로 여겨진다. 또한 정신 능력 면에서도 사유의 전문가인 철학자와 동일한 사유 활동을 할 수 있는 지적인 인간들로 간주된다. 이러한 이론적 전제를 가진 아렌트의 '타자' 개념은 암묵적으로 자신과 하나의 정치공동체 또는 세계를 함께 구성하고 있는 동등한 사람들, 그래서 세계에 대한 의무와 윤리적 책임을 함께 나눠 지는 동료 시민들을 가리킨다. 이러한 아렌트의 '정치적 평등'의 관점에서 볼 때, 레비나스의 도덕적 타자윤리학의 이론적 한계는 분명해 보인다.

먼저, 레비나스 '타자' 개념의 전제성專制性 관련한 사항이다. 레비나스에게 타자는 언제나 나보다 높은 곳에서 나의 주인 자격으로 출현한다 (Levinas 2001, 12, 각주 4). 이러한 타자의 성격은 즉각적으로 헤겔의 주인-노예라는 종속 관계 패러다임을 떠올리게 한다. 그것은 권리는 없고 의무만 있는, 즉 '듣기만 하고 물을 수 없는' 비대칭적 수직 관계 속에서 어느 한쪽이 다른 한쪽에게 일방적으로 의무를 '부과'하거나 책임을 '묻는' 형식이다. 이는 레비나스가 윤리학을 제일철학으로 규정했다는 사실과 더불어 그가 암묵적으로 '철학적 전제성'을 옹호한다는 혐의를 둘 수 있는 근거가 된다. 따라서 "존재에서 존재자로" 이행하고자 한 그의 존재론적 기획은 실패로 돌아갔다고 평가할 수 있다.

다음으로, 레비나스의 '비정치적'인 일방향 소통의 내재적 한계가 드러나고 있다. 레비나스의 '나와 타자의 대화'는, 마치 어떤 신자가 기도 중에 신과 나누는 대화인 양, 개별적이고 구획화된 구도로 진행된다고 볼 수 있다. 이 '일대일' 대화는 사적이고 개별화된 대화 상황에서 구체적인 '나'와 나 못지않게 실재적이지만 동시에 집합적 존재인 '타자'와의 대화, 그것도 그 집합적 존재로서의 '타자'가 개별 존재자인 '나'에게 일방적으로 명령하는 비대칭적 대화 양식으로 제시된다. 이러한 소통 양식은 신에게 기도를 드리거나 초월적 존재를 명상하는 경우를 제외하면 일상에서는 좀처럼 찾아보기 어렵다.

더욱이 레비나스가 우리 삶 속의 폭력성과 비인간성을 극복할 목적에서 이처럼 특별한 타자와의 대면 소통의 필요성을 역설하는 것이라면, 그러한 일방적 소통 양식이 지닌 결함은 한층 더 명확해질 수 있다. 이와 대조적으로, 즐거운, 기꺼이 참여하고 싶은, 남의 고민을 듣게 됨에 따라 내 삶의 번잡함이 줄어드는 느낌을 받는, 함께 있음으로 인해 내 삶과 나라는 존재의 의미를 새삼 소중히 깨닫게 되는 쌍방향의 수평적 소통 양식은, 차라리 종교의식에 가까운 레비나스의 소통 양식보다 훨씬 더 현실 친화적일 것임이 자명하다. 이런 점에서 아렌트의 '정치적' 소통 양식, 즉 정치적 평등에 기초한 소통 양식이 세계를 좀 더 인간다운 곳으로 만드는 훨씬 더 나은 방법으로 보인다는 점은 두말할 필요도 없다.

끝으로, 레비나스의 논의에서 '타자의 얼굴'은 늘 나의 도덕성을 심문한다. 그러므로 '나'는 항상 죄의식에 시달리게 된다. 이처럼 불편한 옥죄임이 우리를 어떻게 초월로 이끌 수 있을지는 의문이다. 이것이 우리의 자유로운 영혼을 좀먹지 않는다는 보장은 어디에도 없으며, 여기서 인간의 자유의지라는 조건은 사상된다. 레비나스식의 타자윤리학은 이러한 질문들을 간과하므로 도덕주의Moralism라는 비판을 결코 피할 수 없을 것이다.

결론적으로, 레비나스 타자윤리학의 주장들이 비록 사회정의 구현에 일정 정도 기여할 수 있다고 해도, 그것이 하나의 적실성 있는 사회철학 이론에 요구되는 현실적 타당성을 담보한다고 평가할 수 있을지는 미지수다. 흥미롭게도 이러한 레비나스 타자윤리학의 한계점들은 다음 절에서 논의할 아렌트의 '정치적' 타자윤리학에서 대부분 극복되고 있다.

3. 아렌트의 '정치적' 타자윤리학

1) 정치적 평등과 사유함의 평등 구도

잘 알려진 대로, 아렌트는 서구 철학 전통에서 철학과 정치는 소크라테스의 죽음을 계기로 영원히 분리되었다고 선언했다. 그리고 그 연장선상에서, 플라톤 이후 철학자들은 소크라테스가 실천했던 사회적 역할, 즉 사회 구성원들이 스스로 생각하도록 유도하는 산파적 기능은 접어 두고, 세상으로부터 고립되어 유아론, 즉 철학적 이기주의에 빠져 버렸다는 확고한 비판 태도를 보여 주었다(서유경 2000; 2002). 아렌트는 이러한 문제의식하에 기존의 철학 전통에 맞서, 그리고 그 전통과 다른 성격의 독자적 철학 노선을 구축하겠다는 의지를 천명한 바 있다.

아렌트의 '독자적인' 철학의 중심에는 흔히 '반정초주의Anti-foundationalism'로 알려진 '무토대적' 사유법이 놓여 있다. 이 '지지대 없는' 사유법은 플라톤 이래로 서구 정치철학이 추구해 온 '철학적' 정초주의를 배격하는 방식이다. 동시에 이것은 철학과 정치의 경계에 서서 어느 한쪽에 치우침 없이 철학적 전통과 정치적 현실을 조화롭게 융합하려는 노력, 즉 '관조적 삶'과 '활동적 삶'을 서로 연계시키는 새로운 철학적 방법론이기도 하다.

이 아렌트의 새로운 철학적 방법론은 그가 기술하고자 한 새로운 정치철학의 지향점과 완벽한 조합을 이룬다. 1972년에 그가 직접 제시한 『정신의 삶』의 집필 의도에서 확인할 수 있듯, 그의 새로운 정치철학은 "사유의 정치적 중요성"과 사유함의 "제 조건"에 관해 탐구하는 것이었기 때문이다.

　　새로운 정치철학을 위한 결정적 요인은 사유의 정치적 중요성을 탐구하는 일이다. 즉 정치철학은 결코 혼자 존재할 수 없으며, 나-너I-Thou 관계와 인간 본성에 대한 전통적 이해理解로는 결코 [인간]다수성이라는 자신의 본래적 조건의 의미를 제대로 파악할 수 없는 인간 존재에게 사유함이 갖는 유의미성과 그것의 제 조건에 관해 탐구하는 일이다(EU, 445. [ ] 안의 내용은 필자).

이처럼 아렌트가 새로운 정치철학을 ‘사유의 정치적 유의미성’으로 설정한 직접적인 원인은 분명 1961년의 아이히만 재판 참관이었다. 예루살렘 재판 이후 그는 본격적으로 사유의 문제, 즉 ‘관조적 삶’의 문제로 복귀했기 때문이다. 필자는 2장에서 그의 새로운 정치철학의 배후에 놓여 있는 것으로 추정되는 그의 독특한 정치사상을 ‘아렌트주의Arendtianism’라는 정치이데올로기 체계로 정리해 제시했다. 그리고 이 책 『한나 아렌트 정치미학』은 이 아렌트주의의 관점에서 그가 미완으로 남긴 그의 새로운 정치철학을 종합적으로 재해석한 정치철학서이다.

　　약간 풀어서 설명하면, 아렌트의 ‘새로운’ 정치철학 기술 작업은 그가 근대화를 이해하는 두 가지 방식, 즉 ‘평등한 노동사회’와 ‘철학적 평등’이라는 현대적 문제의식에서 출발한다. 첫째, 아렌트가 이해한 현대사회는 마르크스에 의해 ‘미화된’ 노동의 가치를 최고로 여기는 노동자들의 사회다. 우리가 너 나 할 것 없이 노동하는 삶의 과정에 예속된 까닭에 모두가 각자의 ‘생활’을 최고선으로 여긴다는 점에서 현대 사회는 평등한 사회이다. 그러나 현대 사회는 자기 존재의 유의미성을 발견할 수 있는 '공동 세계'를 돌보지 않는다는 점에서 인간의 인간성보다는 동물성을 구현하는 사회다(HC, 313). 이는 현대인들이 인간으로서 자신에게 주어진 행위 능력을 제대로 활용하지 않고, 그것과 자기 삶의 관계성을 올바르게 인식하지 못한 결과이다. 따라서 우리는 정치행위가 우리 삶에 함의하는 바를 재정립함으로써 이 문제를 극복해야 한다.

둘째, 아렌트의 관점에서 인간은 철학적으로 평등하다. 사유함은 "인간의 항상적인 정신 기능"(LM I, 191)이기 때문이다. 근대 물리학의 등장 이후, 철학은 고도의 지성*Verstand*을 요구하는 진리 추구라는 종래의 학문적 목표를 과학에 양보하고, 인간 이성*Vernunft*에 바탕을 둔 삶의 의미 추구로 방향을 전환했다. 이에 인간은 누구나 사유함을 통해 철학의 영역에 진입할 수 있게 되었으므로, 철학이 특별한 소수의 특권이라는 전통적 사고는 구태의연하고 시대착오적이다.[101] 여기서 문제는 '생활 노동자'로 전락한 현대인들이 이처럼 누구에게나 가능한 사유 활동을 외면하고 있다는 사실이다.

다시 한번 환기하면, 아렌트가 인간의 사유함이 정치행위에 미치는 영향, 즉 사유함의 정치적 유의미성을 밝히는 논증에 착수하게 된 직접적인 계기는 아이히만 재판을 통해 얻은 성찰이다. 그리고 아렌트는 우리가 5장 '사유함의 현상학' 절에서 심층적으로 검토한 '사유함'의 작동 방식을 통해 그것과 정치행위의 상관성을 매우 설득력 있게 설명한다. 이 논증 작업의 결론은 판단행위가 정치행위 수행에 앞선 예행연습에 해당하므로 정치적으로 올바른 행위 수행의 필수조건이 될 수 있다는 주장

---

101 아렌트는 근대 사회에서는 다수 대중뿐 아니라 소수 지식인층도 '사유 불능' 상태에 있다고 지적함으로써 사유에 관한 민주적 견해를 지니고 있음을 보여 준다(Yarbrough and Stern 1981, 328).

으로 집약된다. 바꿔 말해서, '사유'하지 않는다는 것은, 이를테면 예행연습을 빼먹은 배우처럼, 실전에서 실수할 위험을 키울 수 있다는 것이다.

사유함의 과정에서 이루어지는 판단행위가 정치행위의 '예행연습'이라는 아렌트의 착상은 소크라테스의 '나와 나 자신의 대화'에 간여하는 '양심'의 기능에서 비롯된 것이다. 앞에서 이미 설명한 것처럼, 아렌트는 소크라테스의 모델을 원용해 쌍방 대화에서 다자적 '소통' 패러다임으로 전환한 야스퍼스 모델을 전유해 현대화한다. 그는 거기에 다시 성 아우구스티누스의 '메모리아*memoria*' 개념을 도입하는데, 이는 '정지된 현재*nunc stans*'이자 '기억의 저장소'로서의 인간 의식으로 이해할 수 있다. 여기서 기억의 저장소라는 의미는 '과거에 만났던 사람, 수행했던 행위, 겪었던 경험들이 탈시간화하여 저장된 이미지들의 창고'라는 뜻이다. 만일 사유하는 자아가 이러한 이미지들을 '사유함', 즉 '정지된 현재'라는 '비시간적 시간' 속으로 불러들인다면, 은유적으로 말해서 그것들은 그 것들의 본래적 맥락성이 탈각되고, 사유자가 '내부-공영역'에서 부여하는 '세계적 맥락a worldly context' 속에 재현된다고 볼 수 있다.

그러므로 아렌트의 사유하는 자아는 현실 세계 속에서 거동하는 자아와 동일한 자아가 아니지만, 여전히 현실 세계에서와 동일한 인간다수성 조건 아래서 작동한다고 볼 수 있다. 기억의 창고에 적재된 '사유대상물'은 현실 세계 내에서 실제로 일어난 '경험들'이 이미지화한 것이므로, 그것이 나와 타인들이 함께 연루된 사건이라는 점은 변함이 없다. 사유함은 그러한 이미지의 '재현' 방식으로 진행된다. 이런 맥락에서, 인간은 고독한 사유함 속에서조차도 결코 혼자가 아니다. 인간이 사유할 때만큼 활동적인 경우는 없으며, 홀로 있을 때만큼 혼자일 수 없는 때는 없기 때문이다(HC, 325). 아렌트의 견해에 따르면, 인간실존은 본질상 결코 고립적일 수 없으며, 소통 속에 존재하고, 타인들의 실존에 대한 자각 속에 존재한다(EU, 186).

이러한 견지에서 서구 철학과 그 전통에 기초하고 있는 독일 실존철학은 인간 삶에 대한 불충분한 이해 방식으로 인해 사유함을 세계와 분리된 활동으로 이해하는 형이상학적 오류를 답습하고 있는 것이다. 왜냐하면, 인간의 정신적 활동으로서 사유가 인간관계망 속으로 재투사되지 않는다면, 그것이 인간실존의 유의미성을 밝히는 능력은 제한적일 것임이 자명하기 때문이다(HC, 324). 공교롭게도 이 '재투사' 부분이 바로 아렌트와 레비나스 타자윤리학의 결별 지점이다. 레비나스는 여전히 사유를 세계와 분리된 순수한 정신의 활동으로 인식하는 반면, 아렌트는 사유가 세계와 분리되면 위험해질 수 있다고 믿기 때문이다. 그 이유는 무엇일까?

2) 사유함과 사회정의 요청

아렌트의 인간다수성 ―이것은 '인간은 폴리스에 모여 살며 언어적으로 소통하는 존재'라는 아리스토텔레스의 이중적 인간 정의를 재전유한 개념 범주이다― 은 모든 인간의 실존적 조건이며, 그것이 명시화한 형태가 인간다수체다. 사유함과 사회정의의 관계성을 논의하기에 앞서, '아렌티안 폴리스'의 다섯 가지 유형 중 '내부-공영역', 즉 HP-IV에 관한 논의 내용을 잠시 소환하자. HP-IV는 기본적으로 물리적 세계 속에 명시화된 것이 아니라 사유함의 내부 구역에 재현될 수 있다고 가정되는 '잠재성'의 인간다수체다. 바꿔 말해서, 이것은 사유 활동이 이루어지는 정신의 영역이다. 이곳에서는 우리 인간의 정신 활동인 '사유함'이 이루어진다.

우리 정신의 세 가지 세부 기능 중 첫 번째인 사유함은 먼저 실재적 대상들 —특히 사유자 자신이 상상력을 동원해 초대한 사람들 또는 아렌트의 '무토대적 토대'로서 '아렌티안 아르키메데스 점'들이 여기 해당한다— 을 탈脫감각화, 탈脫시간화, 탈脫맥락화해 무성의 이미지들로 전환한다. 이는, 하이데거의 용어로 바꿔 표현하면, 다자인*Dasein*(즉 '그곳의 있음')의 물리적 장소로서 '*Da*그곳'가 이 내부-공영역 속 무성의 대화에 소환된 사람들과 분리된다는 의미다. 아렌트가 이와 관련해 '내가 사유할 때 나는 다른 곳에 있다'라고 주장한 이유가 여기에 있다.

그 연장선상에서 무성의 대화 속으로 소환된 사람들, 즉 그들의 이미지는 실제 담론 상황에 개입하지 않으면서 순수한 관중 역할을 한다고 추정할 수 있다. 은유적으로 말해서, 그들의 입 다문 얼굴은 레비나스의 '타자*autrui*', 아감벤의 '호모 사케르*Homo Sacer*', 들뢰즈의 '얼굴들*Visages*'과도 중첩된다. 요컨대, 그들이 비록 '말과 행위' —발언이 정치적인 것을 위한 특별한 메시지 전달 매체라는 사실을 부정할 수는 없지만— 를 하지 않는 유령 같은 존재들일지라도, 그들은 사유함의 과정에 이미지로 소환되었다는 이유만으로도 정치적 유의미성을 획득하게 된다는 것이다. 비록 현실 속에서는 '권리들을 가질 권리'를 박탈당했거나 제한받은 상태더라도, 사유함에 소환된 한 그들의 권리는 즉각적으로 복권되거나 족쇄가 풀릴 수 있기 때문이다.

다른 말로 하면, 아렌트의 시각에서 HP-IV는 기본적으로 HP-II의 재현물로서의 '내부-공영역'이다. 원칙상 HP-IV가 내부 구역에 펼쳐지는 사유의 현장인 한, 사유자가 원하는 사람이라면 누구라도 그 공간에 소환될 수 있다. 가령 어떤 사유자가 자신이 현실 세계에서 참여한 적이 있는 특정 HP-II를 재현한다고 가정할 때, 그는 기술적으로, 그곳에 함께 참여했던 사람들뿐 아니라 그것의 외부 —즉 HP-I, HP-III, HP-V— 에 속한 사람들도 두루 다 소환할 수 있다는 것이다.

이제 그 사유자는 유형의 물리적 세계의 '행위자'에서 의식 세계의 '사유자'로 위치가 바뀌었다. 그러므로 그는 자기 삶과 연루된 사람들을 자유롭게 소환할 수 있다. 물론 여기 소환된 사람들은 다양한 '아렌티안 아르키메데스 점들'로 간주될 수 있다. 이에 덧붙여, 그는 자기 삶의 의미를 탐색하는 과정에서 "정의, 행복, 절제, 즐거움 등의 개념들과 더불어, 또한 우리가 살아 있는 동안 우리 삶 속에서 발생하는 것들과 우리 자신에게 일어나는 것들의 의미를 표현하도록 언어가 우리에게 부여한, 눈으로 볼 수 없는 것들을 위한 단어들과 함께"(RJ, 179) 자신의 사유를 확장시켜야 할 일종의 의무를 이행해야 한다.

비근한 예로, 그 사유자가 사유함의 과정에서 HP-V, 즉 절실하게 도움이 필요한 사람들, 장애인, 성폭력 피해자들, 정치적으로 탄압받은 사람들, 낙오자들, 버림받은 사람들, 구타당한 사람들을 HP-IV에 초대한다고 가정해 보자. 그 얼굴들은 비록 아무 말을 하지 않더라도 '정의를 바로 세워 주세요'라는 간절한 요청을 전달하기에 전혀 부족함이 없을 것이다. 이런 맥락에서, 그 정치적으로 비₩연루된 사람들이 하나의 '아렌티안 아르키메데스 점'으로서 사유함의 과정에 등장하는 순간, 그것은 '사회정의 요청'으로 전환된다고 볼 수 있다.

이 '타자'에 대한 사유함의 정치적 유의미성은, 사유함이 종결된 이후 얻은 결론이 그 사유자가 다시 현실 세계로 복귀한 이후에 참여할 정치적 공간, 즉 HP-II의 현장 속에서 반영될 가능성으로부터 찾을 수 있다. 가령 그가 해당 HP-V를 대표해 직접적인 '사회정의 요청'을 정식 안건으로 제기한다면, 그 '정치적으로 비연루된 인간다수체'는 현장에 부재하면서도 마치 현장에 참여한 것과 동일한, 또는 유사한 정치적 효과를 창출할 수 있을 것이다. 아렌트는 이 이론적 가정이 가정으로 끝나지 않고 현실 세계 속에 실현될 수 있다고 믿는다.

그는 이러한 사유와 행위 사이의 긴밀한 상호연계성의 근거를 소크라테스의 개인 차원의 '자아' 배려 격률에서 찾아낸다. 이를테면 그것이 "하나임being one으로서 존재하는 내가 나 자신과 조화를 이루지 못하고 내게 모순을 일으키는 것보다는, … 대부분의 사람이 내게 동의하지 않고 맞서는 편이 낫다"(RJ, 153; Arendt 2019, 329-330)는 '비모순율'에 의해 지지된다는 것이다. 바꿔 말하면, 내가 사유함을 통해서 내린 결론과 내가 현실 세계 속에서 하는 행동이 일치해야만, 소크라테스가 말하듯, 나는 한 사람의 인간으로서 '살 만한 가치가 있는 검토된 삶'을 영위하는 것이 되기 때문이다.

이 소크라테스의 비모순율 원칙을 잠시 접어 두더라도, 아렌트의 '정치의 존재이유는 자유이며, 그것이 경험되는 장은 행위'라는 정치존재론적 명제의 관점에서도 또 다른 유형의 설명이 가능하다. 실제로 정치공동체 차원의 지지 요인은 인간의 실존 양태인 '단독적-다수의-있음'이라는 인간의 실존적 조건에서 찾을 수 있기 때문이다. 인간은 말과 행위를 통해 자신을 타인들과 차별화하는 방식으로 '자유'를 발현하며 자신의 고유성을 구현하는 존재다. 따라서 그는 자신이 검토한 의견을 현실 세계 속 HP-II에 재투사함으로써 타인과 차별화를 꾀할 수 있고, 나아가 동료 참여자들과 함께 행동함으로써 더 나은 세계의 건설에 앞장설 수 있을 것이다.

앞에서 필자는 논의의 필요상 아렌트의 인간다수체를 다섯 가지 유형으로 세분하면서 이 모두를 아우르는 '이념형'으로서 '아렌티안 폴리스'라는 개념 범주를 수립했다. 이 아렌티안 폴리스에는 인간의 생물학적 삶의 토대로서의 인간다수체(HP-I), 정치적으로 조직된 '물리적' 공영역으로서의 인간다수체(HP-II), 심미적 판단의 장인 '무토대적 토대들'(HP-III), HP-II가 우리 의식 속에 재현된 '내부-공영역'이자 사유의 장인 인간다수체(HP-IV), 그리고 '정치적으로 비非연루된 타자'로서의 인간다수체(HP-V)가 모두 포함된다.

이 가운데 HP-III와 HP-IV는 다른 세 인간다수체 유형과 달리 물질성을 띠지 않는 무형의 '근거 없는 근거' 유형이다. HP-III는 구체적으로 정치행위 현장의 내·외부에서 직접 경청하는 판단자 —청자 또는 관중— 나 잠재적 판단자들이고, HP-IV는 사유함이 일어나는 현장인 '내부-공영역' 속에 소환된 인물들로 이루어진 상상의 인간다수체로 볼 수 있기 때문이다. 이 HP-IV가 비록 특정 HP-II가 재현된 형식을 띠고 있을지라도, 기술적으로 말해서, 사유자는 자신의 판단을 보다 보편타당하고 실행력 있게 만들고자 다양한 관점들을 HP-IV로 소환할 수 있다. 모든 인간다수체 유형은 '아렌티안 아르키메데스 점'으로서 소환될 수 있기 때문이다.

원칙상 HP-IV에는 이른바 사유자의 생물학적 삶의 버팀목 역할을 하는 가족(HP-I)이나 다른 모든 관여된 판단자(HP-III)는 말할 것도 없고, 정치적으로 비非연루된 타자(HP-V)들도 초대될 수 있다. 각각의 인간다수체 유형은 각기 고유한 '집합적 관점', 즉 그들이 함께 구성하고 있는 소우주의 세계관을 표상한다. 이 '아렌티안 아르키메데스 점'의 실질적 의미는 문화적으로 매개된 의미화 네트워크의 집합적 정체성이다. 그 소우주의 구성원들은 집합적 정체성을 공유하며, 그것에 기초하여 그들의 감각-지각들을 의미화하고, 특히 경쟁이나 대결의 순간이 오면 '그들', 즉 소우주 외부의 사람들을 상대로 '우리'라는 정체성 집단으로 전환함으로써 지금까지 잠재성에 머물렀던 '아렌티안 아르키메데스 점'을 현실 속의 '아렌티안 아르키메데스 점'으로 바꿀 수 있다.

우리의 특별한 사회적 관심을 요구하는 정치적으로 비연루된 사람들인 HP-V는 자력으로 정치화하는 데 필요한 자원과 여건을 갖추지 못한 사회적 약자들이다. 예를 들어 다양한 종류의 수감자들, 유아·청소년들, 신체적, 또는 정신적으로 병든 사람들 등등이 여기 해당한다. 이들이 HP-IV에 초대된다는 것은 그들의 얼굴이 '재현'되어 현실 세계 속에서 거부된, 또는 유보된 '권리들을 가질 권리'를 잠정적으로 회복한다는 의미다. 이는 또한 이들이 현실 세계 속에서 인간 존엄과 사회정의의 이름으로 적절한 처우와 보상을 받을 수 있게 될 잠재성을 의미한다. 추론하건대, 아렌트가 '사유의 정치적 유의미성'을 운위할 때 마음속에 담았던 생각이 바로 이 사회정의의 실현 가능성일 것이다.

3) 심미적 척도로서 양심의 정치적 유의미성

이 장에서 우리는 레비나스와 아렌트의 '타자윤리학'을 비교론적 관점에서 살펴보았다. 양자는 모두 후설의 현상학적 관점에서 '사유'를 의식에 나타나는 현상으로 이해했다. 간단히 말해, 이 현상학적 방법론은 사유자가 자신의 관점에서 '사태'를 해석하고 그것에 의미를 부여하는 형식이므로 주관성이 개입된다. 따라서 사태의 해석과 의미 부여 과정을 객관화할 필요성이 제기된다. 이에 레비나스는 나와 나의 타자 —즉 나의 자아— 사이의 수직적 대화 양태인 '철학적' 접근법을, 아렌트는 나와 타자들 사이의 수평적 대화 양태인 '정치적' 접근법을 각각 선택한다.

양자 모두 사유와 사회정의의 연계 문제를 다루는 '타자윤리학'을 이론화했다는 점은 틀림없는 사실이다. 그러나 레비나스는 사유 활동과 행위의 연계성에 관해 구체적인 설명을 제공하는 대신 타자의 명령을 실행에 옮겨야 한다는 당위론적 주장에 머문다고 할 수 있다. 아렌트는 이와 대조적으로 사유를 행위 수행에 앞서 실시되는 '예행연습'으로 규정함으로써 사유와 행위가 '본질' 면에서 동일한 것임을 암시한다. 이는 사유 과정에서 얻은 결론이 즉시 행위의 수행으로 옮겨질 수 있는 실행력을 담보한다. 예컨대, '나'는 사유 과정에서 거기 출현한 타자들과의 대화를 통해 합의에 이른, 또는 약속한 상태이기 때문에 다른 선택의 여지가 없다는 것이다.

이 대목에서 우리가 반드시 짚고 넘어가야 할 문제는 HP-IV에 소환된 상이한 '아렌티안 아르키메데스 점들'이 서로 충돌함으로써 합의에 이르지 못하는 상황이 발생할 가능성에 대한 것이다. 이러한 우려에도 불구하고 아렌트는 사유함의 세 가지 기능이 제대로 작동한다면 그러한 충돌 상황은 불필요해진다는 견해를 제시하는 듯하다. 왜냐하면, 우리는 우선 그 관점들이 '물질성'과 '시공간성'을 상실한 상태에 있다는 사실을 기억해야 한다. 그 관점들은 현실 세계인 HP-II에서 참석자들이 직접 발언을 통해 갈등 관계를 조성하는 것이 아니라 그들의 '이미지들'이 소환되어 '경청'하는 것이다. 그리고 '사유하는 자'는 '양심'의 인도 아래 그 이미지들 각각이 표상하는 '아렌티안 아르키메데스 점'에 관한 심미적 판단을 하게 된다. 양심, 즉 사유함의 가장 중요한 부산물인 그것이 사유자의 협소한 관심사들을 초월하게 하므로, 사유자는 이제 한 사람의 위엄 있는 인간으로서 상이한 관점과 타자의 얼굴에 자신을 개방하며 사회정의에의 요청에 응답하게 된다.

이처럼 아렌트의 수평적·다원적 소통의 윤리학은 그것이 전제하는 담론적 '평등'의 조건으로 인해 모든 사람의 권리 주장을 전부 허용하는 개방된 담론 구조 위에 서 있다. 아렌트의 비판자들은 이러한 개방된 소통 구조가 일종의 도덕적 진공상태를 초래할 수 있다는 우려를 표시하기도 한다. 그러나 상이한 성격의 상쇄 요인 한 가지가 이러한 우려를 말끔히 제거할 것으로 보인다. 세계 속에 사는 사람들은 이 담론적 평등의 조건 못지않게 근본적이며 누구도 변경할 수 없는 인간의 궁극적 실존 조건 아래에 있다. 그것은 타인들의 존재가 곧 나의 '있음'을 증언하며, 그것에 유의미성을 부여한다는 하나의 사실적 진리로서 '인간다수성'이다. 나는 내가 세계 속에 있음을 확인하기 위해서, 또한 그들이 없다면 상상할 수조차 없는 유의미한 세계적 기획을 함께 수행하기 위해서 타인들의 존재를 나의 세계 속으로 받아들일 수밖에 없다. 마찬가지 이유로 나 역시 그들에게 받아들여질 것이다.

결론적으로, 레비나스 '타자' 개념의 가장 근본적인 문제점은 이러한 수평적 상호성에 바탕을 둔 '정치적' 윤리의 현실적 작동 원리를 대체로 간과함으로써 도덕적 환원주의에 위태로울 정도로 근접하게 된 점이라 하겠다. 이 점은 아렌트의 무도덕적 정치윤리학의 관점에서 보면 칸트 미학의 전철을 밟고 있는 것으로 평가할 수 있다. 이 책 『한나 아렌트 정치미학』의 중요한 집필 목적 중 하나는 바로 이 아렌트의 무도덕적 정치윤리학이 어떻게 현실 세계 속에서 작동할 수 있는지를 체계적이고 설득력 있는 방식으로 보여 주는 것이다.

9장

후기-근대의 정치적 조건과 아렌트 정치미학

이유를 막론하고 정치조직에 소속한 대중이 있는 곳이라면, 그게 어디든 전체주의 운동은 가능하다. 대중은 공통 이해利害를 의식해 함께 묶이는 것이 아니다. … 대중이라는 용어는 단순히 수적인 이유나 무관심으로 인해, 또는 양자 모두 때문에 공통 이해에 바탕을 둔 정당이나 시市 정부 또는 전문 결사 조직이나 노조 등과 같은 어떤 조직으로도 편입될 수 없는 사람들을 지칭할 때 사용한다(OT, 311).

현대 사회는 모두가 '노동'한다는 점에서 평등한 '노동자 사회'이다. 이 '노동자 사회'라는 아렌트의 인식은 일차적으로 현대인들 대부분이 '임금'노동자 ―우리 한국 사회는 '근로자'라는 표현을 선호한다― 라는 사실에서 기인한다. 그는 그 연장선상에서 현대인들이 노동의 대가를 오락이나 소비와 교환하는 방식으로 사적인 외로움과 무력감을 해소하는

'탈脫정치적' 삶을 추구한다는 사실에 주목했다. 요컨대, 현대인들은 '삶의 과정the life processes'에 예속되어 생활의 필요에 부응하는 '노동하는 동물animal laborans'로서의 삶에 우선성을 부여함으로써 '정치적 존재'로서 인간다운 삶의 방식을 뒷전으로 밀어내고 있다는 것이다. 그가 보기에 이러한 '탈정치적' 삶은 '인간다운' 삶의 방식이 아니다(O'Sullivan 1976).

물론 현대 '노동자 사회' 내에서 정치적 무관심은 물질주의와 성과주의를 추구하는 '근대성'이 초래한 불가피한 현상일 수 있다. 그러나 여기서 우리가 놓치고 있는 사실이 있다. 그것은 현대인들이 특별히 사적 영역에서 소시민적 삶을 영위하는 것을 선호하거나 만족해서라기보다는 각자가 처한 형편이나 편의성 때문에 본의 아니게 '정치적 무관심'을 선택한다는 사실이다. 따라서 정치참여의 여건이 개선되거나 자신의 이익이 관련된 특수한 정치적 의제가 떠오른다면, 평소 정치적 무관심으로 일관했던 사람이라도 언제 그랬냐는 듯 '정치화'할 가능성을 배제하기는 어렵다. 비록 사람들이 겉으로는 세상사에 무관심한 척해도 실제로는 정치적 소외와 무가치한 은둔의 삶보다 자신의 존재감이나 가치를 천명할 수 있는 정치적 기회에 적극 반응한다는 것은 익히 잘 알려진 사실이다.

그러므로 정치이론의 초점은 누가 어떤 '정치적 기회'에 어떻게 반응하는가로 모아진다. 아렌트는 이런 관점에서 "전체주의는 불안정한 사회와 그 속에 살고 있는 대중들에 관한 특수한 한 단면"으로 볼 수 있다고 주장한다. 이를테면, 우리가 20세기 전반기에 목도한 무솔리니, 히틀러, 스탈린 치하에서 전개된 전체주의 운동은 바로 이러한 대중들의 이율배반적 심리의 틈새를 파고든 전형적인 양태로 볼 수 있다는 것이다. 아렌트의 설명에 따르면, 그것들 각각은 "무엇이든 가능하다"라는 전능全能의 이데올로기를 구호로 내걸고 대중들을 정치운동 조직 속으로 빨아

들였다(OT, 318). 다시 말해 전체주의 운동은 자력으로 정치적 주체가 될
수 없거나 정치적으로 소외된 대중들의 눈에 모종의 '정치적 기회'로 보
였던 것이다.

1. 근대성과 전체주의의 상관성

한나 아렌트가 『전체주의의 기원The Origins of Totalitarianism』(1951; 증
보판 1958)을 집필하게 된 직접적인 동기는 20세기 전반 유럽의 전체주의
적 사회상에 대한 깊은 우려 때문이었다. 그의 견해상 전체주의는 한마
디로 두 번의 세계대전과 빈번한 혁명, 경제공황, 군국주의의 발흥을 경
험한 유럽인들의 물질적·정신적 피폐 상황이 19세기 이래 사회적 계급
정체성에 기반해 온 유럽 시민사회 내부의 유대 관계에 심각한 균열을
일으킨 결과였다.

『전체주의의 기원』은 반유대주의, 제국주의, 전체주의 출현 과정의
상호연관성을 조명하는 형식을 갖추고 있다. 그러나 내용 면에서 아렌트
가 예리하게 지적한 가장 중요한 논점은 전체주의 정권이 시민의 자발성
발현을 원천적으로 봉쇄함으로써 인간 존엄을 파괴하는 정치체제라는
사실이다. 특히 히틀러 정권과 스탈린 정권은 각기 다른 체제적 특성과
이념적 지향점을 가지고 있었음에도 전체주의 체제라는 측면에서 몇 가
지 공통점이 있었다. 우선 전체주의 정권들은 사회계급을 대중으로 탈바
꿈시켰으며, 정당 체제를 일당—黨 독재가 아닌 대중운동으로 대체했고,

힘의 중심을 군대에서 경찰로 이동시켰으며, 세계 지배 야욕을 공개적으로 천명하는 외교 노선을 채택했다(OT, 460).

아렌트가 전체주의 분석을 통해 얻은 결론은 다음 세 가지 항목으로 집약된다. 첫째, 전체주의 체제는 기존의 사회제도, 법제도, 정치제도의 전통을 무시하는 '신종' 정치체제다. 이 체제의 가장 두드러지는 점은 역사적·시대적 요청에 부응하는 체제 이데올로기를 내걺으로써 정권의 당위성을 설파한다는 사실이다. 다시 말해, 전체주의 정권은 통치자 개인의 지배 의지에 기반을 둔 폭군정, 전제정, 독재정이 공통으로 보여 주는 무법성 대신에 초자연적인 힘 ―나치즘의 경우에는 '자연법칙', 스탈리니즘의 경우에는 '역사법칙'― 에 순응해야 한다는 논리를 앞세워 정권의 총체적 지배를 정당화하고 합법화한다.

이러한 성격의 전체주의적 합법성은 인간 개별 행동의 옳고 그름을 가릴 수 있는 표준의 수립 과정을 생략한 채 자연법칙이나 역사법칙을 직접적으로 개인에게 부과하고 적용하는 방식으로 실체화한다. 다시 말해 전체주의 체제는 인류를 초자연적 법칙의 담지자로 인식하며, 자신을 그 법칙의 신성한 집행자로 규정한다. 그 결과, 개별 인간이 초자연적인 힘의 진행 과정 속으로 흡수되어야만 한다는 당위성이 인류 역사의 주체인 개인의 개별성과 자결권을 압도하게 된다. 이처럼 체제가 특정한 통일성을 성취하기 위해 공동체 내 개별 구성원들의 다원성이 희생되는 사태를 "전체주의적"이라고 말한다(Laclau and Mouffe 2001, 188).

둘째, 전체주의 정권은 개인들을 탈정치화하고, 그들의 개별적 정치행위 능력을 무력화하는 데 집중한다. 이것은 정권이 추구하는 '대중의 정치화'와 정반대 성격의 통치 전략이다. 아렌트가 보기에 "정치와 관련된 자유"는 이것 또는 저것을 선택하는 "의지의 현상이 아니"며, 여기서

"자유는 이전에 존재하지 않았던 것, 인지하거나 상상하지 못했던 것, 엄밀히 말해서 알 수 없었던 것을 탄생시키는" 인간의 자유로운 창조성 발현과 관련된다(BPF, 151). 그러나 전체주의 체제들은 인간이 이러한 '생성적' 자유의 담지자라는 사실은 물론이고, 인간의 자유에 바탕을 둔 정치행위들이 자연이나 역사 운동의 속도를 떨어뜨릴 수 있다는 사실을 모르지 않았다. 그래서 그들은 더욱더 개별적 정치행위를 위한 자유를 철저히 통제하고 그것이 구현될 수 있는 정치적 공간을 봉쇄했다고 볼 수 있다. 인간의 자유로운 정치행위는 그것의 동기나 목표로부터 자유로운 창조성의 발현행위이므로, 역사적 목적론이나 자연적 목적론에 입각한 전체주의 운동과의 충돌이 불가피할 수밖에 없을 것이기 때문이다.

실제로 전체주의 집단은 이미 사람들이 공유하고 있는 기성의 규칙들을 새것으로 대체함으로써, 즉 인간 상호작용의 실질적 토대를 무너뜨림으로써 신뢰의 씨앗을 제거했다. 그리고 자연법칙이나 역사법칙과 같은 단일 법칙을 모든 법칙의 상위규범으로 특정함으로써 사람들 사이에서 이루어지는 의사소통의 풍요성과 그것의 정치적 기능을 마비시켰다. 그 목적은 사람들의 탈脫정치화와 행위 능력의 무력화였다. 바꿔 말해서, 전체주의 체제에서는 사람들이 자유롭게 정치적 주체로 변신할 수 있는 정치적 결사의 장, 즉 의사소통과 공동행위의 공간이 원천 봉쇄되었으므로, "인간의 자유가 살아 숨 쉴 수 있는 공간"과 정치적 존재로서 인간이 향유하는 시민적 자유가 말살되었다. 이러한 경로로 탄생한 것이 바로 체제 순응적 인간형으로서의 '대중'이었다.

셋째, 전체주의 정권들의 체제 유지 방법의 양대 축은 '이데올로기 ideology'와 '테러terror'이다. 전체주의 체제는 각기 선정한 자연법칙이나 역사법칙에 따라 사회 전체를 전체화 과정 속으로 밀어 넣는다. 이 전체화 과정은 반드시 지속되어야 할 '운동'으로서의 절대적 우선성을 확보한다. 전체주의 체제는 전체화 운동에 적합한 인종, 개인, 계급에는 생명을, 그렇지 못한 자들에게는 자연법칙이나 역사법칙의 이름으로 죽음을 선고한다. 그들의 시각에서 볼 때, 인류 종(種)의 보전이라는 큰 목표를 위해 개별 인간들이 작은 희생을 하는 것은 지극히 당연한 일로 여길 수 있기 때문이다.

물론 전체주의 체제는 그것이 '특정' 인종, 즉 '특정' 개인들의 보전을 위해 나머지 인종과 개인들을 희생시킨다는 사실을 정당화할 필요성에 직면하는 상황을 결코 피할 수 없다. 이에 그 정권은 자연법칙이나 역사법칙 실현을 위한 집행자와 희생자를 선별하는 데 총력을 기울이는 한편, 체제의 불합리한 통치 방식에 대한 이성적 설명을 제공할 이데올로기의 구축에도 적극적으로 나서게 된다. 그러나 전체주의 체제가 구축한 이데올로기, 즉 체제 운영 원리는 불가피하게 강제 수단으로 발전한다 (OT, 107). 비록 그것이 사물의 본질 자체는 아닐지라도, 이데올로기는 전체주의 체제의 과거, 현재, 미래에 대한 총체적 설명을 제공하는 설명 수단으로서 무자비하게 논리의 일관성을 추구하기 때문에 파괴적이다. 특성상 이데올로기는 사람들을 경험적 사실에 둔감해지게 만들며 점차 현실과 유리시키기 때문이다.

이러한 이데올로기의 일반적 특성을 고려하면, 모든 이데올로기가 다 전체주의적 성질을 보유한다고 해도 결코 지나친 표현은 아닐 것이다. 그러나 전체주의 정권은 '전체화 운동'을 통해 체제 내에 잠재하는 전체주의의 특성들을 활성화하고 확산시킨다는 사실을 기억해야 한다(OT, 470). 이 전체화 운동은 테러를 통해 실행된다. 테러는 자연법칙이나 역사법칙이 담지한 내재적 목적을 실현하는 데 방해가 되는 인간의 자발적 행위들을 막는 수단이며, 체제 이데올로기는 초인간적 자연법칙이나 역사법칙의 집행 수단으로서 테러의 사용을 정당화한다. 전체주의 체제의 '전체화' 현상은 한마디로 '연성' 강제 수단인 이데올로기와 '강성' 강제 수단인 테러를 통한 이중의 집행 과정으로 귀결된다고 말할 수 있다.

놀랍게도 아렌트가 20세기 초엽 유럽의 정치 상황을 배경으로 분석한 전체주의 체제의 특성들은 21세기 우리의 상황에도 여전히 유효하다. 비근한 예로 아렌트가 분석한 제국주의의 주역들이 역사의 뒤안길로 사라진 이후, 또 다른 유형의 제국주의가 출현하게 되었다. 그것은 전 지구적 자본주의의 무자비한 침탈 현상으로 나타났다(Hardt and Negri 2000). 2011년, 뉴욕의 한복판에서 벌어진 '월가를 점령하라' 시위는 지구적 자본주의를 빙자한 제국주의에 대한 반격이었다. 반격의 주원인은 지난 30년 동안 신자유주의 주창자들이 기대했던 '낙수효과'가 나타나지 않은 결과, 기존의 20:80의 양극화 상황이 1:99로 더욱 첨예해졌기 때문이었다.

2001년, 9.11 테러 공격을 받은 미국은 '테러와의 전쟁'을 선포하고 신보수주의와 기독교적 근본주의라는 양대 이데올로기를 앞세워 막강한 군사 능력을 과시하면서 이슬람 세력의 응징에 나섰으며, 과거 베트남전에 투입한 군비의 수십 배를 쏟아부었다. 부시 대통령의 '악의 축' 발언 이후로는 '공공의 적' 제거라는 명분으로 자국민들의 입에 족쇄를 채우는 것은 물론이고, 이라크 전쟁을 일으켜 지구시민들의 삶을 인권의 사각지대로 몰아붙이는 것도 마다하지 않았다. 이러한 미국의 최근 상황은 아렌트가 생전에 베트남 전쟁과 닉슨의 워터게이트 사건을 보면서 경고한 '미합중국의 위기'가 여전히 현재 진행형임을 방증한다.

이에 덧붙여, 2021년 1월 6일에는 대통령 선거 결과에 불복한 트럼프 지지자들이 워싱턴 D.C.Washington, D.C.에 집결하여 국회의사당을 무력 점거하는 사건이 일어났다. 이는 미국이 과거에 자유민주주의 운동을 선도한 선진 민주국가였다는 사실을 무색하게 만들었다. 그와 동시에 그 사건은 자유민주주의의 취약성, 즉 그것이 국내외 정치적 상황에 얼마나 민감하게 영향을 받는지를 보여 주는 분명한 사례이기도 했다. 사실, 민주주의는 살아 있는 생물 같아서 우리 시민들이 그것에 어떤 자양분을 공급하느냐에 따라, 또 그것을 어떻게 다루느냐에 따라 그 결과가 얼마든지 달라질 수 있다.

이를 방증하기라도 하듯, 2024년 12월 3일, 2021년 미국 의회 점거 사태를 떠올리게 하는 매우 유사한 사건이 한국 땅에서 발생했다. 비상계엄 선포 당시 대통령은 비상계엄이 "입법 독재를 통해 국가의 사법 행정 시스템을 마비시키고 자유민주주의 체제의 전복을 기도하고" 있는 거대 야당으로부터 "자유대한민국을 수호"하기 위한 조치라고 발표했다. 그러나 그것의 실체적 본질은 한밤중에 기습적으로 비상계엄을 선포하고 군과 경찰을 전방위적으로 동원해 입법부의 기능을 중단시키고, 대신 '유사 입법기구'를 신설해 국정 장악력을 극대화하려는 전근대적·반헌법적 친위쿠데타였다. 다행히 이 비상계엄이 '6시간 천하'로 끝났기에 망정이지, 행여라도 성공했다면 이후의 전개 양상은 가히 우리의 상상을 초월했을 것이다.

여기서 잠시 환기하자면, 아렌트가 20세기 전반 유럽의 전체주의 체제들에서 공통적으로 발견한 전체주의적 통치 형태는 근본적으로 민주주의의 취약성을 보여 준 사례였다. 그와 유사한 맥락에서 우리가 2021년의 미국과 2024년의 한국에서 각각 목도한 국회의사당 무력 점거 사건은 대표적 대통령제 시행 국가의 선진민주주의 제도가 배태하고 있는 근본적 허점이 노출된 사례였다. 이처럼 아렌트가 20세기 초엽에 관찰했던 전체주의적 경향들은 우리 세기의 후기-근대 민주주의의 정치적 조건에서도 언제든 재활성화될 수 있다. 이 말인즉슨, 우리의 대의민주주의는 그 자체로서 완벽한 제도는 아니라는 것이다. 우리의 대의민주주의가 완벽해질(?) 수 있는 유일한 길은 그것이 허약성 또는 허점을 드러내는 위기의 순간에 우리 시민들이 함께 나서 최적의 해법을 발명하고 그것을 함께 실행에 옮기는 것뿐이다. 아렌트가 종종 우리에게 확인시키듯, 우리 인간에게는 "기적을 일으킬 수 있는 매우 신비한 재능"으로서의 "행위" 능력이 있다(Arendt 2018, 265).

2. 대의민주주의의 보완책으로서 시민불복종

대의제 정부가 사실상 과두제 정부가 되었다는 것은 충분히 사실적이다. 비록 그것이 고전적 의미에서의 소수 이익을 위한 소수의 통치는 아닐지라도 말이다. 오늘날 우리가 민주주의라고 부르는 것은 적어도 소수가 다수의 이익을 위해 지배한다고 가정하는 정부 형태다. 이 정부는 인민의 복리와 사적인 행복을 그것의 주된 목표로 삼는다는 점에서 민주적이다. 그러나 공적 행복과 공적 자유가 다시금 소수의 특권이 되었다면 그것은 과두제로 불릴 수 있다(OR, 269).

서구의 민주주의 이론가들은 지난 20세기 하반기에 민주주의 국가들의 투표율이 점차 하락 추세를 기록하고 있다고 지적하면서,[102] 투표율

하락 현상은 정치적 무관심political apathy의 명증한 징표인 동시에 대의 민주주의의 기능 및 제도적 정당성을 위협하는 부정적 요소라고 경고했다. 일례로 대표적 민주주의 이론가의 중 한 사람인 슘페터는 대의제 "민주주의는 모든 사회계층의 거대 과반수가 민주주의 게임의 규칙들을 준수하기로 결연한 의지를 보이지 않는 한 만족스럽게 기능을 하리라고 기대할 수 없다"(Schumpeter 1987, 269)고 일갈했다.[103]

일반적으로 민주주의 이론가들은 투표 참여율이 저조해지는 원인에 대해 투표와 같은 '제도화된' 정치참여 방식은 정치적 효능감 측면에서 직접 참여 행동보다 낮은 점수를 매길 수밖에 없다는 점을 지적한다. 무엇보다도 직접민주주의하에서 투표가 사실상 정치적 의사결정에 이르는 제도적 장치지만, 대의민주주의하에서 투표행위는 사실상 국가의 정치적 의사결정에 직접 참여할 대표자들을 뽑는 선임 절차에 불과하기 때문이다(Schumpeter 1987, 250-273).

또 다른 대의제 민주주의의 특징은 "법을 결정하는 방식에 관한 교

---

102 우리나라의 경우, 2000년대 이전까지는 하락 추세였지만 이후 상승 추세로 돌아섰다. 한국 대선 투표율은 1987년 13대 89.2%를 예외로 하면, 14대 81.9%, 15대 80.7%, 16대 70.8%로 완만한 내림세를 보여 주었고, 총선의 경우 1996년 15대 63.9%, 16대 57.2%로 하향 폭이 더욱 컸다. 그러나 2010년대 이후 대선과 총선의 투표율이 동반 상승 추세로 선회했다. 2007년 17대 대선 투표율은 63%였지만, 2012년 18대, 2017년 19대, 2022년 20대에는 각각 75.8%, 77.2%, 77.1%를 기록했다. 총선의 경우에도 2004년 17대에는 60.6%, 18대에는 46.1%였지만, 2012년 19대 54.25% 이후, 20대 58%, 21대 66.2%, 2024년 22대 67%로 꾸준한 상승세를 타고 있다.
103 누군가는 대의민주주의 국가 내에서 총선이나 대선, 또는 국민투표referendum의 경우 투표율은 대체로 50%를 넘기고 있으므로 의사결정의 방식으로서 다수결 원칙은 아직 유효하며, 정당성 위기를 운운할 단계는 아니라고 지적할 수 있을 것이다. 그러나 재·보선에서 종종 투표율 50%를 넘기지 못하는 사례는 슘페터의 민주주의의 정당성 위기론을 뒷받침한다. 대의민주주의 국가 내 시민불복종 행태들이 점증하는 일반적 추세는 시민들의 참여의식 향상의 증거인 동시에 대의민주주의 체제의 간접 운영 방식에 대한 불만의 표현으로도 해석될 수 있다.

의敎義로서 다수결 원칙을 [최종적인] 결정의 방식으로 용인한다"(Hayek 1960, 103, 104)는 사실이다. 문제는 시민 개개인의 투표행위가 다수결 원칙을 "민주적 결정 방식"으로서 수용한 결과, 소수 —비록 간단히 무시할 수 없는 숫자일지라도— 의 의견은 '합법적'인 사표 처리 방식을 통해 사장시킨다는 점이다. 따라서 이런 대의제의 특성들을 잘 알고 있는 유권자들이라면, 투표장에 가지 않는 일종의 "합리적 선택"을 하게 될 것이다(McLean 1987, 46).

이러한 고려 사항들을 배경으로 20세기 말 대의제 민주주의의 보완책으로 급부상한 것이 바로 다양한 '직접적' 정치참여 방식과 기제들을 제안하고 독려하는 '참여민주주의'라는 정치 양식이다. 이것은 다른 무엇보다 대의제가 현실적 여건상 제한적으로 운영하고 있는 정치참여 범위의 확장 효과를 창출했다. 그들이 새롭게 재정의한 바로서 정치는 "일상적인 사회생활에 따르는 각종 의사결정에 스스로 참여하는 것"까지를 총망라하는 개념이다(김대환 1997, 14). 바꿔 말해서, 참여민주주의 이론이 정의하는 '정치'는 기성의 정치학 이론들이 정의한 '통치'로서의 정치보다는 아렌트가 정의한 인간의 언어적 활동으로서 '정치' 개념에 훨씬 더 가깝다고 볼 수 있다.

참여민주주의가 주창하는 직접적 정치참여 방식에는 투표, 입후보, 선거운동, 국민투표, 국민발안, 국민소환 등과 같은 '제도화된' 참여 방식 외에도 시민의 직접 행동 조직 및 단체 결성을 통해 표출하는 다양한 시민불복종 형태들[104]처럼 '비제도화된' 참여 방식도 포함된다.[105] 이런 맥

---

104 진 샤프Gene Sharp는 시민불복종의 유형을 198가지로 나열하고, 그것들을 다음과 같은 세 가지 성격 범주로 구분한다. "① 항의와 설득: 전단 돌리기, 피켓시위, 철야농성, (대학 내) 시국토론, 거리행진, ② 비협조: 사회적 비협조(사회적 보이콧, 학생시위, 사회활동 중지 등),

락에서 시민의 자발적 정치 개입 양식으로서 시민불복종 행위가 대의민주주의의 제도적 결함, 즉 정치참여 기회 제한에 따른 현대 민주주의 체제의 정당성 위기를 극복할 한 가지 정치적 대안으로 떠오르는 것은 당연하다고 하겠다.

물론 대부분의 현대 국가공동체는 고대 아테네 폴리스나 스위스의 칸톤처럼 직접민주주의를 운영하기에 적합한 형태가 아니다. 이는 단순히 사람 수가 너무 많다는 물리적 제약 때문만은 아니다. 아렌트의 관점에서 볼 때, 인구 크기 자체보다 더 근본적인 원인은 서로에게 실재감을 확인시키는 공동의 의미 지평, 즉 사람들 사이의 공동 '세계'가 사라졌기 때문이다(CR, 52-53). 사람들이 느끼는 "실재감은 공동 세계를 구성하는 사람들의 '공통성'이 보장하는 것이 아니라, 오히려 입장의 차이와 그 차이 때문에 초래되는 관점의 다양성과 모든 구성원이 항상 동일 대상 —즉 세계— 에 관심을 둔다는 사실에 의해 보장된다."(CR, 57-58)

그러나 앞에서 이미 언급했듯, 현대 국가의 시민들 대부분은 "삶의 과정에 예속"되어 있으므로 그것 이외의 다른 것에 관심을 쏟을 여유를 찾지 못한다. 바꿔 말해서, 말과 행위의 수행을 통해 자신이 보여지고 들려지는 공적 삶의 양식이 현대적 삶 속에서 생활 필요 충족의 우선성에 압도당한다는 것이다. 그 결과로 현대인들은 완전히 사적인(또는 생물학적

경제적 비협조(파업, 납세 거부, 불매운동 등), 정치적 비협조(투표 거부, 징집 거부 등), ③ 개입: 연좌농성, 도로 검거·차단, 기술설비나 시설의 봉쇄·포위, 도로나 시설물의 점거, 경제·사회적 대안 기구 건설, 태업."(오현철 2001, 40)

105 달톤은 이러한 정치 양식을 특별히 "항의정치protest politics"로 지칭하며, 이것의 발단은 1968년 프랑스 5월 혁명이라고 주장한다(Dalton 1996; 2008). 참고로 여기서 항의protest, 저항resistance, 시민불복종civil disobedience은 의미상 상호치환적으로 사용되고 있다. 보다 자세한 내용은 서유경(2002)을 참조하라.

인) 인간으로 남겨지며, 자신의 주관적 경험 속에 갇혀 버리는 경향을 보이게 된다. 다시 말해, 현대인들 사이에 반드시 있어야 할 공통의 공간으로서, 또는 의미 지평으로서의 세계는 더 이상 존재하지 않으며, 그들은 사실상 소통 부재의 상황에 홀로 남겨진다. 이것의 문제점은 정치행위의 세 가지 주요한 특성 —예컨대 세계성, 심미성, 판단성— 에 비춰 보면 쉽게 이해할 수 있다.

첫째, 정치행위는 세계, 즉 사람들 사이에 형성되는 "중간에-낀in-between" 공간에서 수행되며 평가되기 때문에 객관적 타당성을 확보해야 한다. 이런 이유로 무언가 새로운 것을 시작하는 자유의 담지자로서 행위자의 주관적 지향은 세계성worldliness, 즉 세계가 제시하는 원칙들에 부응할 수밖에 없다. 둘째, 정치행위는 공적 영역에서 수행되는 것이기 때문에 행위자는 마치 무대에서 공연하는 배우처럼 자신의 특장特長을 최대한 아름답게 연출하여 관중에게 심미성을 불러일으킴으로써 그들의 동의나 인정을 소구하게 된다.

끝으로, 셋째, 의사소통행위로서 정치행위는 유사한, 또는 다른 의견을 가진 타인들의 현전을 전제하고 있으므로 '제삼자적' 판단행위가 개입된다. 이는 그들이 특정인의 말과 행위가 합당한지 부당한지, 아름다운지 그렇지 않은지, 주관적인지 객관적인지를 판단함으로써 궁극적으로 그의 행위나 의견에 대한 자신의 동의나 거부 입장을 스스로 수립해야 한다는 의미다. 물론 정치행위의 판단성은 기본적으로 청자, 즉 관중에게 속하는 요소지만, '내부-공영역'에서 수행되는 또 다른 정치행위로서 사유함의 과정에서는 사유자 자신의 '사유하는 자아'에 속하는 요소가 된다.

문제의 핵심은 이 정치행위의 세 가지 특성에 비추어 볼 때 현대인들이 공동 세계를 상실했거나 그곳에 참여하지 않는다는 사실, 정치적 무관심은 곧 그들의 말과 행위에서 '세계성', '심미성', '판단성'의 결핍을 시사한다는 사실이다. 이를 뒤집어 설명하면, 시민들에게 더 많은 정치참여 기회를 제공하면 할수록, 그들의 말과 행위는 한층 더 세계성, 심미성, 판단성을 가미할 가능성을 확보하게 된다는 것이다. 이렇게 보았을 때, 시민들에게 '제한된' 정치참여 기회만 허용하는 대의민주주의는 '민주적 정당성 결여'라는 비판 이외에도 '정치행위의 품격 향상'이라는 측면에서도 부족함을 노정하는 제도임이 틀림없다. 이에 따라 근래의 참여민주주의자들, 그중에서도 특히 숙의민주주의자들은 바로 이러한 정치 '담론적' 효과에 주목하고 있다.

　이런 맥락에서 아렌트가 각별한 관심을 보인 '현대적' 정치행위 양식 가운데 하나가 '시민불복종'이다. 여기서 잠시 위의 세 가지 의사소통적 정치행위의 특징들을 염두에 두고 아렌트 자신이 「시민불복종」(1972)에서 기술하는 정치행위로서 시민불복종행위의 성격과 특징을 살펴보자. 우선 아렌트는 시민불복종자들은 "동일한 이해관계"가 아니라 "동일한 의견으로 묶인 소수의 사람"이 "다수가 후원"하고 있다고 간주되는 "정부의 정책"에 "반대"하는 의미에서 공개적으로 "함께 행동"에 돌입할 목적으로 "조직된 소수들"이라고 정의한다(CR, 56). 그리고 시민불복종행위는 사회 내 소수가 결사 방식을 통해 주류 의견을 표상하는 다수를 상대로 공적인 장에서 자신들의 의견을 표출하고 설득하려는 정치적 의사소통 양식이라고 정의한다.

　이러한 아렌트적 관점에서 볼 때, 시민불복종은 사람들 사이에 공통의 세계를 구축하는 자기-주도적 정치참여 행위이다. 그것은 대체로 다음의 다섯 가지 특징을 보여 준다. 첫째, 시민불복종은 성격상 위법한 행위일지라도 민주주의 헌법이 보장하는 '표현과 결사의 자유'라는 상위법에 의거해 정당화된다. 둘째, 시민불복종은 현상 타파를 지향한다는 점에서 인간의 탄생성에 담보된 행위 능력을 구현하는 작업이다. 셋째, 시민불복종은 공동 세계의 운영 방식에 관한 한시적인 이견異見 표출 방식이다. 넷째, 시민불복종은 '인공적으로'(또는 '정치적으로') 조직된 소수의 이름으로 새로운 '시대정신Zeitgeist'을 선포하는 전령 역할을 담당한다. 끝으로, 다섯째, 시민불복종의 동기와 표현 방식은 다른 동료 시민들, 즉 여론의 검증을 통과하지 않는 한 정당성을 확보할 수 없다.

이러한 시민불복종의 다섯 가지 특징에 비추어 볼 때, 아렌트의 정치행위로서 시민불복종은 그 운신의 폭이나 공중의 수용 수준이 관대하다고 보기는 어렵다. 시민불복종은 '세계' —공동의 의미 지평— 속에서 이루어지는 일부 구성원의 실존적 저항 양식인 동시에, 그 속에 공존하는 다른 구성원들에 의해 유의미하다고 받아들여졌을 때 비로소 그것의 세계 변혁 목표를 달성할 수 있게 되기 때문이다. 그럼에도 정치행위로서 시민불복종의 정치적 유의미성은 그것이 앞서 언급한 근대성, 제국주의, 전체주의 등과 같은 현대적 폭력성에 대처하는 가장 현실적이고 실효적인 방어 수단이라는 점에서 찾을 수 있다. 전체주의의 폭력성은 시민들 사이에 들어서는 자유로운 말과 행위의 공간을 원천 봉쇄함으로써 극대화될 수 있기 때문이다.

이러한 견지에서 이른바 탈근대주의의 '심미적 전환aesthetic turn'이 우리의 삶에 함축하는 바를 되새길 필요가 있다. 이 21세기의 새로운 시대정신은 주류와 비주류의 경계를 문제 삼지 않으며, 사회 내 다양한 소수자 집단의 관점, 정체성, 지향점의 차이에 대해 보다 관대한 태도를 요구한다. 이러한 포용력의 밑바탕에는 모든 사물과 현상을 특정의 '절대' 기준에 따라 옳고 그름을 재단하는 방식으로 '정상화'하고 '표준화'하려는 근대성의 전체화 경향에 대한 반성이 놓여 있다. 이는 참여자들이 자신에게 주어진 구체적 상황과 맥락에서 무엇이 더 낫고 바람직한지를 함께 논의하고 타협점을 발견하려는 쌍방향적 소통 방식에 대한 선호 태도로 귀결된다.

아렌트주의자들의 시각에서 볼 때, 이 다원적이고 상호주관적인 태도는 바로 아렌트의 "관계적 인간주의a situated humanism" 관점과 깊이 공명한다(Bernstein 1996, 84). 또한 이것은 시민 각자가 직접 정치 공간에 참여해 타인들과 공동으로 행동할 때 비로소 참여자들 각자에게 두루 유의미한 '공동 세계'가 출현할 수 있다는 아렌트의 시민공화주의 정치관을 대변한다. 이런 맥락에서, 아렌트의 참여민주주의 (그리고 그 연장선상에서 숙의민주주의) 정치철학과 이론은 '우리에게 정치란 무엇인가?' 또는 '우리는 왜, 어떻게 정치에 참여할 수 있는가?'라는 근본적인 질문에 대해 과거 어느 때보다 실천적인 답을 찾고 있는 현시점의 우리에게 매우 시의적절한 이론 틀과 방법론을 제시한다고 하겠다.

3. 21세기 한국 시민과 '정치적 행동주의'

이 책을 통해 이해했듯이, 아렌트에게 '정치'란 기성의 정치학이 제시하는 정치 개념(들)과 뚜렷이 차별화된다. 일반적으로 기성 정치학에서 정치는 권력자와 피권력자 또는 지배자와 피지배자 간의 권력 구도에 입각한 통치 활동을 가리킨다. 이와 대조적으로, 아렌트에게 정치란 자유인들 사이의 정치적 평등을 보장하는 이소노미아*Isonomia* 내에서 이루어지는 의사소통 관련 제반 활동(들)을 지칭한다. 여기서 이소노미아는 아렌트가 이상적으로 보았던 정치행위가 수행된 역사적 장소인 아테네 폴리스를 직접적으로 전거하며, 의사소통은 말과 행위를 매개로 한 아테네식 정치행위 양태를 가리킨다.

그러나 아렌트가 고대 아테네 폴리스의 정치행위를 찬양하고 그것을 자신의 정치행위로서 재再전유해 하나의 정치행위 이론을 기술하는 것에 머물렀다면 그것의 현실정치적 유용성은 지극히 제한적이었을 것이다. 현재 지구상에 존재하는 그 어떤 민주주의 체제도 고대 도시국가처럼 직접민주주의에 적합한 물리적 조건을 구비하고 있다고 볼 수 없으며, 또한 현대 민주주의 국가의 시민들이 아테네 시민들처럼 다른 모든 것을 희생하면서까지 자기 노출에 투철한 "분투정신agonistic spirit"(HC, 194)을 보유한다고 보기는 어렵기 때문이다.

아렌트가 고대 아테네 시민들의 정치행위 수행 방식에 기초해 이론화한 정치행위 이론의 주요 논점을 간략히 정리하면 다음과 같다. 첫째, 우리가 자발적인 정치참여를 통해 근본적으로 추구하는 것은 기성의 정치이론이 주장하듯 물질적 이득이나 다른 외부적 목적이 아니다. 개별 시민이 정치행위를 통해 추구하는 진정한 목적은 자신이 "누구who"인지를 드러내며 이미 존재하는 기존의 인간관계망 속에 자신을 "하나의 새로운 시발점"으로 수립함으로써 자신의 공적 실재를 스스로 확인하는 것이다(HC, 184). 이런 맥락에서 아렌트는 "우리가 보는 것을 [같이] 보며, 듣는 것을 [같이] 듣는 타인들의 현전은 우리에게 세계와 우리 자신에 대한 실재감the sense of being을 보증한다"(HC, 50)고 주장한다.

둘째, 이처럼 아렌트가 정치와 정치행위를 '인정'의 욕구라는 내재적 목적을 충족시키는 매개체로 보는 한, 그것은 외부 목적에 복무하지 않는 자기충족적인 특성을 띤다. 이런 관점에서 정치와 정치행위는 인간의 지고한 자유의 구현 양식으로 바꿔 이해할 수 있다. "사람들은 자신들이 행위를 수행하고 있는 동안 —그 이전이나 이후가 아니라— 에만 자신이 자유라는 선물을 소유하고 있다는 사실과 구별되는 의미로 자유롭다. 왜냐하면 자유로움과 행위의 수행은 동일한 것이기 때문이다."(BPF, 153; Arendt 2023, 297) 여기서 '행위'의 수행은 곧 언어적 존재인 인간이 '의사소통행위'를 수행한다는 것과 정확히 일치한다. 그리고 '인정'의 요구라는 정치행위의 내재적 목적을 달리 표현하자면, 그것은 타인들과의 소통을 통한 공적 실재감public reality의 획득, 즉 아렌트가 정의한 바로서 "공적 행복"을 획득하는 것이다.

> [공적 행복公的 幸福: public happiness이라는 것은] 우리 동료[시민]들과 함께 있음, 그들과 함께 공개적인 장소에 등장하여 함께 행위를 수행함, 그리고 말과 행위를 통해 우리 자신을 세계 속에 끼워 넣음으로써 개인적인 [공적] 정체성을 획득하고, 전적으로 새로운 무엇인가를 시작하는 것에서 우러나오는 기쁨과 만족감이다(BPF, 263. [ ] 안의 내용은 필자).

위 인용문에서 알 수 있듯, 아렌트의 정치행위 개념은 기본적으로 "동등한 시민들 사이의 상호작용으로서 자기 [삶의] 목표에 담긴 의미를 밝히고, 정체성을 구현하며, 사적인 삶의 협소하고 잠정적이며 불명료한 본질을 초월한다"(Honohan 2002, 123)는 점에서 행위 자체의 내부 목적에 복무한다고 볼 수 있다. 다른 말로 하면, 아렌트는 고전 고대 그리스의 시민공화주의적 관점과 독일 실존주의 철학적 관점을 결합하는 방식으로, 다른 무엇의 수단이 아니라 그 자체가 목적인 탈도구화된 정치와 정치행위 개념, 즉 인간이 자신의 실존적 자유를 실현하고 정체성을 구현하며 공적인 행복을 추구하는 정치존재론적 차원에서의 대안적 정치와 정치행위 개념을 제시했다고 평가할 수 있다.

이러한 아렌트의 정치와 정치행위 개념은 우리 한국과 한국인들에게 어떤 함의를 가지는 것일까? 우리는 1987년, 이른바 '87년 체제' 출범 이후 한국의 참여민주주의 진화 과정에서 '아렌트적' 정치와 정치행위 개념이 태동해 왔음을 확인할 수 있다. 또한 근래 한국에서 우후죽순처럼 생겨난 온라인 공론장의 양태로부터는 우리가 이 땅에 '아렌티안 폴리스'를 구현하고 있다는 인상을 받게 된다. 흥미롭게도 '다음Daum'에 개설되었던 '아고라Agora' ─명백히 고대 폴리스에 존재했던 토론 광장의 명칭을 차용한 온라인 공론장─ 가 가장 눈에 띄는 공론 플랫폼이었다. 비록 최근 급격히 활약상이 미미해졌지만, 2004년 '탄핵소추 및 심판 정국'과 2008년 '미국산 쇠고기 수입 반대 촛불집회' 때 이 공간에서는 아렌트가 찬미했던 고대 그리스 시민들의 "분투정신"(HC, 194)이 살아 숨쉬고 있었다.

주지하듯이, 고대 아테네 폴리스를 모델로 삼은 아렌트의 "공영역 the public realm"은 하버마스주의자들에 의해 "공공영역the public sphere"이라는 이름의 현대적 공론장으로 재해석되었다. 그러나 그들은 아렌트가 "정의상 외견外見의 공간에서 발생하는 것이라면 무엇이든 정치적"(BPF, 155)이라고 주장하면서 정치적 공간의 대면성을 강조한 것과 달리, "인쇄매체, 신문, 소설, 문학과 학술지" 등을 통한 비대면적 "의사소통, 정보, 여론 형성"의 장을 모두 '공공영역'의 범주에 포함하는 방식으로 시민참여의 길을 한층 확장한다. 이는 아렌트적 공영역의 아테네식 직접 참여 방식과 멀어지는 결과를 초래한다(Benhabib 1996, 200).

그런 한편, 아렌트가 상정한 '공영역에의 참여'라는 시민적 명제는 근래에 참여민주주의자들, 특히 숙의민주주의와 '민주적 혁신democratic innovations' 이론가들에게 계승되었다. 그들은 공론화위원회나 시민의회처럼 공의公義를 집성하거나 참여예산제 등 행정부의 정책 과정에서 시민들의 집단지성이 발현되도록 민의 수렴의 장을 조직하는 것과 같은 현대적 의미의 직접민주주의 정치참여 양식을 적극 추천하고 일부를 실현하기도 했다. 이는 대의민주주의 아래서 국민발의, 국민투표, 국민소환과 같은 직접 참여 제도가 제한적이었던 것을 대폭 개선한 결과였다. 비근한 예로 우리 입법부인 국회의 '국민동의청원' 제도나 사법부의 '국민참여재판' 제도도 시민들에게 직접 참여의 기회를 마련한 제도적 혁신의 결과였다.

그와 동시에, 우리 시민들의 정치참여에 관한 의식 변화도 주목해 볼 가치가 있다. 1987년 이후 2016-2017 촛불항쟁 시기까지 근 30여 년간 서울광장(구 시청 앞 광장)은 거의 하루도 빼놓지 않고 각종 시민불복종 집회와 촛불시위가 벌어지는 시민 정치참여의 현장이었다. 이는 마치 고대 아테네의 정치광장이 21세기 한국에서 재현되고 있는 듯한 착각을 일으킬 정도였다. 그리고 우리는 다채로운 정치 이슈를 내걸고 집결한 '시민정치' 현장마다 동료 시민들과 "공개적인 장소에 출현하여 함께 행위를 수행함"으로써 "기쁨과 만족감", 즉 "공적 행복"(HC, 263)을 추구하는 시민들을 만날 수 있었다. 그들 가운데 상당수는 현장에 오기 전에 공동의 목표를 달성하기 위해 온라인 공론장에서 사전 약속을 하고 현장으로 달려가, 아렌트의 표현처럼, "함께 행동하는act in concert" 새로운 정치행동 세대, 즉 "W세대"였다.

이 새로운 '정치참여' 세대의 등장이 내포하는 의미를 제대로 이해하는 데는 아렌트의 '탄생성natality' 개념이 큰 도움이 된다. 그에 따르면, 인간의 탄생은 한마디로 새로운 행위 능력이 기존의 세계에 추가되는 현상이다. 이 현상은 인간이 각기 고유한 행위 능력과 함께 세계 속으로 계속해서 태어나기 때문에 발생한다. 인간세계는 이처럼 계속 새로 추가되는 신참들의 새로운 행위 능력 덕분에 헐거나 낡지 않고 생동감을 유지할 수 있다. 아렌트는 이런 관점에서 우리가 인간의 "탄생이 담지한 신성성으로부터 일반적인 의미를 추출하고자 한다면…. 세계의 잠재적 구원은 인간 종(種)이 자신을 지속적으로 영원히 재생한다는 바로 그 사실"에서 찾아야 한다고 주장한다(Arendt 2018, 407).

여기서 다시 우리의 '새로운 정치행동 세대' 이야기로 돌아가자. 1987년 6월 민주항쟁과 2002년 한일월드컵의 뜨거운 열기를 기억하는, 이른바 '월드컵의 아이들' —그래서 그들은 "W세대"로 불린다— 은 '광장'의 참여 문화를 스스로 섭렵하고 적극적으로 받아들인 세대다. 그들은 부모 세대로부터 민주항쟁의 '영웅담'을 들으면서 자랐고, 2002년 월드컵 '4강 신화' 작성의 일역을 담당하면서 공개된 장소에서 동료 시민들과 함께 행동하는 즐거움과 묘미를 스스로 학습했다.

2002년 월드컵의 막이 내려진 이후 심신이 허탈해진 그들은 다시 '광장'의 즐거움을 추구했다. 그들은 마치 월드컵 경기를 응원하듯이, 이번에는 노란 풍선의 깃발 아래 함께 뭉쳐 '정치광장'을 조직해 약체의 야당 후보였던 노무현을 열렬히 지지하고 응원한 끝에 제16대 대통령으로 당선시켰다. 그들은 정치광장에서 느끼는 승리감이 스포츠 광장에서 느끼는 승리감 못지않으며, 아니, 그 이상이며, 심지어 '차원'이 다르다는 사실을 깨달았다. '내가 이 나라의 대통령을 탄생시켰다'는 민주시민으로서의 강렬한 자부심이 더해지기 때문이다. 그들은 2년 뒤 노 대통령이 '탄핵소추' 국면에서 허우적거릴 때 다시금 광장에 집결해 강렬한 탄핵 반대 의사를 공표함으로써 헌법재판소의 '기각' 판결에 결정적인 영향력을 행사했다.

2008년, 우리 시민들은 다시금 '미국산 쇠고기 수입 반대 촛불집회'를 통해 '명박산성' 뒤에 숨은 대통령을 상대로 '정치광장' —즉 아렌티안 폴리스— 을 조직해 또다시 만천하에 자신들의 존재감을 과시했다. 한 '예비 시민' 자격의 여고생이 이 정치광장 생성의 '촉발자a trigger'였다는 사실에 놀랄 필요는 없다. 2002년 이후 정치참여 과정에서 우리 시민들은 남녀노소를 불문하고 한 가지 중요한 사실을 깨닫게 되었기 때문이다. 그들은 언제부턴가 정치인들이 시민들 눈치를 살피고 시민들의 말에 귀를 기울인다는 '즐거운' 사실, 즉 '정치적 권능감political empowerment'의 실체를 온몸으로 체감하게 된 것이다.

이처럼 '권능화된' 시민들은 이제 정부나 정당, 정치인이나 NGO들이 그들을 대변하고 대표해 주겠다는 제의를 정중하고도 단호하게 사양한다. 대신 온라인이든 오프라인이든 자신들이 직접 말할 수 있고 함께 행동할 수 있는 공간이나 무대를 스스로 마련함으로써 '정치적으로 조직화'하여 공동 의제를 내걸고 '아렌티안 폴리스'를 수립한다. 그런 후에는 동료 시민들에게 초대장을 보내 동참을 독려하는 한편, 정치인들에게는 '이제 높은 곳에서 내려와 직접 보고 들으라'라는 역발상의 상향식 메시지 송출 전략을 구사한다.

이른바 '디지털'-친화적 월드컵 세대가 주도한 '온라인 공론장'의 탄생은 한국 정치가 대의민주주의에서 참여민주주의로 이행하는 또 다른 중요한 계기이자 확실한 징표로 볼 수 있다. 이것은 또한 '동원'을 전제하는 기존의 공급자 중심 '하향식top-down' 정치참여 방식에서 '자발적 참여'를 전제하는 수요자 중심 '상향식bottom-up' 정치참여 방식으로의 선회를 의미한다. 임혁백(2009)은 2002년 이후 한국 사회 내 시민들의 정치참여 양상을 "수요자 중심의 정치참여 모델"의 출현으로 규정한다. 그의 설명을 직접 들어 보자.

> 한국 사회의 젊은 네티즌들은 자신들이 직접 정치적 재화를 만들기 시작했고 이를 통해 다양한 온라인 시민단체, 인터넷 저널과 웹진, 커뮤니티 등 새로운 형태의 정치적 매개 집단들이 대거 형성되었다. 그리고 이들 중심의 아래로부터 형성된 자발적 네티즌들의 정치적 요구를 어느 정도 반영하는 '풀 드리븐full-driven' 참여모델이 구축되기 시작했다. 2000년 총선시민연대의 낙천·낙선운동, 2002년의 노사모, 2004년 탄핵반대운동과 총선투표참여운동 등은 과거 수동적으로 정부와 정당, 후보자 등의 웹사이트에 동원되었던 네티즌들이 자발적으로, 적극적으로 참여하기 시작한 운동이다. 이들은 다양한 정치적 지식과 정보를 직접 생산하고 함께 공유하면서 온라인상에 공론장을 형성하는 방식으로 정치에 참여한 수요자 중심의 정치참여 모델이 되고 있다(임혁백 2009, 245–246).

물론 W세대가 보여 주는 것과 같은 자발적 정치참여 양태들이 오직 한국에서만 목도되는 특수한 현상은 아니다. 달톤(2008)의 미국, 영국, 프랑스, 독일에 관한 경험적 가치 변화 시계열 연구 결과에 따르면, 지난 40여 년 사이 이 4개국에서는 "탈물질주의" 경향이 지속해서 증가했다.

"점점 더 많은 이들이 기본적인 정치적 가치를 바꾸고" 있고, 그 결과로 "새로운 시민정치 스타일이 출현"하고 있다. 또한 탈물질주의자들은 "자기 삶에 영향을 미치는 결정에 직접적으로 참여하길" 원하므로 "정치에 더 관심이 있으며 그러한 관심을 정치적 행동으로 옮길 가능성이 더 크다."(Dalton 2010, 148, 167) 달톤의 설명을 직접 들어 보자.

> [탈물질주의 경향의] 자가-동원적인 개인은 선거보다는 국민투표를 캠페인 활동보다는 자치단체 활동을 선호한다. 시민로비, 단일-이슈집단, 시민-행동 운동에의 참여가 거의 모든 선진 민주주의 국가에서 증가하고 있다. … 요점을 말하면, 현대 민주주의 국가들은 단순히 참여의 수준에서뿐 아니라 정치행위 스타일에서 변화를 경험하고 있다. 새로운 시민정치 스타일은 정치적 활동에 대한 더 큰 통제권을 시민의 수중에 두려고 한다(Dalton 2010, 112-113. [ ] 안의 내용 및 강조는 필자).

위 인용문에서 알 수 있듯, 탈물질주의Post-materialist 성향의 시민들은 투표, 선거캠페인, 정당 활동과 같은 기성의 제도적 정치참여 방식보다 "자가-동원적" 정치참여 방식을 선호한다. 그 이유는 그러한 '비제도적' 방식들이 시민들에게 더 큰 정치적 통제력과 효능감을 보장하기 때문이다. 이러한 "새로운 시민정치 스타일"을 담지한 탈물질주의자들은 "불만스러운 민주주의자"로 규정할 수 있다. 그들은 상대적으로 젊고 교육 수준이 높으며 상당한 정보 수집력을 바탕으로 주요 정치이슈들을 따라잡고 있을 뿐 아니라 정부의 업무에도 많은 관심을 투자한다. 이들의 투표 성향은 의식적 "무당파"이며 "이슈투표" 행태를 보인다. 또한 민주주의에 대해 기성세대보다 강한 신념을 가지고 있으므로 "자가-동원적"

정치참여로 이끌리는 경향이 있다(Dalton 2010, 300-305).

이러한 탈물질주의자의 특성들은 우리 W세대의 정치적 행동주의와 어떤 관련성이 있는 것일까? 우선 달톤이 제시하는 '1998-2002년 세계가치서베이' 자료에 근거한 〈그림 5.2〉는 한국 사회가 탈물질주의적 가치들로 이동하는 추세가 상대적으로 낮은 수준임을 짐작하게 한다(Dalton 2010, 162). 이와 대조적으로, 2009년 3월 15일 자『중앙SUNDAY』에 실린 여론조사에 따르면, 우리 국민은 "자아실현과 사회적 욕구 충족 등 '탈물질주의적' 가치 쪽으로 이동하고" 있다. 그중에서도 20대는 다른 모든 연령대에 비해 물질주의적 가치 지향성이 낮은 편인 반면, 탈물질주의와 혼합형 가치는 상대적으로 높은 편이었다. 요컨대, 탈물질주의 특성들과 한국 젊은이들의 정치적 행동주의 사이에는 일정 정도 관련성이 있어 보인다는 것이다.

그럼에도 한국 젊은 세대의 직접 행동 방식은 디지털 소통 환경의 변화와 맞물려 탄생한 온라인 공론장의 존재와 결코 분리해 생각할 수 없다. 이 점은 '인터넷 행동주의'가 새로운 정치참여 양식으로서 수면 위로 떠오른 2004년의 노무현 대통령 탄핵 반대 시위와 2008년의 미국산 쇠고기 수입 반대 촛불집회를 통해 이미 입증된 사실이다. 이들이 직접 참여로 급선회하게 된 또 다른 중요한 요인으로는 한국의 특수한 정치 상황 ―예컨대 무능한 정당, 행정부의 입김에 휘둘리는 국회와 사법부, 그리고 무엇보다 진정성 있는 방식의 민의 대의에 실패한 정치인들과 시민단체들― 을 꼽을 수 있을 것이다(서유경 2009; 2012). 그런데 이러한 한국적 정치 상황은 미국 시민이었던 아렌트가 생전에 미국의 대의민주주의에 대해 비판했던 내용과 놀라우리만치 판박이다.

먼저 아렌트의 정치행위론적 관점에서 우리의 네티즌 세대가 정치적 행동주의로 선회하게 된 근본적인 원인을 재해석해 보자. 첫째로, 아렌트에게 인간의 탄생은 곧 새로운 행위 능력의 출현이다. 요컨대, 인간은 생래적으로 항상 기존의 세계 속에 뭔가 새로운 것을 부단히 추가하는 존재다. 그의 탄생 ―즉 "일차적, 또는 생물학적 탄생성"― 은 간단히 말해서, 그가 새로운 사물로서 물리적 세계에 추가된다는 의미다. 이는 야스퍼스가 말하는 '잠재성'의 엑시스텐츠 상태로 이해해도 무방할 것이다.

이와 대조적으로, 그가 인공적, 또는 정치적으로 조직된 세계, 즉 '아렌티안 폴리스' 속으로 탄생한다는 것 ―즉 "정치적 탄생성"― 의 사실적 의미는 그가 자신을 세계 속에 하나의 시발점으로서 '정초'된다는 것이다. 이런 견지에서 아렌트는 성 아우구스티누스의 유명한 언명 ―"인간이 창조되었기에 하나의 시발점이 수립되었다*Initium ut esset, creatus est homo, ante quem nemo fuit*"(LSA, 166, 167)― 을 즐겨 인용한다. 세계 속으로 탄생한 인간은 이제 그의 출현 이전에는 현존하지 않았던 무엇인가를 그 세계 속으로 투입하기 시작한다. 과연 그는 무엇을 세계 속으로 투입하는 것일까? 아렌트적으로 말해서, 그는 세계 내 사람들을 상대로 자신의 '말과 행위', 즉 정치행위를 끊임없이 생성한다.

둘째로, 개인이 언어적으로 수행하는 정치행위는 자신이 "누구"인지를 드러내고자 하는 내재적 목적에 복무하므로, 그가 공적 정체성을 획득하는 매개 수단이다(HC, 184). 그리고 행위자는 공적인 장에서 타인들에게 말과 행위를 통해 자신이 '누구'인지를 확인시킴으로써 자기 실존의 유의미성을 확인하게 된다. 이런 이유로 우리의 W세대는 자신의 개별성이 상실되지 않으며 정치적 효능감을 만끽할 수 있는 '정치적 행동주의'를 선호하게 된 것이다. 이 디지털 세대의 정치적 행동은 편의상 자신들이 가장 친숙하고 상대적으로 잘 다룰 수 있는 온라인 네트워크상의

'인터넷 행동주의'로 나타나게 되었다. 그러나 그들이 월드컵 응원 광장에서 이미 경험한 "축제공동체", 즉 광장의 즐거움이 그들로 하여금 '온-오프'를 넘나들도록 행동반경을 넓혀 주고 있다.

셋째로, 아렌트는 『인간의 조건』과 『과거와 미래 사이』에서 "정치의 존재이유는 자유이며, 그것이 경험되는 장은 행위"(HC, 197; BPF, 146, 151, 156)라고 반복적으로 강조한다. 그의 견해상, 정치의 궁극적 목적은 자유이고, 이 자유는 정치행위의 수행과 동시에 발생한다. "사람들은 자신들이 행위를 수행하고 있는 동안 ―그 이전이나 이후가 아니라― 에만 자신이 자유라는 선물을 소유하고 있다는 사실과 구별되는 의미로 자유롭다. 왜냐하면, 자유로움과 행위의 수행은 동일한 것이기 때문이다."(BPF, 153; Arendt 2023, 297)

이러한 W세대의 정치적 행동주의, 즉 적극적 정치참여 성향은 후기-근대적 조건과 완벽하게 맞아떨어진다. 이전 세대들보다 훨씬 더 물질적으로 풍요로운 환경에서 성장한 그들은 기성세대보다 훨씬 더 많은 자유를 원하며 실제로 추구한다.[106] 그들은 물질적 이익과 삶의 질 중에서 한 가지를 선택해야 한다면 주저없이 후자를 택하며, 더 나은 공기 질과 환경보전을 위한 납세나 LGBTQIA+ 친화적 정책을 내건 정당에 훨씬 더 많이 투표하는 경향이 있다. 또한 자기 삶의 의미를 적극 추구하고, 다양성과 차이에 대해 보다 포용적이며, 타자에 대한 배려를 실천할 잠재성이 더 크다. 이는 그들이 상대적으로 높은 탈물질주의와 심미주의적 성향을 내재한다는 사실을 방증한다.

---

106 주지하듯이 우리는 이러한 W세대의 생활방식을 '워라밸' 문화로 부른다. 여기서 '워라밸'은 '일과 삶의 균형(Work + Life + Balance)'을 각각 가리키는 영어 단어의 머리글자 세 개를 합성한 우리말 표현이다.

공교롭게도 필자가 한창 이 책의 교정 작업을 하던 중에 난데없는 '12·3 비상계엄' 선포 소식이 날아들었다. 국회가 불과 2시간 반 만에 '비상계엄해제요구 결의안'을 통과시킴으로써 윤석열 대통령의 '친위쿠데타'는 조기 중단되었다. 그러나 12월 7일에 진행된 '대통령 탄핵소추안' 의결 과정에서 국민의힘이 '탄핵 반대' 당론을 정하고 표결에 참여하지 않음으로써 표결 요건이 불성립되었다. 동 탄핵소추안은 12월 14일에 재상정되었고, 몇몇 여당 의원이 당론을 무시하고 탄핵에 찬성한 덕분에 200명 의결정족수를 겨우 4표 넘긴 204표로 가결되었다. 결과론적인 얘기지만, 우리 시민들이 발 빠르게 정치적 행동에 돌입하지 않았다면 아마도 비상계엄해제요구 결의안이나 대통령 탄핵소추안이 국회 본회의를 통과하기는 어려웠을 것이다.

여기서 잠시 12월 3일의 급박했던 상황을 시간대별로 복기해 보자. 밤 10시 28분, 비상계엄이 발동된 직후 거대 야당의 이재명 대표는 즉시 국회로 이동하면서 당 소속 의원들에게 국회 본청 집결을 요청했다. 그와 동시에 우리 시민들을 향해서도 "빨리 국회로 오셔서 대한민국의 헌정질서를 함께 지켜 주십시오!"라는 긴급 메시지를 타전했다. 그의 급박한 호소가 'X'나 '인스타그램' 등으로 실시간 생중계됨에 따라 민주당 당원은 물론이고 일반 시민들도 윤 대통령의 계엄 선포가 한낱 '가짜 뉴스'가 아닌 '실제 상황'임을 비로소 인지하게 되었다. 마침 여의도 주변에 있던 시민들은 한달음에 국회로 달려갔다.

11시 48분경 국회 상공에서 처음 목격된 헬리콥터들은 쉴 새 없이 계엄군을 국회 본관 뒤편 운동장으로 실어 날랐다. 얼마 뒤 복면을 착용하고 야간투시경과 자동소총 등으로 무장한 707특임단 부대원들이 유리창을 깨고 국회 본청 건물에 난입하여 '국회 본회의장 점거 작전'에 돌입했다. 일촉즉발의 순간, 사태의 심각성을 직관적으로 파악한 의원 보좌진들은 국회 본회의장을 사수할 목적으로 책걸상과 사무용 집기들을 겹겹이 쌓아 바리케이드를 치고 곧 밀어닥칠 계엄군과 대치하기 위한 만반의 준비 태세를 갖추고 있었다.

비슷한 시각, 국회 출입문 주변에서는 비상계엄 소식에 놀라 황급히 국회로 달려 온 야당 국회의원들과 일부 여당 국회의원들이 그들의 국회 진입을 막으려는 경찰들과 실랑이를 벌이고 있었다. 그 순간 마른하늘에 날벼락 같은 비상계엄 선포 소식에 만사를 제쳐 놓고 국회로 달려온 시민들이 국회의원과 경찰 사이로 몸을 던져 의원들의 국회 진입을 돕는 인간 방패가 되어 주었다. 그 덕분에 우원식 국회의장도 국회 울타리를 타고 넘어 본회의장으로 내달렸고, 범야권 의원들도 비슷한 우여곡절 끝에 국회 본회의장에 속속 집결할 수 있었다. 그리고 12월 4일 1시 1분, 마침내 국회의원 '190명 재석, 190명 찬성'으로 비상계엄해제요구 결의안이 가결되었다.[107] 12월 14일 대통령 탄핵소추안 역시도 우리 민주공화국의 권능화된 시민들이 함께 조직해 낸 '인민의 힘the people power'의 장외 압박이 아니었다면 결코 통과될 수 없었을 것이다.

'가령 그날 밤 우리 민주 시민들이 직접 나서지 않았다면'이라는 가정은 상상만 해도 몸서리가 쳐진다. 이런 점에서 '민주주의 최후의 보루는 깨어 있는 시민의 조직된 힘입니다'라는 고故 노무현 대통령의 언명은 깊은 울림이 있다. 이에 국회는 12월 31일, 4·19 혁명 직후인 1960년 4월 27일에 작성된 '전국 학도에게 보내는 감사문'을 본떠 상정한 '12·3 윤석

---

107 그러나 실패한 친위쿠데타의 수괴이자 현직 대통령에게 송달된 국회의 비상계엄해제요구 결의안은 '즉각 수용해야 한다'는 헌법적 의무에도 불구하고 무려 3시간이나 지난 5시 4분에야 비로소 4시 30분에 이루어진 임시 국무회의에서 의결되었음이 발표되었다.

열 비상계엄을 해제한 대한민국 국민께 드리는 감사문'을 의결했다. 이 문건에는 "헌정질서가 위태로울 때마다 떨쳐 일어나 국헌을 바로 세우고 민주주의를 지켜 낸 우리 국민의 위대함과 슬기로움에 대한민국 국회는 깊이 감사하며 무한한 존경과 신뢰를 표합니다. 대한민국 국민과 이 시대를 함께 할 수 있어서 영광입니다"(엄지원 2024)라는 헌사가 담겨 있었다.

이 헌사는 우리 한국인들이 국가가 국민의 '정치적 삶'을 유린함으로써 한국 민주주의가 위기에 봉착할 때마다 하던 일을 멈추고 너도나도 거리로 뛰쳐나와 '인민의 힘'을 조직해 독재정권에 당당히 맞섬으로써 스스로 한국 민주주의를 지키는 최후의 보루가 되었다는 역사적 사실을 전거하고 있다. 이와 관련해 필자는 한국 민주주의의 4대 역사적 분수령인 4·19 혁명, 5·18 민중항쟁, 6·10 민주항쟁, 2016·2017 촛불항쟁은 비록 그것들이 '반독재' 시민불복종운동이라는 공통점을 가지고 있음에도 불구하고 각기 다른 성격의 한국 민주주의 패러다임을 표상한다고 주장한다(서유경 2012; 2014a; 2014b; 2020; 2022; Suh 2018).

약간의 부연 설명을 하자면, 4·19는 지식인층의 주도하에 이승만의 '유사類似' 군주제를 타파하고 민주공화정을 확립한 '한국판 근대 시민혁명' 패러다임, 5·18은 광주의 민초들이 신군부 정권의 무자비한 국가 폭력에 목숨 걸고 항거하여 '인민주권popular sovereignty'의 불가침성을 재확인시킨 민중운동 패러다임, 6·10은 학생과 노조운동 진영의 호헌 철폐·대통령 직선제 요구에 중산층이 가세해 '87년 체제'라는 '형식적 민주주의'를 정착시킨 민주운동 패러다임, 그리고 2016·2017 촛불항쟁은 말 그대로 전 국민이 참여해 '실질적 민주주의' 실현을 요구한 공민公民정치 패러다임으로 각각 설명할 수 있다는 것이다.

그런데 아이러니하게도 2024년 대한민국에서 또다시 국민의 삶을 유린하는 비상계엄이 선포된 것이다. 비록 역사가 이런 식으로 늘 반복된다고 해도, 그것이 곧 답습을 의미하지는 않는다. 이는 똑같은 일이라도 누가 하느냐에 따라 결과가 달라지는 이치와 같다. 이런 견지에서 아렌트는 "태양 아래 무언가 새로운 게 현존한다면" 그것은 "인간들 자신뿐"이라고 주장한다(OR, 28). 주지하듯이 그에게 새로운 구성원, 즉 '신참'은 곧 새로운 '정치행위' 능력과 동격이기 때문이다. 요컨대, 젊은이들이 기성의 세계 속으로 끼어든다는 것 —즉 "제2의 탄생"— 의 사실적 의미는 "뭔가 새로운 것이 개시될 수" 있다는 신호인 것이다(Canovan 1992, 130).

이 점을 염두에 두고 우리의 'MZ세대'로 시선을 옮겨 보자. 이 세대는 1990년대부터 2010년까지 출생한 젊은이들로 구성된다. 이들 중에는 한일월드컵 응원 광장에서 '한국팀의 승리'라는 하나의 목표를 위해 생면부지의 남녀노소 시민들과 즉석에서 '우리'로 묶인 사실에서 우러나는 순전한 기쁨, 즉 '공적 행복'을 최초로 발견했던 30대, 2004년 노무현 대통령 탄핵 광장과 2008년 미국산 쇠고기 수입 반대 촛불 광장의 이슈를 선점했던 20대, 그리고 부모 손에 이끌려 2016-2017 박근혜 대통령 탄핵 광장에 나갔던 10대가 함께 포함되어 있다. 여기서 10대의 합류는 곧 MZ세대가 W세대와 다른 무언가를 개시할 가능성으로 읽힌다.

이를 증명하기라도 하듯, 우리의 MZ세대는 2024년 '12·3 비상계엄'과 대통령 탄핵소추 국면에서 이전의 촛불시위 양태를 대체하는 새로운 시위 문화를 선보였다. 이른바 "응원봉을 든 MZ들의 유쾌한 저항"[108]으로 명명된 그들의 '거리 공연'은 아이돌·K리그의 응원봉을 들고 소녀

---

108 허나우. "'나가라'…응원봉 든 MZ들의 유쾌한 저항." 뉴시스, 2024. 12. 10. https://v.daum.net/v/20241210092354861(검색일: 2024. 12. 11.)

시대의 '다만세', 지드래곤의 '삐딱하게', 에스파의 '위플래시' 등의 K-팝 비트에 맞춰 흥겹게 "탄핵, 탄핵, 윤석열!"을 '떼창' 하는 방식으로 전개되었다. 이러한 시위 현장의 모습은 한 외국 통신사에 의해 "K-팝 야광 응원봉이 한국의 탄핵 요구 시위에서 불타오르다"라는 기사 제목으로 옮겨지기도 했다.[109]

물론 '촛불' 대신에 'LED 야광봉'을 손에 들고, '상록수' 대신에 '다만세'를 떼창 하면서 신나게 몸을 흔들며, 아이돌 가수가 선先결제한 '아이돌 커피'를 마시는 것은 MZ세대의 신종 'K-팝 스타일' 시위 문화임이 틀림없다. 그러나 이것이 MZ세대의 정치적 행동주의에 관한 이야기의 전부라고 생각한다면, 그것은 매우 섣부른 결론이다. 필자는 또 다른 'MZ세대'의 정치적 행동주의 양태의 출현에 내심 흥분을 감출 수 없었기 때문이다. 그것은 바로 '계엄군'의 이름으로 불순한 작전에 투입된 'MZ세대' 군인들의 '소극적'이지만 '명백한' 정치적 행동주의를 말한다. 이들은 국가 폭력의 시간에 '평화의 사도'로 깜짝 변신을 꾀했고, 비상계엄 해제 이후 부대로 복귀하면서는 시민들을 향해 '미안합니다, 감사합니다'라며 연신 고개를 숙였다.

12월 3일, 필자는 TV로 생중계된 국회의사당 난입 장면을 지켜보다가 이상하리만치 '굼뜬', 의도적·반폭력적인 '707특임단'의 작전 방식에 안도의 숨을 내쉬었다. 그들이 마치 '쉰들러 리스트The Schindler's List'의 오스카 쉰들러Oscar Schindler나 아우슈비츠의 내과의사 프란츠 루카스Franz Lucas에 빙의된 것처럼 보였기 때문이다. 한 군인이 작전 중에 상

---

109 경수현·김용래. "'촛불 대체 응원봉, 비폭력·연대 상징'…외신 韓시위문화 주목(종합)." 연합뉴스, 2024. 12. 10. https://www.yna.co.kr/view/AKR20241210123551009?section=search(검색일: 2024. 12. 11.)

관으로부터 명령을 하달받은 경우처럼 상황이 여의찮을 때, 그가 작전에 '소극적'으로 참여하거나, 또는 '비非참여'를 선택한다면, 이는 명실상부한 정치행위로 간주되어야 한다(RJ, 288-289). 이런 견지에서 12월 3일 밤 비상계엄하에서 '소극적으로' 작전을 수행한 우리의 'MZ' 계엄군은 아돌프 아이히만Adolf Eichmann을 비롯한 히틀러 군대의 '적극적' 군인들과 극명한 대조를 이룬다.

그들의 '소극성'은 어디에서 비롯된 것일까? 필자가 보기에 그날 밤 우리의 MZ 계엄군과 경찰들의 '내부-공영역'에서는 '사유함'이 가동되었으며, 작전 현장에서는 '판단함'이 실시간으로 이루어졌다. 그 결과, 그들은 '군인은 무조건 상관의 명령에 복종해야 한다'는 군율을 초월해 '소극적' 임무 수행 방식을 선택했다.[110] 한 가지 흥미로운 사실은 이것이 비단 필자 혼자만의 생각은 아니었다는 점이다. 한강 작가는 노벨문학상 시상식에 앞서 진행되는 12월 노벨 주간 행사 참석차 스톡홀름을 방문했다. 그리고 현지 대담 프로그램에서 '12·3 비상계엄'에 관한 질문을 받게 되자 아래와 같이 소회를 밝혔다고 한다.

[그 계엄군과 경찰들은] 예기치 못한 상황에서 판단을 하려고 하고, 내적 충돌을 느끼면서 최대한 소극적으로 움직이고 있다는 느낌을 받았다. 그런 [출동] 명령을 내린 사람들의 입장에선 소극적으로 [보이

---

[110] 이 '소극적' 참여도는 '비非참여'와 관련해 '비非MZ세대'인 곽종근 특전사령관이 윤 대통령의 거듭된 국회 본회의장 진입과 국회의원 나포 명령에도 불구하고 항명했다고 진술한 사실도 함께 언급할 만한 가치가 있다. 만약 그게 사실이라면 그는 '12·3 내란'의 핵심 주동 세력이었지만, 위법한 작전 수행 현장에서 한 사람의 양심적인 시민으로서 이성적 판단을 내림으로써 걷잡을 수 없었을 유혈사태를 사전 차단한 인물로 두고두고 기억될 것이기 때문이다.

는] 것이었겠지만 보편적인 가치의 관점에서 본다면 생각하고, 판단하고, 고통을 느끼면서 해결책을 찾으려고 했던 적극적인 행위였다고 생각이 된다(장예지 2024. [ ] 안의 내용은 필자).

위 인용문을 읽다 보면, 이 글의 저자는 분명 한 사람의 '아렌티안'임이 틀림없다고 말하고 싶을 정도로 아렌트적 사유법에 친숙하다는 인상을 받게 된다. 더욱이 한강이 언급한 '판단', '내적 충돌', '적극적인 행위'와 같은 어휘에서는 의심할 나위 없이 아렌트의 그림자가 어른거리는 것으로 보인다는 사실을 그냥 지나치기는 어렵다. 사실 우리 두 사람이 같은 생각을 한 것이 우연의 일치인지, 아니면 논리적 추론의 결과인지는 그다지 중요하지 않다. 정작 중요한 것은 그날 우리 MZ세대 계엄군과 경찰의 '소극적' 명령 이행이 아렌트가 아이히만의 특수한 사례에 기초해 수립한 '악의 평범성the banality of evil' 테제의 기각을 의미한다는 사실이기 때문이다.

그러나 이 책 『한나 아렌트 정치미학』의 관점에서 볼 때 악의 평범성 테제의 기각보다 훨씬 더 큰 소득은, 우리가 그 사실을 통해 우리의 'MZ세대'가 '신참' 정치행위자로서 기성 세계 속으로 진입하면서 함께 가지고 온 것이 바로 '관조적 삶'과 '활동적 삶'의 연계 능력 또는 사유와 정치를 결합하는 능력이라는 점을 깨닫게 된 점이다. 우리의 기억을 새롭게 하자면, 아렌트는 소크라테스의 죽음 이래로 서구 철학의 불문율이었던 정치와 철학의 분리 전통은 "형이상학적 오류"를 범하는 것이며, 그런 점에서 장차 자신이 수립하고자 하는 '새로운 정치철학'의 목표는 바로 '사유의 정치적 유의미성을 밝히는 것'이라고 선언했었다.

이러한 아렌트 정치철학의 관점에서 볼 때, 2024년 12월 3일, 바로 그 절체절명의 순간에 우리의 'MZ' 계엄군과 경찰이 보여 준 '소극적' 명령 이행으로서의 '정치행위'는 바로 아렌트가 평생에 걸쳐 추구한 정치와 철학의 결합이 매우 유의미하게 구현된, 또는 '사유함thinking'과 '행위함acting'이 상호연계된 결과였다. 이 흥미로운 'MZ' 계엄군의 소극적 항명 사건은 아렌트가 주창한 '새로운' 정치철학의 이론적 적실성을 방증한 유의미한 사례로 회자될 것이다. 또한 한나 아렌트가 미완으로 남기고 떠난 그의 '새로운' 정치철학을 재해석해 『한나 아렌트 정치미학』으로 체계화한 이 책의 존재 의의를 밝혀 주는 매우 적실한 사례기도 하다.

결어

『한나 아렌트 정치미학』: "전인미답의 사유 여정에 관한 지적 오디세이"

한나 아렌트는 현재 우리 사회에서 가장 자주 인용되는 정치철학자 가운데 한 사람이다. 이는 그가 플라톤 이래로 서구 철학이 고수해 온 '관조적 삶'과 '활동적 삶'의 분리 전통에 맞서 양자의 상호연계성을 조명하고, 나아가 양자의 결합 필요성을 주장하는 정치철학의 새로운 장을 여는 전인미답의 학문적 성과를 냈기 때문이다. 우리가 이 책을 통해 살펴보았듯, 그가 주창한 새로운 정치철학의 사명은 '사유의 정치적 유의미성'을 밝히는 것이었다. 이 작업은 '사유함', '의지함', '판단함' 등 총 3권으로 구성된 『정신의 삶』의 집필을 통해 완성될 예정이었다.

그러나 안타깝게도 그의 때 이른 죽음으로 인해 그 책의 3권이 되었을 '판단함'은 집필되지 못했다. 그의 사후, 책은 이미 기술된 1권과 2권이 함께 묶인 형태로 출간되었지만, 그의 최종 결론으로 귀결될 3권이 빠진 그의 '새로운' 정치철학은 아쉽게도 미완 상태로 남겨질 수밖에 없었다. 따라서 아렌트 연구자들 사이에서는 '만약 그가 살아서 그것을 완성했다면?'이라는 가정적 질문이 끊임없이 제기되어 왔다. 이는 동시에 '아렌티안'을 자처하는 사람이라면 누구나 자기만의 방식으로 그의 정치철학의 최후 주장을 담은 '최종본'의 모습을 상상하는 이유가 된다(Young-Bruehl 2011, 219). 그러나 필자가 아는 한, 이 책『한나 아렌트 정치미학』이전에 이러한 문제의식에서 저술한 책은 없었다. 분명 머지않은 시기에 이와 유사한 시도가 잇따를 것이며, 누군가가 그러한 작업을 시도한다면 분명 필자의 접근법과 다른 방식일 것이라는 점만큼은 의심의 여지가 없다.

　　필자는 이 책에서 다음 세 가지 논의 가설들을 설정했다. 첫째로, 아렌트는 사유의 정치적 유의미성을 밝힐 수 있는 새로운 정치철학 이론을 구상하고 있었다. 둘째로, 그의 새로운 정치철학은 틀림없이 그가 마지막 시기에 집중적으로 강의한 칸트 미학과의 긴밀한 연계성 속에서 발전되었을 것이다. 특히 이 가설은 필자가 아렌트의 정치철학을 '정치미학'으로 명명함으로써 다른 사람들의 정치철학과 차별화하게 된 이유이기도 하다. 끝으로, 세 번째 가정은 비록 아렌트가 칸트 미학에서 직접적인 이론적 영감을 얻었을지라도, 그의 1958년작『인간의 조건』에는 이미 '아렌티안' 심미주의의 맹아가 잉태되어 있다는 것이다(Villa 1996; 서유경 2000).

　　아렌트가 그 책에서 처음으로 선보인 '정치행위' 개념 범주는 기성 정치학에서 우리가 종종 발견하는 '-을 위한' 수단으로서의 도구주의instrumentalism적 성격보다는 '- 자체로서'라는 정치존재론political ontology적 성격을 띤다. 이는 그가 정치행위의 본질을 '말과 행위'로 규정함으로써 언어적 주체로서 행위자의 '수행성' 측면에 초점을 맞춘 결과이다. 다시 말해서, 아렌트 정치행위의 강조점은 외부적 목적 달성에 있는 것이 아니라, 행위 수행 그 자체, 즉 그것의 완성도와 결부된다. 이런 관점에서 정치행위는 배우의 '공연'행위에 비유할 수 있으며, 그것의 적실한 평가 기준은 '아름다움'이 될 수밖에 없다. 그리고 그 연장선상에서

'아름다움'의 문제를 다루는 '미학'의 차원과 자연스럽게 접맥된다.

사실 미학이라는 학문 분과는 아름다움의 느낌으로서 '심미감', 그 느낌을 인식하는 방법론으로서 '심미적 사유함'의 양태, 그리고 그 느낌을 판단하는 기준으로서의 '심미율'이라는 세 가지 핵심 구성요소로 이루어진다고 볼 수 있다. 예컨대 칸트 미학에서는 '취향'을 심미감으로, '반성적, 또는 재현적 사유함'을 인식적 방법론으로, 그리고 '센수스 코뮤니스'를 미추의 판단 기준인 심미율로 특정할 수 있다. 이에 대응하는 아렌트 정치미학의 세 가지 구성요소는 각각 '양심', 소크라테스의 비판적 사유함과 현상학적 방법론, 그리고 '아렌티안 아르키메데스 점들'이다.

물론 이러한 구성 요소들 전체를 아우르는 중추 개념 범주이자 아렌트 정치미학의 핵심 축은 '인간다수성'(그리고 그것의 구현체로서 '인간다수체')—즉 한 사람이 아니라 여러 사람이 지구상에 살며 그 세계에 서식한다는 사실— 이다. 이 개념 범주는 필자가 이 책에서 '아렌트주의Arendtianism'로 이름 붙인 정치이데올로기의 본질, 즉 아렌트의 '정치적인 것'을 구성하는 실질이다. 또한 이것은 아렌트 정치미학을 칸트 미학은 물론 칸트 이전과 이후의 철학적, 또는 형이상학적 접근 방식과 차별화하는 요소다. 인간다수성은 인간이 심지어 사유함 속에서조차 벗어날 수 없는 인간의 근본적인 실존 조건이기 때문이다.

이에 아렌트는 공동 세계에 대한 경험 맥락과 분리된 사유함은 가능하지도 않을뿐더러 불완전한 것일 수 있음을 지적한다. 일반적으로 철학에서 말하는 자유는 대개 사유자 자신의 '의지의 자유'나 '선택의 자유'로 환원되는 경향을 보인다. 그러나 아렌트에 따르면, 이러한 철학적 자유 개념에 대한 이해는 불완전하다. 왜냐하면, 타인들과 함께 구성하는 공동 세계 속에서 정치적 자유를 먼저 경험하지 않은 사람은 무엇이 진정한 자유인지를 알 수가 없기 때문이다. 이러한 관점은 "정치의 존재이유는 자유이며, 그것이 경험되는 장은 [정치]행위"라는 그의 유명한 주장에서도 거듭 확인된다.

아렌트의 이 확신에 찬 주장은, 플라톤이 소크라테스의 죽음 이후 철학자들에게 처방한 철학과 정치의 분리 입장은 그의 '순수한' 형이상학적 추론 방식에서 비롯된 오류이므로 반드시 시정해야 한다는 문제의식을 담은 매우 도발적인 '새로운 정치철학의 필요성' 선언으로 귀결되었다. 그는 이 의미심장한 선언을 뒷받침하기 위해 '사유함'이라는 정신활동에 관한 현상학적 설명을 제공한다. 이 설명에 따르면, 우리 정신의 활동은 엄밀히 말해 사유함, 의지함, 판단함이라는 세 가지 세부 기능으로 나눌 수 있는데 이 기능들은 독립적으로 작동하는 동시에 상호연계되어 작동하는 특성을 보여 준다. 필자는 이것을 아렌트 '사유함의 현상학'으로 정식화하고, 이것을 사유와 행위의 상호연계성, 그리고 더욱 중요하게는 사유의 정치적 유의미성에 대한 합리적 설명 근거로서 제시했다.

아렌트에게 '사유함'은 인간의 '의식' 속에서 전개되는 단순한 정신현상 그 이상이며, 보다 구체적으로는 '아렌티안 폴리스' 내부에서 발생하는 사유 사건이다. 우리는 여기서 사유함이 그 명칭에서 이미 명백히 고대 아테네 '폴리스'라는 정치극장을 지시하는 '아렌티안' 폴리스에서 이루어진다는 이론적 구도에 주목해야 한다. 물론 이 이론적 구도 설정은 "당신이 어디를 가든 당신은 하나의 폴리스가 된다"라는 아렌트의 언명에서 기인한 것이다. 그리고 이 아렌트의 언명은 인간이 타인들과 함께 구성하는 공동체 속에서 살아가는 존재라는 사실과, 그 속에서 타인들과 의사소통하는 언어적 존재라는 사실에 바탕을 둔 아리스토텔레스 정치존재론으로 거슬러 올라간다. 이 '아테네 폴리스-아렌티안 폴리스'

라는 병치 구도는 우선 아렌트의 사유행위가 곧 정치행위라는 사실을 설명하기 위한 이론적 설정인 동시에, 사유가 정치적 유의미성을 확보하게 되는 형식 논리를 제공한다는 점 때문에 중요하다.

우리가 이미 알고 있듯, 이 병치 구도의 한 축을 담당하는 '아렌티안 폴리스'는 하나의 '이념형'으로서 아렌트 '정치행위'가 수행되는 공간이다. 이것은 지금까지 아렌트 연구자들이 아렌트의 정치행위 공간으로 인식했던 현실 세계 내 '공영역the public realm'과 중요한 차이가 있다. 이 '공영역'은 '화자'의 정치행위인 언어적 의사소통에 초점이 맞춰져 있지만, '아렌티안 폴리스'는 '청자'의 정치행위인 사유함, 특히 그것의 '정치적' 성격의 세부 기능인 '판단함'이 포함된 공간이기 때문이다. 이런 관점에서 보면, 지금까지 아렌트 연구자들은 부지불식간에 이 '공영역' 속에서는 '관중'의 판단 역할이 잠시 유보되며, 자신이 홀로되어 사유함을 개시할 때 그것이 다시 재활성화한다는 논리로 정치행위와 사유행위를 분리시키는 오류를 범했던 것이다.

이 점을 고려한다면, 아렌트가 『예루살렘의 아이히만』에서 제시한 바로서 '아이히만의 홀로코스트 범죄는 무사유의 결과'라는 유명한 결론 역시도 약간의 수정이 필요하다. 아렌트가 기술했듯, 아이히만은 나치 독일의 '보통시민'으로서, 군인으로서, 가장으로서 평범한 삶을 살았다. 아렌트의 견해에 따르면, 인간의 정신은 동일하게 모든 사람의 내부에서 '사유함'의 세 가지 기능을 작동시킨다. 그러므로 그가 '무사유' 특성을 가진 인간, 즉 사유 기능이 마비된, 또는 고장난 인간이었다는 주장은 아렌트의 '사유함의 현상학' 관점이나 그의 '철학적 평등주의'의 전제를 무너뜨리는 이율배반이다.

아이히만의 문제에 대한 합리적 설명은 오히려 예루살렘 재판 참관 이후 그가 자신의 생애 마지막 10년 동안 발전시킨 '정치미학'의 이론적 통찰에서 찾을 수 있을 것이다. 우리의 관점에서 그 이론적 통찰을 설명하는 방식이 바로 '아렌티안 폴리스'라는 이념형의 도입이다. 영-브루엘이 지적하듯, 아렌트에게 사유함은 현실의 '공영역'을 내부로 옮긴 '내부-공영역'에서 이루어진다. 이것은 인간의 현실 경험이 인간의 의식 속에서 재현될 수 있기 때문이다. 역으로 이 사실은 우리가 현실에서 경험하지 못한 것을 우리가 의식 속에 재현할 가능성은 없다는 의미로 해석할 수 있다. 이처럼 현상학적 관점에서 보면, '사유행위'는 '정치행위'와 불가분의 관계를 맺고 있는 것이다.

다시 아이히만의 논의로 돌아가면, 그의 홀로코스트 범죄는 사실상 그가 현실 속에서 직접 '경험한' 반유대주의 담론과 관점을 '사유함'의 과정에서 스스로 추인한 결과로 해석할 수 있다. 그가 비록 현실 세계에서 반유대주의 진영에 속했다 할지라도, 그것에 대한 비판이나 반대 담론의 존재 사실 자체를 몰랐다고 말하는 것은 어폐가 있다. 이러한 시각에서 판단할 때, 그의 '유죄성'은 엄밀히 말해서 사유하지 않은 사실에 있는 것이 아니라, 그러한 사실을 사유함의 과정에서 '사유대상'으로서 소환하지 않았거나, 아니면 소환했더라도 자신의 의지 또는 이해타산에 따라 고려에서 제외한 사실에 있다고 특정할 수 있기 때문이다.

필자가 여기서 최초로 부각시킨 바로서 아이히만의 문제는 '사유의 부재'가 아니라 '잘못된 사유법'이라는 설명은 아렌트의 '전도된 코기토 the reversed *Cogito*' 관점에 바탕을 두고 있다. 아렌트에 따르면, 특정 개인의 '있음'이라는 사실은 데카르트의 방식대로 '사유'를 통해 확인된다기보다 하이데거의 방식대로 이미 먼저 '그곳의 있음'의 양태인 '다자인'으로서 자기 삶의 의미를 추구하는 것을 함축한다. 요컨대, 아렌트는 인간의 '있음'이 그의 '사유'에 선행한다는 하이데거 실존주의의 입장을 채택하며, 그 결과, 모든 인간은 자신이 세계의 일부로서 그 속에 현존하고 있으므로 세계 속에서 자기 삶의 유의미성을 발견할 필요성을 느낀다고 믿는다. 단적으로 말해서, 사유는 그러한 필요를 충족하는 수단이다.

그러나 누군가가 사유함에 돌입하려면 그는 먼저 HP-IV를 조직해야 한다. 이 HP-IV는 아렌트 연구자 대다수가 오해하는 것처럼 단순히 특정의 HP-II를 재현한 공간이 아니다. 성격상 그것은 내부 영역으로 옮겨진 '아렌티안 폴리스'이기 때문이다. 실제로 그곳에서는 HP-I, HP-II, HP-III는 물론 HP-V도 재현될 수 있다. 이 책에서 필자는 이 각각을 '아렌티안 아르키메데스 점'으로 인식했으며, 그 각각의 인간다수체는 고유한 집합적 관점과 정체성을 표상한다고 설명했다. 각각의 인간다수체는 그것의 구성원들이 공유하는 문화적 의미화 네트워크의 고유한 관점, 즉 '아르키메데스 점' 또는 세계관을 보유한다고 간주할 수 있기 때문이다. 그 세계의 구성원들은 그 관점을 통해 그들의 감각-지각 현상들의 의미를 파악하며, 다른 사람들을 상대로 자기 입장을 천명한다. 요컨대, 이것은 칸트의 공통감각과 유사한 심미율로서 기능한다는 것이다.

특정의 사유자가 판단의 타당성과 실현 가능성을 담보할 목적에서 HP-IV를 구성한다면, 기술적으로 말해서, 그는 자신의 생물학적 삶의 버팀목 역할을 하는 가족이나 친지와 같은 HP-I의 관점들은 말할 것도 없고, 정치적으로 비非연루된 타자인 HP-V에 속한 사람들의 관점 역시도 HP-IV에 불러들일 수 있다. 다만 그가 소환할 수 있는 인간다수체 ―즉 '아렌티안 아르키메데스 점'― 의 숫자는 그가 현실 세계 속에서 어떠한 유형의 인간다수체 관점들에 노출되었는지와, 그가 실제로 어떠한 '아렌티안 아르키메데스 점'들을 소환할 것인지에 좌우된다고 볼 수 있다. 여기서 그가 소환한 관점들 각각은 모든 정치공동체 구성원에게 두루 다 통용되는 고정불변의 유일한 보편적 규범이자 심미적 척도인 칸트의 공통감각 개념과 달리, 특정의 정치공동체 내 일부 구성원들에게 특수한 미시적 성격의 심미율일 따름이다.

비근한 예로 HP-V에는 다양한 종류의 수감자들, 유아들, 신체적, 또는 정신적으로 병든 사람들 등등이 포함된다. 간단히 말해서, 이들은 자신의 의견이나 이익을 자력으로 대표하는 데 요구되는 충분한 자원이나 여건을 가지지 못한 다양한 사회적 약자들이다. 그러나 이러한 사람들이 누군가의 사유함 속에 그들의 얼굴을 재현할 수 있다면, 다시 말해 HP-IV라는 '아렌티안 폴리스'에 '아렌티안 아르키메데스 점들'로서 소환된다면, 그들에게 거부된, 또는 유보된 '권리들을 가질 권리'가 사회정의의 이름으로 보상받게 될 잠재성은 즉각 실효적인 것으로 바뀔 수 있을 것이다.

아렌트가 '사회정의' 개념을 직접 언급한 적이 없었다는 사실은 지금까지 그의 연구자들에게 하나의 수수께끼로 남아 있었다. 이제 우리는 그 이유를 짐작할 수 있게 되었다. 그가 새로운 정치철학의 필요성을 선언한 이후 착수한 사유의 정치적 유의미성 논증 과정을 밀착해 추적하다 보니, 돌연 우리 앞에 매우 설득력 있어 보이는 사회정의의 구현 방법이 그 실체를 드러냈기 때문이다. 이처럼 우리는 그가 아쉽게 미완으로 남겨야 했던 새로운 정치철학의 지향점을 그와 함께 떠난 모험적 사유 여정의 끝에서 발견하게 된다.

그런 점에서 이 책 『한나 아렌트 정치미학』은 그 전인미답의 사유 여정에 관한 한 편의 지적 오디세이라고 칭할 수 있을 듯하다. 아마도 이 책은 한나 아렌트의 복잡다기한 학문적 정체성에 '우리의 심미적인 후기-근대가 반드시 주목해야 할 가장 통찰력 있는 정치미학자'라는 또 하나의 새로운 이름표를 추가하는 계기가 되어 줄 것이다. 오늘 필자의 전혀 새로운 재해석 시도가 무수한 내일의 '아렌티안들'에게 풍요로운 이론적 통찰을 제공할 수 있기를 기대한다.

· 아렌트 저작

Arendt, Hannah. 1946. "What is *Existenz* Philosophy?" *Partisan Review* 8, no.1: 34-56.

_____. 1958a. *The Origins of Totalitarianism*. 2nd ed. New York: Meridian Book Inc.

_____. 1958b. *The Human Condition*. Chicago: The University of Chicago Press.

_____. 1963a. *On Revolution*. New York: Penguin Books.

_____. 1963b. *Eichmann in Jerusalem*. New York: Penguin Books.

_____. 1968a. *Between Past and Future*. New York: The Viking Press.

_____. 1968b. *Men in Dark Times*. New York: Harcourt Brace Jovanovich.

_____. 1972. *Crises of the Republic*. New York: Harcourt Brace Jovanovich.

_____. 1971. "Thinking and Moral Considerations: A Lecture." *Social Research* 38, no.3: 417-446.

_____. 1978. *The Life of the Mind*, 2 vols. New York: Harcourt Brace Jovanovich.

_____. 1979. "Hannah Arendt on Hannah Arendt," in *Hannah Arendt: The Recovery of the Public World*. Edited by Melvyn A. Hill. New York: St. Martin's Press.

_____. 1982. *Lectures on Kant's Political Philosophy*. Edited and with an Interpretive Essay and Introduction by Ronald Beiner. Chicago: The University of Chicago Press.

_____. 1994a. *Essays in Understanding, 1930-1954*. Edited by Jerome Kohn. New York: Harcourt Brace Jovanovich.

_____. 1994b. "Concern with Politics in Recent European Philosophical Thought," in *Essays in Understanding, 1930-1954*. Edited by Jerome Kohn. New York: Harcourt Brace Jovanovich.

_____. 2003. *Responsibility and Judgment*. Edited by Jerome Kohn. New York: Schocken Books.

_____. 2005. *The Promise of Politics*. Edited by Jerome Kohn. New York: Schocken Books.

_____. 2018. *Thinking Without a Banister: Essays in Understanding, 1953-1975*. Edited and with an introduction by Jerome Kohn. New York: Schocken Books.

· 아렌트 번역서

Arendt, Hannah. 2019. 책임과 판단. 서유경 옮김. 서울: 필로소픽. (원저: Arendt, Hannah. 2003. *Responsibility and Judgment*. Edited by Jerome Kohn.)

_____. 2022. 사랑 개념과 성 아우구스티누스. 서유경 옮김. 서울: 필로소픽. (원저: Arendt, Hannah. 1996. *Love and Saint Augustine*. Edited by Joanna V. Scott and Judith C. Stark. Chicago: The University of Chicago Press.)

_____. 2023. 과거와 미래 사이: 정치사상의 여덟 가지 철학연습. 서유경 옮김. 파주: 한길사. (원저: Arendt, Hannah. 1968. *Between Past and Future: Eight Exercises in Political Thought*. New York: Viking Press.)

· 국외 자료

Ansell-Pearson, Keith. 1994. "Heidegger's Decline: Between Philosophy and Politics." *Political Studies* 42, no.3: 505-518.

Aschheim, Steven E. ed. 2001. *Hannah Arendt in Jerusalem*. Berkeley: University of California Press.

Bauman, Zygmunt. 2007. *Liquid Times: Living in an Age of Uncertainty*. Cambridge: Polity Press.

Beck, Ulrich, Giddens, Anthony and Lash, Scott. 1994. *Reflexive Modernisation: Politics, Tradition and Aesthetics in the Modern Social Order*. Cambridge: Polity Press.

Bell, Daniel. 1973. *The Coming of Post-Industrial Society: A Venture in Social Forecasting*. New York: The Basic Books Inc.

Benhabib, Seyla. 1992. *Situating the Self: Gender, Community, and Postmodernism in Contemporary Ethics*. London: Polity Press.

_____. 1996. *The Reluctant Modernism of Hannah Arendt*. London: Sage Publications Inc.

Bernstein, Richard J. 1996. *Hannah Arendt and the Jewish Question*. London: Polity Press.

Best, Steven and Kellner, Douglas. 1991. *Postmodern Theory: Critical Interrogations*. New York: The Guilford Press.

Bowring, Finn. 1996. "A Lifeworld without a Subject: Habermas and the Pathologies of Modernity." *Telos*, no.106: 77-104.

_____. 2011. *Hannah Arendt: A Critical Introduction*. London: Pluto Press.

Braidotti, Rosi. 2006. *Transpositions: On Nomadic Ethics*. Cambridge: Polity Press.

Butler, Judith. 1993. *Bodies that Matter: On the Discursive Limits of "sex"*. New York: Routledge.

_____. 1997. *Excitable Speech: A Politics of the Performative*. New York and London: Routledge.

_____. 1999. *Gender Trouble: Feminism and the Subversion of Identity*. New York: Routledge.

_____. 2004. *Undoing Gender*. New York and Abington: Routledge.

_____. 2009. "Critique, Dissent, Disciplinarity." *Critical Inquiry* 35, no.4: 773-795.

Callinicos, Alex. 1991. *Against Postmodernism: A Marxist Critique*. Cambridge: Polity Press.

Canovan, Margaret. 1978. "The Contradictions of Hannah Arendt's Political Thought." *Political Theory* 6, no.1: 5-26.

_____. 1983. "A Case of Distorted Communication." *Political Theory* 11, no.1: 105-116.

_____. 1992. *Hannah Arendt: A Reinterpretation of Her Political Thought*. Cambridge: Cambridge University Press.

Chiba, Shin. 1995. "Hannah Arendt on Love and the Political: Love, Friendship, and Citizenship." *The Review of Politics* 57, no.3: 505-536.

Critchley, Simon. 1999. *Ethics, politics, subjectivity: essays on Derrida, Levinas and contemporary French thought*. New York and London: Verso.

Dallmayr, Fred. 1990. "Rethinking the Political: Some Heideggerian Contributions." *The Review of Politics* 52, no.4: 524-552.

Dalton, Russell J. 2008. *Citizen Politics: Public Opinion and Political Parties in Advanced Industrial Democracies*. 5th ed. Washington, D.C.: CQ Press.

Davis, Colin. 1996. *Levinas: An Introduction*. Cambridge: Polity Press.

Dossa, Shiraz. 1984. "Hannah Arendt on Eichmann: The Public and the Private and Evil." *The Review of Politics* 46, no.2: 163-182.

Habermas, Jürgen. 1971. *Toward a Rational Society: Student Protest, Science, and Politics.* Translated by Jeremy J. Shapiro. Boston: Beacon Press.

_____. 1975. *Legitimation Crisis.* Translated by Thomas McCarthy. Boston: Beacon Press. Originally published as a *Legitimationsprobleme im Spätkapitalismus*(Frankfurt am Main: Suhrkamp, 1974).

_____. 1984. *The Theory of Communicative Action*, Vol.I. Translated by Thomas McCarthy. Boston: Beacon Press. Originally published as a *Theorie des kommunikativen Handelns*, Bd.I(Frankfurt am Main: Suhrkamp, 1981).

_____. 1985 *The Theory of Communicative Action*, Vol.II. Translated by Thomas McCarthy. Boston: Beacon Press. Originally published as a *Theorie des kommunikativen Handelns*, Bd.II(Frankfurt am Main: Suhrkamp, 1981).

Habermas, Jürgen and McCarthy, Thomas. 1977. "Hannah Arendt's Communications Concept of Power." *Social Research* 44, no.1: 3-24.

Hand, Sean. ed. 1996. *Facing the Other: The Ethics of Emmanuel Levinas.* London: Routledge.

Hansen, Phillip. 1993. *Hannah Arendt: Politics, History and Citizenship.* Cambridge: Cambridge University Press.

Hardt, Michael and Negri, Antonio. 2000. *Empire.* Cambridge, MA: Harvard University Press.

Hayek, Friedrich A. 1960. *The Constitution of Liberty.* Chicago: The University of Chicago Press.

Heather, Gerald P. and Stolz, Matthew. 1979. "Hannah Arendt and the Problem of Critical Theory." *The Journal of Politics* 41, no.1: 2-22.

Heidegger, Martin. 1927. *Sein und Zeit.* Tübingen: Max Niemeyer Verlag.

_____. 1936. *Beiträge Zur Philosophie.* Frankfurt am Main: Vittorio Klostermann.

_____. 1955. *Gelassenheit.* Pfullingen: Neske.

_____. 1962. *Being and Time*. Translated by John Macquarrie and Edward Robinson. Oxford: Blackwell Ltd. Originally published as a *Sein und Zeit*(Tübingen: Max Niemeyer Verlag, 1927).

_____. 1977. "Letter on Humanism," in *Basic Writings: from Being and time(1927) to The task of thinking(1964)*. Edited and Translated by David Farrell Krell. New York: Harper and Row.

Hinchman, Lewis and Hinchman, Sandra. 1994. "Existentialism Politicized: Arendt's Debt to Jaspers," in *Hannah Arendt: Critical Essays*. Edited by Lewis and Sandra Hinchman. New York: State University of New York Press.

Horkheimer, Max and Adorno, Theodor. 1947. *Dialektik der Aufklärung*. Amsterdam: Querido Verlag N. V.

Honig, Bonnie. "Declarations of Independence: Arendt and Derrida on the Problem of Founding a Republic." *American Political Science Review* 85, no.1: 97-113.

_____. 1993. "The Politics of Agonism: A Critical Response to 'Beyond Good and Evil: Arendt, Nietzsche, and the Aestheticization of Political Action' by Dana R. Villa." *Political Theory* 21, no.3: 528-533.

_____. ed. 1995. *Feminist Interpretations of Hannah Arendt*. University Park: The Pennsylvania State University Press.

Honohan, Iseult. 2002. *Civic Republicanism*. London: Routledge.

Jacobitti, Suzanne. 1988. "Hannah Arendt and the Will." *Political Theory* 16, no.1: 53-76.

Jameson, Fredric. 1984. *Postmodernism, or The Cultural Logic of Late Capitalism*. Durham: Duke University Press.

Jaspers, Karl. 1957. "Philosophical Autobiography," in *The Philosophy of Karl Jaspers*. Edited by Paul Arthur Schilpp. La Salle: Open Court Publishing Company.

_____. 1962. *Plato and Augustine: From The Great Philosophers*.

Edited by Hannah Arendt and Translated by Ralph Manheim. New York: Harcourt Brace Jovanovich.

_____. 1994. *Karl Jaspers: Basic Philosophical Writings*. Edited, Translated and with introductions by Edith Ehrlich, Leonard H. Ehrlich, and George B. Pepper. New Jersey: Humanities Press International Inc.

Jay, Martin. 1997. "Afterword: Reflective Judgments by a Spectator on a Conference That Is Now History," in *Hannah Arendt and the Meaning of Politics*. Edited by Craig J. Calhoun and John McGowan. Minnesota: University of Minnesota Press.

Kant, Immanuel. 1952. *The Critique of Judgement*. Translated with Analytical Indexes by James Creed Meredith. Oxford: Oxford University Press. Originally published as a *Kritik der Urteilskraft*(Berlin und Libau: Verlag Lagarde und Friedrich, 1790).

Kateb, George. 1977. "Freedom and Worldliness in the Thought of Hannah Arendt." *Political Theory* 5, no.2: 141-182.

_____. 1983. *Hannah Arendt: Politics, Conscience, and Evil*. Totowa: Rowman and Allanheld.

Kymlicka, Will. 2002. *Contemporary Political Philosophy: An Introduction*. Oxford: Oxford University Press.

Laclau, Ernesto and Mouffe, Chantal. 2001. *Hegemony and Socialist Strategy: Towards a Radical Democratic Politics*. 2nd ed. London: Verso.

Lane, Ann M. 1983. "The Feminism of Hannah Arendt." *Democracy* 3, no.3: 107-117.

Lang, Anthony F., Jr. and Williams, John. eds. 2005. *Hannah Arendt and International Relations: Readings Across the Lines*. Basingstroke: Palgrave Macmillan.

Laqueur, Walter. 2001. "The Arendt Cult: Hannah Arendt as Political Commentator," in *Hannah Arendt in Jerusalem*. Edited by Steven E. Aschheim. Berkeley: University of California Press.

Lee, Shin-kyu. 2021. "Hannah Arendt and International Agonism." 정치사상연
구 27, no.2: 215-244.

Levinas, Emmanuel. 1969. *Totality and Infinity: An Essay on Exteriority*.
Translated by Alphonso Lingis. Pittsburgh: Duquesne University Press.
Originally published as a *Totalité et Infini: essai sur l'extériorité*(La Haye:
Martinus Nijhoff, 1961).

_____. 1999. *Alterity and Transcendence*. Translated by
Michael B. Smith. New York: Colombia University Press. Originally
published as a *Altérité et transcendance*(Saint-Clément-la-Riviére: Éditions Fata
Morgana, 1995).

Lloyd, Margie. 1995. "In Tocqueville's Shadow: Hannah Arendt's Liberal
Republicanism." *The Review of Politics* 57, no.1: 31-58.

Lyotard, Jean-François. 1984. *The Postmodern Condition: A Report on
Knowledge*. Translated by Geoffrey Bennington and Brian Massumi
with Foreword by Frederic Jameson. Minnesota: The University of
Minnesota. Originally published as a *La condition postmoderne:
rapport sur le savoir*(Paris: Les Éditions de Minuit, 1979).

Mandel, Ernest. 1975. *Late-Capitalism*. Translated by Joris de Bres. London:
Verso. Originally published as a *Der Spätkapitalismus*(Frankfurt am Main:
Suhrkamp, 1972).

McCarthy, Michael H. *The Political Humanism of Hannah Arendt*. Lanham:
Lexington Books. 2014.

McLellan, David. 1977. *Karl Marx: Selected Writings*. Oxford: Oxford
University Press.

Mouffe, Chantal. 2005. *On the Political*. New York and London: Routledge.

Munzel, G. Felicitas. 1995. "The Beautiful Is the Symbol of the Morally-Good:
Kant's Philosophical Basis of Proof for the Idea of the Morally-Good."
Journal of the History of Philosophy 33, no.2: 301-330.

Nancy, Jean-Luc. 2000. *Being Singular Plural*. Translated by Robert D.

Richardson and Anne E. O'Byrne. Stanford: Stanford University Press. Originally published as a *Être singulier pluriel*(Paris: Galilée, 1996).

Nietzsche, Friedrich. 1974. *The Gay Science*. Translated with Commentary by Walter Kaufmann. New York: Vintage Books. Originally published as a *Die fröhliche Wissenschaft*(Leipzig: Verlag nicht ermittelbar, 1887).

_____. 1989. *On the Genealogy of Morals and Ecce Homo*. Translated with Commentary by Walter Kaufmann. New York: Vintage Books.

O'Sullivan, Noel. 1976. "Hannah Arendt: Hellenic Nostalgia and Industrial Society," in *Contemporary Political Philosophers*. Edited by Anthony de Crespigny and Kenneth R. Minogue. New York: Methuen and Co.

Owens, Patricia. 2007. *Between War and Politics: International Relations and the Thought of Hannah Arendt*. Oxford: Oxford University Press.

Peperzak, Adriann T. ed. 1995. *Ethics As First Philosophy: The Significance of Emmanuel Levinas for Philosophy*. London: Routledge.

Peperzak, Adriann T., Critchley, Simon and Bernasconi, Robert. eds. 1996. *Emmanuel Levinas: Basic Philosophical Writings*. Bloomington: Indiana University Press.

Pitkin, Hanna. 1995. "Conformism, Housekeeping, and the Attack of the Blob: Hannah Arendt's Concept of the Social," in *Feminist Interpretations of Hannah Arendt*. Edited by Bonnie Honig. University Park: The Pennsylvania State University Press.

Plato. 1960. *Gorgias*. Translated with an Introduction by Walter Hamilton. London: Penguin Books.

Rancière, Jacques. 2004. *The Politics of Aesthetics: The Distribution of the Sensible*. Translated with an Introduction by Gabriel Rockhill and with an afterword by Slavoj Zizek. New York: Continuum. Originally published as a *Le Partage du sensible: Esthétique et politique*(Paris: La Fabrique, 2000)

Roderick, Rick. 1986. *Habermas and the Foundations of Critical Theory*. New York: Macmillan.

Ross, David. 1995. *Aristotle*. 6th ed. London: Routledge.

Salih, Sara and Butler, Judith. eds. 2004. *The Judith Butler Reader*. Oxford: Blackwell Publishing.

Schaper, Eva. 1992. "Taste, sublimity, and genius: The aesthetics of nature and art," in *The Cambridge Companion to Kant*. Edited by Paul Guyer. Cambridge: Cambridge University Press.

Schumpeter, Joseph A. 1987. *Capitalism, Socialism and Democracy*. London: Routledge.

Shklar, Judith N. 1977. "Rethinking the Past." *Social Research* 44, no.1: 80-90.

Suh, You-Kyung. 2013. "Multiculturalism, Identity Formation, and the Nomadic Ethics: A Deleuzean Perspective on the Contemporary Deliberative Democracy." 대한정치학회보 21, no.3: 291-318.

_____. 2017a. "The Political Aesthetics of Hannah Arendt: How Is Her Concept of 'Human Plurality' to Be the Condition for It?" 신학과 사회 31, no.1: 197-249.

_____. 2017b. *The Political Aesthetics of Hannah Arendt: How Is Her Concept of Human Plurality to Be the Condition for It?* Norderstedt: Lambert Academic Publishing.

_____. 2018. "Theorizing a 'Civic Politics' Model with Special Reference to the 2016-17 Candlelight Protest in South Korea: An Instruction." NGO연구 13, no.3: 195-231.

Taminiaux, Jacques. 2000. "Athens and Rome," in *The Cambridge Companion to Hannah Arendt*. Edited by Dana R. Villa. Cambridge: Cambridge University Press.

Tanke, Joseph J. and McQuillan, Colin. 2012. *The Bloomsbury Anthology of Aesthetics*. New York and London: Bloomsbury Academic.

Taylor, Charles. 1995a. *Philosophical Arguments*. Cambridge, MA: Harvard

University Press.

_____. 1995b. *Multiculturalism: Examining The Politics Of Recognition*. Edited by Amy Goodman. Princeton: Princeton University Press.

Touraine, Alain, 1971. *The Post-Industrial Society: Tomorrow's Social History*. New York: Random House.

Villa, Dana R. 1992. "Beyond Good and Evil: Arendt, Nietzsche, and the Aestheticization of Political Action." *Political Theory* 20, no.2: 274-308.

_____. 1996. *Arendt and Heidegger: The Fate of the Political*. Princeton: Princeton University Press.

_____. 1999. *Politics, Philosophy, Terror: Essays on the Thought of Hannah Arendt*. Princeton: Princeton University Press.

_____. 2012. "From *the critique* of identity to plurality in politics: reconsidering Adorno and Arendt," in *Arendt and Adorno: political and philosophical investigations*. Edited by Lars Rensmann and Samir Gandesha. Stanford: Stanford University Press.

Weissberg, Liliane. 2001. "In Search of the Mother Tongue: Hannah Arendt's German-Jewish Literature," in *Hannah Arendt in Jerusalem*. Edited by Steven E. Aschheim. Berkeley: University of California Press.

Wellmer, Albrecht. 2001. "Hannah Arendt on Revolution," in *Hannah Arendt in Jerusalem*. Edited by Steven E. Aschheim. Berkeley: University of California Press.

Young-Bruehl, Elisabeth. 1979. "From the Pariah's Point of View: Reflections on Hannah Arendt's Life and Work," in *Hannah Arendt: The Recovery of the Public World*. Edited by Melvyn A. Hill. New York: St. Martin's Press.

_____. 1982a. *Hannah Arendt: For Love of the World*. New York: Yale University Press.

_____. 1982b. "Reflections on Hannah Arendt's *The Life of*

the *Mind*." *Political Theory* 10, no.2: 277-305.

Yarbrough, Jean and Stern, Peter. 1981. "*Vita Activa* and *Vita Contemplativ*: Reflections on Hannah Arendt's Political Thought in *The Life of the Mind*." *The Review of Politics* 43, no.3: 323-354.

· 국내 자료

강영안. 2005. 타인의 얼굴: 레비나스의 철학. 서울: 문학과지성사.

경수현·김용래. "'촛불 대체 응원봉, 비폭력·연대 상징'···외신 韓시위문화 주목(종합)." 연합뉴스, 2024. 12. 10. https://www.yna.co.kr/view/AKR20241210123 551009?section=search(검색일: 2024. 12. 11.)

김대환. 1997. "참여의 철학과 참여민주주의," 참여민주주의와 한국사회. 참여사회연구소 엮음. 파주: 창작과비평사.

김연숙. 2001. 레비나스 타자윤리학. 고양: 인간사랑.

김 진. 1994. 칸트의 선험화용론. 울산: 울산대학교출판부.

서동욱. 2000. 차이와 타자: 현대 철학과 비표상적 사유의 모험. 서울: 문학과지성사.

서유경. 2000. "한나 아렌트의 政治 行爲(Action) 개념 분석." 정치사상연구 3: 95-123.

_____. 2002. "아렌트 정치적 실존주의의 이론적 연원(淵源)을 찾아서: 성 어거스틴, 마틴 하이데거, 그리고 칼 야스퍼스." 한국정치학회보 36, no.3: 71-89.

_____, 2003. "현대 대의(代議)민주주의에 있어 시민불복종의 정치철학적 논거: 미셸 푸코와 한나 아렌트의 '저항(resistance)' 개념 연구." 정치사상연구 9: 247-273.

_____. 2007. "아렌트 정치-윤리학적 관점에서 본 레비나스 '타자(the Other)' 개념의 문제." 정치사상연구 13, no.1: 103-125.

_____. 2008. "다문화 공생의 정치원리로서 아렌트주의(Arendtianism)." 한국시민윤리학회보 21, no.1: 75-101.

_____. 2009. "글로벌 거버넌스 시대 한국 NGO의 정치적 역할 재규정." 대한정치

학회보 16, no.3: 47-74.

_____. 2011a. "버틀러(J. Butler)의 '수행성 정치' 이론의 정치학적 공헌과 한계." 대한정치학회보 19, no.3: 31-56.

_____. 2011b. "약속의 정치학: 한나 아렌트의 로마커넥션과 그 함의." 정치사상연구 17, no.2: 11-36.

_____. 2012. "한나 아렌트 정치사상에 비춰본 1987년 이후 한국의 참여민주주의." 국제정치논총 52, no.3: 227-256.

_____. 2014a. "공연(公演)의 정치에서 심의(審議)의 정치로? : 한국 참여민주주의 진화과정에 대한 아렌트 정치행위론적 성찰." 대한정치학회보 22, no.2: 19-45.

_____. 2014b. "5·18 민중항쟁과 시민 주도적 자치공동체:『오월의 사회과학』의 '절대공동체 논의와 한나 아렌트 정치이론." 21세기정치학회보 24, no.3: 161-185.

_____. 2020. "한국 민주화운동의 4단계 진화과정과 한국 민주주의 패러다임(KDP) 4.0: '공민정치(Civic Politics)'의 등장과 미래 전망." NGO연구 15, no.3: 67-106.

_____. 2023. "포퓰리즘은 반(反)민주적인가? 라클라우(E. Laclau)의 구성주의적 포퓰리즘 이론과 민주적 혁신." 한국과 국제사회 7, no.6: 1025-1057.

서유경 외. 2022. 한국 민주주의의 새 길: 직접민주주의와 숙의의 제도화. 서울: 경인문화사.

엄지원. "국회가 64년 만에 보낸 감사문…'민주주의 지켜낸 국민께 경의' [전문]." 한겨레, 2024. 12. 31. https://www.hani.co.kr/arti/politics/assembly/1175658.html?utm_source=naver&utm_medium=referral&utm_campaign=newsstand&utm_term=t2&utm_content=20241231(검색일: 2024. 12. 31.)

오현철. 2001. 시민불복종: 저항과 자유의 길. 서울: 책세상.

유홍림. 1994. "칸트주의적 자유주의 규범론의 의의와 한계." 한국정치학회보 28, no.2: 463-490.

이기상. "존재 또는 있음: 우리말에서 읽어 내는 존재의 사건." 2001. 우리말 철학사 전 1: 과학·인간·존재. 우리사상연구소 엮음. 파주: 지식산업사.

이종은. 2010. 정치와 윤리: 정치권력의 도덕적 정당성에 대한 탐구. 서울: 책세상.

이진경. 2002a. 노마디즘 1: 천의 고원을 넘나드는 유쾌한 철학적 유목. 서울: 휴머니스트.

_____. 2002b. 노마디즘 2: 천의 고원을 넘나드는 유쾌한 철학적 유목. 서울: 휴머니스트.

이충진. 2023. 칸트 철학의 우회로. 서울: 이학사.

임혁백. 2009. 신유목적 민주주의: 세계화·IT혁명 시대의 세계와 한국. 파주: 나남출판.

장예지. "한강은 보았다…계엄군의 머뭇거림을 [특파원 칼럼]." 한겨레, 2024. 12. 19. https://www.hani.co.kr/arti/opinion/column/1174047.html(검색일: 2024. 12. 20.)

최명관. 2010. 데카르트 연구: 방법서설·성찰. 개정판. 서울: 도서출판 창.

한상원. 2024. 정치적 독자들: 현대 정치철학의 마키아벨리, 홉스, 칸트 독해. 서울: 북콤마.

허나우. "'나가라'…응원봉 든 MZ들의 유쾌한 저항." 뉴시스, 2024. 12. 10. https://v.daum.net/v/20241210092354861(검색일: 2024. 12. 11.)

Aristotle. 1984. 니코마코스 윤리학. 최명관 옮김. 파주: 서광사.

Bauman, Zygmunt. 2009. 액체근대. 이일수 옮김. 서울: 도서출판 강. (원저: Bauman, Zygmunt. 2000. *Liquid Modernity*. Cambridge: Polity Press.)

Braidotti, Rosi. 2004. 유목적 주체: 우리 시대 페미니즘 이론에서 체현과 성차의 문제. 박미선 옮김. 서울: 도서출판 여이연. (원저: Braidotti, Rosi. 1994. *Nomadic Subjects: Embodiment and Social Difference in Contemporary Feminism*. Cambridge: Cambridge University Press.)

Dalton, Russell J. 2010. 시민정치론: 선진 산업민주주의 국가의 여론과 정당. 서유경 옮김. 서울: 아르케. (원저: Dalton, Russell J. 2008. *Citizen Politics: Public Opinion and Political Parties in Advanced Industrial Democracies*. 5th ed. Washington, D. C.: CQ Press.)

Edwards, Michael. 2018. 시민사회. 서유경 옮김. 서울: 명인문화사. (원저: Edwards, Michael. 2014. *Civil Society*. 3rd ed. Cambridge: Polity Press.)

Ferry, Luc. 1994. 미학적 인간. 방미경 옮김. 서울: 고려원. (원저: Ferry, Luc. 1990. *Homo Æstheticus: l'invention du goût à l'âge démocratique*. Paris: Grasset Bernard.)

Höffe, Otfried. 1997. 임마누엘 칸트. 이상헌 옮김. 서울: 문예출판사. (원저: Höffe, Otfried. 1983. *Immanuel Kant*. München: Verlag C.H. Beck.)

Husserl, Edmund. 1996. 시간의식. 이종훈 옮김. 파주: 한길사. (원저: Husserl, Edmund. 1928. *Vorlesungen zur Phänomenologie des inneren Zeitbewusstseins*. Herausgegeben von Martin Heidegger. Halle: Max Niemeyer Verlag.)

Levinas, Emmanuel. 2001. 존재에서 존재자로. 서동욱 옮김. 서울: 민음사. (원저: Levinas, Emmanuel. 1947. *De l'existence à l'existant*. Paris: Fontaine.)

Lescourret, Marie-Anne. 2006. 레비나스 평전. 변광배·김모세 옮김. 파주: 도서출판 살림. (원저: Lescourret, Marie-Anne. 1994. *Emmanuel Levinas*. 2nd ed. Paris: Flammarion.)

Lilla, Mark. 2018. 분별없는 열정: 20세기 정치참여 지식인들의 초상. 서유경 옮김. 서울: 필로소픽. (원저: Lilla, Mark. 2016. *The Reckless Mind: Intellectuals in Politics*. rev. ed. Chicago: Chicago University Press.)

Marx, Karl and Engels, Friedrich. 2015. 독일 이데올로기. 김대웅 옮김. 서울: 두레. (원저: Marx, Karl and Engels, Friedrich. 1969. *Marx-Engels-Werke*, Bd.3. Berlin: Dietz Verlag.)

Mill, John Stuart. 2018. 자유론. 서병훈 옮김. 서울: 책세상. (원저: Mill, John Stuart. 1859. *On Liberty*. London: Longman, Roberts, and Green Co.)

Platon. 2019. 소크라테스의 변명·크리톤·파이돈·향연. 박문재 옮김. 서울: 현대지성.

_____. 2007. 플라톤의 국가·政體. 박종현 옮김. 증보판. 파주: 서광사.

Spinoza, Benedictus de. 2010. 데카르트 철학의 원리. 양진호 옮김. 서울: 책세상. (원저: Spinoza, Benedictus de. 1972. *Spinoza Oprea*. Edited by Carl Gebhardt. Heidelberg: Winter.)

Tiechert, Dieter. 2003. 판단력 비판. 조상식 옮김. 서울: 이학사. (원저: Tiechert, Dieter. 1992. *Immanuel Kant: 'Kritik der Urteilskraft'*. Paderborn: Schöningh.)

Villa, Dana R. 2000. 아렌트와 하이데거. 서유경 옮김. 서울: 교보문고. (원저: Villa, Dana R. 1996. *Arendt and Heidegger: The Fate of the Political*. Princeton: Princeton University.)

Young-Bruehl, Elisabeth. 2011. 아렌트 읽기: 전체주의 탐험가, 삶의 정치학을 말하다. 서유경 옮김. 서울: 책세상. (원저: Young-Bruehl, Elisabeth. 2006. *Why Arendt Matters*. New York: Georges Borchardt Inc.)

찾아보기